中共中央南方局与
伟大的抗日战争

中共重庆市委党史研究室 编

上卷

重庆出版社

图书在版编目（CIP）数据

中共中央南方局与伟大的抗日战争 / 中共重庆市委党史研究室编. -- 重庆：重庆出版社，2025.7.
ISBN 978-7-229-20476-1

Ⅰ. D235.719
中国国家版本馆CIP数据核字第2025JX4744号

中共中央南方局与伟大的抗日战争
ZHONGGONG ZHONGYANG NANFANGJU YU WEIDA DE KANGRI ZHANZHENG
中共重庆市委党史研究室　编

策划编辑：陈兴芜
责任编辑：吴　昊　荣思博　卢玫诗
责任校对：李小君
装帧设计：梁　俭

▲**重庆出版社** 出版
重庆市南岸区南滨路162号1幢　邮政编码：400061　http://www.cqph.com
重庆出版社有限责任公司品牌设计分公司制版
重庆天旭印务有限责任公司印刷
重庆出版社有限责任公司发行
全国新华书店经销

开本：787mm×1092mm　1/16　印张：上卷26.75　下卷27.5　字数：800千
2025年7月第1版　2025年7月第1次印刷
ISBN 978-7-229-20476-1
定价：198.00元(全二册)

如有印装质量问题，请向重庆出版社有限责任公司调换：023-61520678

版权所有　侵权必究

《中共中央南方局与伟大的抗日战争》编委会

顾　问：杨明伟

主　任：姚　红　陈兴芜

副主任：唐春林　周廷勇　别必亮　刘向东　刘　华

委　员：简　奕　黎　余　文　俊　黄亚丽　徐　飞　吴　昊

主　编：唐春林

副主编：简　奕　黎　余

编　辑：简　奕　黎　余　文　俊　黄亚丽　王　举

▲中共中央驻地,人民抗战的政治领导中心——延安

▲1938年9月29日至11月6日，中共中央在延安召开扩大的六届六中全会。会议期间决定撤消中共中央长江局，在重庆成立中共中央南方局。图为六届六中全会主席团成员合影

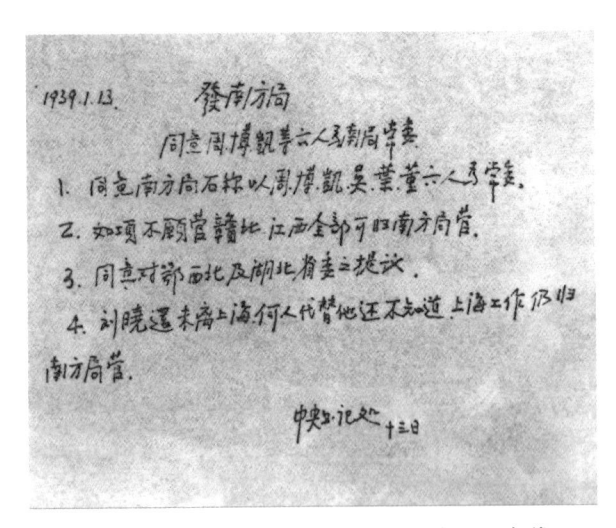

▲1939年1月13日，中共中央书记处批准周恩来等六人组成南方局常委的电报

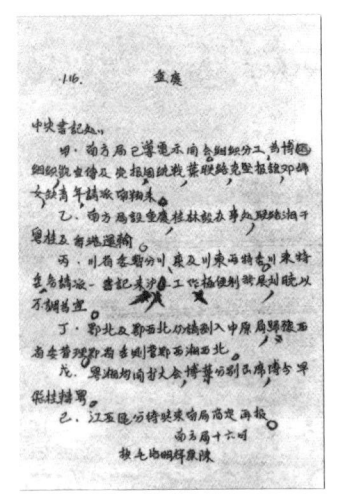

▲1939年1月16日，中共中央南方局关于组织分工致中央书记处电

▲中共中央南方局驻地红岩嘴13号

▲中共中央南方局城区办公地曾家岩50号

▲化龙桥虎头岩下的新华日报馆

▲周恩来，中共中央南方局常委、书记

▲博古（秦邦宪），中共中央南方局常委、代理书记

▲叶剑英，中共中央南方局常委

▲董必武，中共中央南方局常委、重庆局书记

▲王若飞，中共中央南方局工作委员会书记，重庆局副书记

▲凯丰，中共中央南方局常委、宣传部部长

▲吴克坚，中共中央南方局常委、《新华日报》总编辑

▲吴玉章，中共中央南方局委员、中共四川省委书记

▲邓颖超，中共中央南方局委员、妇委书记

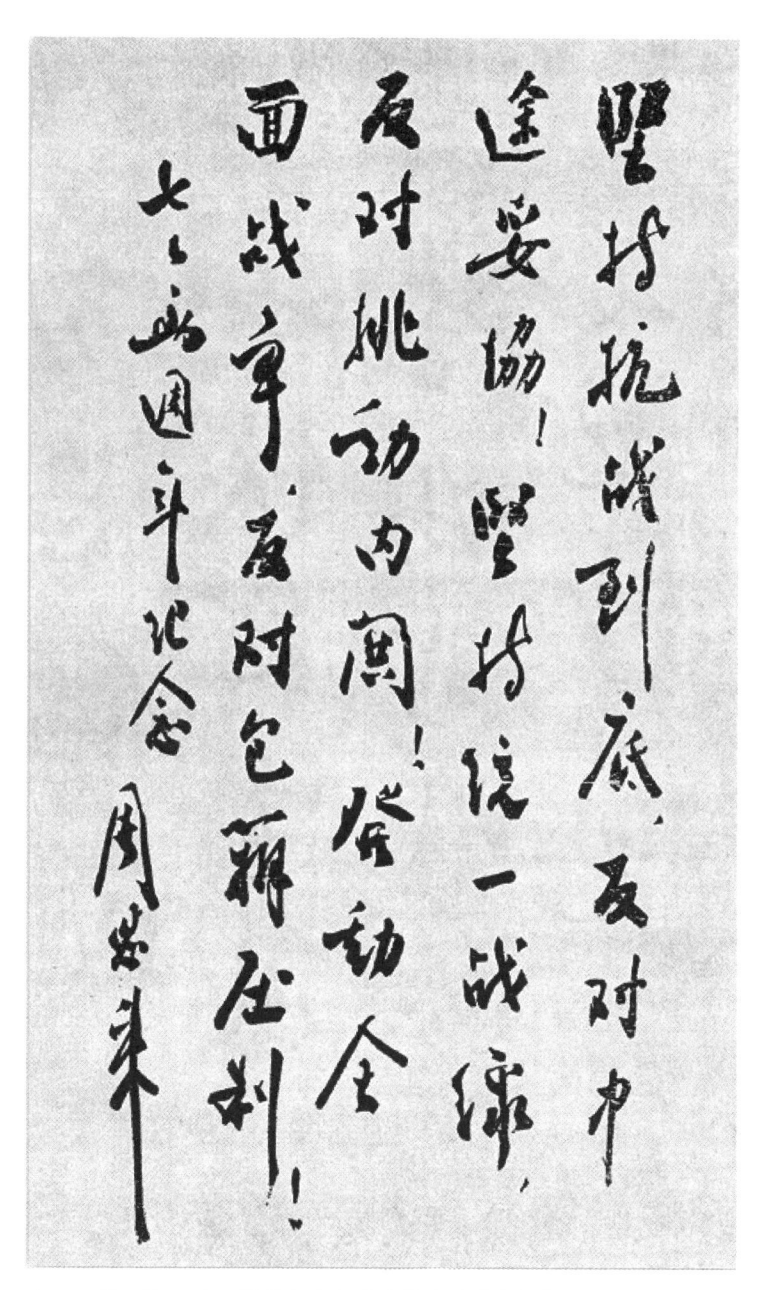

坚持抗战到底,反对中途妥协!坚持统一战线,反对挑动内囗!发动全面战争,反对包藏屈利!

七七两囗年纪念 周恩来

▲1939年6月25日,周恩来为全民族抗战两周年题词

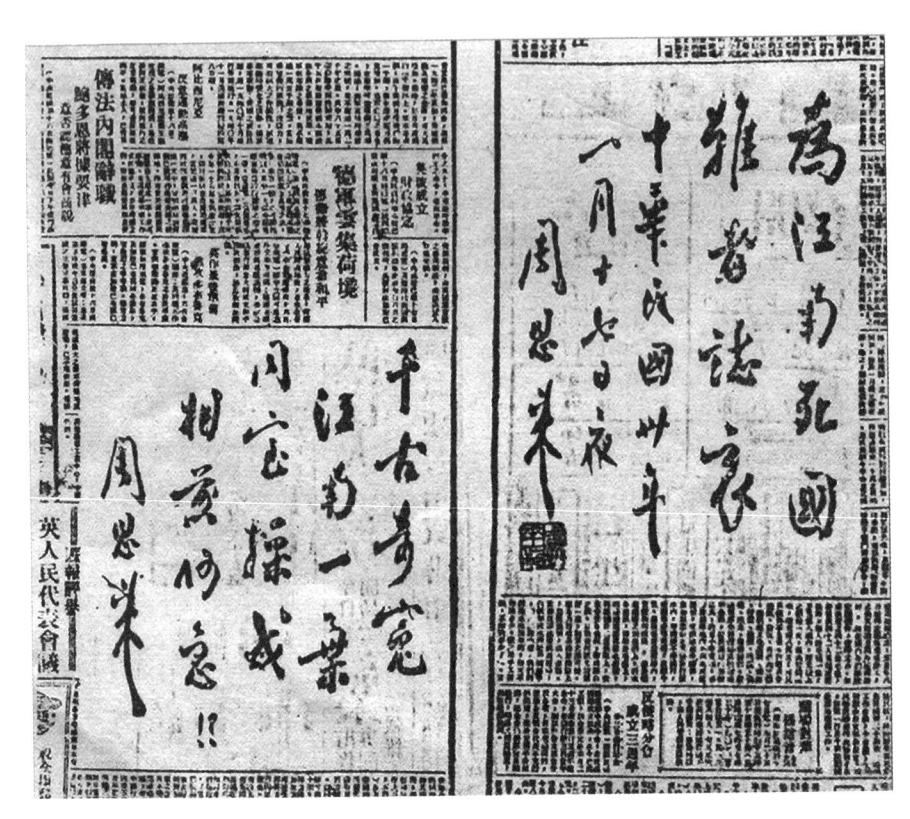

▲1941年1月18日，周恩来在《新华日报》上发表的题词题诗，揭露皖南事变真相

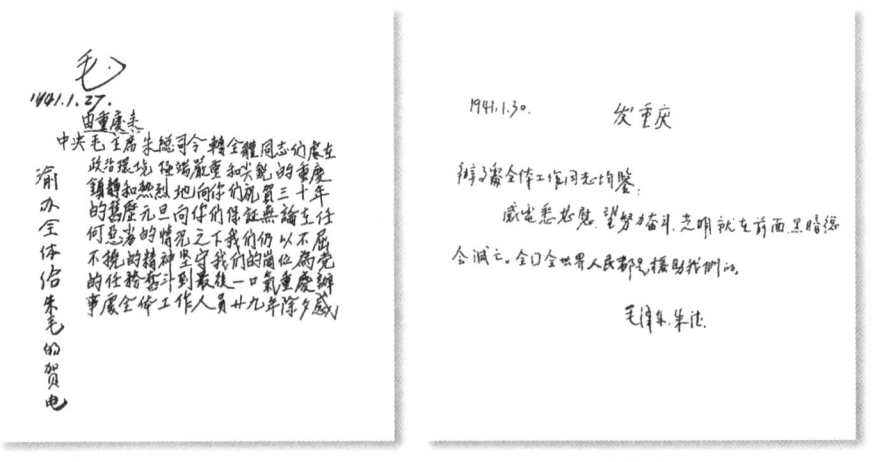

▲皖南事变后，八路军驻重庆办事处全体人员致毛泽东、朱德等的电文及收到的回电

▲皖南事变后,各中间党派为了自身生存与发展,在南方局支持下,成立了中国民主政团同盟(后改为中国民主同盟)。图为民盟主要领导人合影。左起:罗隆基、沈钧儒、张澜、左舜生、史良、章伯钧

▲皖南事变以后,南方局为加强上层统战工作,由王炳南、屈武、王昆仑联络一些国民党左派和上层人士,于1941年夏在重庆成立了中国民主革命同盟(简称"小民革")。它是中国共产党领导下的秘密革命团体,在抗日战争和解放战争中发挥了重要的作用。图为"小民革"领导人王炳南(左)、屈武(中)、王昆仑(右)

▲周恩来和《新华日报》、《群众》周刊部分同志合影。左起：李中和、许涤新、戈宝权、华西园、潘梓年、周恩来、陈家康、薛子正、胡绳

▲1941年周恩来、郭沫若、阳翰笙在重庆赖家桥

▲1938年12月18日,新华日报馆在重庆中央公园举行义卖献金活动,筹集抗战经费

▲在中央大学"据点"基础上发展而成的中大新闻社是南方局领导下的进步新闻社团,图为中大新闻社成员与大公报部分职工合影

▲1944年8月,为使美国了解中共解放区情况,在南方局的努力下,促成了美军观察组访问延安。图为毛泽东、朱德、周恩来等与美军观察组成员在延安

▲1945年4月至6月,董必武作为解放区的唯一代表参加了中国政府代表团出席在美国旧金山召开的联合国制宪会议。图为董必武在联合国宪章上签字

▲叶剑英（左二）与南岳游击干部训练班中共教官在一起

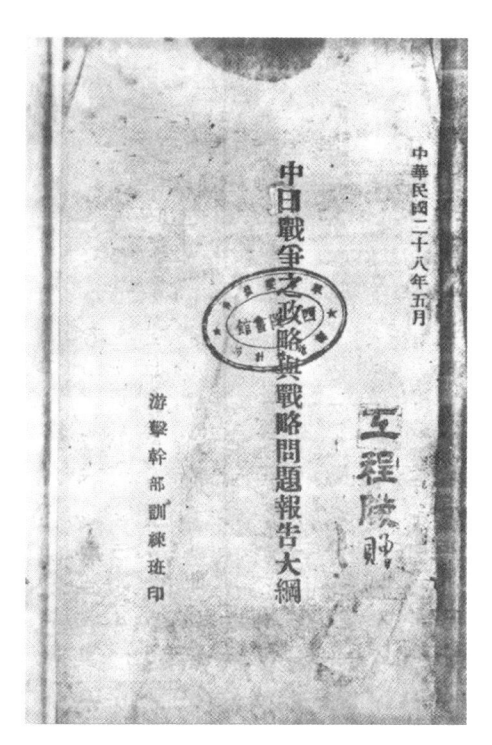

▲周恩来为南岳游击干部所作《中日战争之政略与战略问题报告大纲》单行本

▲ 正在进行理论学习的南方局机关工作人员

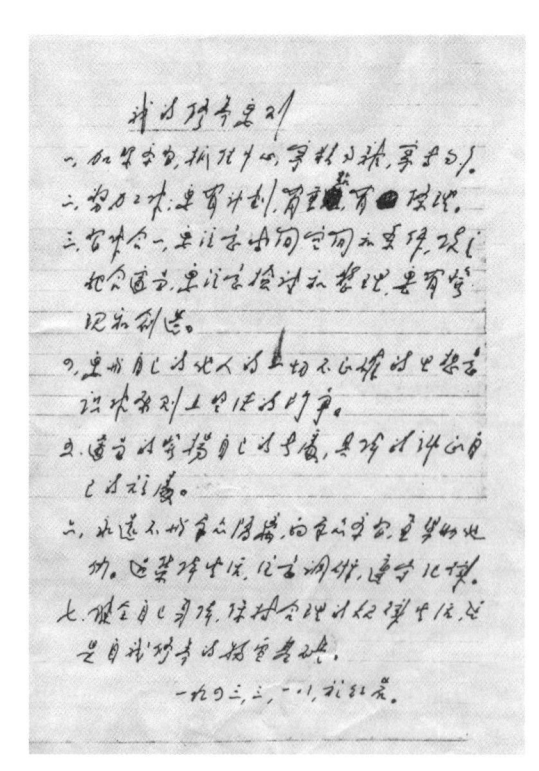

▲ 1943年3月18日，周恩来在重庆红岩村亲笔撰写的《我的修养要则》

▲1985年10月,邓颖超重返红岩时题词"红岩精神永放光芒"

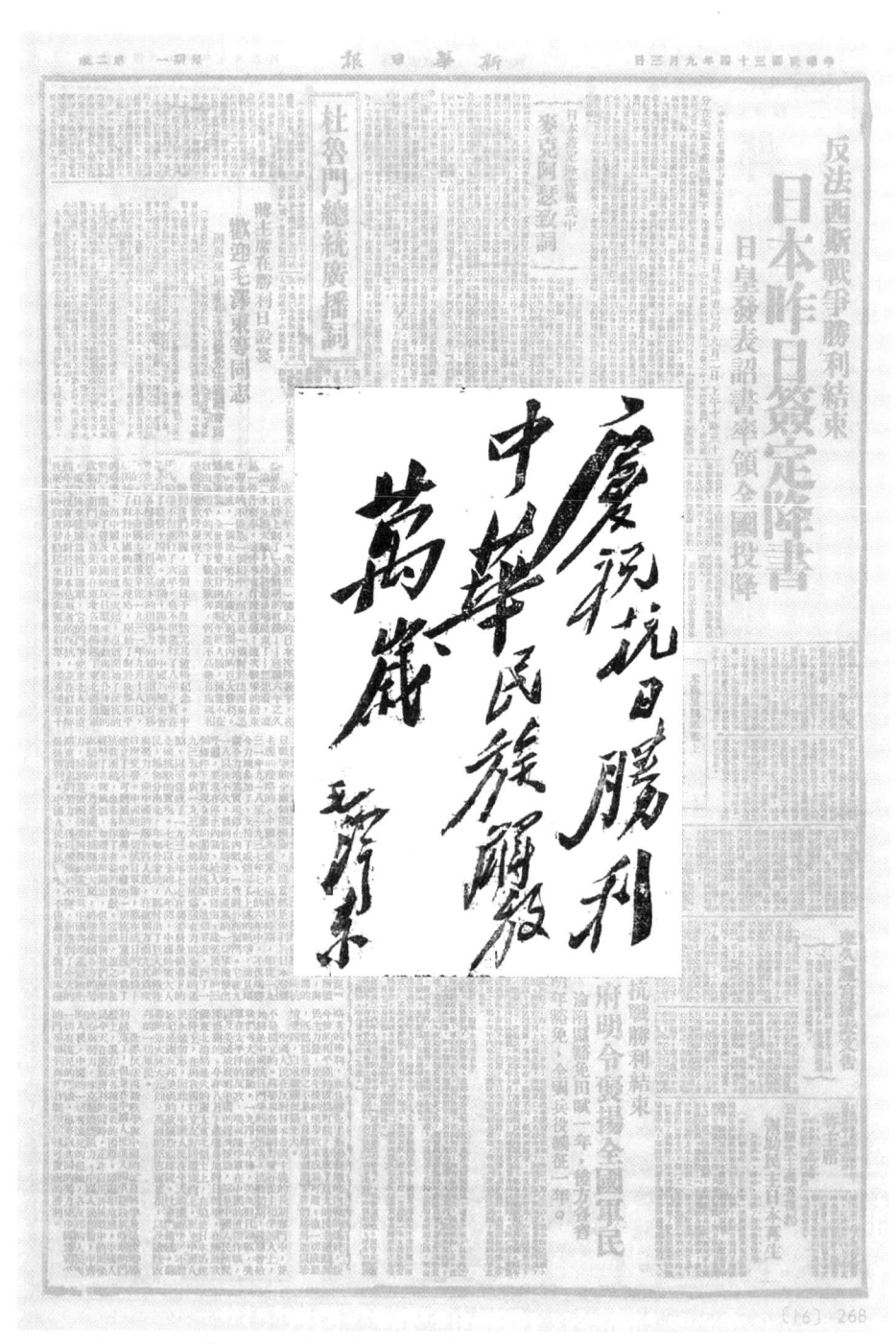

庆祝抗日胜利
中华民族解放万岁
毛泽东

▲1945年9月3日,《新华日报》发表的毛泽东为庆祝抗战胜利的题词

编辑说明

编写出版《中共中央南方局与伟大的抗日战争》是重庆市纪念中国人民抗日战争暨世界反法西斯战争胜利80周年的一项重要举措。本书共分上、下卷，以中共中央南方局的工作为主线，精选部分历史文献和亲历者口述回忆资料，综合反映全民族抗战时期南方局在中共中央直接领导下创造性开展工作取得的各项成绩，及其对抗战胜利作出的伟大贡献。

本书所选南方局历史文献和口述回忆，主要来源于南方局党史资料征集小组编辑的《南方局党史资料》（六卷本）、中共重庆市委党史研究室编辑的《中共中央南方局历史文献选编》以及公开出版的口述回忆资料等；其他文献，主要来源于权威部门编辑出版的选集、文集、专题文集等。

本书除综述外，共七个部分，每个部分由导读、历史文献和口述回忆组成，历史文献和口述回忆按时间顺序进行编排。第一部分讲党的战略策略引领抗战胜利方向，体现政治引领；第二至七部分依次为南方局的统战、文化、群众、外事、军事、党建等各项工作。

本书所辑历史文献，绝大部分以一件拟一标题。部分历史文献标题为编者根据文献内容重新拟定。若由编者所拟的，加注说明；所辑口述回忆，标题由编者根据口述内容提炼而成。

所辑历史文献为保持原始性，除对明显错误做了校订，对部分校订加注予以说明外，均保持原貌。校订中发现的错字用［］标明正确的写法，部分异体字、混用字也按现行通用写法用［］标明，部分加注予以说明。明显漏掉的字，用〈〉表明，并在〈〉内填写漏字。凡遇残缺、脱落、污损的文字，经考证确认者，加□并在内填写正确的字；无法确认者，则以□替代。

部分历史文献原件无标点，为方便阅读，编者根据内容加了标点。

注释大部分采用脚注形式，极少数根据实际情况采用夹注处理。

目 录

编辑说明……………………………………………………………………1

雾都明灯　千秋红岩
——中共中央南方局在中国人民抗日战争中的地位和作用…………1

一、中共中央和南方局的战略策略引领……………………………69

（一）历史文献

中国苏维埃政府、中国共产党中央为抗日救国告全体同胞书
（八一宣言）（一九三五年八月一日）……………………………74

论反对日本帝国主义的策略（一九三五年十二月二十七日）……毛泽东　80

中共中央关于逼蒋抗日问题的指示（一九三六年九月一日）……………95

中共中央为公布国共合作宣言（一九三七年七月十五日）………………97

反对日本进攻的方针、办法和前途（一九三七年七月二十三日）
………………………………………………………………毛泽东　99

中国共产党抗日救国十大纲领——为动员一切力量争取
抗战胜利而斗争（一九三七年八月二十五日）………………106

论持久战（内容略）（一九三八年五月）……………………毛泽东　109

抗日游击战争的战略问题（内容略）（一九三八年五月）…毛泽东　110

中国共产党在民族战争中的地位（内容略）（一九三八年十月十四日）
………………………………………………………………毛泽东　111

统一战线中的独立自主问题（一九三八年十一月五日）……毛泽东　112

中共中央书记处关于南方局领导成员的决定（一九三九年一月五日）
…………………………………………………………………115

中共中央书记处关于同意周恩来等为南方局常委的指示
（一九三九年一月十三日）……………………………………116
中共中央南方局关于组织分工等问题致中央书记处电
（一九三九年一月十六日）……………………………………117
中共中央为抗战两周年纪念对时局宣言（一九三九年七月七日）……118
关于国际新形势对新华日报记者的谈话（一九三九年九月一日）
………………………………………………………毛泽东 123
目前抗日统一战线中的策略问题（一九四〇年三月十一日）…毛泽东 128
放手发展抗日力量，抵抗反共顽固派的进攻（一九四〇年五月四日）
………………………………………………………毛泽东 135
论政策（一九四〇年十二月二十五日）………………………毛泽东 139
论联合政府（内容略）（一九四五年四月二十四日）…………毛泽东 146

（二）口述回忆
南方局党史很重要……………………………………邓颖超 147
南方局的历史丰富了党的历史宝库……………………宋　平 148
南方局的工作很出色，南方局党史很重要……………胡乔木 150
关于南方局的一些情况…………………………………廖似光 152
我所了解的南方局和八路军驻渝办事处机关……………林　蒙 154

二、推动民族团结抗战
——中共中央南方局的统一战线工作……………………………157

（一）历史文献
陈绍禹、周恩来等就蒋介石在谈判中提出国共两党组成
一个大党问题给中央的报告（一九三八年十二月十三日）……162
中共中央为国共关系问题致蒋介石电（一九三九年一月二十五日）……164
中共中央书记处关于国民党五中全会问题的指示
（一九三九年二月二十五日）…………………………………167
关于统一战线的策略、方法和守则（提纲）（一九三九年八月四日）……169

中共中央书记处关于争取小党派及中间分子给何克全等的指示
（一九四〇年四月一日）······171

张文彬关于对广东地方实力派进行统战工作的情况
给南方局的报告（节录）（一九四〇年四月二十三日）······172

中国共产党六月提案（一九四〇年六月）······175

毛泽东关于争取民族资产阶级问题给周恩来、叶剑英的电报
（一九四〇年十月十四日）······177

周恩来、董必武、叶剑英关于皖南事变后各小党派动向
给中共中央书记处的报告（一九四一年□月二十四日）······178

中共中央书记处关于对付蒋介石一月十七日命令的方针
给周恩来的指示（一九四一年一月二十五日）······179

八路军驻重庆办事处全体人员致毛朱的贺电（一九四一年一月二十七日）
······180

毛、朱给重庆八路军办事处全体同志的慰问电
（一九四一年一月二十九日）······181

中共中央书记处关于提出十二条临时解决办法给周恩来的指示
（一九四一年二月二十八日）······182

中共中央一九四一年三月政治情报——六个月来国民党
反共高潮的总结（一九四一年三月二十二日）······184

答《大公报》社论——周恩来致张季鸾、王芸生的信
（一九四一年五月二十一日）······187

南方局统战委员会关于争取中间分子之经过及经验的报告
（一九四二年七月）······190

与蒋会面尚非其时——致毛泽东（一九四二年八月十九日）······193

毛泽东关于国共合作中我之斗争方针给周恩来的电报
（一九四二年九月八日）······194

周恩来关于对国民党及其他党派统战工作致毛泽东电
（一九四二年九月十四日）······195

南方局关于国共关系的报告提纲（一九四二年十二月十二日）……197
周恩来关于共产国际解散后国民党对我之方针与我之对策致毛泽东电
（一九四三年六月四日）……203
毛泽东关于发动制止内战运动给董必武的指示电
（一九四三年七月四日）……205
毛泽东关于第三次反共高潮破产原因给彭德怀电
（一九四三年七月十三日）……206
坚持抗日民族统一战线，反对蒋介石的新专制主义
（一九四三年八月十六日）……周恩来 207
毛泽东关于国共关系问题给董必武的电报（一九四四年二月四日）……210
林伯渠、董必武、王若飞关于目前形势和谈判问题给毛泽东电
（一九四四年五月二十三日）……211
林伯渠在三届三次国民参政会上关于国共谈判的报告
（一九四四年九月十五日）……214
如何解决（一九四四年十月十日）……周恩来 221
中共中央关于共同纲领与推动孙科参加民主运动给王若飞指示电
（一九四五年一月二十一日）……230
中共中央代表周恩来离渝前的声明（一九四五年二月十五日）……232
论统一战线（一九四五年四月三十日）……周恩来 234

（二）口述回忆

中共代表同蒋介石的一次会见……吴玉章 259
在斗争中团结，在团结中发展……童小鹏 260
"要牺牲，我们一块牺牲"……陈舜瑶 264
南方局对民主政团同盟的指导和帮助……罗隆基 267
对国民党民主派的工作……许涤新 269
周恩来对于右任先生的关怀……屈 武 270
在保卫中国同盟工作……廖梦醒 274
在周恩来领导下开展对民族资产阶级的统战工作……许涤新 276

回忆周恩来对我的教导 ……………………………… 古耕虞 279
从反蒋转向走亲共的道路 …………………………… 刘文辉 284

三、笔战是枪战的前驱
——中共中央南方局的文化工作 …………………………… 287
（一）历史文献
《新华日报》发刊词（一九三八年一月十一日）……………… 292
周恩来在全国文艺界抗敌协会成立大会上的讲话
（一九三八年三月二十七日）………………………………… 294
中共中央关于党报问题给各地方党委的指示（一九三八年四月二日）
……………………………………………………………………… 295
《抗战文艺》发刊词（一九三八年五月四日）………………… 296
周恩来在鲁迅逝世二周年纪念会上的讲话（一九三八年十月十九日）… 298
致全世界反法西斯侵略战争的作家电（一九三九年四月九日）… 300
中共中央书记处关于在重庆加强翻印和发行党报党刊工作
给南方局的指示（一九四〇年一月二十五日）……………… 302
全国文抗协会致全世界作家书（一九四〇年八月）…………… 303
中共中央关于发展文化运动的指示（一九四〇年九月十日）… 304
南方局关于新华日报工作给中共中央书记处电
（一九四〇年十二月二十四日）……………………………… 305
致苏联文艺界书（一九四一年一月一日）……………………… 306
周恩来关于领导文化工作者的态度给廖承志的指示
（一九四一年五月七日）……………………………………… 309
转移在港各界朋友——周恩来致廖承志、潘汉年等的电报
（一九四一年十二月）………………………………………… 310
南方局关于文化运动工作报告（一九四二年）………………… 312
周恩来关于香港文艺运动情况向中央宣传部和文委的报告
（一九四二年六月二十一日）………………………………… 314

周恩来关于大后方文化活动近况致中央宣传部凯丰转文委电
（一九四二年九月）……………………………………………317
重庆文化界对言论出版自由意见书（一九四四年五月）…………319
重庆文化界为言论出版自由呈中国国民党十二中全会请愿书
（一九四四年五月）……………………………………………321
董必武关于桂林的疏散情形致周恩来电（一九四四年七月八日）……323
关于大后方文化人整风问题的意见（一九四五年一月十八日）
……………………………………………………………周恩来 324
对时局进言（一九四五年二月）………………………………………325
重庆各民主党派及文化界欢宴郭沫若和文化工作委员会成员
（一九四五年四月八日）………………………………………330

（二）口述回忆

《新华日报》概况……………………………………………徐迈进 334
抗日战争时期的《群众》周刊………………………………许涤新 348
文化工作委员会的组建及工作………………………………阳翰笙 353
难忘恩来同志的支持和鼓励…………………………………罗承烈 366
胜利大营救……………………………………………………连 贯 369
抗战期中的重庆"自然科学座谈会"及其演进………………谢立惠 373
回忆中华剧艺社………………………………………张逸群 金淑之 383
韧的追求………………………………………………………侯外庐 387

四、深入群众　扎根群众
——中共中央南方局的群众工作……………………………………397

（一）历史文献

现阶段青年运动的性质和任务（一九三七年十二月三十一日）
……………………………………………………………周恩来 402
中共中央关于开展妇女工作的决定（一九三九年二月二十日）………405

中共中央妇委关于目前妇女运动的方针和任务的指示信

（一九三九年三月三日）……………………406

中共中央青委关于大后方纪念"五四"青年节工作给南方局、

中原局、东南局的指示（一九三九年四月五日）……………414

中共中央关于开展职工运动与"五一"工作的决定

（一九三九年四月十二日）……………………416

中共中央书记处关于与国民党共同进行反汪运动给南方局的指示

（一九三九年五月二十八日）……………………418

南方局和南方局妇委关于目前南方妇女运动问题致粤、湘、赣等

省委妇委并报中共中央书记处转中妇委电（一九三九年七月十九日）…419

中共中央青委关于大后方纪念国际青年节的指示

（一九三九年八月十九日）……………………421

中共中央关于深入群众工作的决定（一九三九年十一月一日）……422

两年来本报所组织的几种主要群众运动（一九四〇年一月）

………………西　民　425

中共中央书记处关于积极参加国民党区的小学教育与

社会教育的指示（一九四〇年二月十八日）……………………430

中共中央青委关于第二届中国青年节工作的指示（一九四〇年三月八日）

……………………433

中共中央书记处关于"五一"工作的指示（一九四〇年四月十六日）…435

中共中央书记处关于目前国民党区学生工作的几个决定

（一九四〇年六月三日）……………………437

中共中央宣传部、中央青委关于反对顽固派反动教育的指示

（一九四〇年十一月十一日）……………………439

中共中央青委关于国民党区域青年统一战线工作的指示

（一九四〇年十二月一日）……………………442

中共中央青委给少共国际的信（通讯第八号）（节录）

（一九四一年八月十八日）……………………444

中共中央书记处关于青年节宣传工作给董必武等的指示

（一九四三年八月二十五日）……………………………………448

中共中央关于开展大后方农村工作给周恩来的指示

（一九四五年一月二十八日）……………………………………449

一九三八至一九四三年川东职工运动的情况（一九四三年）……450

南方局青年组关于宣传教育工作的总结（一九四五年初）………456

刘光关于重庆电力公司反特斗争的总结（节录）（一九四五年春）……465

关于据点工作的内容与经验（一九四五年）………………………468

（二）口述回忆

关于大后方的工人运动……………………………刘　实　475

恩来同志对青年的殷切希望………………………廖其康　476

浙大师生在遵、湄地区的斗争片断………………吕东明　479

中共在广西三青团中的活动………………………陈贞娴　484

南方局领导的妇女运动概况………………………廖似光　489

回忆中苏文化协会妇女委员会……………黄静汶　黄慧珠　493

抗战时期广东新运妇委会概况……………………杨　行　500

1939—1941年间中共云南地下党领导下的群众工作

………………………费　炳　李群杰　李剑秋　唐登岷　506

五、宣传出去　争取过来

——中共中央南方局的外事工作……………………………511

（一）历史文献

坚持中国抗战争取更大的国际同情与援助（一九三九年一月二十八日）

……………………………………………………潘梓年　515

中共中央书记处关于反对东方慕尼黑阴谋的指示

（一九三九年七月二十九日）……………………………………518

中共中央书记处关于目前国际形势与我们宣传方针的指示

（一九四〇年八月二日）……………………………………519

中共中央关于时局趋向的指示（一九四〇年九月十日）……521

毛泽东关于目前国际形势下准备应付任何黑暗局面致周恩来电
（一九四〇年十月二十五日）……526

毛泽东关于不反对蒋介石加入英美集团及制止投降分裂
给周恩来的电报（一九四〇年十一月六日）……527

论目前战局（一九四一年五月二十五日）……周恩来 528

关于反法西斯的国际统一战线
（一九四一年六月二十三日）……毛泽东 532

论苏德战争及反法西斯的斗争
（一九四一年六月二十八日）……周恩来 533

中共中央书记处关于凡属反对法西斯德意日者均应联合的指示
（一九四一年七月十二日）……540

周恩来关于对太平洋局势分析及我之对策的建议致毛泽东电
（一九四一年七月）……541

周恩来对时局的看法与加强香港方面工作致毛泽东电
（一九四一年七月三十日）……543

联合起来扑灭法西斯（一九四一年七月三十日）……董必武 545

中共中央关于最近国际事件的声明（一九四一年八月十九日）……552

南方局会议记录节录（周恩来谈苏德战争、太平洋情形）
（一九四一年九月二日）……555

南方局会议记录节录（周恩来谈日美妥协可能）（一九四一年九月十四日）
……558

毛泽东关于当前国际形势和反对悲观情绪问题
给周恩来、廖承志的电报（一九四一年十月二十日）……560

中共中央书记处关于建立与英美的统一战线问题给周恩来等的指示
（一九四一年十二月八日）……561

中国共产党为太平洋战争的宣言（一九四一年十二月九日）……562

中共中央关于太平洋反日统一战线的指示（一九四一年十二月九日）…564

周恩来关于香港人员撤退事给廖承志等并中央书记处电
（一九四一年十二月九日）……………………………566
中共中央关于保护敌占区英美人士的指示（一九四一年十二月）………567
南方局关于国共关系的报告提纲（节录）（一九四二年十二月十二日于重庆）
……………………………568
中共中央关于庆祝中美中英间废除不平等条约的决定
（一九四三年一月二十五日）……………………………570
周恩来给柯棣华大夫家属的慰问信（一九四三年三月二十二日）………573
毛泽东、朱德为感谢印度医疗队援华致印度国民大会的信
（一九四三年四月五日）……………………………574
毛泽东会见中外记者西北参观团的讲话（一九四四年六月十二日）……575
毛泽东同英国记者斯坦因的谈话（一九四四年七月十四日）……………578
欢迎美军观察组的战友们！（一九四四年八月十五日《解放日报》社论）…587
南方局关于外交工作的意见及对中央的建议（一九四四年八月十六日）
……………………………591
中共中央关于外交工作指示（一九四四年八月十八日）……………………598
周恩来致史迪威将军说帖（一九四四年九月）……………………………602
毛泽东给罗斯福的信（一九四四年十一月十日）……………………………605
毛泽东关于迫美放弃扶蒋主张给周恩来电（一九四五年二月十二日）…607
周恩来关于出席联合国会议代表问题致赫尔利信
（一九四五年二月十七日）……………………………608
周恩来关于出席旧金山会议代表等问题致王世杰的信
（一九四五年三月七日）……………………………609
中国共产党的基本政策（一九四五年六月五日）…………董必武　611

（二）口述回忆

南方局的外事工作…………………………………………王炳南　621
周恩来在南方局时期的外事工作…………………………鲁　明　625
皖南事变后，南方局的对外宣传工作……………………童小鹏　630

我把新四军事件真相告诉了他们…………………………王安娜 631
恩来同志会见美国总统私人代表威尔基……………………刘尊棋 633
苏联大使馆的常客………………………………………尼·费德林 635
病榻上的斗士………………………………………………戴维斯 636
周公馆印象…………………………………………………费正清 638

六、领导华南敌后抗日
——中共中央南方局的军事工作……………………………641

（一）历史文献

中共中央书记处关于帮助国民党及其军队工作原则的决定
（一九三九年一月二十六日）……………………………………645

目前形势和新四军的任务（一九三九年三月）………………周恩来 646

关于参加南岳游击干部训练班工作情形给中共中央的报告
（一九三九年四月二十三日）………………………………叶剑英等 653

廖承志关于琼崖最近情况致中共中央、南方局转广东省委电
（一九三九年七月三日）…………………………………………658

中共广东省委关于琼崖党及游击队情况向南方局并
中共中央书记处的报告（节录）（一九四〇年一月十三日）………659

中共中央书记处关于与国民党谈判条件不能让步问题
给南方局的指示（一九四〇年一月二十五日）……………………660

中共中央书记处关于琼崖工作给粤委的指示
（一九四〇年一月二十六日）……………………………………661

中共中央书记处关于与国民党谈判内容给南方局的指示
（一九四〇年二月九日）…………………………………………663

张文彬关于广东军事工作情况向南方局的报告（节录）
（一九四〇年三月七日）…………………………………………664

中共中央书记处对广东工作的指示（一九四〇年三月十一日）………669

中共中央书记处关于曾生、王作尧两部应回防东莞、宝安、
惠阳地区及行前应注意事项的指示（节录）（一九四〇年五月八日）……671
中共中央书记处对琼崖工作的指示（一九四〇年十一月七日）……672
周恩来关于东江游击队接洽谈判问题致中共中央书记处电
（一九四二年九月三日）……675
林平关于广东东江与三角洲两区工作给中共中央周恩来的电报
（一九四三年二月二十一日）……676
周恩来关于同意广东军政会新名单和加紧实行精简政策
给林平的指示（一九四三年二月二十五日）……681
中共琼崖特委关于反蚕食斗争的指示（节录）（一九四三年三月十八日）
……682
林平关于广东东江与南番、中顺两游击区目前情况
给中央军委的报告（一九四三年十一月二十三日）……686
中共中央书记处关于东江游击区建立抗日民主政权问题
给林平的指示（一九四四年一月三十一日）……688
中共中央军委对华南根据地工作指示（一九四四年七月五日）……689
中共广东临委、军政委员会关于今后工作的决定（节录）
（一九四四年八月会议通过）……691
中共中央关于布置湘粤两省工作给董必武的指示
（一九四四年十月二十五日）……694
林平关于东江军委与临委联席会议的决定致周恩来并中共中央电
（一九四四年十一月十一日）……695
中共中央关于东江、琼崖工作给林平的指示
（一九四四年十一月十四日）……697
周楠关于广东南路情况给董必武、王若飞的报告
（一九四五年一月四日）……698
中共广东临委关于广东工作向周恩来及中共中央的请示电
（一九四五年二月十日）……700

中共中央关于华南工作方针的指示（一九四五年三月六日）…………702

中共中央关于配合盟军登陆问题给林平的指示（一九四五年三月十三日）
……………………………………………………………………………704

周楠关于南路各县武装起义情况给中共中央的报告
（一九四五年六月十三日）…………………………………………706

中共中央关于华南战略方针和工作部署给广东区党委的指示
（一九四五年六月十六日）…………………………………………708

中共中央关于建立南方根据地的战略方针给湘鄂赣区党委等的指示
（一九四五年六月二十四日）………………………………………710

中共中央军委关于创造湘粤赣桂边根据地给广东区党委的指示
（一九四五年七月十五日）…………………………………………712

中共广东区党委关于广东解放区现况向中共中央、中央军委的报告
（一九四五年七月三十日）…………………………………………714

中共中央关于开辟湘粤边根据地及准备长期斗争给广东区党委的指示
（一九四五年八月四日）……………………………………………716

周恩来关于对待华南地方势力的方针给狄超白同志的指示
（一九四五年八月五日）……………………………………………718

中共中央关于对两广上层分子工作方针给广东区党委的指示
（一九四五年八月六日）……………………………………………720

东江纵队紧急命令（一九四五年八月十一日）……………………………722

（二）口述回忆

关于南岳游击干部训练班的部分情况……………………薛子正　723

关于成立广东人民抗日游击队问题…………………………廖承志　727

忆珠江纵队……………………………………………………梁　嘉　谢　斌　729

坚持华南战场抗战的一面旗帜——回忆东江纵队的战斗历程
………………………………………………………………曾　生　737

琼崖敌后抗日游击战争（节录）……………………………冯白驹　747

我从延安返海南时中央领导同志和我谈话的要点…………庄　田　756

七、建设坚强的战斗堡垒

——中共中央南方局的党建工作……759

（一）历史文献

中共中央书记处关于党员被逼加入国民党问题的决定（节录）

（一九三九年五月四日）……764

南方局关于秘密工作的决定（一九三九年五月十八日）……766

南方局关于组织问题的紧急通知（一九三九年六月二十九日）……768

中共中央政治局关于巩固党的决定（一九三九年八月二十五日）……770

国民党的防共办法与我们的对策（节录）（一九三九年）……773

中共中央书记处关于秘密党员加入国民党问题的指示

（一九四〇年五月五日）……775

中共中央书记处对上海党秘密工作的指示（一九四〇年十月一日）……776

中共中央宣传部关于大后方党的干部教育的指示

（一九四〇年十月二十五日）……778

中共中央书记处关于大后方党员加入某党（国民党）问题的指示

（一九四一年一月八日）……782

南方局会议记录节录（钱瑛同志谈党的组织工作）

（一九四一年五月二十一日）……786

南方局会议记录节录（孔原同志谈组织工作）

（一九四一年五月二十二日）……788

中共中央书记处关于隐蔽和撤退国民党统治区党的力量的指示

（一九四一年五月二十六日）……789

中共中央宣传部关于国民党统治区域内党的支部教育的指示

（一九四一年五月二十九日）……790

南方局会议记录节录（周恩来谈整风工作）（一九四一年十月六日）……792

建设坚强的战斗的西南党组织（一九四二年一月）……周恩来 794

加强西南党组织的建设（一九四二年一月）……周恩来 796

中共中央书记处关于取消秘密党的省委特委组织的指示
（一九四二年七月）···801
我的修养要则（一九四三年三月十八日）·············周恩来 802
中共中央关于继续开展整风运动的指示（第三号）
（关于克服自由主义）（一九四三年三月）·················803
怎样做一个好的领导者（一九四三年四月二十二日）·······周恩来 806

（二）口述回忆

南方局组织部的工作情况····························荣高棠 811
南方局整风学习的主要情况··························童小鹏 821
恩来同志和我们一起学习讨论························罗 清 826
红岩整风是和风细雨、心情舒畅的思想教育运动·······何启君 828
董老和南方局的整风运动····························许涤新 830
我参加了第一期训练班································刘隆华 832

后记···835

综 述

雾都明灯　千秋红岩
——中共中央南方局在中国人民抗日战争中的地位和作用

2025年是中国人民抗日战争暨世界反法西斯战争胜利80周年。中国人民抗日战争的胜利是以爱国主义为核心的民族精神的伟大胜利，是中国共产党发挥中流砥柱作用的伟大胜利，是全民族众志成城奋勇抗战的伟大胜利，是中国人民同反法西斯同盟国以及各国人民并肩战斗的伟大胜利。这个伟大胜利，是中华民族从近代以来陷入深重危机走向伟大复兴的历史转折点，也是世界反法西斯战争胜利的重要组成部分。回顾历史，在民族危亡的紧急关头，中国共产党捍卫民族独立最坚定，维护民族利益最坚决，反抗外来侵略最勇敢，以卓越的政治领导力和正确的战略策略，指引了中国抗战的前进方向；始终高举抗日民族统一战线的旗帜，坚定不移推动全民族抗战；勇敢战斗在抗日战争最前线，支撑起中华民族救亡图存的希望，无愧于全民族抗战的中流砥柱！

在这一伟大历史进程中，中共中央南方局（以下简称"南方局"）作为党中央设在重庆的领导机关，在领导今重庆、四川、云南、贵州、湖北、湖南、广东、广西、江苏、上海、江西、福建以及香港、澳门等地的党组织和党的工作以及南方敌后武装斗争过程中，在国民党统治区复杂而艰苦的斗争环境中，坚决贯彻执行党的路线方针政策和党中央重大决策部署，坚持抗战、团结、进步，反对妥协、分裂、倒退，发展进步势力、争取中间势力、孤立顽固势力，创造性地开展以统战工作为中心的各方面工作，以有理、有利、有节的斗争策略维护了国共合作抗战大局，巩固和发展了抗日民族统一战线，为实现民族独立和人民解放，为促进世界反法西斯战争的胜利作出了重要贡献，是中国共产党发挥全民族抗战中流砥柱作用的生动实践。

党的十八大以来，习近平总书记多次对南方局历史发表重要讲话。2018年3月1日，习近平总书记在纪念周恩来同志诞辰120周年座谈会上指出："全民族抗日战争时期，周恩来同志代表我们党长期在国民党统治区坚持工作，广泛团结和争取各界爱国人士，同国民党顽固派进行有勇有谋的斗争。抗日战争胜利后，周恩来同志陪同毛泽东同志赴重庆同国民党进行谈判，随后率领我们党代表团同国民党当局进行了长达一年多的谈判斗争。"①2019年4月，习近平总书记在视察重庆时指出："毛泽东同志在这里进行了决定中国前途命运的重庆谈判，周恩来同志领导中共中央南方局在这里同反动势力开展了坚决斗争。"②2022年3月1日，习近平总书记在春季学期中央党校（国家行政学院）中青年干部培训班开班式上讲话中列举了南方局领导下的鄂西特委书记何功伟的事例，指出："面对敌人一次次严刑拷打、一次次劝降利诱，他毫不畏惧、不为所动，高唱《国际歌》英勇就义，年仅26岁。何功伟在给父亲的信中写道，儿献身真理，早具决心，除慷慨就死外，绝无他途可循，为天地存正气，为个人全人格，成仁取义，此正其时。"③习近平总书记的这些重要论述，为我们在新时代深刻理解和准确把握南方局的历史贡献指明了方向，提供了遵循。

一、南方局的成立是党中央为适应抗战斗争新形势而作出的重大战略决策

党的十八大以来，习近平总书记站在全局高度，多次强调要注重统筹中华民族伟大复兴战略全局和世界百年未有之大变局，突显了鲜明的战略主动性。在全民族抗战时期，面对德、意、日等法西斯国家对世界疯狂侵略的大变局，要实现中华民族伟大复兴，就必须打败日本侵略者，实现民族独立和人民解放。要达到此目的，不仅要联合国内一切抗日力量，结成抗日民族统一战线，还要联合世界上以平等待我的国家和人民，结成国际反法西斯统一战线，这是中国共产党必须回答和解决好的历史任务。

当时，中国共产党领导的革命斗争已逐渐形成了两个战场：一个是敌后抗日根据地的武装斗争，这是革命的主战场；一个是党领导的国民党统治区工作战场，后者最重要的任务就是统一战线。这两个战场，共同推进

---

① 习近平：《在纪念周恩来同志诞辰120周年座谈会上的讲话》（2018年3月1日），《人民日报》2018年3月2日。
② 习近平：《论中国共产党历史》，中央文献出版社2021年版，第31—32页。
③ 习近平：《努力成为对党和人民忠诚可靠、堪当时代重任的栋梁之才》，《求是》2023年第13期。

着抗日战争和中国革命不断向前发展。

1938年10月，日军侵占广州、武汉后，已无力再发动大规模的战略进攻。全民族抗战由战略防御阶段进入战略相持阶段。战略相持阶段到来后，日本侵略者在坚持灭亡中国的总方针下，逐渐将主要兵力用于进攻敌后战场的八路军和新四军；对国民政府，从以军事进攻为主、政治诱降为辅转变为以政治诱降为主、军事打击为辅。在这种形势下，国民党统治集团内部的投降、分裂、倒退活动日益严重，逐渐消极抗日、积极反共，团结抗战的局面出现严重危机。

面对这些新情况，为制定党在抗战进入相持阶段新形势下的战略方针，中共中央于1938年9月至11月在延安召开了六届六中全会，毛泽东在会议上作《论新阶段》的政治报告。他认为，以武汉失守为标志，抗战将从战略防御阶段进入战略相持阶段，"支持长期战争与争取最后胜利的唯一道路，在于统一团结全民族，力求进步，依靠民众"，而"没有国共两党为基础的抗日民族统一战线的发起、建立与坚持，如此伟大的抗日民族革命战争之发动、持久与争取胜利，是不可能的"，并且"由于抗日战争是长期的，整个抗日民族统一战线也能够且必须是长期的，其中主要的两个党——国民党与共产党的合作，也能够且必须是长期的，这是一切政策的出发点"。基于这种认识，毛泽东强调统一战线的极端重要性，指出"新阶段同时即是抗日民族统一战线发展的新阶段"，在新阶段中"抗日民族统一战线必须以一个新的姿态出现，才能应付战争的新局面。这种新姿态，就是统一战线的广大的发展与高度的巩固"。①

因此武汉沦陷后，随着国民党统治区的中心向重庆转移，党的六届六中全会决定撤销长江局，在重庆改设南方局。1939年1月16日，南方局在重庆正式成立，周恩来任书记，周恩来、博古、凯丰、吴克坚、叶剑英、董必武为常委，另有邓颖超等七位同志为委员。其主要职责有：一是代表党中央与国民党当局谈判、交涉，与各党派和各界人士交往，维护国共合

---

① 中央档案馆编：《中共中央文件选集》第十一册（一九三六——九三八），中共中央党校出版社1991年版，第573、561、623、594、604页。

作抗战大局,巩固和发展抗日民族统一战线;二是领导今重庆、四川、云南、贵州、湖北、湖南、广东、广西、江苏、上海、江西、福建以及香港、澳门等地的党组织和党的工作,领导华南、西南地区的敌后武装斗争;三是领导设立于上述地区的八路军(新四军)办事处和新华日报社、群众周刊社等公开机构。由于国民党不允许共产党组织在其统治区公开活动,因而南方局的机构处于秘密状态,但其领导人对外以中共代表或国民参政会参政员的身份公开活动。南方局从建立到1946年5月东迁南京,先后由周恩来、博古、董必武、王若飞等担任书记或者代理书记。

从党中央赋予南方局的主要职责可以看出,南方局的建立,是中共中央为适应抗战相持阶段到来后的形势发展,不仅是为了开辟与抗日根据地斗争紧密配合的国民党统治区战场,加强党在国民党统治区的工作,广泛组织和动员国民党统治区人民参加抗战、争取民主,开拓国民党统治区工作新局面采取的重要组织保障,更重要的是党为维护国共合作抗战局面,阻止国民党顽固派妥协、倒退、投降,巩固和发展抗日民族统一战线,争取抗战胜利和人民民主所作出的重要战略决策。故南方局诞生的天然使命就是高举抗日民族统一战线旗帜,为抗战凝聚力量,其最重要的政治任务和贯穿始终的工作就是巩固和扩大抗日民族统一战线,维护国共合作,争取中间势力。由于国民党统治区实际上成为执行统一战线政策的主要阵地,因此,南方局的统一战线工作也就具有了全局性的地位。

南方局成立后,中共中央和毛泽东就对其极为重视。1939年8月24日,毛泽东在中央政治局会议上指出,南方局的方针是:"一、巩固党;二、深入群众;三、向中间阶层发展统一战线。这是今后南方局的严重任务,要这样去适应新的环境与党的总任务。"[①]1940年3月,毛泽东在《目前抗日统一战线中的策略问题》的报告中,提出了"发展进步势力,争取中间势力,孤立顽固势力"和"有理、有利、有节"的策略原则,进一步指明了在抗日民族统一战线内对待各种社会力量的方针政策和斗争策略。

---

① 中共重庆市委党史研究室编:《中共中央南方局大事记》,重庆出版社2004年版,第101页。

8月，毛泽东在中央政治局讨论南方局工作和统一战线工作的会议上又着重指出："过去中央工作方向偏重军事和战区，对南方及日本占领区注意很少，今后政治局须用大力加强这个方面。"他提出一个重要意见："中央今后的注意力，第一是国民党统治区域，第二是敌后城市，第三是我们战区。"他强调党组织在国民党统治区的工作带有全局性，要在巩固的基础上进一步发展。这是抗战以来中共中央第一次把国民党统治区的工作放在如此重要的战略地位。这与党维系国共合作，争取中间势力，巩固和扩大抗日民族统一战线，不断凝聚革命力量这一战略思考密切相关。毛泽东还指示，"国民党区域的党，均由恩来全责管理，以统一党的领导"①。11月20日，毛泽东又主持中央政治局会议，听取博古关于目前形势和南方工作的报告。1943年4月5日，毛泽东主持中央书记处会议决定，由他分管驻重庆办事处的工作，以进一步加强对南方局工作的具体领导。8月30日，中央政治局会议听取周恩来关于南方局工作汇报后，毛泽东讲抗日时期党的路线问题，强调："对国民党的斗争是以斗争求团结。"②此外，毛泽东还经常与周恩来、董必武、叶剑英等南方局领导人就国共谈判、国民参政会、党建、统战、军事、文化、群众、《新华日报》等具体工作通过谈话、电报、书信等形式及时交换意见，发出指示。

中共中央和毛泽东关于南方局工作的明确部署和要求，使南方局肩负着光荣的历史使命，为南方局在国民党统治区这一特殊环境下创造性开展工作提供了实践遵循。

二、宣传党的抗战方略，指明中国抗战前进方向，坚定国民党统治区人民抗战必胜信念

习近平总书记指出："战略问题是一个政党、一个国家的根本性问题。战略上判断得准确，战略上谋划得科学，战略上赢得主动，党和人民事业

---

① 金冲及主编：《周恩来传》，中央文献出版社1998年版，第582页。
② 中共中央文献研究室编：《毛泽东年谱（一八九三——一九四九）》中卷（修订本），中央文献出版社2013年版，第201、467页。

就大有希望。"①100多年来，中国共产党总是能够在重大历史关头从战略上认识、分析、判断面临的重大历史课题，制定正确的政治战略策略，这是党战胜无数风险挑战、不断从胜利走向胜利的有力保证。

1937年7月，日本发动全面侵华战争后，中华民族面临空前危机，为打败日本侵略者，中国共产党提出并全面阐述了实现全面抗战、持久抗战和敌后游击战等一系列正确的战略主张，指引了中国抗战前进方向。在国民党统治区，由于敌人的强大凶残、国民党军队的接连失利、大片国土的沦陷，以及抗日民族统一战线内部抗战与妥协投降、团结与摩擦分裂、进步与落后倒退的斗争日益激烈等原因，不少民众存在对中日战争的过程究竟怎样发展、中国能否取得抗战胜利、如何才能取得胜利等的疑虑。为鼓舞和坚定国民党统治区人民抗战必胜的信念，南方局重点依托《新华日报》、《群众》周刊两个在国民党统治区的公开舆论阵地，积极宣传党的抗战方略，正确分析抗战形势，科学研判抗战走向，真实展示党领导的人民军队抗战实绩和抗日根据地精神风貌，成为推动全面持久抗战，争取抗战胜利的重要舆论和精神力量，为实现党对全民族抗战的政治领导发挥了重要作用。

一是宣传党的全面抗战路线。国共两党在如何抗日问题上，一开始就存在着不同主张。蒋介石集团实行片面抗战路线，单纯依靠政府和军队的抗战，不愿意实行民主、改善民生，不敢发动和依靠广大人民群众。中国共产党则主张实行全面抗战路线，废除国民党一党专政，给人民以充分的抗日民主权利，适当地改善工农大众的生活，充分动员、组织和武装民众抗战，使抗日战争成为真正的人民战争。很显然，片面抗战路线是不能支持持久抗战的，更不能取得抗战的最后胜利。1938年10月7日，《新华日报》发表题为《论目前抗战形势》的社论，明确提出只有全民族的广泛动员才是争取抗战胜利的唯一途径，指出战争的烈火已经使中华民族的生活发生了根本变化，已经将千千万万的中国人民组织和武装起来，因此"我

---

① 习近平：《重视战略策略问题》（2022年1月11日），《习近平著作选读》第二卷，人民出版社2023年版，第582页。

们的中心任务",就是"巩固和扩大抗日民族统一战线,发动全民抗战"。①随着中国共产党领导的华北、华中、华南等敌后抗日根据地不断发展、巩固,党倡导和坚持的全面抗战路线得到进一步执行,影响进一步扩大。结合党领导的敌后抗战的宣传,《新华日报》关于全面抗战战略的宣传也继续深入和扩大。1939年2月10日,《新华日报》发表社论《怎样准备和生长新的力量》指出,抗战相持阶段,日军的军事进攻相对沉寂,"我们就更应该利用这种'喘息'时间多努力于准备和生长新的力量的工作。必须尽一切可能尽最善的努力,去切实推动全民族各阶层中生动力量之更大发动与政党军民各方面之更大进步,使之能够继续长期抗战,并准备争取最后胜利。"②2月20日,《新华日报》又发表社论《国民参政会第三次大会》指出,"抗日民主之实现与民族解放是相互为用的,只有动员全国人民参加抗战,才是抗战胜利之最后保障"③。不仅如此,南方局利用《新华日报》围绕坚持全面抗战路线,在宣传中还提出了动员和组织民众的具体办法,认为要动员民众抗战,必须推进民主、改善民生,改革政治机构,真正把最大限度的权力交给人民,使人民能够发表抗日意见、提出抗日主张;必须解除工农大众过重的经济负担,提高生产能力,在此基础上进行全国人民的精神动员和民力动员,才能支持持久抗战。在南方局的领导下,《新华日报》率先在新闻界开展义卖活动,鼓舞了大后方人民支援抗战前线的热情。各地有钱出钱,有力出力,开展了一系列支援前线的捐献活动。从1938年到1944年,《新华日报》参与组织并全力报道了许多大规模的支前物资劝募、献金活动,全面、忠实地反映了大后方机关团体和爱国群众慷慨解囊、支援抗战大业的义举,使党的全面抗战战略深入人心。

二是宣传党的持久抗战主张。为动员并组织人民群众进行全面抗战,必须明确提出抗战的军事战略方针。当时,"亡国论"和"速胜论"的错

---

① 《论目前抗战形势》,《新华日报》1938年10月7日。
② 《怎样准备和生长新的力量》,《新华日报》1939年2月10日。
③ 《国民参政会第三次大会》,《新华日报》1939年2月20日。

误观点都有相当大的市场。1938年5月，为廓清迷雾，毛泽东在延安发表阐述其抗战战略的重要著作《论持久战》，文中分析了中日两国国情、敌我力量对比、双方战争正义和非正义的性质等因素，驳斥了"亡国论"和"速胜论"，论证了中国抗日战争是一场持久战，在经历战略防御、战略相持、战略进攻三个阶段后，胜利最后属于中国。《新华日报》连续刊登周恩来的《论目前的抗战形势》《论战局的扩大》等文章，对毛泽东的《论持久战》的战略思想进行了全面、具体阐述。1939年8月13日，《新华日报》发表社论《"八一三"二周年纪念》指出："两年来的经验，证明了'八一三'所开始的持久抗战国策的全部正确性，是拯救中国的唯一的法宝。"①1941年国民党顽固派发动第二次反共高潮，抗日民族统一战线面临空前危机。5月26日，《新华日报》发表时评《论持久战讲演三周年》，重申中国共产党关于持久抗战的战略方针。7月7日，周恩来发表《"七七"四周年》指出"敌人企图速决，我们便应持久"，"抗战第四年是我们最苦难的一年……我们必须坚持长期抗战"②。太平洋战争爆发后，针对国际反法西斯战争的长期化，1942年1月3日，《新华日报》发表社论《反侵略战应有的几点认识》指出，战争的长期性，已不是理论的争论问题，而是事实已明显不过的证明了，中国抗战的长期性也无可置疑，持久抗战仍然是中国抗战的重要方针，不可懈怠。③在南方局的领导下，《新华日报》关于持久抗战的宣传，极大地鼓舞了全国抗战军民，为中国人民最终战胜日本侵略者提供了强大精神动力。

三是宣传敌后游击战的战略。在深入敌人后方以后，八路军应该怎样作战，怎样打击敌人？党确立了基本的是游击战，但不放松有利条件下的运动战的作战方针。1938年6月21日，《新华日报》刊登毛泽东的《抗日游击战争的战略问题》，文中指出，战争的基本原则是保存自己消灭敌人，并提出抗日游击战争的六个具体战略问题，即：一、主动地、灵活地、有

---

① 《"八一三"二周年纪念》，《新华日报》1939年8月13日。
② 《"七七"四周年》，《新华日报》1941年7月27日。
③ 《反侵略战应有的几点认识》，《新华日报》1942年1月3日。

计划地执行防御战中的进攻战,持久战中的速决战和内线作战中的外线作战;二、和正规战争相配合;三、建立根据地;四、战略防御和战略进攻;五、向运动战发展;六、正确的指挥关系。①12月7日至10日,《新华日报》刊载毛泽东《论新阶段》指出,"对中国军民来说,不要为若干大城市和交通要道的丧失所震惊,要有计划地部署正面战场的防御抵抗和广泛开展敌后游击战,抓住敌人兵力不足和兵力分散的弱点,给敌以更多消耗,促使其更大的分散,使战争转入敌我相持的新阶段",并强调"这是全国当前的紧急任务。敌后战场要准备敌人用很大力量来进攻,准备进行艰苦的战斗"②。周恩来高度重视对毛泽东关于独立自主游击战方针的宣传。1939年5月31日,周恩来向中外记者讲演《二期作战之敌我新战略与前途之展望》并在重庆的国民党广播电台发表《二期抗战的重心》的讲话,指出二期抗战争夺的重心在敌后,我们争夺敌后的方针便是发展游击战争、建立敌后根据地、消耗敌人有生力量。6月6日,周恩来在南方局举行的训练班作题为《关于目前抗战形势及任务》的报告,指出中国军队应广泛建立敌后抗日游击根据地,变敌后为前方,积小胜为大胜,提出在新形势下游击战争的原则是"敌击我隐、敌分我袭、敌进我伏、敌围我散",把游击战的战略具体化成为可操作的行动。在周恩来的领导下,《新华日报》发表了一系列论述游击战的社论和署名文章,或阐述抗战发展到相持阶段游击战比正规战重要,或介绍八路军在华北各地和新四军在皖南一带始终坚持敌后游击战,迟滞日伪在沦陷区力量发展、动摇瓦解日伪在沦陷区的政权基础、阻止日伪继续大举向我进攻的情况。这些形势分析和实例说明,党坚持独立自主的游击战是正确的,与国民党节节败退的严重失利相对比,使国民党统治区人民看到了战胜强大敌人的希望。

四是宣传党领导的人民抗日武装敌后抗战战绩。抗战进入相持阶段后,为打破国民党对八路军、新四军所谓"游而不击""不听指挥"的欺骗宣传,《新华日报》进一步加强了对敌后战场的报道。1939年《新华日

---

① 《抗日游击战争的战略问题》,《新华日报》1938年6月21日。
② 《论新阶段》,《新华日报》1938年12月7日至10日。

报》全年共计刊发彭德怀撰写的《华北抗战概括及今后形势估计》《叶挺将军新X军①谈艰苦奋斗》《新X军如何战胜敌人》《把敌后变成反攻的堡垒》《华北的"扫荡"与反"扫荡"》《华北军民反"扫荡"的一年》《华北军民反"扫荡"的意义和教训》等敌后抗战消息、评论、人物专访和特写文章100余篇。其中仅华北敌后一年来反"扫荡"的战绩，就经历较大战斗1800余次，毙敌五六万，牵制和打击了40余万人的日伪兵力，极大地鼓舞了大后方各界群众的抗战士气。1940年为打破日军"囚笼政策"，消除国民党政府妥协投降危险，八路军对日军发动大规模进攻作战，亦称"百团大战"。8月25日，《新华日报》刊登朱德、彭德怀率八路军将士慰问重庆同胞电文，后又连续刊登《以胜利回答敌寇暴行》《百团大战在华北》《华北百团大战的历史意义》等文章，指出百团大战是继平型关、台儿庄大捷后，中国人民取得的又一次抗战胜利，对克服抗战困难、鼓舞友军士气、振奋民心起了极大作用。1941年至1942年，敌后反"扫荡"进入更加艰苦、复杂的时期。两年来，《新华日报》对敌后根据地反"扫荡"斗争的通讯报道、分析、评论总计发文200篇以上。其中，1942年5月25日，八路军副参谋长左权在反"扫荡"战中牺牲，6月23日《新华日报》发表周恩来撰写的社论《左权同志精神不死》指出，左权的牺牲，充分印证了全国抗战五年来八路军在敌后打击日军、英勇抗战的英雄业绩和不惧牺牲、勇往直前的英雄气概。1944年3月13日，《新华日报》发表《告慰国父——敌后怎样实现国父遗教》，对中国共产党领导的敌后抗战进行总结。其中，1943年，华北敌后与敌伪进行大小战斗共22735次，华中与日伪军作战4822次，毙伤俘获和投诚的敌伪军总计12293名，八路军、新四军和地方武装牺牲39514名，北自大青山和内外长城、东临黄海、南至海南岛，牵制和打击着日军十个师团和十个旅团的兵力（占侵华日军的半数），以及全部的伪军；8月1日，又发表社论《在敌后努力》，介绍了八路军参谋长叶剑英6月22日对记者团谈话内容和《大公报》的相关报道，

---

① 由于国民党政府封锁中国共产党领导的人民军队抗战消息，严禁"八路军""新四军""边区"等字样出现，《新华日报》在相关宣传中不得不采取此权宜之策。

指出八路军、新四军在华北、华中等地敌后坚持抗战，收复广大国土，解放了8000万同胞，建立了晋察冀、晋绥、冀鲁豫、山东等15个根据地。1945年，敌后人民军队胜利不断扩大，《新华日报》的相关报道仍在加强，连续发表《鲁南我军夏秋季攻势结果》《中原人民武装起来豫西人民游击队声势浩大》《解放区军民中加紧准备反攻从军热潮空前高涨》等文章，其中4月9日在《扩大解放区敌后一年战绩辉煌》一文中报道敌后我军对敌作战2万多次，毙伤敌伪22万多名，俘获敌伪6万多名，争取伪军反正将近3万名。《新华日报》对八路军、新四军等抗日壮举和牺牲精神的大力宣传，有力地戳破了国民党对中国共产党及其领导的人民抗日武装编造的谎言，为动员人民抗战，发展人民抗战力量，扩大中国共产党在国民党统治区的政治影响，发挥了重要作用。

三、相忍为国，以斗争求团结，维护国共合作抗战局面

习近平总书记指出："胜利实现我们党确定的目标任务，必须发扬斗争精神，增强斗争本领"，"要团结一切可以团结的力量，调动一切积极因素，在斗争中争取团结，在斗争中谋求合作，在斗争中争取共赢"[1]。这一重要论述，正是当年南方局在国民党统治区艰险复杂，甚至惊涛骇浪的政治环境下，坚持增强忧患意识和保持战略定力相统一、坚持战略判断和战术决断相统一、坚持斗争过程和斗争实效相统一，抓主要矛盾和矛盾的主要方面，在原则问题上寸步不让，在策略问题上灵活机动，为中国人民的前途命运、为国家和民族的长远利益，同国民党顽固派敢于斗争、善于斗争的生动写照。

维护国共合作抗战大局，是党中央赋予南方局的首要政治任务。国共合作是抗日民族统一战线的基础。没有国共合作，没有民族团结共同御侮，就不可能推进抗战向前发展，赢得抗战胜利。国共两党的合作，主要

---

[1] 习近平：《发扬斗争精神，增强斗争本领》（2019年9月3日），《习近平著作选读》第二卷，人民出版社2023年版，第257、259页。

是军事合作和政治合作，为沟通协调这两种合作，南方局做了大量艰苦细致而又卓有成效的努力，特别是在国民党顽固派不断制造摩擦，先后掀起三次反共高潮的情况下，以周恩来为书记的南方局坚持从民族大义出发，以又团结又斗争、以斗争求团结的方针，始终能在复杂局面下寻找到沟通的渠道和政治利益的平衡点，掌握全局，把握主动，以最大的合作诚意，运用高超的政治智慧和斗争艺术，几度挽狂澜于既倒，始终维护着国共团结抗战局面直至抗战胜利，出色地完成了所担负的使命。这是南方局对中国抗日战争胜利作出的特殊贡献。

首先，相忍为国，经常性沟通协调两党军事合作抗战。其主要表现在四个方面：一是负责分别向中共中央军委、八路军总部、新四军军部和国民政府军事委员会呈转关于对日进军的行动方向，作战计划、方案，两军协同作战意见，以及有关命令、报告，负责协调国民党军与中共军队联合协同对日作战等事宜。即使是在皖南事变后，党中央在接到国民党当局要求配合中条山战役作战时，仍不计前嫌，以民族大义为重，周恩来根据党中央指示向国民党表示"如敌进攻中条山，我方必打无疑"[①]，很好地配合了国民党军队对日作战。二是负责向国民政府军事委员会报送中共军队抗击日伪军战报。这是作为增进国共两党、两军相互了解，消除隔阂，坚持团结抗日的一个重要方面。1940年八路军发动百团大战期间，蒋介石就通过八路军驻重庆办事处转送的战报及时了解了百团大战战绩，并给予八路军嘉奖，使国民党当局对八路军对日作战能力有所了解。三是在两党、两军之间负责有关情报的中转。中共军队搜集的各种日伪军情，经过查实之后都一并电告南方局，由八路军驻重庆办事处分别转报国民政府军事委员会或有关部门。国民政府军事委员会也把其编制的《敌伪广播》和《敌情通报》等送发八路军驻重庆办事处，再由八路军驻重庆办事处转报中央军委、八路军总部、新四军军部以及中共领导的抗日游击队。这种军情交换，是国共两党两军合作抗日的又一表现。四是应蒋介石请求，南方局报

---

① 中共中央文献研究室编：《周恩来年谱（一八九八——一九四九）》修订本，中央文献出版社1998年版，第512—513页。

请中共中央同意，在湖南衡山南岳镇举办南岳游击干部训练班，由叶剑英亲自负责筹建。1939年4月，周恩来到南岳游击干部训练班作题为《中日战争中的政略与战略问题》的报告，引起强烈反响。南岳游击干部训练班虽然只办了三期，但正如叶剑英在给党中央的报告中指出的："我们认为在统一战线的前途上，这项工作是有不少作用的。使那些为着抗战利益的进步学员，找到了一条光明大道，而更接近于我们；同时也给那些少数顽固分子从事实上证明了中共对友军的诚恳态度，与对国家民族的无限忠诚。"①

在与国民党开展军事沟通协调的过程中，虽然国民党顽固派给这种合作设置了种种障碍，还时时寻机进行迫害，但是，南方局却始终能相忍为国，顾全大局，坚持不做有碍两党、两军团结，有损民族大义的事，没有给国民党顽固派制造分裂以口实。应该说，在整个全民族抗战期间，通过南方局的努力，国共两党、两军之间有限范围内的合作，对维护国共合作局面，坚持抗战是起了积极作用的。

其次，坚持独立自主原则，挫败蒋介石的"一个大党"图谋。在抗日民族统一战线中，中国共产党的独立自主问题是一个非常突出和尖锐的问题。国共两党虽然实现了第二次合作，但蒋介石的仇共、惧共心理是根深蒂固的。特别是随着全民族抗战的进行，共产党的影响迅速扩大和中共领导的抗日武装迅速发展，使他如芒刺在背。因此蒋介石企图借统一战线之名从政治上、组织上溶化和取消共产党，一劳永逸地解决中共问题，提出了把共产党合并于国民党之中的意图。从武汉到重庆，蒋介石先后至少四次对周恩来等中共代表提出了这个主张，而且要求日益迫切、办法日益具体、态度日益严厉，表示将两党合并成一个组织是他的责任，"这个根本问题不解决，一切均无意义"，甚至"死了心也不安，抗战胜利了也没什么意义"，"这个意见至死也不变"。②

---

① 南方局党史资料征集小组编：《南方局党史资料·军事工作》，重庆出版社1990年版，第92页。
② 中共中央文献研究室编：《周恩来年谱（一八九八——一九四九）》修订本，中央文献出版社1998年版，第436、437页。

面对蒋介石的无理要求,周恩来等人多次予以断然拒绝,反复表示国共两党都不可能取消,只有从联合中找出路;国共两党始终是两个党,加入国民党,退出共产党,不仅失节失信仰,而且对国家有害无益。1939年1月25日,中共中央根据周恩来的建议发出《中共中央为国共关系问题致蒋介石电》,并由周恩来转达给蒋介石。电报中明确提出,国共两党应坚持团结抗战,"但两党为反对共同敌人与实现共同纲领而进行抗战建国之合作为一事,所谓两党合并,则纯为另一事。前者为现代中国之必然,后者则为根本原则所不许",强调"共产党绝不能放弃马克思主义之信仰,绝不能将共产党的组织合并于其他任何政党"。[①]这才断了蒋介石想通过组织"一个大党"来并吞共产党的念头。"溶共"与反"溶共"是一场针锋相对的斗争。斗争的实质是在维护国共合作的基础上,挫败蒋介石的"溶共"阴谋,始终保持党在抗日民族统一战线中的独立自主地位。

再次,以斗争求团结,协助中共中央击退国民党顽固派反共高潮。抗战进入相持阶段后,国民党在抗战上采取"消极抗日、积极反共"政策,不断制造政治军事摩擦,企图在抗战中消灭共产党的力量,从而导致抗日民族统一战线内部不断出现危机。

面对国民党顽固派妥协、分裂和倒退等行径,特别是当其连续发动三次反共高潮之际,南方局则配合中共中央和各抗日根据地,用各种方式发动国民党统治区各阶层民众,同国民党顽固派进行有理、有利、有节的斗争,其中以皖南事变为甚。1941年1月皖南事变发生后,毛泽东立即致电周恩来,要求"向当局提出最严重交涉","要蒋下令停战撤围"。1月17日,国民党竟然发布通令,污蔑新四军为"叛军",撤销新四军番号并将叶挺交军法审判。这就把第二次反共高潮推向了顶点,使国共合作陷入破裂的边缘,中国抗战面临极其严重的危机。

针对这一反动命令,毛泽东认为这是国民党"准备与我党破裂",先后多次致电周恩来,要求驻国民党统治区的各办事处停止同国民党的一切

[①] 中共中央文献研究室编:《周恩来年谱(一八九八——一九四九)》修订本,中央文献出版社1998年版,第432页。

法律关系，实行撤退；同时提出了解决皖南事变的十二条办法，指出对蒋斗争策略是"政治上取全面攻势，军事上取守势"，要求周恩来等人在政治斗争上"坚决反攻，跟踪追击，绝不游移，决不妥协"。毛泽东还鼓励重庆办事处"光明就在前面，黑暗总会灭亡。全国全世界人民都是援助我们的"。[1]在获悉蒋介石宣布取消新四军番号后，周恩来立即给何应钦打电话，义正词严指出："你们的行为使亲者痛，仇者快。你们做了日寇想做而做不到的事。你何应钦是中华民族的千古罪人。"[2]次日凌晨，周恩来奋笔写下"为江南死国难者志哀！"和"千古奇冤，江南一叶，同室操戈，相煎何急！？"的题词与挽诗，仅仅25字巧妙深刻地将皖南事变真相揭示于天下。在党中央几度电示"迅即回延"之际，他审时度势，从民族大义出发，决心"坚守阵地，争取时局好转"，终获党中央同意。

在党中央和毛泽东的坚强领导下，周恩来、董必武、叶剑英等南方局领导人，除了与国民党当局进行严正交涉和提出强烈抗议外，还在国民参政会和一些军事会议上，同国民党顽固派开展针锋相对的斗争。《新华日报》也冲破重重封锁，揭露国民党顽固派反共反人民的罪行。南方局还广泛团结国民党统治区各爱国民主力量，积极同驻渝的外国使领馆和新闻机构建立联系，通过国际反法西斯国家和世界进步舆论，谴责国民党顽固派对敌妥协对内分裂的倒行逆施，最终以强大的政治攻势，配合抗日根据地军民击退第二次反共高潮，迫使蒋介石于1941年3月6日在国民参政会上作出"以后决无'剿共'之军事"承诺。这次斗争，不仅使国民党顽固派在政治上陷入被动，在道义上失去人心，使中间势力抛弃了对他们的幻想，进一步密切了与中共的合作关系，成为中国政治舞台上国民党的地位日益下降、中国共产党的地位日益上升的重大转折点；更重要的是消弭了抗日民族统一战线的巨大危机，挽救了濒临破裂的国共合作，达到了以斗争求团结，维系合作抗战大局的目的。这对夺取抗日战争的最后胜利起了

---

[1] 中共中央文献研究室编：《毛泽东年谱（一八九三——一九四九）》中卷（修订本），中央文献出版社2013年版，第257、261、262、265页。

[2] 《人民的好总理》上册，人民出版社1977年版，第58页。

重大作用。

最后，代表党中央与国民党开展谈判，协调处理国共关系。政治谈判是国内外各党派、集团间进行斗争的一种形式和手段，也是通向合作的桥梁和纽带。在国共关系中，斗争是为了联合抗日。除了坚决反击国民党顽固派掀起的三次反共高潮外，大多数时间里，为解决两党、两军之间协调对敌作战行动和调整相互关系、解决矛盾冲突，主要是采取遇事通过两党间的谈判来求解决。在中国共产党方面，这一工作主要由南方局来执行。周恩来、叶剑英、董必武等南方局领导人，就是中共负责同国民党中央谈判的代表。有的谈判，中共中央也从延安派人来重庆，但来人又都是和中共常驻重庆的代表、南方局的主要领导人周恩来等一同出席的。许多有关谈判的具体方案、办法和应付对策都是在南方局常委扩大会议上研究决定的，大量具体工作又是南方局人员做的。南方局直接出面同国民党进行谈判的有周恩来、叶剑英、董必武、博古、凯丰、王若飞，主要是周恩来。

整个全民族抗战时期，国共两党在重庆举行的高级谈判时断时续，几乎每年都在进行。其中最重要的谈判有四次：第一次是从1939年6月到1940年12月，周恩来、叶剑英等与国民党蒋介石、何应钦、白崇禧等在重庆就军事摩擦问题、边区问题、扩军问题、划界问题等进行谈判。第二次是1942年10月至1943年6月，第二次反共高潮被击退后，中共中央以大局为重，为改善两党关系，派林彪到重庆，与周恩来等一起，代表中共与蒋介石和国民党代表张治中等谈判。第三次是1944年5月至11月，为缓和第三次反共高潮后的国共关系，争取中共合法地位，中共中央派林伯渠来重庆，与董必武一道，代表中共与国民党代表张治中、王世杰谈判，并在国民参政会三届三次会上提出了改组国民政府，结束一党专政，召开国民会议，成立联合政府的主张。第四次是1944年11月到1945年2月，为争取成立联合政府，周恩来代表中共在美国特使赫尔利的介入下，与蒋介石及国民党代表宋子文、王世杰等进行谈判。这四次国共谈判，南方局领导人都参加并发挥了重要作用。

在谈判中，以周恩来为代表的南方局，本着"民族利益高于一切"，

"一切个人利益，阶级利益，党派利益，都应服从总的民族利益"的原则，努力维护国共合作局面，贯彻党的抗战路线，巩固发展抗日民族统一战线的基本方针，本着相忍为国的态度，采取"拉其抗日，打其反共反民主"的策略，在维系国共合作的前提下，始终掌握了国共关系的主动权，进一步增强国内团结抗战、民主进步的力量，分化蒋介石阵营，使其孤立，从而增强全民彻底抗战的力量。

因此，可以说，南方局在处理国共关系时，坚持中共在抗日民族统一战线中独立自主立场，鼓舞和促进国民党抗日、联共的积极性一面，批评其缺点错误，反击其反共、分裂，以斗争求团结，使国民党顽固派在确立其消极抗日、积极反共政策，不断掀起反共高潮，使抗日民族统一战线出现严重危机的险恶时期内，不得不收敛其军事反共行为，出现以政治方式解决国共关系的趋势，国共合作得以维系，直到抗战胜利。

四、团结争取各方政治力量，巩固和发展抗日民族统一战线

习近平总书记指出："人心向背、力量对比是决定党和人民事业成败的关键，是最大的政治。统战工作的本质要求是大团结大联合，解决的就是人心和力量的问题。"[1]中国共产党始终把统一战线工作摆在全党工作的重要位置。1939年，毛泽东将统一战线作为中国共产党在中国革命中战胜敌人的三大法宝之一。全民族抗战爆发后，抗击侵略、救亡图存成为中华民族的共同意志和行动。为汇集各种抗日力量，中国共产党倡导并建立了以国共合作为基础的抗日民族统一战线。在抗日民族统一战线的旗帜之下，全中国的各党派、各民族、各阶级、各阶层、各团体以及海外华侨华人空前团结，发扬"兄弟阋于墙外御其侮"和"国家兴亡，匹夫有责"的爱国主义精神，众志成城，同仇敌忾，积极投身于这场关系民族存亡的殊死决战中，筑起了中华民族抗击日本侵略者的钢铁长城。

---

[1] 习近平：《深刻认识做好新形势下统战工作的重大意义》（2015年5月18日），《习近平著作选读》第一卷，人民出版社2023年版，第351页。

当时重庆作为中国战时首都，各种政治力量汇集于此。在国共两党之外，还有包括民主党派、民族资产阶级、地方实力派、开明绅士和社会贤达等广大中间势力。这股中间势力有很大的力量，在抗日问题上，他们赞成团结抗战；在争取政治权力问题上，他们赞成宪政运动。因此，争取中间势力，是党"在抗日统一战线时期极严重的任务"。为争取他们，周恩来带领南方局创造性地贯彻中共中央关于"发展进步势力，争取中间势力，孤立顽固势力"的方针，在制定"扶助进步团体，照顾小党派利益"方针①的基础上，充分利用多种场合，与中间势力广交朋友，消除隔阂，增进友谊，凝聚了各方力量，为巩固和发展抗日民族统一战线作出了重大贡献。

一是争取宋庆龄、何香凝、冯玉祥、李济深等国民党民主派。宋庆龄是中国共产党的挚友。全民族抗战爆发后，宋庆龄旗帜鲜明地支持国共合作，团结抗战到底，反对顽固派的倒行逆施。1938年6月，在中共驻港负责人廖承志帮助下，她在香港发起组织保卫中国同盟，联络国际友人和海外华侨，从多方面支持国内抗战和中共领导的抗日武装斗争。太平洋战争爆发后，宋庆龄率"保盟"迁往重庆，周恩来特地将中共党员廖梦醒从澳门调到重庆，继续担任宋庆龄的秘书。在渝期间，南方局与宋庆龄及其领导的"保盟"之间继续保持密切联系，在各种政治斗争中相互帮助、相互支持，并肩战斗。"保盟"成为中国抗日民族统一战线与国际反法西斯统一战线联系的重要桥梁。

太平洋战争爆发后，何香凝等一大批民主人士和文化人士滞留在沦陷的香港，处境非常危险。在南方局组织的大营救中，何香凝是营救的重点。何香凝在东江登陆后，便留住桂林。1944年桂林沦陷，周恩来派人助其疏散到八步镇。在此期间，她与李济深、李章达、柳亚子、蔡廷锴、李任仁、陈此生等频繁接触，酝酿建立国民党民主派组织，成为1948年成立的中国国民党革命委员会的主要领导人之一。

---

① 中共中央文献研究室编：《周恩来年谱（一八九八——一九四九）》修订本，中央文献出版社1998年版，第470、471页。

周恩来与时任国民政府军事委员会副委员长的冯玉祥建立了亲密合作的关系，特派王冶秋、赖亚力等中共党员到他身边工作。1941年11月是冯玉祥六旬寿辰，《新华日报》出特刊贺寿，周恩来亲自撰写了贺文《寿冯焕章先生六十大庆》，高度赞扬其"为人所不敢为，说人所不敢说"的勇气。

1939年初，李济深在重庆出任国民政府军事委员会战地党政委员会第一副主任，并主持工作。为支持李济深，南方局特派张友渔、梅龚彬、于炳然等中共党员进入这个委员会帮助工作。抗战胜利后，在南方局支持下，李济深与何香凝、蔡廷锴等共同酝酿成立中国民主促进会（后改名为中国国民党民主促进会，简称"民促"）。1946年3月"民促"正式成立，推举李济深为主席，并发表《中国民主促进会成立宣言》，宣布忠诚于孙中山的革命三民主义。

为进一步争取在重庆的国民党左派和上层人士，1941年5月，在周恩来、董必武的推动下，王昆仑、屈武等人发起的中国民族大众同盟在重庆秘密成立（后改称中国民主革命同盟，简称"小民革"）。"小民革"主要在国民党内部机构中进行秘密工作，他们支持共产党为抗日和民主所作的斗争，心悦诚服地接受共产党的领导，积极贯彻共产党的抗日民族统一战线政策，把国民党中愿意进步的人士，尽量争取到抗日统一战线中来。特别是在国民党顽固派制造分裂、破坏抗战、反对民主的情况下，他们从国民党内部进行坚持抗战、坚持团结、坚持进步和争取民主自由的斗争，努力促进国共团结抗战。

全民族抗战时期，南方局积极开展对国民党民主派的争取工作，充分发挥他们在国内外的影响，依靠他们开展对各方面的工作，巩固和发展了抗日民族统一战线，起到了共产党员难以发挥的作用。

二是支持帮助建立民主党派。皖南事变前后，国民党顽固派在残酷压迫中共的同时，也对各抗日党派及无党派爱国民主人士进行迫害。这些抗日党派和无党派爱国民主人士为了自身的生存与发展，表示愿同中共加强合作，亟盼中共切实援助他们尽快组织起来。对此，南方局给予了大力支持和帮助，其中就包括九三学社、中国民主同盟、中国民主建国会、三民主义同志联合会等民主党派。

1939年春，自然科学座谈会在重庆成立。1944年，重庆科技界、文化界、教育界的一些知识分子出于对时局的焦虑，以及要民主、要团结、要抗战到底的诉求，常到许德珩家座谈、交换意见，并把座谈会取名民主科学座谈会。后在周恩来等人的支持下，自然科学座谈会部分成员先后以个人身份参加民主科学座谈会，构成了该会的主体。1945年9月3日，民主科学座谈会集会庆祝抗日战争取得历史性的伟大胜利，并决定筹备成立政治组织，称作九三座谈会。1945年9月12日，毛泽东在红岩村约见许德珩、劳君展夫妇，建议九三座谈会应成为永久性的政治组织。1946年5月4日，九三学社在重庆青年大厦正式宣告成立。

1939年11月23日，沈钧儒、梁漱溟等在重庆发起成立统一建国同志会。在此基础上，在南方局的支持下，1941年3月19日又在上清寺特园成立中国民主政团同盟，1944年9月改组为中国民主同盟，10月发表《对抗战最后阶段的政治主张》，响应中国共产党提出的建立民主联合政府的号召。1945年10月，民盟召开临时全国代表大会（即第一次全国代表大会），推选张澜为中央委员会主席，明确提出了"和平、统一、团结、民主"的政治主张。

1943年2月，在周恩来、董必武等人的帮助下，谭平山、王昆仑、陈铭枢等人组织了民主同志座谈会。1945年10月28日，在重庆成立中国国民党民主同志联合会（后定名为三民主义同志联合会，简称"民联"），成为后来中国国民党革命委员会的前身之一。

1945年10月，周恩来应邀出席"星五聚餐会"，并发表了《当前经济大势》的演讲，极大地增强了工商实业界对中国共产党的信心。12月16日，中国民主建国会（简称民建）诞生于重庆白象街西南实业大厦。

在争取抗战胜利过程中，南方局同这些民主党派一道在坚持抗日、反对妥协投降和争取抗日民主自由等方面建立了密切合作的关系，把他们紧紧地团结在中国共产党的周围，奠定了抗战胜利的重要政治基础。

三是团结民族资产阶级。南方局从成立之初就设立了经济组，专门负责工商界统战工作。1939年1月25日，周恩来、董必武、邓颖超就到胡厥文的合作五金厂参观，并以题词表达敬意。周恩来题词："供给前方的生产，是国防工业第一要义。"董必武题词："在极艰难的条件奠定新中国工业的基础。"1942年1月，周恩来又前往渝鑫钢铁厂了解后方民营工业情况，并题词："没有重工业，便没有民族工业的基础，更谈不上国防工业，渝鑫厂的生产已为我民族工业打下了初步的基础。"周恩来还多次在特园邀请四川畜产公司经理古耕虞、宝丰公司经理康心远等外贸界人士谈话，向他们阐明中国抗战胜利的前景，鼓励他们"要努力发展生产"，"保证供应，支援抗战"。

全民族抗战时期，南方局对民族工业的生存与发展给予的支持是多方面的。当民族工商界与国民党当局、官僚资本发生激烈矛盾时，周恩来不但亲自撰文，而且指示南方局经济组利用《新华日报》有计划地揭露四大家族官僚资本的巧取豪夺，报道民族工商业的危机，农村经济的凋敝，介绍解放区新民主主义的经济政策，反映国民党统治区与解放区不同的政治经济状况。同时，周恩来还要求《新华日报》经常刊载黄炎培、胡厥文、李烛尘、卢作孚、吴蕴初、缪云台、胡子昂、古耕虞等工商界知名人士揭露和抨击国民党经济政策的谈话和文章。为了支持西南工商界为争取自身利益与国民党的斗争，南方局通过《新华日报》鼓励工商业者在提高猪鬃等出口物资的收购价、迁川工厂产品的收购价、花纱布工缴费、轮船运费以及金融外汇、加工订货等方面的合作行动。1944年，王若飞、周恩来先后在特园与工商界知名人士刘鸿生、胡厥文、吴蕴初、胡子昂、李烛尘、章乃器、吴羹梅、颜耀秋、陶桂林、胡西园、余名钰等人座谈，希望民族工商界发扬爱国主义精神，坚持抗战，为民族的独立自由，为国家的民主政治作出贡献。在南方局的引导下，国民党统治区民族工商界纷纷参与民主宪政运动，中国西南实业协会、迁川工厂联合会、中国工业协会、国货厂商联合会、中国生产促进会等实业团体联合向国民党提出了《解决当前政治经济问题方案之建议书》。工业界人士在《宪政月刊》社连续集会座谈，提出取消经济统治，实行政治民主。1945年9月17日，周恩来陪同毛泽东在桂园会见了刘鸿生、吴蕴初、胡西园、吴羹梅、章乃器、范旭东等工商界人士。毛泽东指出，只有结束国民党的一党专政，建立独立自由统一的新中国，才是发展民族经济的道路。10月19日，周恩来又应西南实业协会的邀请发表《当前经济大势》的演讲。他充分肯定民族工商界对抗战的贡献和政治进步，全面阐述了中共发展民族经济的政策。

南方局对民族工商界的统战工作，是一种真诚交往中的鼓励、引导和帮助，多是靠人格力量的感召，但却起到了"润物细无声"的效果，进而团结教育促其求政治之民主，最终走进人民的阵营。其中，火柴大王刘鸿生就是在与周恩来等人的长期交往中，被共产党人的人格力量和真诚折服，从怕、疑、服，最后转到真心拥护的，并倾其所能支援抗战。对于民族工商界的觉醒，周恩来评价说："在1941年只有文化教育界靠拢我们，1945年民族资产阶级也靠拢我们了。"[①]

四是争取地方实力派。地方实力派大多属于大地主大资产阶级，具有明显的两面性，既有反对革命的一面，又有同国民党中央政府矛盾冲突的一面，因此想利用中共同国民党顽固派的矛盾以达到其政治上的目的。中国共产党便利用这个矛盾，对他们采取团结争取的政策，促进他们在中共同国民党顽固派斗争时采取中立的态度，以巩固扩大抗日民族统一战线。

刘文辉、邓锡侯、潘文华是四川地方实力派的代表人物。为团结刘文辉，1941年3月，南方局派华岗到西康，以中共代表身份同他联系。1942年2月，周恩来与刘文辉在重庆秘密会晤，达成了《抗日合作协定十二条》。根据此协定，当年6月南方局派王少春、秦惠芬夫妇和报务员到雅安刘文辉部设立秘密电台，使刘文辉与中共中央建立了直接联系。为团结邓锡侯，1938年，董必武、林伯渠、吴玉章、张友渔等都同他有过会晤，并建立起合作关系。为团结潘文华，1939年周恩来派唐午园到其部队任联络员。1940年，南方局又派甘树人到潘文华处做联络员。其间，董必武、

[①]《纪念周恩来总理文物选辑》，文物出版社1977年版，第58页。

王若飞等南方局领导人也先后同潘文华有过秘密接触，共商国是。以后，南方局又派钱松甫、江洪夫妇到潘部设置秘密电台，建立了互通情报和信息的渠道。经南方局长期工作，刘文辉、邓锡侯、潘文华逐渐加深了对共产党的认识，接受了共产党的政治主张，最终使他们走向了人民阵营。

云南省政府主席龙云是西南最有影响的地方实力派人物之一。1939年，南方局决定利用国民党中央与龙云的矛盾，派中共云南省工委负责人李群杰进入省政府专做上层统战工作。随后，又派方文彬（方正）到滇军六十军一八四师负责滇军中党的工作，任党支部书记。1943年8月，龙云通过罗隆基提出要与周恩来会晤。当年9月，周恩来派华岗以中共代表的身份直接同龙云接触，并根据龙云建议在云南设立秘密电台与其保持经常联系。龙云的开明态度，使昆明抗日民主运动得以蓬勃发展，被誉为国民党统治区的"民主堡垒"。

广西以李宗仁、白崇禧为代表的桂系集团，是地方实力派中的一个重要派系。七七事变后，桂系即征兵十万，开赴前线抗战。后因台儿庄大捷，桂系的地位倍增。为加强对桂系的统战工作，1938年底，经周恩来与白崇禧商定，在桂林设立了八路军办事处。1939年春夏间，周恩来、叶剑英多次到桂林做桂系上层的统战工作，同时派了一批共产党员和进步文化界人士到桂林开辟阵地。抗战相持阶段到来后，桂林人口猛增，从武汉、广州撤离的大批文化人聚集桂林。为加强对广西的控制，桂系成立了"广西建设研究会"以便加强与各种政治势力的联系。李宗仁，白崇禧分任正、副会长。由此，桂林救亡气氛浓烈，一时成为大后方进步文化活动的重要中心。

南方局对地方实力派的统一战线工作，不仅使他们坚持了团结抗战，在国共摩擦中保持了中立，而且使他们在一定条件下和一定程度上参加了反对蒋介石独裁的斗争，巩固和扩大了中国共产党领导的抗日民族统一战线。

海纳百川，有容乃大。在全民族抗战时期，南方局以"风雨同舟、肝胆相照"的真诚，以"礼披于外、力蕴于中"的人格力量，以民族和人民利益高于一切的宽阔胸怀，把一切可能团结的力量聚集在中国共产党的周围，最大限度地争取了各方政治力量，使几乎所有民主党派和民主人士最终都站在了人民一边，从而把抗日民族统一战线推向了空前的广度。对此，胡乔木曾高度评价说："南方局的统一战线工作是很出色的。没有南方局在大后方进行的广泛的统一战线工作，就很难把当时在国民党区域的各民主党派和各方面人士团结在我们共产党周围，后来我们建立新中国的情况就会不一样，就没有今天这样的格局。"①

五、凝聚爱国知识分子，推动国民党统治区抗战进步文化运动

习近平总书记指出："文化是一个国家、一个民族的灵魂"，"任何一个时代的文艺，只有同国家和民族紧紧维系、休戚与共，才能发出振聋发聩的声音。"②中国知识分子历来具有爱国传统。在抗日救亡运动中，知识分子发扬了高度爱国主义精神和民主主义精神，成为抗日民族统一战线中一支基本的进步力量。当时，重庆聚集着文学艺术、文化教育、新闻出版、科学技术等各界著名学者和文化知识精英。为在抗战大后方贯彻党的文化政策，南方局紧紧依靠文化界中的中共党员和进步力量，团结爱国知识分子和广大文化界爱国人士，促进了抗战进步文化的繁荣发展，为推动抗战民主作出了独特贡献。

第一，以新民主主义文化为导向，加强国民党统治区文化政治指导，引领抗战文化方向。毛泽东指出，新民主主义文化"只能由无产阶级的文化思想即共产主义思想去领导，任何别的阶级的文化思想都是不能领导了的"③。因此，要求国民党统治区的党组织要把广泛发展抗战文化运动视

---

① 《红岩春秋》，1989年创刊号。
② 习近平：《要有高度的文化自信》（2016年11月30日），《习近平著作选读》第一卷，人民出版社2023年版，第536、537页。
③ 《毛泽东选集》第二卷，人民出版社1991年版，第698页。

为"有头等重要性",要"经常放在自己的日程上"①,以实现党对国民党统治区文化运动的领导。特别是毛泽东的《在延安文艺座谈会上的讲话》科学总结了中国革命文化运动原则和经验,为文化人在为谁服务和怎样服务等根本原则问题上指出了明确方向和正确道路,从而对国民党统治区抗战文化运动的开展起到直接的思想指导作用。

为贯彻党的文化政策,以周恩来为首的南方局积极加强和改善党对大后方的文化领导,对国民党统治区文化人和文化活动注重思想引导和正确把握抗战、团结、进步这个大方向,发展抗战先进文化,批判妥协投降文化,反对文化专制,始终推动文化朝着正确方向发展。

一是周恩来结合国民党统治区实际,提出较为系统的文化发展思路。他指出,在方向上,要"发展抗战文化与提倡进步思想";在步骤上,主张先求量的发展,后求质的进步;先求面的发展,后求深入;先求个性的发展,后求集体创造的成功;先求思想上的进步,后求艺术上的成功。②在方法上,"要善于使上层工作和下层工作相配合,公开工作和秘密工作相配合,公开宣传和秘密宣传相配合,党外的联系和党内的联系相配合"③。

二是南方局依托党组织的建设来加强对文化工作的领导,确保党的文化政策到达各个层面,并发挥影响。南方局成立后不久,即设立了"文化工作委员会",统一领导党在国民党统治区的文化工作,并在成都、桂林、昆明、广州、香港等地党组织中成立了领导文化运动的专门组织或指派专人具体负责。此外,南方局还根据国民党统治区不同区域、不同文化团体、进步力量强弱等情况,在文化团体中建立党支部或特别支部,以加强党在文化界的力量。如国民政府军事委员会政治部第三厅和文工会有中共特别支部,国际新闻通讯社和生活、读书、新知书店等进步文化团体中都

---

① 中央档案馆编:《中共中央文件选集》第十二册(一九三九——一九四〇),中共中央党校出版社1991年版,第486页。
② 周恩来在中共中央政治局会议的发言提纲,1939年8月4日。原件现存于中央档案馆。
③ 《周恩来选集》上卷,人民出版社1980年版,第111页。

有中共支部，即使是《大公报》《扫荡报》等政治态度中立或偏右的文化团体也都有中共党员或中共秘密支部。为避免暴露，各文化团体中的党支部之间在组织上不发生横向联系，皖南事变后又多改为单线联系。文化战线的中共党员以职业化、社会化、合法化的公开身份，通过勤学、勤业、勤交友来开展活动。他们既是党的文化政策的传播者，又是执行者，这对促使文化界人士接受中共的文化主张，起到了不可忽视的作用。

三是从宣传着手，大力发展先进文化，坚决批判妥协投降文化和落后腐朽文化，扶正抗战文化发展方向。作为党在国民党统治区的重要思想舆论阵地，《新华日报》和《群众》周刊紧紧围绕抗日这一主题，在各个形势变化的重要时刻，及时发表言论，反映国民党统治区广大人民群众的呼声，支持一切进步事业和国际反法西斯斗争，大力培育、创造、弘扬、发展为抗战服务的进步文化；同时，坚决批判和抵制国民党的文化专制政策，并发起了拒检、拒审运动，迫使国民党废止战时新闻检查和图书杂志审查制度；坚决、有力地鞭挞和批判封建法西斯反动理论以及帝国主义封建主义腐朽文化、妥协投降文化、错误文艺主张等危害抗战发展、阻碍社会前进的反动思想文化，从而使大后方人民逐步了解和接受了中共新民主主义文化的革命理论和主张，涌现出一股时代文化创造的新风，并沿着为抗日服务、为人民大众服务的正确方向不断发展前进。

第二，以抗日民族统一战线为旗帜，团结文化精英，培养文化人才，发展大后方抗战进步文化力量。首先，正确处理好与党外文化工作者的关系，同他们广交朋友，以诚相待，赢得他们的信任和尊重。为实现这一目标，周恩来认为：我们"不能以党员的标准去要求非党人士"，如果把党的思想"强加于人，就只会丢掉朋友，甚至把他推到反对我们的方面去"，必须"以诤友的身份耐心地帮助他们进步"①，即使在政治突变之时，也应该做到对文艺界朋友"推诚相见，绝不以一时恶化，疏其关系"②。作为党团结知识分子的表率和典范，周恩来总是热情真诚地对待每一个与他

---

① 《夏衍杂文随笔集》，北京三联书店1980年版，第716页。
② 《新华日报》，1941年11月19日。

接触的知识分子，耐心细致地说明党的主张和方针，无微不至地关心和帮助他人。凡是与他接触过的知识分子，都为他坚定的信仰和革命的热情、平等待人的态度、真诚宽阔的胸怀、设身处地为他人着想的品格所折服。特别是在南方局开展文艺整风的过程中，周恩来坚持从实际出发、坚持党内外有别，不以延安的标准来要求和衡量党外的知识分子，而是逐步地引导他们前进，赢得了广泛认同。

其次，在文化界人士患难之际或危急时刻，南方局和周恩来更是挺身而出，尽力保护和关心他们。皖南事变后，国民党统治区政治形势骤然逆转，进步文化工作者的安全受到严重威胁。周恩来不顾自身安危，亲自抓保护文化界朋友的工作。在一个月的时间里，周恩来几乎每晚到民生路新华日报门市部二楼会见各方朋友，不仅谈团结抗战，而且谈历史、谈哲学、谈戏剧、谈经济等等，使许多文化人都十分感动。在他精心安排下，南方局精心组织和帮助了大批文化人士向延安、昆明、桂林、香港等地安全转移。太平洋战争爆发后，日军进攻香港，在港文化人士陷入被日军包围、逮捕、杀害的险恶境地，南方局指示中共香港工委、八路军驻香港办事处周密地组织对这些文化人的营救工作，并在他们撤退至内地和大后方途中给予他们无微不至的关怀。对此，茅盾曾称此为抗战中"最伟大的抢救工作"。同时，在文化人士生活和工作困难、需要帮助的时候，南方局也总是尽力予以真诚的关心和帮助。著名剧作家洪深一家因政治压力、生活和疾病的困扰而服毒自杀后，周恩来立即派人送去资费慰问；作家王鲁彦因贫病交困而去世时，他也派人前往桂林慰问并给其家属送上生活费用；周恩来还指示党的书店负责人，列出生活困难急需帮助文化人的名单，采取先付稿酬后出书的办法，帮助他们渡过生活的难关。南方局还支持"文协"发起的"保障作家生活运动"和"募集援助贫病作家基金运动"，呼吁国民党当局和社会各界关心作家的生存状况，帮助作家改善生存状态。患难之中见真情，南方局与文化人士生死与共、同呼吸共命运的经历，使得广大进步文化人切身感受到共产党是他们忠诚可靠的朋友，心甘情愿地与共产党合作，邹韬奋、陶行知、范长江等一大批著名文化人士，最终从民主主义者转变为共产主义者。

最后，利用国民党的文化机构和推动成立民间文化团体，开展抗战进步文化宣传，造就文化人才。南方局成立后，除继续发挥好国民政府军事委员会政治部第三厅和中华全国文艺界抗敌协会这两个抗日文化统一战线组织在抗日救亡文化运动中重要作用外，还推动成立了自然科学座谈会、中国青年科技人员协会、新音乐社、中国木刻研究会、新出版业联合总处、民主科学座谈会、中国科协等进步文化团体；帮助和支持陶行知在重庆创办育才学校、社会大学；安排中共党员和进步文化人士进入"中苏文化协会"工作。这样，在重庆就形成了由第三厅、文协、青科协、剧协、木协等团体共同组成的革命文化统一战线，在文学、艺术、音乐、美术、教育、科技等各领域开展活动，极大地推动了重庆抗战进步文化的发展。此外，南方局派出的党员还在南洋、欧美等海外华侨华人和留学人员集中的地方，建立了各种民间文化团体，公开合法地开展反帝反封建的宣传文化活动。这些遍布各地的民间文化团体的建立，构成了广泛的民族民主的文化统一战线，成为中共文化思想战线上得力的助手和同盟军。

第三，以抗日和民主为主题，推动大后方抗战文化全面繁荣。全民族抗战时期，在南方局领导下，国民党统治区进步文化人士始终围绕抗战与民主两大主题，运用文化武器，为抗日救国呐喊，为民族解放呼号，成就了一批享誉中外的大师，产生了一批影响深远、名垂青史的文艺作品，谱写了中国抗战文化历史上的壮丽篇章。

一是以戏剧演出和祝寿活动等为斗争突破口，冲破国民党的政治压迫和文化封锁，掀起进步文化运动浪潮。皖南事变后，面对国民党统治区日益严峻的政治高压形势，在南方局的领导下，阳翰笙、郭沫若等人迅速组建"中华剧艺社"，以陈白尘《大地回春》话剧的公演，拉开了重庆"雾季戏剧演出"的大幕，沉寂的山城开始逐渐活跃起来。特别是郭沫若创作的大型历史剧《屈原》的演出，盛况空前，被誉为"剧坛上的一个奇迹"，就连国民党中央社报道中也不得不承认《屈原》剧"是一篇新正气歌"，"上座之佳，空前未有"。抗战进步戏剧大演出活动还在桂林、昆明、贵阳等地区得到了积极响应，形成了以重庆为中心的如火如荼的戏剧运动。同时，周恩来还组织名人寿辰和创作纪念会等，冲破文化高压。其中最隆重的是举行郭沫若五十寿辰和创作二十五周年纪念会，周恩来在《新华日报》发表《我要说的话》指出，"鲁迅是新文化运动的导师，郭沫若便是新文化运动的主将"①，对郭沫若的革命热情、研究精神、战斗生活作了高度评价。在南方局的推动下，延安、桂林、昆明、成都、香港、新加坡等地也先后举行了纪念活动。这次活动，是皖南事变后进步文化界的第一次聚会，不仅显示了进步文化界的力量，也一扫重庆上空的沉闷空气。此后，周恩来等还相继为茅盾、老舍、洪深、沈钧儒等举办寿辰庆祝会或创作纪念活动，充分体现了中共与进步文化人的亲密关系，增强了进步文化界坚持抗战、争取民主的信心。

　　二是以戏剧、文学、电影、美术、音乐等为代表的文学艺术成果丰硕。戏剧方面，创作演出了郭沫若的《棠棣之花》《屈原》，阳翰笙的《天国春秋》，夏衍的《戏剧春秋》《法西斯细菌》，曹禺的《北京人》和吴祖光的《风雪夜归人》等一批有艺术水平、历史深度的大剧。在四届雾季公演中，创造演出的进步话剧就达242台，这一现象被话剧界史家们称之为中国话剧史上的"黄金时代"。文学方面，涌现出许多广为流传的名篇，如茅盾的《第一阶段的故事》《霜叶红似二月花》《腐蚀》，巴金的《还魂草》《寒夜》《火》，老舍的《火葬》，夏衍的《春寒》等，这些作品因以"抗日民主为内容，暴露讽刺为特色，现实主义为创作原则"，揭示剖析社会生活的深刻、展现艺术技巧的圆熟而在中国现代文学史上占有显著位置。电影方面，坚持以宣传抗日救国为任务，先后出品《孤城喋血》《中华儿女》《淞沪前线》《克复台儿庄》等上百部抗战影片。此外，其他文艺领域的一批大家也活跃在大后方文化舞台上，如美术界的徐悲鸿、丰子恺、吕斯白、傅抱石，音乐界的马思聪、黄友葵、吴伯超、喻宜萱，舞蹈界的吴晓邦、戴爱莲，摄影界的毛松友等，他们在各自领域都为抗日救亡

---

① 《新华日报》，1941年11月16日。

创造出大量的作品，与其他艺术形式相配合、相呼应，为抗战作出了重要贡献。

三是以史学、哲学、政治学为代表的社会科学的繁荣发展。在史学研究领域，主要有陈安仁的《中华民族抗战史》、吕振羽的《简明中国通史》、邓初民的《中国社会史教程》、郭沫若的《青铜时代》《十批判书》、翦伯赞的《中国史纲》、钱穆的《国史大纲》等。特别是郭沫若发表的《甲申三百年祭》，深得毛泽东赞誉："你的史论、史剧有大益于中国人民，只嫌其少，不嫌其多，精神决不会白费的，希望继续努力。"① 在哲学领域，出现了熊十力的《新唯识论》，杜国庠的《先秦诸子思想概要》，侯外庐的《中国古代思想学说史》等一批重要著作。政治学主要集中在中国政治思想史、政治制度史等方面的研究，如萧公权的《中国政治思想史长编》、周谷城的《中国政治史》、钱端升的《民国政制史》等都是这些方面的代表性著作。此外，在国际政治、政治理论方面也有颇多著述。

四是以物理、地理、动植物、气象等为代表的自然科学的蓬勃发展。抗日战争激发了科学工作者的爱国热情，他们在极其艰苦的环境下，不仅科技成果累累，而且许多成果达到当时国际科学界领先地位。著名物理学家吴大猷发表了专著《多原分子之结构及其振动光谱》及多篇重要论文，进行了光谱学的实验，并培养出杨振宁、黄昆等优秀青年科学人才；竺可桢也在抗战期间发表了近40篇文章，在地理学、气象学物候学、海洋学、冰川学、沙漠学及自然科学史等学科都取得了重大进展；化工专家侯德榜潜心研究新的制碱技术，突破了西方长达半个世纪的"苏维尔法"及"察安法"传统工艺，提出了联合制碱法，开辟了世界制碱技术新纪元。此外，李四光、茅以升、周培源、严济慈等一批学术大家也在各自领域享誉中外。

总之，在党中央的领导下，南方局以出色的文化统战工作，造就了一支高举抗战民主大旗、为民族解放呐喊战斗的文化大军，教育、唤醒了国

---

① 《毛泽东文集》第三卷，人民出版社1996年版，第227页。

民党统治区人民坚持抗战到底的决心和信心，并团结和动员他们积极投身民主斗争，使文化运动在错综复杂的国民党统治区方向明确、方法灵活、成效显著，成为党的文化工作史上的重要篇章。

六、践行党的群众路线，汇聚国民党统治区民众抗战伟力

习近平总书记指出："群众路线是党的生命线和根本工作路线"，"历史和现实都告诉我们，密切联系群众，是党的性质和宗旨的体现，是中国共产党区别于其他政党的显著标志，也是党发展壮大的重要原因；能否保持党同人民群众的血肉联系，决定着党的事业的成败"。①全民族抗战时期，南方局始终以坚持民族抗战之最终胜利为号召，去团结争取国民党统治区广大群众服务于全民族抗战大局，使他们更加自觉聚集到抗日民族统一战线旗帜之下，为争取抗战胜利奠定了深厚的群众基础。

一是引导国民党统治区群众积极投身于抗日救亡运动。1938年12月，国民党副总裁汪精卫公开叛国投敌，激起全国人民的无比愤慨，举国讨汪的群众运动广泛兴起。1939年1月5日，中共中央发出《关于汪精卫出走后时局的指示》，提出"坚决打击卖国的汉奸汪精卫和一切投降反共活动"②。南方局根据党中央指示，积极推动国民党统治区讨汪运动的开展。1月2日，周恩来在重庆接见外国记者时发表谈话，声讨汪逆的叛国罪行。《新华日报》连续发表《汪精卫叛国》《驳斥近卫汪逆的谬论》《汪精卫叛国难道是偶然的吗？》等社论和文章，批判汪精卫的汉奸理论、揭露汪精卫的叛国罪行，号召全国军民把伟大的民族义愤变成一个声讨民族叛徒的广泛运动。在南方局推动下，国民党统治区各民主党派、爱国人士、群众团体和机关学校，港澳同胞和海外华侨进一步发扬了爱国抗战的热情，纷纷投入反对投降、反对汉奸的声讨热潮中，出现了许多感人的事例。香港

---

① 习近平：《群众路线是党的生命线和根本工作路线》（2013年6月18日），《习近平著作选读》第一卷，人民出版社2023年版，第121、123页。

② 南方局党史资料征集小组编：《南方局党史资料·群众工作》，重庆出版社1990年版，第3页。

的《南华日报》《天演日报》和《自由日报》原为汪系掌握，是汪精卫宣扬失败主义、投降主义的阵地。但在汪精卫公开投敌叛国后，全香港的报贩一致决议"罢贩"不为其发行；三报的工友全体退职，与之决裂。他们派出代表到重庆表达反汪决心、交流反汪信息，受到新华日报社的热情接待。新华日报社专门为他们举行了欢迎会。东北流亡小学生李时英姊妹三人发起募捐，倡议塑造汪精卫、陈璧君夫妇跪着的铁像，像杭州岳飞墓前的秦桧夫妇一样。这个倡议得到冯玉祥等的支持。尽管铁像没塑成，却由此兴起了一个塑造汪精卫夫妇泥像的群众活动。重庆、成都、自贡、富顺等地都塑起了汪精卫夫妇的跪像，反映了人民群众对卖国贼的极度仇恨和蔑视。讨汪运动沉重打击了汉奸卖国贼，有力地批判了抗战"必败论""亡国论"的悲观论调，宣传了反共就是准备投降的道理，使广大国民党统治区人民在运动中深受教育，坚定了他们抗战到底的信心。

在开展讨汪群众运动的同时，南方局积极引导国民党统治区群众开展征募、献金、慰劳等抗日支前运动。以妇女界为例，当时为紧密配合前方抗战需要，在南方局妇委的推动下，各阶层妇女有钱出钱，有力出力，捐赠钱物，积极支援前线抗战。在募集寒衣上，妇委组织女青年会、重庆市慰劳会、难民妇女服务团等妇女团体及其广大妇女积极投入缝制棉背心、棉大衣、棉被、毛巾等工作，仅1938年国民党统治区就有3000妇女参加缝制工作，缝制慰劳袋30万个，寒衣数10万件。1939年9月，仅重庆妇女慰劳总会募寒衣20万件。1939年底，各妇女团体共募寒衣50万件。1940年募棉衣款400万元，夏衣100万件，还有许多鞋袜。①在组织献金上，1939年2月6日至14日，组织了抗战第一个献金周，妇女界献金创造了65万元的高纪录。1939年三八节前，重庆妇女界捐献63万元。②1943年重庆妇女界发起献金购买飞机"妇女号"的捐献活动，到9月为止，共

---

① 参见《新华日报》，1940年12月2日。
② 黄柳玲：《抗日战争时期我党南方局妇女组统战工作的回顾》，《重庆党史资料研究》1989年1期。

募国币210万元，献机13架。①1944年12月，渝市妇女界又献金600万元。在慰劳前线上，妇委号召各妇女团体收集一切慰劳品、书信、书报，派遣代表团、慰劳队、歌咏戏剧队到前线去开展慰劳运动。当时，到前线慰问的团体有"妇指会"前线慰劳组、妇女慰劳总会前线慰劳队、重庆慰劳分会等数百个，足迹遍及浙、赣、湘、粤、晋、陕、甘、鲁、冀、察等地。其中，1938年底由共产党员肖守朴带队的四川省妇女抗战后援会，带着自制的棉衣、手套、慰问信等慰问品到鄂北川军19集团军慰问。战士们拿着慰问团赠送的慰问品，十分激动，当场表示一定要多杀敌人，以报答人民。据统计，仅1938年国民党统治区妇女写慰问信30万封，1939年50万封。其中南岸缝制厂妇女在一封慰问信中写道：你们为了国家民族生存，与敌人拼命，你们是民族的骄傲，我们后方的同胞一定加紧救亡工作，和前方亲爱的战士们一同迈进。②在安抚伤员和抗属上，妇委总是组织国民党统治区妇女带上慰劳品，如衣、鞋、毛巾、肥皂等到重庆附近的伤兵医院慰劳。1940年元旦，妇女慰劳总会以衬衣10000余件、草鞋1600双、羊毛军毯80条、手帕、毛巾及食品等分赠重庆伤员。伤兵们手捧着慰劳品，十分感动，纷纷表示一定要早日养好伤，奔赴前线再杀敌人。③

二是深入社会，扎根群众，积蓄抗日力量。皖南事变后，国民党统治区政治局势发生逆转，群众运动的工作环境也更加恶劣。为适应新的斗争形势，中共中央连续发出指示，要求国民党统治区的党组织坚决采取"荫蔽精干、长期埋伏、积蓄力量、以待时机"的工作方针。为贯彻中共中央的指示，周恩来创造性提出了"三勤"（勤学、勤业、勤交友）、"三化"（职业化、社会化、合法化）作为贯彻"荫蔽精干"十六字方针的具体策略，要求国民党统治区党员要设法深入社会，独立工作，埋头苦干，通过自己的实际行动启发群众、教育群众、团结群众。

"三勤"中的"勤学"就是要学习马列主义、毛泽东思想、党的方针

---

① 黄友凡等：《抗日战争中的重庆》，西南师范大学出版社1986年版，第39页。
② 林庭芳：《中共南方局妇委与国统区抗日支前运动》，《理论与改革》1995年第9期。
③ 廖似光：《抗战时期中共南方局领导下的妇女运动概况》，《重庆党史资料研究》1983年第3期。

政策和国际国内形势，学好工作本领，学生党员还要努力学好功课，争取优异成绩，在同学中站稳脚跟；"勤业"就是有职业的党员要努力搞好本职工作，而且衣着发式和言谈举止都要同本身的职业、社会地位相称；"勤交友"就是要广交朋友，广泛联系群众。"三化"中"职业化"就是必须是依靠自己利用家庭和社会关系找到一个赖以谋生的职业；"社会化"就是把自己置身于社会之中，与社会建立广泛的联系。"合法化"就是要在合法的前提下去发动和影响群众，得到群众的拥护和保护。其中，广西省工委书记钱兴就是这一政策的模范执行者。在广西党组织遭受国民党顽固派严重破坏的情况下，钱兴带领部分党员转移到偏远农村扎根下来。他眼睛高度近视，右手伤残，患有肺病，但仍与当地农民一起开荒种地、割草、打石头、烧石灰，还经常到车站、码头给别人当挑夫。有的党员替人打短工、下苦力，有的党员靠开荒种地维持生活，遇到干旱或度夏荒时，就跟农民群众一起吃南瓜叶、芭蕉根，甚至吃树皮充饥。经过两年多艰苦的努力，广西省工委不仅恢复了原有的党组织，而且新建了一批基层党组织，发展了一批先进分子入党，组织了秘密农会；同时还派党员打进国民党军队、三青团和一些基层政权中担任要职，建立了抗日根据地和抗日武装。广西省工委在条件极端困难的情况下坚持隐蔽埋伏，执行"三勤""三化"所取得的成就，受到南方局的高度赞扬。

在贯彻"三勤""三化"过程中，针对国民党统治区一些青年要求组织起来的迫切愿望，周恩来指示南方局青年组采取灵活形式把进步青年组织起来，并将其组织形式命名为"据点"。"据点"以友谊和共同的政治见解为基础，由同一单位或地区相互信任的三五人组成。它既非党的组织，也不是定形的群众组织；既没有名称，没有固定组织形式，也没有成文章程、纲领和定期会议制度，但又遵守秘密工作原则。"据点"采取这种表面上无形，而实际上有组织联系的活动，既便于党组织同进步青年保持经常联系，又使国民党特务看不见，抓不着，难以破坏。这在白色恐怖严重的革命低潮时期，起着巧妙掩护党的组织活动和隐蔽聚集力量的重要作用，成为党组织联系青年的无形桥梁。

周恩来对"据点"工作十分关注，不断给予具体指示，并将情况及时电告中央青委。1942年5月25日，他致电中共中央青委，报告南方局青年组的工作。指出"南方局青年组现有非常关系150人，已建立'据点'4个"，"今后工作主要是巩固现有'据点'和联系的关系，同时利用学生暑假来渝同学进行外地学校调查，经过回乡同学作农村调查，对留校学生进行启发教育"。1943年4月，他又在南方局青年组《一九四二年度工作》的报告上批示：建立"据点"，顺其自然为好。"据点"不能超过五人，多则亦须分开。应建立模范"据点"、分散"据点"、平行"据点"。应加紧职业青年工作，向中层发展，要有计划地提高现有青年朋友的觉悟，经过较长时间联系的青年要求入党，可将其申请书与履历书收入登记，并报中央青委，但加入则不必。要创造新的工作方法和学习方法，对青年的教育，要有各方面的知识。《青年生活》要联系青年现实问题表示态度，也要有思想斗争文章。批示中还批评了工作中的某些关门现象，指示今后的青年工作应从巩固中发展并深入。①在周恩来的领导下，国民党统治区各级党组织创造了许多灵活机动、既隐蔽又能战斗的"据点"，广泛影响各界进步青年，像滚雪球似的聚集革命力量。到1945年春，仅南方局青年组联系的"据点"就有48个，"据点"成员989人。其中大学生464人，中学生24人，文化界63人，中学教员81人，小学教员63人，职员178人，公务员30人，商人6人，工人10人，其他70人。②在此过程中，广大青年党员自觉深入社会生活，积极隐蔽于深厚的群众土壤之中深入开展青年工作，成为引领进步青年的烛光与火炬，从而逐步把各阶层进步青年凝聚在党的周围。

皖南事变后三年多时间，南方局及其所属党组织坚决实行"三勤""三化"策略，把轰轰烈烈的抗日救亡运动转变为深入细致的群众工作，利用合法形式，隐蔽发展，争取人心，从而使抗日民族统一战线具有更加广泛的群众基础。

---

① 金冲及主编：《周恩来传》，中央文献出版社1998年版，第621页。
② 《中共中央南方局史》，中共党史出版社2009年版，第157页。

三是开展争取抗战民主权利运动，推动抗战取得最后胜利。1943年下半年后，国际反法西斯战场节节胜利，敌后抗日民主根据地度过严重困难开始局部反攻，而国民党统治区却是不断强化特务统治，民生凋敝，社会矛盾加剧，民怨沸腾。为缓和国内外不满，蒋介石不得不重新打出"宪政"的旗帜，并大造声势。①中国共产党和各民主党派则抓住这个时机在大后方掀起了第二次民主宪政运动的高潮，从而揭开了国民党统治区民主运动高涨的序幕。

为推动实现真正的民主宪政，中共中央于1944年3月1日发出《关于宪政问题的指示》指出："决定我党参加此种宪政运动，以期吸引一切可能的民主分子于自己周围，达到战胜日寇与建立民主国家之目的。"②3月12日，周恩来在延安发表《关于宪政与团结》的演讲指出："实施宪政，就是要先给人民以民主自由。"③中共中央的指示和周恩来的演讲，指明了宪政运动的方向。

在中国共产党的积极参与和引导下，第二次宪政运动形成巨大的声势，并得到全国人民的广泛响应。1944年初，黄炎培等在重庆召开"宪政座谈会"，张澜在成都组织"民主宪政促进会"，各民主党派、新闻界、文化界、工商界、地方实力派、无党派人士等，纷纷抨击国民党独裁统治并提出各种民主要求，要国民党当局"改弦易辙，与民更始"。同时，昆明、重庆、成都、乐山、桂林、遵义等地的大学生也积极行动起来，举行大规模集会，谴责国民党的腐败和投降政策，呼吁为争取民主自由而斗争。

1944年国民党在豫湘桂战役中的军事崩溃，彻底暴露了国民党统治集团的深刻危机，舆论空前激昂。社会各阶层要求国民党实行根本性变革，结束一党专制统治已成为国民党统治区人们普遍的愿望。9月15日，林伯渠代表中国共产党在三届三次国民参政会上提出结束国民党一党统治，建

---

① 1939年9月开始的民主宪政运动，只经历了半年多时间，就被国民党顽固派压下去了。
② 中央档案馆编：《中共中央文件选集》第十四册（一九四三——一九四四），中共中央党校出版社1992年版，第178页。
③ 《中共中央南方局历史文献选编》下，重庆出版社2017年版，第769页。

立联合政府的主张，从而将宪政运动提到一个新的高度，将抗日民族统一战线推进到一个新阶段，得到各民主党派、各界和各个阶层人士的一致拥护。1945年1月，中国民主同盟发表对时局宣言，提出结束一党专政、建立联合政府、承认各党派合法地位等10项主张。2月，重庆妇女界、文化界先后发表《对时局进言》，要求召开紧急会议，商讨战时政治纲领；废除军事上对内相克政策，枪口一致对外；对英、美、苏采取平行外交等意见。3月起，遵义的浙江大学学生自治会发表《促进民主宪政宣言》；成都的燕京大学30多个进步学生团体举行时事座谈会；昆明的西南联大发表《国是宣言》，昆明学生还举行上万人的游行示威，发表通电要求成立联合政府，并成立了"昆明学生联合会"；广西大学生发表《广西大学生全体学生民主宣言》，等等，支持成立民主联合政府，将中国建成独立自由统一富强的新中国。

在各界群众要求民主自由的热潮中，1944年10月31日，成都却发生了震动大后方的警察暴力镇压中学生的市中事件。事件发生后，在川康特委和民主青年协会的发动与领导下，成都7000多名大、中学校青年学生率先组织起来抗议，掀起了自"1935年一二·九学生运动以来第一次大运动"[①]。1945年2月，重庆又发生国民党特务枪杀无辜工人的暴力事件——胡世合事件。周恩来闻讯后明确指示："要当机立断，抓住已经激起公愤的胡世合惨案，发动一场胜利的斗争，打击国民党的嚣张气焰，为大后方民主运动的高涨开辟道路。"[②]在王若飞的统一指挥下，以刘光为首的南方局青年组具体负责组织行动，领导了以青年工人、学生为主体的群众开展反特抗暴斗争，有力地揭露和打击了国民党的特务统治，将大后方民主运动推向一个新阶段。

全民族抗战后期，国民党在大后方发起了"十万知识青年从军运动"，妄图将知识青年变为"党军""团军"。对此，中共中央指示南方局"应以

---

① 中央档案馆编：《中共中央文件选集》第十四册（一九四三——一九四四），中共中央党校出版社1992年版，第431页。

② 《中共中央南方局的群众工作》，中共党史出版社2009年版，第155页。

农村工作作为主要工作,应设法训练与动员一批党员、进步的青年学生和进步人士,利用各自的社会联系到农村去"①。按照中央的指示,周恩来针锋相对地号召大后方"知识青年到农村去",到敌后去参加抗日战争,到各地乡村去,为人民服务,先后组织了500多名知识青年到中原解放区,90余名大学生英语人才去晋察冀军区,160多名青年积极分子到农村去开展武装斗争,在抗日烽火中得到锻炼成长。

在渝八年,南方局带领国民党统治区广大党员通过深入细致的群众工作去鼓舞民心、激励民气、凝聚民力,不仅使党的群众基础不断扩大,党的抗日主张和政策不断深入人心,更重要的是教育、引导和团结国民党统治区人民坚持抗战,争取抗战民主,汇成全民族抗战的巨大洪流,形成抗击日本侵略者的强大力量。

七、开创党的对外工作,推动国际反法西斯统一战线形成

习近平总书记指出:"中国人民抗日战争胜利是中国人民同反法西斯同盟国以及各国人民并肩战斗的伟大胜利。"②中国人民抗日战争作为世界反法西斯战争的重要组成部分,中国共产党及时制定了建立国际统一战线以反对日本法西斯主义的对外工作方针。但中共中央及其领导的抗日根据地被国民政府"封锁得铁桶似的"③,敌后抗战情形外界很难获悉。为寻求广泛的国际合作和支持,在中共中央的领导下,以周恩来为首的南方局利用在国民党统治区工作的便利条件,广泛开展国际统一战线活动,搭建起与国际社会联系、交往的桥梁,争取到了国际反法西斯力量的同情和援助,开拓了中共对外交往的新局面,在发展国际统一战线、夺取抗战胜利的过程中,中国共产党也由此走向世界。

---

① 中央档案馆编:《中共中央文件选集》第十五册(一九四五),中共中央党校出版社1991年版,第16页。
② 习近平:《继承和弘扬伟大抗战精神》(2020年9月3日),《习近平著作选读》第二卷,人民出版社2023年版,第338页。
③ 《欢迎美军观察组的战友们》,《解放日报》1944年8月15日。

一是精准把握国际政治军事形势的变化及时调整对外交往策略。中国抗日战争的发展与国际局势的发展有着密切的关系。从总体上看，国际形势是朝着法西斯国家阵线与反法西斯国家阵线逐渐分明的方向发展，但这种发展是曲折的，形势的不稳定性和多变性决定了国际局势的复杂性。南方局的外事工作便是在这种大背景下开展的。

在中共中央确定抗日外交方针和"加紧对外宣传，力争国际援助，实现对日制裁"①的原则下，周恩来于1939年4月在南方局内部正式成立了对外宣传小组，组长王炳南，副组长陈家康，主要负责中国共产党的对外交往和联络工作，并规定其主要任务为宣传、交友，宣传党的抗日主张和政策，了解国际形势，重点是美、英等国对华政策，各国各界在华人士的政治态度和动向，以影响这些国家的对华政策，扩大国际统一战线。而在共同抗日的大背景下，美英等西方国家开始重视中共领导的抗日力量，关注中共的政策主张，双方开启了由封闭对抗走向沟通合作之路。

1940年前后，英美策划远东慕尼黑阴谋，企图以牺牲中国，换取自己安宁，这一举动严重影响了中共对其信任度，中共中央一度不再强调国际反法西斯战线。周恩来也认为"英法反动政府为世界反和平的先锋"，"美国表面上虽然中立，但实际上是支持英法帝国主义的"，它们是"企图从牺牲和出卖中国人民的利益上，从分裂中国民族统一战线及引导中国投降上，找到彼此妥协的出路"，"以换取它们在远东利益的保持"②，英美本质上是"与德意日互相争夺世界霸权的另一个帝国主义集团"③。在此形势下，南方局警惕地、敏感地注视着英美等国一切可能危害中国的对日妥协倾向以及因而会导致中国国内妥协投降的倾向，抨击它们绥靖日本的做法。

1941年下半年，苏德战争、特别太平洋战争爆发，引起了世界格局的

---

① 中央档案馆编：《中共中央文件选集》第十一册（一九三六——一九三八），中共中央党校出版社1991年版，第752页。

② 周恩来：《中国抗战的严重时期和目前任务》，《抗敌半月刊》第一卷十二期。

③ 周恩来：《国际形势与中国抗战》。《新华日报》1940年9月30日。

重大变化，中共也重新确立抗日国际统一战线。周恩来认为太平洋战争的爆发使"世界战争的壁垒最后分明了"，是"太平洋上反日的民族统一战线伟大结合的开始"，"反法西斯侵略的国家，更应联成一体，休戚相关"。①1942年1月1日，中、苏、美、英等26国在华盛顿签署共同宣言，世界反法西斯同盟正式形成，使得南方局的外事工作有了更加广阔的活动舞台。从此以后，在周恩来的带领下，南方局努力争取与英美建立对日合作，争取英美了解中共的抗日民族统一战线政策、抗战建国的主张及中共军队的抗日实力，使之重视中共抗日力量，从而影响英美政府的对华政策，通过他们牵制国民党的反共分裂活动，推动共同抗日。

值得注意的是，周恩来强调建立国际统一战线，希望并欢迎有外来援助，但他始终主张抗战要具有民族立场，要建立在自力更生的基础上。他认为，"独立自主和自力更生是我们抗战的基本国策，运用友邦对日矛盾及争取外援是服从于基本国策的对外政策。"②他还多次批评单纯依靠国际援助的错误，强调独立自主的重要性。他指出，"世界没有不靠自力更生，专靠外援而能战胜强寇收复失地的"，中国的抗战胜利，"必须从加强自力更生的信念入手"③。"我们绝不能因为需要外援，便放弃我们进行民族解放的立场，而介入或附属于世界帝国主义的争夺战争中去。"④周恩来的这些重要观点对于南方局开展对外交往活动起到了很好的指导作用。

在国际政治风云变幻的复杂情况下，周恩来带领南方局准确判断和把握局势，对不同帝国主义国家、对同一帝国主义国家的不同时期政治态度加以区别，在坚持独立自主的原则立场，捍卫民族的根本利益的前提下，及时制定、调整国际统一战线的战略方针，为实现中共在抗日民族战争中的作用搭建了国际政治舞台。

二是在"宣传出去，争取过来"中拓展国际活动空间。南方局对外交

---

① 周恩来：《太平洋战争与世界战局》，《新华日报》1941年12月14日。
② 周恩来：《论目前战局》，《新华日报》1941年5月25日。
③ 周恩来：《"九一八"十年》，《新华日报》1941年9月18日。
④ 周恩来：《民族至上与国家至上》，《新华日报》1941年6月15日。

往是在极其困难的条件下展开的,一方面由于意识形态迥异和国民党的限制、封锁,使中共长期与外界隔绝,不被国际社会了解和信任;另一方面,英、美、苏等国的外交重心仍然放在作为执政党的国民党身上。为争取国际社会对中共的了解和支持,周恩来确定了南方局外事工作的根本任务是"宣传出去,争取过来"。"宣传出去",就是要把中共的政治主张和八路军、新四军的战绩以及敌后根据地抗日军民对抗战的贡献宣传出去;"争取过来",就是把国际上一切爱好和平,一切支持中共和正义事业的力量争取过来,建立和发展国际统一战线。

为在国际上发出中共的声音,南方局利用多种渠道"宣传出去"。首先,利用《新华日报》和《群众》周刊两大阵地,宣传中共团结抗战的主张和抗日民族统一战线的意义,介绍八路军、新四军的战绩。周恩来经常对国际形势及时发表文章或谈话,解疑释虑,指出发展的趋向,使外界及时得悉中共的各种观点和反应,他的许多论述常常成为国际上权威观察家、评论家引用的论据。从1941年9月起,周恩来指示抽调罗清、蒋金涛负责编译出版英文小册子,内容主要是选择《解放日报》《新华日报》上发表的重要文章和毛泽东、周恩来等领导人对局势的谈话,解放区建设情况和外国朋友写的解放区见闻等,出版后向外国记者、外国使馆和各国友好人士散发。[①]其次,利用国共合作合法身份,周恩来领导第三厅开展对日宣传和国际宣传活动,开设了外语对敌广播,每天用日、英、法、俄、世界语[②]等语种对外广播宣传,并创办世界语刊物《中国报道》半月刊,寄给50多个国家的世界语组织和个人。一般情况下该厅每周召开一次记者招待会,将中国的抗战情况介绍给外国通讯社记者,使各国及时了解情况。再次,建立八路军驻香港办事处,以香港为中心拓展海外宣传。八路军驻香港办事处的设置,本身就是南方局积极开展与英国对外交往的成

[①] 中共中央文献研究室编:《周恩来年谱(一八九八——一九四九)》修订本,中央文献出版社1998年版,第528页。

[②] 世界语(Esperanto),是由波兰籍犹太人眼科医生拉扎鲁·路德维克柴门霍夫(Ludwig Lazarus Zamenhof)博士在印欧语系的基础上于1887年7月26日发明创立的一种人造语言。

果。根据周恩来的指示,办事处创办《华侨通讯》,面向广大华侨宣传中共抗日主张,并刊登大量来自抗日前线的报道,反映中共领导人民群众抗战的业绩,揭露日军暴行,海外许多华侨报刊纷纷转载该刊文章。办事处还"走出去",先后派出王任叔、杜埃、陆诒、董维健、胡愈之、沈兹九、金仲华、胡一声等人到菲律宾、槟城、纽约、印尼、新加坡等地协助华侨创办抗日报刊,以加强中共的海外宣传、联络工作,动员华侨青年回国投身抗战。最后,周恩来要求南方局外事人员以交朋友的方式,主动接触各国驻华使节、记者及各界友好人士。周恩来指出,对外国朋友,要把门打开,不要怕人家看,要争取他们看了以后,把这里的实际情形宣传出去。要主动,不要被动,目的是使他们对中共有一个真实的了解,相信中共有能力战胜敌人。同时要用各种材料证明中共将来有建设国家的能力。他还要求,在宣传中提供的材料要真实,要合乎实际,既要宣传好的方面,也不能隐瞒自己的缺点和错误。只有这样的宣传,才能提高中共在国内外的地位。他还强调,开展国民外交活动,必须争取一切可以争取的力量。对外国记者,应把他们争取过来,用他们的口和笔替中共宣传。他要求外事组要同来访的外国人搞好关系,不管他是进步的,还是落后的,都要争取和他们做朋友,顽固的也要争取,要接谈,做好转化工作。在重庆期间,南方局与大部分驻华记者和国际友人都保持了友好交往,如外国记者斯诺、斯特朗、史沫特莱、爱泼斯坦、福尔曼和白修德等,美国主教鲁茨,美国作家贝尔登、海明威、鲁斯夫妇等国际友人。南方局的民间外交取得了空前成功,1944年6月中外记者西北参观团的延安之行便是其成功之作。

在周恩来等人的努力下,南方局的国际宣传收到了明显效果,达到了"争取过来"的目的。一方面在中国人民爱国主义精神感召下和中共抗日宣传下,争取到苏联、美国等国家的道义上的支持和部分物资援助,广大海外华人华侨和各国人民也纷纷伸出援助之手,积极支援中国抗战,仅1938年秋至1939年夏,华人华侨捐赠的寒衣、暑衣、军用蚊帐等便有

1000多万套。①到太平洋战争爆发前,海外华人华侨月捐已达到1350万元。从抗战爆发到1942年华人华侨认购救国公债达11亿元之巨。②另一方面,增进了各国对中共的了解,使他们不仅听说而且看到了八路军、新四军的英勇战绩和敌后抗日力量的威力,他们中的一些人初步改变了对中共的印象,对中共持友好和同情的态度,逐渐改变了对共产党全面否定和对国民党支持的态度,并开始重新评估中共及其领导的抗日武装在世界反法西斯战争中的作用。英国驻华大使卡尔称:周恩来是重庆最有智慧的人,周恩来和他代表的政党最终将在中国获胜。③另一位英国驻华大使薛穆认为,"共产党采取的政治变革的范围和意义非常显著,我的观点倾向于边区的领导人是引人注目和强有力的人物"④。1944年中外记者团和美军观察组在访问考察延安后,都大力称赞延安的政治和共产党的政策。爱泼斯坦深有感触地说:延安之行可以帮助神圣的反法西斯工作,这个地方很久以来是被封闭着的,这次来到这里把一座关闭了很久的大门打开了一个缝隙,今后谁若再关此门,恐怕是不可能的了。他还说,我们在根据地"知道了许多事实,把这些事实告诉全世界的人,对世界人民是有益的。我们要尽量忠实地将这些事实告诉世界人士知道。看到了你们的军队、人民在怎样工作、战斗、怎样牺牲生命,我们也要尽我们的责任,将我们知道的告诉全世界人民"⑤。美军观察组的戴维斯和谢伟斯也认为"共产党的政府和军队,是中国近代史中第一次受有积极的广大人民支持的政府和军队,他们得到这种支持,是因为这个政府和军队真正是属于人民的"。⑥

三是开展"半独立外交",促进建立最广泛的国际统一战线。全民族

---

① 黄修荣:《国共关系七十年》下,广东教育出版社1998年版,第1172页。

② 军事科学院军事历史研究部编:《中国抗日战争史》中,解放军出版社2005年版,第314—316页。

③ 中共重庆市委统战部编:《统战春秋——重庆见证的岁月·历史资料图文集》,重庆出版社2008年版,第114页。

④ 李时安:《英国对华政策与共产党人(1942—1976)》,中国社科院近代史所编:《国外中国近代史研究》第25辑,第121页。

⑤ 陈明钦等:《中外人士访延纪实——封锁线内的真相》,云南人民出版社1990年版,第323页。

⑥ 沈庆林:《中国抗战时期的国际援助》,上海人民出版社2000年版,第75页。

抗战时期，中共不是全国执政党，难以在国民党统治区用直接和全面的外交方式来实行自己提出的外交政策。但中共作为中国一股重要政治力量，同时也是世界反法西斯的重要力量，越来越被国际社会重视和承认。随着对外联络对象的不断扩大，南方局的对外交往也从民间扩大到官方，并以美、英为重点对象，逐步打开了外交局面。

美国是世界头号强国，也是反法西斯阵营主要的力量。周恩来很重视争取美国对中共的了解和对中国抗战的支援。在重庆，周恩来代表中共先后会见了美国驻华大使詹森、美国总统经济顾问柯里和其他美国政府官员，向他们介绍中共的抗日主张和八路军、新四军艰苦抗战的情况。皖南事变后，周恩来立即联系美国总统特使居里，向他提供了国民党顽固派制造摩擦的有关材料，着重阐明蒋介石如不改变反共政策，势必导致中国内战，使抗战熄火，日本南进。美国政府得到报告后，立即要居里向蒋介石声明："美国政府在国共纠纷未解决前，无法大量援华，中美间的经济、财政等各问题，不可能有任何进展。"①为了同美国建立直接联系，从1942年到1943年，周恩来曾多次邀请美国派官方代表团访问延安。几经周折，1944年7、8月，美军观察组一行17人在包瑞德的率领下，分两批到达延安。美军观察组的成员通过实地考察和与中共领导人的交谈，不仅直接了解了抗日根据地的情况，还更深入地感受到了中共希望在击败日本和建设新中国的斗争中和美国合作。周恩来对此高度评价："我们不应把他们的访问和观察当作普通行动，而应把这看作是我们在国际间统一战线的开展，是我们外交工作的开始"，尽管"这种外交还是半独立外交"②。

英国作为反法西斯阵营的重要成员国，其对国民党政府也有着重要的影响，周恩来对英国驻华大使馆的作用非常重视。他积极与英国驻华大使卡尔交往，周恩来的温文尔雅和热情使卡尔佩服不已，卡尔对中共的抗日主张和取得的抗日业绩有了更深的了解。皖南事变后，周恩来亲自到卡尔

---

① 《南方局中段军事工作概况》，《南方局党史资料》1986年第1期。
② 中央档案馆编：《中共中央文件选集》第十四册（一九四三——一九四四），中共中央党校出版社1992年版，第339页。

的寓所，向他揭露国民党顽固派发动皖南事变的内幕，卡尔马上把这一情况向英国政府汇报。英国政府在收到卡尔的报告后，告诉蒋介石，内战只会加强日军的攻击。①1942年初，卡尔离华赴苏，周恩来不仅参加了卡尔的离任告别宴会，还指示《新华日报》发表两篇社论，对卡尔表示惜别并致友好的临别赠言，称其为"中国的好朋友"②。薛穆接任大使后，周恩来又多次前往，并就许多问题与之交谈，使他对中共的抗日立场和主张也有了较多的了解，并建立起了良好的关系。薛穆认为，从维护英国在远东利益来看，有必要进一步加强与周恩来等人的交往。③1945年，在周恩来的安排下，薛穆还与正在参加重庆谈判的毛泽东会了面，并进行了畅谈。

苏联作为社会主义国家，是欧洲战场抗击德国法西斯的主要力量。周恩来等南方局领导人经常就国共关系、抗战、苏援等问题同苏联驻华大使潘友新、武官崔可夫等进行交谈，得到了他们的支持和理解。皖南事变发生前后，周恩来曾多次与潘友新进行商谈，意欲促使苏联向蒋介石施加影响。1941年1月25日，潘友新就皖南事变向蒋介石提出质问，并指出中国内战意味着灭亡④。皖南事变后，崔可夫听了周恩来和叶剑英的谈话后提出，国民党如继续内战，他有权暂停援华军火于途中，还转达了斯大林不愿意听到国共两军冲突事件，要团结抗战的意见。⑤潘友新、崔可夫等人还频频造访蒋介石，对国民党进攻新四军、取消其番号和关押军长叶挺的行径提出种种批评。同时，苏联外交人民委员会更以拒绝出席国民政府驻苏联大使宴会的方式表示苏方对国民党的强烈不满。此外，周恩来还多次向法国驻华大使贝志高、加拿大驻华大使欧德伦等人积极宣传中国抗战

---

① ［德］王安娜：《中国——我的第二故乡》，生活·读书·新知三联书店1980年版，第359—361页。

② 《再惜别卡尔大使》，《新华日报》1942年2月4日。

③ 李时安：《英国对华政策与共产党人（1942—1976）》，中国社科院近代史所编：《国外中国近代史研究》第25辑，第120页。

④ 中共中央文献研究室：《周恩来传》，人民出版社、中央文献出版社1989年版，第492页。

⑤ 中共中央文献研究室编：《周恩来年谱（一八九八——一九四九）》修订本，中央文献出版社1998年版，第503页。

情况和国共关系情况,表明中共抗日的坚定决心,希望加强盟国之间的团结合作。

经过周恩来等人的不懈努力,中共的"半独立外交"开创新的里程碑。1945年4月至6月,南方局领导人董必武作为中共代表成为中国代表团的一员,出席在美国旧金山召开的联合国制宪会议,这是中国共产党代表在联合国机构成立的重要国际政治舞台上的首次公开亮相,打破了国民党垄断外交的局面。

八、领导南方敌后抗日武装斗争,加强国际军事合作,为世界反法西斯战争作出贡献

习近平总书记指出:"中华民族走出苦难、中国人民实现解放,有赖于一支英雄的人民军队。"[①]当年,抗战要取得最后胜利,一个决定性的因素就是要从军事上彻底打败日本侵略者。抗战进入相持阶段后,中国共产党领导的抗日军民逐渐成为全民族抗战的中坚力量。在中国共产党领导下,抗日军民无所畏惧,英勇抗敌,与日本侵略者展开了长期的艰苦卓绝的斗争,成为世界反法西斯战争亚洲主战场的有力支撑。在此过程中,南方局遵照党中央关于在敌人占领区开展游击战争的指示,在其所辖的区域内放手发动群众,武装群众,开辟敌后战场,广泛开展抗日游击战争,不仅有力地配合了全国的抗战,还有效地配合了盟军在亚洲的作战,为世界反法西斯战争的胜利作出了重要贡献。

一是领导华南敌后抗日武装斗争,成为敌后三大战场之一。南方局成立后,根据党中央和中央军委的指示,指导建立了东江、琼崖等抗日根据地,领导华南地区的党组织和抗日武装,在孤悬敌后和敌、伪、顽夹击的险恶环境中,采取积极的军事行动,针锋相对地开展斗争,开创了华南游击战争的新局面。1938年10月,日军在惠阳大亚湾登陆之后,东江地区

[①] 习近平:《推进强军事业,建设世界一流军队》(2017年8月1日),《习近平著作选读》第一卷,人民出版社2023年版,第621页。

建立了曾生领导的"惠宝人民抗日游击大队"和王作尧领导的"东宝惠人民抗日游击大队",两队各为百余人,战斗在东莞、惠阳、宝安三县和广九铁路两侧。这两支武装后来发展为广东人民抗日游击队东江纵队。珠江三角洲地区也先后建立了广州郊区抗日义勇队,顺德抗日游击队和中山抗日游击队等人民抗日武装。这些武装后来发展为广东人民抗日游击队珠江纵队。1939年2月,日军占领海南岛后,长期坚持海南岛斗争的琼崖红军,活动于敌后方,四处打击日军,后来发展为广东人民抗日游击队琼崖独立纵队。此外,广东的粤中、南路、潮汕、梅埔地区也都分别成立了人民抗日武装,开展敌后抗日游击战争。至1945年抗战胜利时,广东人民抗日武装共建立有东江纵队、琼崖纵队、珠江纵队、广东(粤中)人民抗日解放军、南路人民抗日解放军、潮汕韩江纵队、梅埔韩江纵队等7个纵队,共2.8万余人,各抗日根据地还拥有数以千计的民兵。至1945年8月,广东人民抗日武装共建立面积为8.7万平方公里,人口有1000余万的根据地和游击区。华南各抗日纵队在广东70多个县内对日、伪军浴血奋战,先后抗击和牵制日、伪军15万多人,对日、伪军作战3000多次,歼灭日、伪军两万余人[1],打乱了日本企图把华南变成入侵南太平洋的后方基地的战略部署,有力地配合了全国的抗日战争。1944年7月,中央军委在发给东江纵队和琼崖纵队的贺电中指出:"你们全体指战员在华南沦陷区组织和发展了敌后抗战的人民军队和民主政权,至今天已成为广东人民解放的旗帜,使我党在华南政治影响和作用日益提高,并成为敌后三大战场之一。"[2]朱德总司令在党的七大作的《论解放区战场》军事报告中指出:"我伟大的中国人民军队——八路军、新四军、华南抗日纵队,和敌人进行了空前英勇的、残酷的、可歌可泣的胜利战争,成为中国抗战的中流砥柱。"中国的"解放区战场是由八路军、新四军和华南抗日纵队所创造出

---

[1] 南方局党史资料征集小组编:《南方局党史资料·军事工作》,重庆出版社1990年版,第15页。
[2] 南方局党史资料征集小组编:《南方局党史资料·军事工作》,重庆出版社1990年版,第57页。

来，并负起独特的作战责任的"。①正是由于华南地区各抗日纵队牵制和消耗了华南日军的兵力，在一定程度上破坏了日军的战略部署，缓解了日本法西斯对东南亚乃至亚洲其他地区的军事压力，有力支援了东南亚各国人民的反侵略战争。

除华南敌后抗日武装斗争外，南方局还在湖南、广西、云南、贵州等地和湘粤赣边区顽强地与凶残的日本侵略者展开殊死搏斗。毛泽东曾赞扬说："在南方几个大区域内（闽粤赣边区，湘粤赣边区，粤桂边区，桂滇边区，云南南部，皖浙赣边区和浙江东部南部）建立了游击战争根据地，使这些地区的游击部队发展到了三万余人。"②在湖南、湘中、湘北、湘南都建立了游击队、自卫队等抗日武装，广泛开展游击战争，机动灵活地打击日、伪军，还与王震、王首道领导的八路军南下支队的抗日军事活动相配合，有力地牵制和消耗了日军的大量兵力、物力和财力。在广西，据不完全统计，"由中共广西地下党领导或起骨干作用的抗日武装队伍，共有三十三支，约五千六百人"③，其中规模较大的有桂东南抗日游击区办事处、桂东北人民日游击纵队临阳联队和融县抗日挺进队等。在日军入侵广西近一年时里，这些武装在22个县开展抗日武装斗争，共毙伤日军、汉奸近千人，顽军300余人，击沉、缴获各类船只60余条，缴获各种枪械数百支，弹两万余发（枚），粮食10余万斤，食盐12万余斤，夺回被日军抢走的牲口百余头及大批其他各类物资。④这些燃烧于各地的熊熊抗日烽火，打击了日、伪军和顽固势力，鼓舞了人民群众抗日信心，汇聚成势不可挡的民族解放洪流。

二是协助党中央加强对新四军的领导，支援新四军抗日武装斗争。新四军是党领导的一支重要的抗日武装力量。南方局成立后根据党中央的指

---

① 朱德：《论解放区战场》（1945年4月25日），《朱德选集》，人民出版社1983年版，第136、142页。

② 《毛泽东选集》第四卷，人民出版社1991年版，第1344页。

③ 南方局党史资料征集小组编：《南方局党史资料·军事工作》，重庆出版社1990年版，第364页。

④ 南方局党史资料征集小组编：《南方局党史资料·军事工作》，重庆出版社1990年版，第364页。

示，始终关注新四军的生存和发展，并为其发展壮大给予了全力支持。除担负着就新四军的作战、发展、驻防等重大问题同国民党当局交涉与谈判等经常性工作外，南方局对新四军的指导和支持还主要表现在三个方面：首先，帮助新四军制订正确的战略发展方针。1939年2月，中共中央代表、南方局书记周恩来到达新四军所在地皖南泾县云岭。周恩来传达了党的六届六中全会精神，在各级干部会议上先后发表《新阶段的新关键》《关于统一战线工作》《目前形势和新四军的任务》等一系列讲话和报告。他明确提出新四军发展方向的三个原则："哪个地方空虚，我们就向哪个地方发展；哪个地方危险，我们就到哪个地方去创造新的活动地区；哪个地方只有日军伪军，友党友军没有去活动，我们就向哪里发展。这样可以减少摩擦，利于抗战。"在强调新四军的作战方针仍然是游击战时，他指出新四军一定要"适合所处地区的特点，对游击战术有新的发展，新的研究，新的发扬"，现在的游击战术"应不同于目前华北的，也不能只运用过去三年游击战争的经验，应该更加灵活、更加机动、更加出没无常、更加变化无穷"①。他根据中央历次关于新四军工作的指示精神，和新四军领导人商定将新四军的发展方针明确概括为三句话："向南巩固、向北发展、向东作战。"新四军发展方针的商定、贯彻和落实，奠定了新四军日后大发展的基础。

其次，协助中共中央击退反共逆流，重建新四军军部。1940年春国民党顽固派第一次反共高潮失败后，便将反共中心由华北转向华中。面对国民党顽固派的进攻，南方局一方面电告新四军领导人提高警惕，另一方面与国民党军事当局进行艰苦的谈判，反复交涉，据理力争，维护新四军的权益。从1940年6月起，中共中央指示有关新四军问题与国民党当局的谈判一律移重庆由周恩来负责，叶剑英、董必武等南方局领导人予以协助。1940年6月至8月，周恩来在叶剑英、董必武协助下，同国民党当局开展了一系列谈判，直至皖南事变爆发。谈判过程中，南方局获悉国民党

---

① 《周恩来选集》上卷，人民出版社1980年版，第106页。

当局已经制定了围歼新四军军部的军事部署,遂致电中共中央,提出紧急应付反共高潮的建议,同时还致电新四军,提出面对当前形势,应采取"军事自卫,政治进攻,组织严密,工作分散"的方针。当得知皖南事变发生后,周恩来、叶剑英等分别向蒋介石、何应钦等人抗议,要求国民党当局命令包围新四军的国民党部队撤围让路,指示南方局电台每天24小时密切注意新四军军部和皖南部队的情况;遍访国民党左派、民主党派、驻华使节、新闻记者、爱国华侨等各界人士,揭露皖南事变的真相,阐明中国共产党的严正立场,团结一切可以团结的人,赢得了全国乃至世界各国人民的支持和同情。在对国民党顽固派发动强大政治攻势的同时,南方局还配合党中央关于重建新四军军部的工作,以粉碎国民党顽固派取消新四军番号的阴谋。1月20日,毛泽东以中央军委发言人名义发表谈话,宣布中央军委重建新四军军部命令,由陈毅为代理军长、刘少奇为政委。南方局大量翻印散发中央军委发言人谈话和中央军委关于重建新四军的命令,让国民党统治区各界民众明了中国共产党在新四军问题上的严正立场。24日,陈毅率新四军全体将士在重庆《新华日报》上发出通电,指出:"皖南事变实为重庆当局一手造成,其主旨在反共投降,实现中日联合'剿共',断送全民族之抗战胜利",并表示新四军将一如既往地坚持敌后抗战,"急盼全国抗战党派,全国抗战将士,各界同胞,与本军团结一致,为争取中华民族之解放而共同奋斗。"①25日,周恩来代表党中央将解决皖南事变、挽救时局危机的十二条办法面交张冲转国民党中央,其中要求"悬崖勒马,停止挑衅;取消1月17日反动命令;惩办皖南事变的祸首何应钦、顾祝同、上官云相3人;恢复叶挺自由,继续担任新四军军长;交还新四军皖南部队全部人、枪;抚恤新四军皖南部队全部伤亡将士"②,表明了中国共产党对国民党顽固派倒行逆施毫不妥协的坚定态度。新四军

---

① 中国人民解放军历史资料丛书编委会编:《新四军·文献(2)》,解放军出版社1994年版,第201、202页。

② 中共中央文献研究室编:《周恩来年谱(一八九八——一九四九)》修订本,中央文献出版社1998年版,第500页。

军部的重建，是对国民党当局发动皖南事变的有力政治反击，使其取消新四军番号的阴谋遭到彻底失败。从此以后，新四军彻底摆脱国民党最高军事当局的羁绊，进入了一个新的发展时期，开始独立自主地担负起华中敌后抗战的重任。

最后，直接对新四军提供支持和帮助。南方局领导下的中共江苏省委，发挥其在上海大城市的优势，从人力、物力、财力各方面支援新四军。周恩来曾指示江苏省委"要和新四军、东南局取得密切联系"，"要动员城市工人、学生、知识分子下乡"[①]。全民族抗战期间，新四军和敌后根据地非常缺少各类技术人才和干部，江苏省委从上海有组织地输送各类人员2.1万余人；新四军和敌后根据地经费、物资严重不足，需要大量的军备物资补给，上海人民给新四军捐助了129.2万元法币和根据地急需的各种紧缺物资。新四军是中国共产党领导的抗日武装，又是活跃在敌人心脏附近的武装，敌人往往掩盖和封锁新四军抗战的消息，企图消弭新四军抗战的影响，上海各界就运用报纸、杂志和展览等各种手段和方式，向国内外广泛宣传新四军英勇作战、不怕牺牲的真实情况，坚定全民族坚持抗战的信心。据《上海工运简报》刊载，自全民族抗战后两年中，江苏省委就动员了5000余人到各地新四军和根据地。1945年6月至8月，南方局输送了500多名知识青年到鄂豫边区根据地和新四军第五师，充实了根据地和军队的干部队伍。南方局支持和帮助新四军发展壮大的历史，成为新四军抗战历史的重要组成部分。

三是与美、英进行军事合作，直接配合盟军对日作战。南方局所辖区域是日本侵略者实行"南进"政策的重要中转站和补给地，也是英、美盟军参与对华日军作战的主要地区。1942年7月，经英国国防部批准，在广西桂林组织英军服务团，在广东惠州设立英军服务团前方办事处。东江纵队港九大队派出熟悉英语的国际工作小组人员配合英军服务团前方办事处的官兵，潜入香港地区，设立情报站，布置秘密交通线，开展军事救援工

---

① 刘晓：《上海地下党恢复和重建前后》，《党史资料丛刊》1979年第1期。

作。1944年10月，经党中央同意，美军第十四航空队派遣一情报组到东江纵队建立情报合作关系，双方共建了联络处，并设立了电台联系，东江纵队也相应建立了情报工作机构予以配合。情报组收集日军的军事情报，提供给美军第十四航空队，使盟军根据情报轰炸日军的重要军事设施和战略据点。东江纵队的这一情报机构拥有工作人员200余名，情报站（点）遍布于南至香港，北至广州，东到海陆丰，西至珠江东岸的区域内，收集了有关日军在香港启德机场、深圳西乡南头机场的情报；日军在香港和广州的船坞、货仓、工厂的情报；日军华南舰队的密码；日军陆军番号、广九铁路沿线工事图解；日军在香港、广州防卫力量及意图的详细报告等。这些情报资料，送交给美军第十四航空队和在华美军司令部，得到了盟军方面的高度评价，称赞东江纵队收集的日军情报"在质与量上都非常优越"[1]。当时陈纳德将军和在华美军司令部均认为东江纵队的情报站是"美军在东南中国最重要之情报站"[2]。1945年初，东江纵队派人配合美海军到大亚湾进行测量海岸地形地貌和海水深度等工作，收集海岸地形和水文方面的资料，为盟军舰船在中国东南沿海登陆做准备；还带领美军官员，近距离侦察拍摄日军占领后的香港启德机场，为美军准确轰炸启德机场起到了重要作用。

四是开展情报战线的反法西斯斗争。1941年德国为了配合日本的诱降，使国民党丢掉对美、英的幻想，也积极进行对国民党的拉拢。5月上旬，国民党驻德武官桂永清向蒋介石密报德国决定于6月20日前后一个星期内突袭苏联。消息传到重庆后，国民党上层欣喜若狂，错误地估计形势，认为德国进攻苏联，日军必定北进与之配合，八路军和新四军的敌后主力也势必北调抗日，以策应苏联腹背受敌的局面，而国民党可以堂而皇之地以"收复失地"的名义坐收渔人之利。在一次宴会中，于右任、孙科先后向阎宝航和盘托出德国突袭苏联的计划。6月16日，周恩来将这份极其重要的情报，包括德军准备发动袭击的时间，紧急报告中央。中共中央

---

[1]《东江纵队史料》，广东人民出版社1984年版，第679页。
[2] 黄作梅：《我们与美国的合作》，《华商报》，1946年3月28日。

及时向苏联作了通报。6月22日，法西斯德国果然向苏联发动了大规模进攻。①由于中共及时准确地向苏联通报了德军计划袭击的时间，加之其他情报来源的佐证，使得苏联红军避免了更大的损失。后来苏方对阎宝航提供的情报给予高度评价，并致电中共中央表示感谢。1944年夏，周恩来指示阎宝航获取曾被日本法西斯捧为"皇军之花"的"关东军"在我国东北中、苏边界上详细布防情报，其中包括陆、空军的配置、要塞地点、布防计划、兵种兵器、部队番号、人数及将领姓名等详细材料。阎宝航通过国民政府军事委员会军令部三厅工作的钮先铭得到此布防情报后，周恩来立即报送延安。党中央综合各方面情报后，迅速通报曾对盟国许下诺言——在法西斯德国投降后即开始对日作战——的苏联，使苏联红军在日本政府宣布拒绝接受7月26日中美英三国发表的敦促日本无条件投降的《波茨坦公告》后，于8月9日作战时，能够按图索骥以迅雷不及掩耳之势，仅用几天时间就使"关东军"经营十几年的整个防御体系土崩瓦解。南方局出色的情报工作为最终战胜日本法西斯作出了重要贡献。

九、贯彻隐蔽精干方针，锻造坚强、战斗的国民党统治区党组织

习近平总书记指出："把党的建设作为一项伟大工程来推进，是我们党的一大创举，是我们党领导人民进行伟大社会革命的重要法宝。"②当年，为适应在国民党统治区特殊环境下完成党赋予的维护、巩固和发展以国共合作为基础的抗日民族统一战线的核心使命，周恩来坚持把加强党的建设作为南方局工作中的关键所在，灵魂所系，始终把"思想上、政治上、组织上巩固党"作为"极端严重的任务"和"完成党的政治任务的决

---

① 中共中央文献研究室编：《周恩来年谱一八九八——一九四九》》修订本，中央文献出版社1998年版，第518页。

② 习近平：《推进党的建设新的伟大工程要一以贯之》（2018年1月5日），《习近平著作选读》第二卷，人民出版社2023年版，第100页。

定因素"①，创造性贯彻党的"荫蔽精干、长期埋伏、积蓄力量、以待时机"十六字方针，思想上重视党员理想信念和气节教育，组织上坚持"质重于量，巩固重于发展"原则，工作上执行"三勤""三化"，使国民党统治区各级党组织不断巩固发展，经受住了各种考验，成为摧不垮的战斗堡垒，带领人民坚持抗战和争取和平民主的中坚力量。

一是加强思想建设，树立坚定的马列主义的世界观和革命的人生观。国民党统治区不同于解放区、根据地，南方局的广大党员一方面必须要面对国民党顽固派消极抗日、积极反共的政治局面，随时经受生与死的考验；另一方面国民党当局常常以高官厚禄和腐朽生活方式来引诱共产党人，意志不坚者可能会迷失。因此，南方局把党的思想建设摆在突出位置。周恩来强调，越是在恶劣的环境下，越要保持清醒的政治头脑，要时刻"与自己的他人的一切不正确的思想意识作原则上坚决的斗争"②，激励党员干部出污泥而不染、同流而不合污，坚持共产主义信念不动摇，人人"有确定的马列主义的世界观和革命的人生观"③。

为实现这一目标，南方局首先花大力气大力抓马列主义教育、阶级教育和党的教育。周恩来强调国民党统治区的党员要有学习精神，要研究学问，学习主义。在他的领导下，南方局要求广大党员要坚持自学马列和毛泽东著作，发出"学习、学习、再学习"的号召，指出党员"要在巨浪中站稳自己的脚跟，正确理解四周的环境，不迷惑运动的方向和前途。只有学好革命理论，才能运用好革命理论"。④除自学外，周恩来规定星期四为"党日"，这一天所有在渝的公开机关中层以上领导和新华日报编委以上干部以及曾家岩的干部，都要到红岩村集中学习。他还把一位青年写的"太忙就挤，不懂就钻"的口号贴在墙上，作为大家学习的座右铭。学习中，周恩来亲自给党员干部讲马列主义理论，讲党的历史，实事求是地总

---

① 《中共中央关于巩固党的决定》（1939年8月25日），《中共中央南方局历史文献选编》上，重庆出版社2017年版，第99页。

② 《周恩来选集》上卷，人民出版社1980年版，第125页。

③ 《周恩来选集》上卷，人民出版社1980年版，第128页。

④ 《群众》周刊，第二卷二十期社论。

结党在历史上的经验教训，以提高他们的马列主义理论修养和政治思想素质。周恩来还充分发挥《新华日报》和《群众》周刊的阵地作用，有计划地发表马列和毛泽东著作，介绍其基本内容和学习方法，并要求"全党要认真学习"，使其成为宣传马列主义的重要阵地，引导和帮助国民党统治区党员运用马列主义立场观点和方法分析问题，批判国民党宣扬的封建法西斯主义。

其次，南方局非常重视对广大党员的时事形势教育。一切工作任务、组织形式和斗争方式都决定于当时的政治形势。南方局及其各级党组织，采用形势报告会、党员训练班、个别谈话等方式，经常对党员进行时事形势教育，主要是学习抗战以来的形势任务和党在抗战时期的方针政策，使他们明了形势，认清困难只是暂时的，革命的前途是光明的，胜利必然属于共产党人和革命者，属于人民。1943年共产国际解散前，蒋介石抛出《中国之命运》一书，宣传共产主义不适合中国国情，曾经一度在人们思想上造成了一些迷惑。周恩来带领南方局及时地在机关干部中开展了形势教育，帮助大家认识到，中国共产党已经是一个成熟的党，早已经能够独立自主地决定中国的问题，共产国际的解散并不说明共产主义没有前途了，同时在《新华日报》、《群众》周刊组织了一批有针对性的文章，批判蒋介石《中国之命运》一书中的许多反动观点，以正视听，帮助于广大党员思想觉悟的提高。

此外，南方局还十分注意对广大党员的气节教育，真正做到富贵不能淫，贫贱不能移，威武不能屈。周恩来经常引导大家深刻认识革命斗争的复杂性和尖锐性，号召党员"要有坚韧的奋斗精神"，特别强调要有"布尔什维克的坚韧顽强"[①]，帮助他们从思想上作好应付突发事件的准备，做到临危不惧，毫不动摇。皖南事变后，周恩来对留在重庆坚持工作的干部反复地进行教育，不断以无产阶级的革命大节相勉励。他说，要准备反动派搞突然袭击，要准备牺牲，如果要牺牲，我们一块牺牲。他还总是不

[①]《周恩来选集》上卷，人民出版社1980年版，第128、132页。

失时机地宣讲李大钊、赵世炎和陈铁军、周文雍夫妇等共产党人在被捕后坚持斗争的事迹,教育大家要保持革命气节,敢于坚持真理,敢于坚持原则,敢于对敌进行斗争。他鼓舞广大党员干部要坚信:黑暗是暂时的,光明一定会到来!大家不要被反动派的阴谋吓倒,要坚决粉碎他们的进攻,并且要作好准备,迎接更严重更艰巨的斗争。

在南方局的领导下,战斗在国民党统治区特殊环境中的共产党人,无论是公开斗争,还是深入虎穴;无论是政坛搏击,还是沉浮商海;无论是身在红岩,还是隐于乡间,他们都能始终自觉加强党性修养,坚守党的政治信仰,把对共产主义的坚定理想信念,追求救国救民真理的执着作为立身之本,把高举抗战民主旗帜,坚持抗战到底作为践行党性,以及忠诚于党和人民事业的神圣使命。

二是加强组织建设,使国民党统治区的党成为真正的彻底的地下党,成为群众的党。南方局领导的党组织大多是在全民族抗战爆发后才恢复或新建的,党员质量参差不齐,十分缺乏在国民党统治区的斗争经验,一些党组织和党员习惯了国共关系比较融洽时那种半公开半秘密的方式方法,习惯于组织领导轰轰烈烈的公开的群众救亡斗争,对国民党政策的变化缺乏必要的警惕。随着国民党顽固派不断掀起反共浪潮,党组织在国民党统治区接连遭受重大损失。针对这种情况,中共中央连续发出指示,要求国民党统治区的党组织坚决采取"荫蔽精干、长期埋伏、积蓄力量、以待时机"的工作方针,认真地坚决地将党的力量有计划地撤退和隐蔽,反对急进和暴露。

根据中共中央的指示,周恩来多次召开会议,详细听取各省情况汇报,具体分析了各省工作中出现的新情况和存在的问题,对国民党统治区党组织的工作方式作出部署。他指出:"根据大后方各地经验证明,在大后方的党,只能全力执行长期埋伏积蓄力量、等待时机的路线。"[①]周恩来要求国民党统治区党的工作要转到地下去,"要使党成为真正的彻底的地

[①]《周恩来关于南委工作的意见致毛泽东和中央书记处电》(1941年10月27日),《中共中央南方局历史文献选编》上,重庆出版社2017年版,第523页。

下党","成为群众的党"。①

为实现国民党统治区党组织工作方式的彻底转变,周恩来提出,在党组织发展上,必须坚持"质重于量,巩固重于发展"的方针,要在实际斗争中考验党员,坚决反对"拉夫式"发展党员,国民党统治区各级组织基本停止发展新党员,清除了抗战初期党员大发展时期混入党内的坏分子和不合格党员约6500名,审查了县一级以上干部882名,保证党的纯洁性;在领导结构上,实行精简党的组织层次,缩小党的领导机构,各省委、特委人数一般为2—3人,先后撤销江西省委、粤北省委、粤南省委、湖南省工委,后来许多地方又撤销了特委、工委和中心县委等机构;同时,建立平行支部,化大支部为小支部,禁止基层支部、县委、特委一级之间发生横向联系,以便于隐蔽。在工作方式上,将公开工作与秘密工作、上层活动与下层活动严格分开,规定公开工作的干部不参加秘密工作,反之亦然;党员实行单线联系,横不跨支,竖不越级,地下党组织负责从事群众工作;上层工作,只由南方局领导或者专门指定的人员来负责,做下层工作的党员同做上层工作的党员,即使是在同一个部门里,相互之间也不交换情况,不发生横的联系。

在贯彻执行隐蔽精干方针过程中,周恩来还创造性提出了"三勤""三化",把它们作为巩固党组织的具体策略方针。"三勤""三化"的核心是职业化。周恩来特别强调每个党员都要有社会职业,并且一切言论和行动都要同本身的职业地位相称,通过合法职业和社会身份的掩护,达到隐蔽和积蓄力量的目的。有了职业的党员必须勤业,努力做出成绩,这样才能取得群众的信任和拥护;必须勤学来提高自己的思想素质和业务素质,更好地搞好职业;必须勤交友来扩大自己的工作空间,更广泛地团结群众,使党组织深深扎根于群众之中。

在周恩来领导下,南方局及其所属党组织提升了党的建设的质量,很好地实现了工作方式转变,广大党员自觉深入社会生活,积极隐蔽于深厚

---

① 《周恩来选集》上卷,人民出版社1980年版,第110、111页。

的群众土壤之中，使党员既是群众之一员，深入社会各个方面默默无闻做了大量工作，更成为引领群众的烛光与火炬，从而使国民党统治区党组织在最困难的情况下站稳了脚跟，保存了党的骨干，为党在国民党统治区完成坚持团结抗战到底、争取抗日民主的历史任务打下了坚实的组织基础。

三是加强作风建设，特别注重发挥领导者的模范作用。南方局加强国民党统治区党的建设有一个鲜明的特点，就是把言教的说服力与身教的感染力结合起来。周恩来强调，"领导者切勿轻视自己的作用和影响"，"自己要起模范作用"[1]，坚持以身作则，率先垂范，以自己崇高的人格魅力去凝聚国民党统治区的党员，使他们融合成一个团结战斗的整体。

作为南方局主要领导人，周恩来非常注意在党内生活做表率。在倡导党内民主上，他在党的会议上尊重他人的观点，重视反面和批评的意见，人们会被说服，但不会被压服，也不会因为持不同意见而受到责怪，集中大家的智慧作出决策；过组织生活时，他总是以普通党员的身份和大家一起汇报思想，讨论问题，带头开展批评与自我批评，有缺点公开向干部群众展露，即使是历史上的问题，也敢于承认自己的责任，带动党的生活严肃而又轻松。在党内学习中，他始终不知疲倦地勤学苦研，无论工作多忙多繁重，无论斗争多么尖锐复杂，都带头认真学习马列、毛泽东等著作，有时他常常忙得一天只能休息四五个小时，可他仍一刻都不放松学习，一有空就认真看书学习。在遵守党的纪律上，他特别注重"要有高度的纪律性"，并严格要求自己。有一次他因参加苏联大使馆的宴会喝醉而违反规定晚归，事后在党的生活会上作了深刻的检讨。而在皖南事变后面对敌人可能进行的捕杀讨扣，周恩来向党中央表示，一切准备好了，坚定表示"我要坚持到最后！"[2]

周恩来身体力行地践行党的群众路线，"做到凡是有群众的地方一定要进去工作"[3]。为推动抗战民主，争取不同阶层的群众力量，周恩来充

---

[1] 《周恩来选集》上卷，人民出版社1980年版，第131、132页。
[2] 曹瑛：《皖南事变前后在红岩》，《红岩春秋》1998年第1期。
[3] 《周恩来选集》上卷，人民出版社1980年版，第111页。

分利用多种场合接触中间党派、无党派人士、民族工商界人士、地方实力派、与他们广泛交流，广交朋友，消除隔阂，增进友谊。其间，他多次登门拜访宋庆龄、李济深、冯玉祥等国民党元老和民主派，与他们共商国是、同叙友情，赞扬他们"为人所不敢为，说人所不敢说"的勇气；他亲自做张治中、张冲等国民党上层的工作，且在长期交往中"由公谊而增友谊"；他常出入被称为"民主之家"的特园，与张澜、黄炎培、梁漱溟、罗隆基等民主人士密切接触，在品茶谈笑间纵横天下、遇事相互坚持、共同进退，建立起肝胆相照的关系，支持促成了民盟等民主党派的创建；他与古耕虞、康心远、范旭东、胡子昂等商界巨子保持多渠道联系，在经常交往中加深了解，向他们阐明中共发展民族经济的主张，鼓励他们为抗战而生产，帮助他们化解劳资矛盾，支持他们为保护自身利益而斗争；他亲自或通过各种渠道做刘文辉、邓锡侯、龙云等地方实力派的工作，支持他们在坚持抗战民主、反对国民党独裁的斗争中不断进步，最终走向人民阵营。

周恩来还是廉洁奉公、克己简朴的典范。他经常教育党员干部要发扬艰苦朴素的作风，强调不忘延安，反对蜕化或腐化思想。当时，周恩来是中共代表团全权代表，还身兼国民政府军事委员会政治部副部长，每月薪水几百元，加上文章稿费，收入还算可观。工作人员替他领取薪水后，他总是嘱咐要勤俭节约，日常用品能不买就不买，能买次的就不买好的，每月只用去很少一点，剩下的都算作党费上交了。他的日常生活和大家一样，伙食标准是每天三钱油、五钱盐，穿的外衣总是旧的，并且是褪色的，衣服总是打着补丁。他不允许自己有一丝一毫的照顾。一次，一些年轻人准备了几个菜为他庆祝生日，被他严厉地批评，他还把这些菜分给大家吃了。他常常叮嘱：买衣服，简单些；做饭，简单些；住房，简单些。后来党中央直接过问保健规定落实情况，南方局才专门形成了一份实行保健补贴的具体文件，但是周恩来却从保健补贴名单中划去了自己的名字。在他的带动下，在南方局机关内部，大家都甘于清贫，乐于过苦日子，上上下下都一样地过着简朴的生活，不存在特殊化问题，更没有追求享受、贪污腐化的问题。

在重庆八年时间里,在周恩来等人领导下,南方局及其下属各级党组织在国民党统治区形成了坚强的领导集体,具有很强的战斗力、组织力、号召力和向心力。对此,毛泽东高度评价,称赞南方局工作"做得好,各省工作有成绩",并表示"这是在恩来领导下的成绩"①。这是对南方局抓国民党统治区党的建设最好的评价。

十、红岩精神是中国共产党和中华民族的宝贵精神财富

党的十八大以来,习近平总书记多次对红岩精神作出重要论述,深刻阐述了红岩精神所蕴含的光荣革命传统、丰富精神特质和重大现实意义等。其中,在2021年2月,他在党史学习教育动员大会上的重要讲话中指出,井冈山精神、长征精神、遵义会议精神、延安精神、西柏坡精神、红岩精神、抗美援朝精神、"两弹一星"精神、特区精神、抗洪精神、抗震救灾精神、抗疫精神等伟大精神,构筑起了中国共产党人的精神谱系。②2021年7月,他在庆祝中国共产党成立100周年大会上指出,伟大建党精神是中国共产党的精神之源。一百年来,中国共产党弘扬伟大建党精神,在长期奋斗中构建起中国共产党人的精神谱系。③习近平总书记明确将红岩精神列入中国共产党人精神谱系,这充分显示了红岩精神是伟大建党精神的继承和发展。党在不同历史时期产生的伟大精神,其本质内容和精神实质是相通的、统一的、一致的。红岩精神作为伟大建党精神在特定历史条件下的具体形态,是无产阶级世界观、人生观、价值观在国民党统治区特殊环境下的生动体现,是中国共产党人在国民党统治区这一特殊战场上对伟大建党精神的传承和弘扬。

---

① 中共重庆市委党史研究室编:《中共中央南方局大事记》,重庆出版社2004年版,第51—52页。
② 习近平:《开展党史学习教育要突出重点》(2021年2月20日),《习近平著作选读》第二卷,人民出版社2023年版,第424页。
③ 习近平:《在庆祝中国共产党成立100周年大会上的讲话》(2021年7月1日),《人民日报》2021年7月2日。

红岩荒谷耳，抗日显光辉。红岩，因作为南方局机关所在地和毛泽东赴重庆谈判期间中共代表团驻地，而与中国革命的历史紧密联系在一起。与党的大多数革命精神诞生于革命根据地或革命军队不同，在国民党统治区风雨如磐的斗争岁月中，在党中央领导下，以毛泽东、周恩来为代表的老一辈无产阶级革命家、共产党人和革命志士，在以重庆为中心的国民党统治区，为争取民族独立和人民解放的革命斗争实践中培育形成了伟大的红岩精神。红岩精神作为我们党革命精神宝库中一颗璀璨明珠，是中国共产党人精神谱系的重要组成部分，不仅体现了中国共产党人崇高理想、初心使命、英勇斗争、对党忠诚等共性精神品质，而且又因特殊历史阶段的主要任务、社会条件、斗争方式等，呈现出鲜明的个性和独有的内涵，集中体现为：坚如磐石的理想信念、和衷共济的爱国情怀、不折不挠的凛然斗志、坚贞不屈的浩然正气，成为中国共产党和中华民族的宝贵精神财富。

　　坚如磐石的理想信念。这一内涵充分体现了战斗在国民党统治区的中国共产党人"坚持真理、坚守理想"，在大是大非面前旗帜鲜明，在风浪考验面前无所畏惧，在各种诱惑面前立场坚定的坚强党性。理想信念是共产党人的政治灵魂。共产党人对于理想信念的坚持和坚守，既体现出真正的共产主义者对于个人理想选择的一种负责任态度，也是对中华文化"唯道是从"的人文品格的继承和发扬。一个党员有了对共产主义理想信念的坚定，就能够始终保持正确的方向，具有克服各种困难的勇气和力量。就当时的具体条件而言，就是坚信抗日战争必将胜利，坚信人民解放必定实现，坚信共产主义伟大理想必将实现。这是战斗在国民党统治区各级党组织和广大党员艰苦奋斗、战胜一切困难和敌人、最终取得巨大历史功绩的力量源泉。这种理想信念体现在：国共合作团结抗战中，绝不放弃马克思主义信仰，坚持抗日民族统一战线中的独立性、牢牢把握领导权；联系群众，融入社会时，坚守党的政治立场，不被浊流所淹没，以实际行动启发群众、教育群众、团结群众；不惧暗流、逆流来袭，不惧"染缸"的侵蚀，经得起白色恐怖和灯红酒绿的考验，永葆共产党员的先进性等方方面面。

当年，在以毛泽东、周恩来为代表老一辈无产阶级革命家率先垂范下，战斗在国民党统治区的共产党人，无论在任何情况和条件下，他们始终坚守党的政治信仰，立场坚定，出淤泥而不染，同流而不合污，凛然面对血雨腥风，在诡谲多变、风雨如磐的斗争岁月中顽强奋斗，使国民党统治区党组织成为了攻不破的堡垒，从而有力地保证了我们党在国民党统治区赢得人心、赢得主动，始终立于不败之地。皖南事变后，面对国民党顽固派随时可能发起的突然袭击，周恩来率领八路军驻重庆办事处全体工作人员向党中央保证："无论在任何恶劣的情况下，我们仍以不屈不挠的精神，坚守我们的岗位，为党的任务奋斗到最后一口气。"[1]中共南委副书记张文彬在狱中坚持斗争，受尽折磨，生命垂危之际留言："我一生为党工作，坚信马列主义、坚信党，现在生命快到尽头，但我死而无憾。"中共鄂西特委书记何功伟被捕后，拒绝了国民党高官厚禄、出国留学和美色的引诱，临刑前向党表明心迹："我是一尘未染的布尔什维克，我没有污辱我们党的旗帜。"还有一大批像张文彬、何功伟一样的红岩英烈用生命书写了对党的无限忠诚，生动诠释了铁心跟党走、九死而不悔的坚定信仰。

和衷共济的爱国情怀。这一内涵充分体现了战斗在国民党统治区的中国共产党人"践行初心、担当使命"，在民族危亡和决定中国前途命运的关键时刻海纳百川、相忍为国的宽广胸怀。爱国是红岩精神的基本底色，团结是红岩精神的重要表现。爱国主义是中华民族精神的核心，是中华民族团结奋斗、自强不息的精神纽带。而坚持统一战线是中国共产党百余年奋斗所积累的宝贵历史经验之一。红岩精神作为中国共产党在以重庆为中心的国民党统治区培育铸造的伟大革命精神，其彰显爱国、团结的和衷共济的爱国情怀在中华民族空前团结、一致对外的抗日战争时期是贯彻始终的一条红线，是极具特色的基本特质。

当年，战斗在国民党统治区的共产党人以振兴中华为己任的精神风貌

---

[1] 中共中央文献研究室编：《毛泽东年谱（一八九三——一九四九）》中卷（修订本），中央文献出版社2013年版，第263页。

和诚信、宽广的胸怀，既在当时各政治团体和上层政治人物中产生着积极影响，更感染和激励着广大的国民党统治区人民群众，由此产生了巨大的凝聚力，最终把一切可以团结的力量汇聚于党的周围，使中国政治力量发生了有利于中国共产党的变化，形成了抗日民族统一战线的铜墙铁壁。全民族抗战时期，周恩来领导南方局高举党的抗日民族统一战线旗帜，大力加强对国民党民主派、各民主党派、文化科技界、工商经济界、地方实力派、海外侨胞等各方面的统一战线工作，在挽救民族危亡中，与他们风雨同舟、共同奋斗，发展壮大了进步势力，争取了广大中间势力，孤立了反共顽固势力，坚决维护了团结抗战大局，推动建立了中国民主同盟、九三学社、中国民主建国会、三民主义同志联合会等民主党派，为党团结了一大批中间力量。这一历史进程，充分体现了中国共产党人对国家和人民抱有炽热深沉的感情，他们从民族利益出发，排除党派之争，坚持以诚相待、海纳百川、团结多数的博大胸襟，愿意为国家和民族的根本利益牺牲奉献，是彻底的爱国主义者。

不折不挠的凛然斗志。这一内涵充分体现了战斗在国民党统治区的中国共产党人"不怕牺牲、英勇斗争"，不畏艰险、百折不挠，敢于斗争、善于斗争的革命斗争精神。斗争精神是共产党人与生俱来的优秀基因，中国共产党在斗争中诞生、在斗争中发展、在斗争中壮大。国民党统治区不同于党领导的解放区和敌后抗日根据地，不同的斗争环境决定了不同的领导方式、工作方式和斗争形式。因此，在国民党统治区开展斗争有一个鲜明的特点，就是既要坚决贯彻党中央的路线方针政策，又要与国民党统治区的实际结合起来，充分发挥主观能动性，创造性地开展工作。面对国民党统治区的特殊环境和建立统一战线的特殊任务，周恩来提出："国统区是统一战线工作的第一线，没有第一线的统战工作，抗战不能顺利进行下去。因此，我们一定要不怕困难，坚持阵地。"[①]在统一战线中，团结和斗争是对立的统一。团结不是无条件的纵容，对损害国家、人民根本利益的

[①] 朱语今：《一月十七日之夜》，《红岩生活漫忆》，重庆出版社1982年版，第45页。

事情，必须旗帜鲜明地坚决斗争。这就决定了党在国民党统治区开展革命斗争的过程中，要坚持"有理、有利、有节"，既要有斗争的精神又要有斗争的韧性，既要敢于斗争、坚持原则，又要善于斗争、斗而不破，坚持在斗争中牢牢把握建立抗日民族统一战线的领导权和独立性。

当年，以周恩来为代表的战斗在国民党统治区的共产党人，在统一战线上创造性贯彻党中央"发展进步势力、争取中间势力、孤立顽固势力的方针"，推动建立了中国民主同盟、九三学社、中国民主建国会、三民主义同志联合会等民主党派，开拓了统一战线新格局。在文化工作上，面对皖南事变后国民党顽固派制造的政治高压和严密封锁，选择以话剧演出为突破口反击国民党法西斯统治，先后推出《大地回春》《天国春秋》《棠棣之花》《屈原》等戏剧演出，掀起了中国话剧史上黄金时代的"雾季公演"，有力地冲破国民党统治区的政治沉寂局面；同时利用中国人祝寿的传统习惯，以给郭沫若等人祝寿活动的形式，巧妙冲破了国民党不准举行群众性集会的禁忌。在深入开展群众工作中创造"据点"这种新的联系进步青年的秘密组织形式，一个"据点"一般有三五人，不定型、无名称、无章程，只有纵的关系，不发生横的来往，采取表面上无形，而实际上有党组织联系的活动，使国民党特务看不见，抓不着，难以破坏，这是为适应国民党统治区险恶政治环境，在组织形式和工作方式上的一项创造。在党的建设上坚决贯彻党中央"荫蔽精干、长期埋伏、积蓄力量、以待时机"十六字方针，创造性提出了"三勤""三化"，把国民党统治区党组织建设成为坚强的战斗堡垒，等等。这些工作成绩的取得，是国民党统治区共产党人坚持政策的坚定性和斗争策略的灵活性，艰苦卓绝不懈奋斗的结果，为最终取得抗战胜利作出了重要贡献。

坚贞不屈的浩然正气。这一内涵充分体现了战斗在国民党统治区的中国共产党人"对党忠诚、不负人民"，在生与死、血与火的考验面前，坚贞不屈、永不叛党的铁骨丹心。正气，是一个人安身立命的道德归依，是一个民族生存发展的精神灵魂，是一个政党赖以立世的政治品质。坚贞不屈的浩然正气，同样是在国民党统治区特定环境中，以周恩来等为代表的中国共产党人崇高思想境界、坚定理想信念的精神外化。它不仅体现在共产党人日常的言行举止中，更展现在面对诱惑、危险、死亡考验的关键时刻，是检验共产党人思想境界是否高尚、理想信念是否坚定、人格素质是否完善的必然途径之一。它也是当年国民党统治区各阶层人民，通过以周恩来为代表的共产党人身上所表现出的坚持原则，不卑不亢的铮铮正气，了解中国共产党人精神世界、人格魅力、英雄气概、斗争精神，直至接受其政治主张的重要渠道。

当年，战斗在国民党统治区的共产党人始终处在极其险恶的政治环境中，他们善处逆境，坚持真理，坚守正义，敢于斗争，勇于牺牲，在艰难的局面中开拓，展示了中国共产党人的革命气节和英雄气概。周恩来非常重视对国民党统治区广大党员的气节教育，经常引导大家深刻认识革命斗争的复杂性和尖锐性，强调党员"要有布尔什维克的坚韧顽强"，帮助他们从思想上作好应付突发事件的准备，真正做到富贵不能淫，贫贱不能移，威武不能屈。面对皖南事变后的危局，他大义凛然，保护同志，承担责任，把个人的生死置之度外，庄严宣告："要作最坏的准备，要准备牺牲。要牺牲，我们一起牺牲！"在周恩来等人的培育下，战斗在国民党统治区的共产党人都能善处逆境，在革命顺利时，不骄不躁，甘于奉献；当暗流袭来时，不灰心气馁，不怕牺牲；即使不幸被捕，身陷囹圄，面对威逼利诱仍威武不屈、不动心志。吴玉章面对国民党特务包围驻地时，告诉大家"有什么乱子，我去顶住，顶多是牺牲，牺牲也值得，我也应该负起这个责任"，并笑曰："此处便是我好的死所！"广西省工委副书记苏蔓和他的妻子广西省工委妇女部长罗文坤，以及中共南委驻桂林特别交通员张海萍，因为叛徒出卖被捕，敌人企图通过他们诱捕其他党员，三位年轻的共产党员毅然选择集体自杀向党组织报警！战斗在国民党统治区的一大批党的优秀儿女，他们为民族、为人民、为正义慷慨赴死，以自己的热血与生命凝结成红岩精神，充分体现了共产党人丹心向党、坚贞不屈的铮铮铁骨和浩然正气。

南方局的历史，是中国共产党和中国人民争取民族独立和人民解放伟大历史的光辉篇章。在八年艰苦卓绝的斗争中，南方局成为在党中央领导下创造性地开展工作的典范，在极端困难条件下正确应对和处理各种复杂局面的典范，适应新的斗争需要充分发挥共产党人政治智慧和政治优势的典范，在统一战线特殊条件下继承和发扬党的优良传统和作风的典范。对此，毛泽东在1945年10月参加完重庆谈判回到延安后感慨地说："我这次在重庆，就深深感到广大的人民热烈地支持我们，他们不满意国民党政府，把希望寄托在我们方面。我又看到许多外国人，其中也有美国人，对我们很同情。广大的外国人民不满意中国的反动势力，同情中国人民的力量。他们不赞成蒋介石的政策。我们在全国、全世界有很多朋友，我们不是孤立的。"[①]毛泽东的这段话，是对南方局在重庆八年工作历尽艰险，卓著勋劳的一个最好的总结。

鉴往事，知来者。在中国人民抗日战争暨世界反法西斯战争胜利80周年之际，我们重温南方局历史，弘扬革命传统，赓续红色血脉，传承红岩精神，就是要更加紧密地团结在以习近平同志为核心的党中央周围，增强"四个意识"、坚定"四个自信"，坚定拥护"两个确立"，坚决做到"两个维护"，全面贯彻习近平新时代中国特色社会主义思想，高举中国特色社会主义伟大旗帜，不忘初心、牢记使命，聚合亿万人民磅礴伟力，以一往无前的进取精神和波澜壮阔的创新实践，不断谱写以中国式现代化全面推进强国建设、民族复兴伟业的壮丽篇章，努力为人类和平与发展的崇高事业作出新的更大贡献，把毛泽东、周恩来等老一辈无产阶级革命家开创的事业不断推向前进！

---

① 《毛泽东选集》第四卷，人民出版社1991年版，第1158页。

一、中共中央和南方局的战略策略引领

习近平总书记指出："中国人民抗日战争胜利是中国共产党发挥中流砥柱作用的伟大胜利。"其中流砥柱的主要表现之一，就是中国共产党以卓越的政治领导力和正确的战略策略，指引了中国抗战的前进方向。

抗日战争时期，在民族危亡的历史关头，中国共产党毅然放下阶级仇恨，积极倡导建立以国共合作为基础的抗日民族统一战线，凝聚全民族抗日力量。1935年8月1日，中共驻共产国际代表团草拟了《中国苏维埃政府、中国共产党中央为抗日救国告全体同胞书》（即八一宣言），主张停止内战，组织国防政府和抗日联军，对日作战。10月1日，八一宣言在法国巴黎出版的《救国报》上发表。12月瓦窑堡会议确立了抗日民族统一战线的策略方针，调整了各项具体政策，得到全国各界的热烈响应。1936年12月西安事变的和平解决，成为时局转换的枢纽，对推动国共再次合作、团结抗日起了重大历史作用，为全国团结抗战创造了条件。

中国共产党主导建立以国共合作为基础的抗日民族统一战线。1937年7月7日日本侵略者以炮轰宛平县城和进攻卢沟桥为标志发动全面侵华战争。7月8日中国共产党就向全国发出通电，号召全国人民、军队和政府团结起来，筑成民族统一战线的坚固长城，抵抗日本侵略。经过中国共产党不懈努力，9月22日国民党中央通讯社发表《中共中央为公布国共合作宣言》；23日，国民党领导人发表实际上承认共产党合法地位的谈话，指出团结御侮的必要，第二次国共合作正式形成。在中国共产党积极努力和推动下，以国共两党合作为基础，中国各族人民、各民主党派、各爱国军队、各阶层爱国人士以及海外华侨的抗日民族统一战线形成并发展起来。

中国共产党始终维护抗日民族统一战线。在抗日民族统一战线面临动摇和分裂危机的时候，1939年7月7日，中共中央发出《为抗战两周年纪念对时局宣言》，以民族大义为重，旗帜鲜明地提出："坚持抗战到底——反对中途妥协！巩固国内团结——反对内部分裂！力求全国进步——反对向后倒退！"成为引导全民族抗战走向胜利的旗帜。为坚持、巩固和扩大抗日民族统一战线，毛泽东先后写了《目前抗日统一战线中的策略问题》《放手发展抗日力量，抵抗反共顽固派的进攻》《论政策》等重要文章，系统分析了中国阶级状况，在这一基础上，中共中央正确处理抗日民族统一战线内部的矛盾，制定了"发展进步势力，争取中间势力，孤立顽固势力"的策略总方针。中国共产党提出的抗日民族统一战线策略和政策的贯彻执行，广泛地团结了中华民族一切可能团结的抗日力量，铸成了全民族抗战的坚固长城，使全国团结抗战的局面得以坚持和发展，直至取得全民族抗战胜利。

中国共产党提出全面抗战路线。全民族抗战一开始，中国共产党就号召全国人民总动员，主张开放民主，改善民生，广泛发动群众，武装群众，实行全体人民参加战争、支援战争的全面抗战路线。1937年7月，毛泽东发表《反对日本进攻的方针、办法和前途》，指出在坚决抗战的方针下，必须实行全国军队和人民的总动员以及革新政治等一整套办法。洛川会议提出抗日救国十大纲领。党的全面抗战路线把实行全民族抗战与争取人民民主、改善人民生活结合起来，把反对外敌入侵与推进社会进步统一起来，正确处理了民族矛盾与阶级矛盾的关系，成为引领全民族发展与进步的指南。

中国共产党提出持久战战略总方针和游击战争的战略战术。早在1936年7月，毛泽东同美国记者埃德加·斯诺的谈话中，就提出了通过持久抗战争取抗战胜利的方针。1937年8月11日，中共代表周恩来、朱德在国民政府军委会军政部谈话会上指出：全国抗战在战略上要实行持久防御。毛泽东在洛川会议上指出，抗日战争是一场艰苦的持久战。1938年5月，毛泽东撰写《论持久战》，驳斥了"亡国论"和"速胜论"，指出中国必须、也能够经过持久抗战取得胜利，持久战必须经过战略防御、战略相持和战略反攻三个阶段，强调持久战的基础是广大民众。全国抗战形势的发展完全证实了毛泽东的英明论断。1938年5月，毛泽东在《抗日游击战争的战略问题》中将游击战争提到战略高度作了全面阐述。在《论持久战》中，毛泽东对游击战、运动战、阵地战等做了分析，肯定"基本的是游击战，但不放松有利条件下的运动战"的方针。实践证明，中国共产党提出实施的全面抗战路线、持久战的战略总方针和独立自主游击战的战略战术，指明了争取抗战胜利的正确道路，从思想上武装了中国共产党领导下的广大抗日军民，进而坚定了全国军民争取抗战胜利的信心和决心，指引全民族抗战一步步走向胜利。

（一）历史文献

中国苏维埃政府、中国共产党中央为抗日救国告全体同胞书（八一宣言）①

（一九三五年八月一日）

国内外工农军政商学各界男女同胞们！

日本帝国主义加紧对我进攻，南京卖国政府步步投降，我北方各省又继东北四省之后而实际沦亡了！

有数千年文化历史的平津，有无限富源的直、鲁、晋、豫各省，有最重要战略意义的察、绥区域，有全国政治经济命脉的北宁、平汉、津浦、平绥等铁路，现在实际上都完全在日寇军力控制之下。关东贼军司令部正在积极实行成立所谓"蒙古国"和"华北国"的计划。自民国二十年"九一八"事变以来，由东三省而热河，由热河而长城要塞，由长城而"滦东非战区"，由非战区而实际占领河北、察、绥和北方各省，不到四年，差不多半壁山河，已经被日寇占领和侵袭了。田中奏折所预定的完全灭亡我国的毒计，正着着实行；长此下去，眼看长江和珠江流域及其他各地，均将逐渐被日寇所吞蚀。我五千年古国将完全变成被征服地，四万万同胞将都变成亡国奴。

近年来，我国家、我民族已处在千钧一发的生死关头。抗日则生，不抗日则死，抗日救国，已成为每个同胞的神圣天职！

然而最痛心的，在我们伟大民族中间，却发现着少数人面兽心的败类！蒋介石、汪精卫、张学良等卖国贼，黄郛、杨永泰、王揖唐、张群等

---

① 这是中共驻共产国际代表团以中国苏维埃政府、中国共产党中央名义草拟的。

老汉奸，数年以来，以"不抵抗"政策出卖我领土，以"逆来顺受"主张接受日寇一切要求，以"攘外必先安内"武断宣传来进行内战和压迫一切反帝运动，以"十年生聚"、"十年教养"、"准备复仇"等骗人口号来制止人民抗日救国行动，以"等待世界第二次大战来了再说"的狡计来迫使我国人民坐以待亡。而最近以来，汉奸卖国贼等在"中日亲善"、"中日合作"和"大亚细亚主义"等口号之下，所作的降日卖国之露骨无耻行为，简直是古今中外未有之奇闻！日寇要求撤退于学忠、宋哲元等军队，这些军队便立刻奉令南下西开去进行内战了；日寇要求撤退某些军政长官，某些军政长官便立刻被撤职了；日寇要求河北省政府迁出天津，省政府便立刻搬到保定了；日寇要求封禁某些报章杂志，那些报章杂志便立刻被封禁了；日寇要求惩办《新生》等杂志主笔和新闻记者，《新生》主笔和许多记者便立刻被逮捕监禁了；日寇要求中国政府实行奴化教育，蒋贼便立刻焚书坑儒了；日寇要求中国聘请日本顾问，蒋贼的军政机关便立刻开门揖盗了；甚至日寇要求解散国民党党部，北方、厦门等地国民党党部便立刻奉命解散了；日寇要求解散蓝衣社组织，蓝衣社北方领袖曾扩情、蒋孝先等便闻风潜逃了。

中国苏维埃政府和共产党认为日寇和汉奸卖国贼对我国这些行动，是中华民族的无上耻辱！苏维埃政府和共产党郑重宣言：我们不仅对于日寇对我国的领土侵略和内政干涉，表示激烈的反抗；就是对于日寇提出解散国民党党部和蓝衣社组织底要求，也表示坚决的抗议。在共产党及苏维埃政府看来：一切中国人的事，应由中国人自己解决，无论国民党和蓝衣社卖国殃民的罪恶如何滔天，但其应否存废问题，日寇绝无置啄〔喙〕的余地。

领土一省又一省地被人侵占，人民千万又千万地被人奴役，城村一处又一处地被人血洗，侨胞一批又一批地被人驱逐，一切内政外交处处被人干涉，这还能算什么国家！？这还能算什么民族！？

同胞们！中国是我们的祖国！中国民族就是我们全体同胞！我们能坐视国亡族灭而不起来救国自救吗？

不能！绝对不能！阿比西尼亚以八百万人民的国家，尚能对意大利帝国主义准备作英勇的武装反抗，以保卫自己的领土和人民；难道我们四万万人民的泱泱大国，就能这样束手待毙吗？苏维埃政府和共产党深切相信：除极少数汉奸卖国贼愿作李完用、郑孝胥、张景惠、溥仪第二去靦颜事仇而外，我绝大多数工农军政商学各界同胞，绝不甘心作日寇的牛马奴隶。苏维埃政府对日宣战，红军再三提议与各军队共同抗日，红军北上抗日先遣队艰苦奋斗，十九路军及民众的淞沪抗日血战，察哈尔、长城及滦东各地军民英勇杀贼，福建人民政府接受红军提议联合抗日，罗登贤、徐名鸿、吉鸿昌、邓铁梅、伯阳、童长荣、潘洪生、史灿堂、瞿秋白、孙永勤、方志敏等民族英雄为救国而捐躯，刘崇武、田汉、杜重远等爱国志士为抗日而入狱，蔡廷锴、蒋光鼐、翁照垣、陈铭枢、方振武等抗日部队艰苦斗争，宋庆龄、何香凝、李杜、马相伯等数千人发表中华民族对日作战基本纲领，数年来我工农商学各界同胞为抗日而进行排货、罢工、罢市、罢课、示威等救国运动，尤其是我东北数十万武装反日战士在杨靖宇、赵尚志、王德泰、李延禄、周保中、谢文东、吴义成、李华堂等民族英雄领导之下，前仆后继的英勇作战，在在都表现我民族救亡图存的伟大精神，在在都证明我民族抗日救国的必然胜利。到现在：我同胞抗日救国事业之所以还未得到应有胜利的原因，一方面是由于日寇蒋贼的内外夹攻，另方面是由于各种抗日反蒋势力互相之间，存在有各种隔阂和误会，以致未能团结一致。

因此，当今我亡国灭种大祸迫在眉睫之时，共产党和苏维埃政府再一次向全体同胞呼吁：无论各党派间在过去和现在有任何政见和利害的不同，无论各界同胞间有任何意见上或利益上的差异，无论各军队间过去和现在有任何敌对行动，大家都应当有"兄弟阋墙外御其侮"的真诚觉悟，首先大家都应当停止内战，以便集中一切国力（人力、物力、财力、武力等）去为抗日救国的神圣事业而奋斗。苏维埃政府和共产党特再一次郑重宣言：只要国民党军队停止进攻苏区行动，只要任何部队实行对日抗战，不管过去和现在他们与红军之间有任何旧仇宿怨，不管他们与红军之间在对内问题上有任何分歧，红军不仅立刻对之停止敌对行为，而且愿意与之亲密携手共同救国。此外，苏维埃政府和共产党现在更进一步地恳切号召：

一切不愿当亡国奴的同胞们！

一切有爱国天良的军官和士兵兄弟们！

一切愿意参加抗日救国神圣事业的党派和团体的同志们！

国民党和蓝衣社中一切有民族意识的热血青年们！

一切关心祖国的侨胞们！

中国境内一切被压迫民族（蒙、回、韩、藏、苗、瑶、黎、番等）的兄弟们！

大家起来！冲破日寇蒋贼的万重压迫，勇敢地：

与苏维埃政府和东北各地抗日政府一起组织全中国统一的国防政府；与红军和东北人民革命军及各种反日义勇军一块组织全中国统一的抗日联军。

苏维埃政府和共产党愿意作成立这种国防政府的发起人，苏维埃政府和共产党愿意立刻与中国一切愿意参加抗日救国事业的各党派、各团体（工会、农会、学生会、商会、教育会、新闻记者联合会、教职员联合会、同乡会、致公堂、民族武装自卫会、反日会、救国会等等）、各名流学者、政治家，以及一切地方军政机关，进行谈判共同成立国防政府问题；谈判结果所成立的国防政府，应该作为救亡图存的临时领导机关。这种国防政府，应当设法召集真正代表全体同胞（由工农军政商学各界、一切愿意抗日救国的党派和团体，以及国外侨胞和中国境内各民族，在民主条件下选出的代表）的代表机关，以便更具体地讨论关于抗日救国的各种问题。苏维埃政府和共产党绝对尽力赞助这一全民代表机关的召集，并绝对执行这一机关的决议，因为苏维埃政府和共产党是绝对尊重人民公意的政府和政党。

国防政府的主要责任在于抗日救国，其行政方针应包括下列各点：

（一）抗日救国收复失地。

（二）救灾治水安定民生。

（三）没收日帝在华一切财产、充作对日战费。

（四）没收汉奸卖国贼财产、粮食、土地，交给贫苦同胞和抗日战士享用。

（五）废除苛捐杂税、整理财政金融、发展工农商业。

（六）加薪加饷、改良工农军学各界生活。

（七）实行民主自由、释放一切政治犯。

（八）实行免费教育、安置失业青年。

（九）实行中国境内各民族一律平等政策，保护侨胞在国内外生命、财产、居住和营业的自由。

（十）联合一切反对帝国主义的民众（日本国内劳苦民众，高丽、台湾等民族）作友军，联合一切同情中国民族解放运动的民族和国家，对一切对中国民众反日解放战争守善意中立的民族和国家建立友谊关系。

抗日联军应由一切愿意抗日的部队合组而成，在国防政府领导之下，组成统一的抗日联军总司令部。这种总司令部或由各军抗日长官及士兵选出代表组成，或由其他形式组成，也由各方代表及全体人民公意而定。红军绝对首先加入联军尽抗日救国天职。

为的使国防政府真能担当起国防重任，为的使抗日联军真能担负起抗日重责，共产党和苏维埃政府号召全体同胞：有钱的出钱，有枪的出枪，有粮的出粮，有力的出力，有专门技能的供［贡］献专门技能，以便我全体同胞总动员，并用一切新旧式武器，武装起千百万民众来。共产党和苏维埃政府坚决相信：如果我们四万万同胞有统一的国防政府作领导，有统一的抗日联军作先锋，有千百万武装民众作战备，有无数万东方的和全世界的无产阶级和民众作声援，一定能战胜内受人民反抗和外受列强敌视的日本帝国主义！

同胞们起来：

为祖国生命而战！

为民族生存而战！

为国家独立而战!

为领土完整而战!

为人权自由而战!

大中华民族抗日救国大团结万岁!

中国苏维埃政府

中国共产党中央

一九三五年八月一日

选自中共中央文献研究室、中央档案馆编:《建党以来重要文献选编(一九二一——一九四九)》第十二册,中央文献出版社2011年版

论反对日本帝国主义的策略①

（一九三五年十二月二十七日）

毛泽东

目前政治形势的特点

同志们！目前的政治形势已经发生了很大的变化。根据这种变化了的形势，我们的党已经规定了自己的任务。

目前的形势是怎样的呢？

目前形势的基本特点，就是日本帝国主义要变中国为它的殖民地。

大家知道，差不多一百年以来，中国是好几个帝国主义国家共同支配的半殖民地的国家。由于中国人民对帝国主义的斗争和帝国主义国家相互间的斗争，中国还保存了一种半独立的地位。第一次世界大战曾经在一个时期内给了日本帝国主义以独霸中国的机会。但是中国人民反对日本帝国主义的斗争，以及其他帝国主义国家的干涉，使得经过那时的卖国头子袁世凯签了字的对日屈服投降的条约二十一条，不得不宣告无效。一九二二年美国召集的华盛顿九国会议签订了一个公约，又使中国回复到几个帝国主义国家共同支配的局面。但是没有很久，这种情况又起了变化。一九三一年九月十八日的事变，开始了变中国为日本殖民地的阶段。只是日本侵略的范围暂时还限于东北四省，就使人们觉得似乎日本帝国主义者不一定再前进了的样子。今天不同了，日本帝国主义者已经显示他们要向中国本部前进了，他们要占领全中国。现在是日本帝国主义要把整个中国从几个

---

① 这是毛泽东在陕北瓦窑堡党的活动分子会议上所作的报告。毛泽东的这个报告是在1935年12月中共中央政治局瓦窑堡会议之后作的。

帝国主义国家都有份的半殖民地状态改变为日本独占的殖民地状态。最近的冀东事变和外交谈判，显示了这个方向，威胁到了全国人民的生存。这种情形，就给中国一切阶级和一切政治派别提出了"怎么办"的问题。反抗呢？还是投降呢？或者游移于两者之间呢？

现在，我们来看一看中国各个阶级怎样来回答这个问题。

中国的工人和农民都是要求反抗的。一九二四年至一九二七年的革命，一九二七年至现在的土地革命，一九三一年九一八事变以来的反日浪潮，证明中国工人阶级和农民阶级是中国革命的最坚决的力量。

中国的小资产阶级也是要反抗的。青年学生和城市小资产阶级，现在不是已经发动了一个广大的反日运动吗？中国的这些小资产阶级成分曾经参加过一九二四年至一九二七年的革命。和农民一样，他们有同帝国主义势不两立的小生产的经济地位。帝国主义和中国反革命势力，曾经给了他们以重大的损害，使他们中的很多人陷于失业、破产或半破产的境地。现在他们眼看就要当亡国奴了，除了反抗，再没有出路。

问题摆在民族资产阶级、买办阶级和地主阶级面前，摆在国民党面前，又是怎样的呢？

大土豪、大劣绅、大军阀、大官僚、大买办们的主意早就打定了。他们过去是、现在仍然是在说：革命（不论什么革命）总比帝国主义坏。他们组成了一个卖国贼营垒，在他们面前没有什么当不当亡国奴的问题，他们已经撤去了民族的界线，他们的利益同帝国主义的利益是不可分离的，他们的总头子就是蒋介石。这一卖国贼营垒是中国人民的死敌。假如没有这一群卖国贼，日本帝国主义是不可能放肆到这步田地的。他们是帝国主义的走狗。

民族资产阶级是一个复杂的问题。这个阶级曾经参加过一九二四年至一九二七年的革命，随后又为这个革命的火焰所吓坏，站到人民的敌人即蒋介石集团那一方面去了。问题是在今天的情况下，民族资产阶级有没有发生变化的可能性呢？我们认为是有这种可能性的。这是因为民族资产阶级同地主阶级、买办阶级不是同一的东西，他们之间是有分别的。民族资产阶级没有地主阶级那样多的封建性，没有买办阶级那样多的买办性。民族资产阶级内部有同外国资本和本国土地关系较多的一部分人，这一部分人是民族资产阶级的右翼，我们暂且不去估计他们的变化的可能性。问题是在没有那些关系或者关系较少的那些部分。我们认为在殖民地化威胁的新环境之下，民族资产阶级的这些部分的态度可能发生变化。这个变化的特点就是他们的动摇。他们一方面不喜欢帝国主义，一方面又怕革命的彻底性，他们在这二者之间动摇着。这就说明，在一九二四年至一九二七年的革命时期他们为什么参加了革命，及到这一时期之末，他们又为什么站到蒋介石方面去了。现在的时期，同一九二七年蒋介石叛变革命的时期有什么分别呢？那时的中国还是一个半殖民地，现在正在走向殖民地。九年以来，他们抛弃了自己的同盟者工人阶级，和地主买办阶级做朋友，得了什么好处没有呢？没有什么好处，得到的只不过是民族工商业的破产或半破产的境遇。因为这些情况，我们认为民族资产阶级的态度，在今天的时局下，有起变化的可能性。变化的程度怎样呢？总的特点是动摇。但在斗争的某些阶段，他们中间的一部分（左翼）是有参加斗争的可能的。其另一部分，则有由动摇而采取中立态度的可能。

蔡廷锴等人领导的十九路军是代表什么阶级的利益呢？他们是代表着民族资产阶级、上层小资产阶级、乡村的富农和小地主。蔡廷锴们不是同红军打过死仗的吗？可是后来又同红军订立了抗日反蒋同盟。他们在江西，向红军进攻；到了上海，又抵抗日本帝国主义；到了福建，便同红军成立了妥协，向蒋介石开起火来。无论蔡廷锴们将来的事业是什么，无论当时福建人民政府还是怎样守着老一套不去发动民众斗争，但是他们把本来向着红军的火力掉转去向着日本帝国主义和蒋介石，不能不说是有益于革命的行为。这是国民党营垒的破裂。九一八事变以后的环境能够使国民党营垒分裂出这样一部分人，为什么今天的环境反倒不能造成国民党的分裂呢？我们党内持这样一种论点的人是不对的，他们说，整个地主资产阶级的营垒是统一的，固定的，任何情况下也不能使它起变化。他们不但不认识今天的严重环境，并且连历史也忘记了。

让我再讲一点历史。一九二六年和一九二七年，当着革命军向武汉前进，以至打到武汉、打到河南的时候，发生了唐生智、冯玉祥参加革命的事情。冯玉祥于一九三三年在察哈尔还曾经和共产党一度合作，建立了抗日同盟军。

再一个明显的例子，就是曾经和十九路军一道进攻江西红军的第二十六路军，不是在一九三一年十二月举行了宁都起义，变成了红军吗？宁都起义的领导者赵博生、董振堂等人成了坚决革命的同志。

马占山在东三省的抗日行为，也是统治者营垒中的一个分裂。

所有这些例子都指明：在日本炸弹的威力圈及于全中国的时候，在斗争改变常态而突然以汹涌的阵势向前推进的时候，敌人的营垒是会发生破裂的。

同志们，现在让我们把问题转到另一点。

如果有人拿中国民族资产阶级在政治上经济上的软弱性这一点来反对我们的论点，认为中国民族资产阶级虽然处在新环境，还是没有改变态度的可能，这种说法对不对呢？我认为也是不对的。如果不能改变态度的原因，是民族资产阶级的软弱性，那末，一九二四年至一九二七年为什么改变了他们的常态，不仅是动摇，简直是参加了革命呢？难道民族资产阶级的软弱性是后来才得的新毛病，而不是他们从娘肚子里带出来的老毛病吗？难道今天软弱，那时就不软弱吗？半殖民地的政治和经济的主要特点之一，就是民族资产阶级的软弱性。正是因为这样，帝国主义敢于欺负他们，而这也就规定了他们不喜欢帝国主义的特点。自然，我们不但不否认，并且完全承认：又是因为这一点，帝国主义和地主买办阶级容易拿某种临时的贿赂为钓饵将他们拉了过去，而这也就规定了他们对于革命的不彻底性。可是总不能说，在今天的情况下，他们同地主阶级和买办阶级没有任何的分别。

所以我们着重地指出：国民党营垒中，在民族危机到了严重关头的时候，是要发生破裂的。这种破裂，表现于民族资产阶级的动摇，表现于冯玉祥、蔡廷锴、马占山等风头一时的抗日人物。这种情况，基本地说来是不利于反革命，而有利于革命的。由于中国政治经济的不平衡，以及由此而生的革命发展的不平衡，增大了这种破裂的可能性。

同志们！这个问题的正面，已经说完了。让我再来说一说它的反面，那就是民族资产阶级的某些分子常常是欺骗民众的好手这样一个问题。为什么？因为他们中间除了那些真正拥护人民革命事业的人们而外，有许多人在一个时期内能够以革命的或半革命的面目出现，所以他们同时就具备着欺骗民众的资格，使得民众不容易认识他们的不彻底性以及装模作样的假相。这就增加了共产党批评同盟者、揭破假革命、争取领导权的责任。如果我们否认民族资产阶级在大震动中有动摇及参加革命的可能性，那也就取消了至少也减轻了我们党对于争取领导权的任务。因为，如果民族资产阶级是同地主买办一模一样，以卖国贼的狰狞面孔出现，争取领导权的任务就大可取消，至少也可以减轻了。

在整个地分析中国地主资产阶级在大震动中的姿态时，还有一个方面应该指出，那就是：即使在地主买办阶级营垒中也不是完全统一的。这是半殖民地的环境，即许多帝国主义争夺中国的环境所造成的。当斗争是向着日本帝国主义的时候，美国以至英国的走狗们是有可能遵照其主人的叱声的轻重，同日本帝国主义者及其走狗暗斗以至明争的。过去这种狗打架的事情多得很，我们不去说它。于今只说被蒋介石禁闭过的国民党政客胡汉民，不久以前也签名于我们所提出的抗日救国六大纲领的文件。胡汉民所依托的两广派军阀，也在所谓"收复失地"和"抗日'剿匪'并重"（蒋介石的是"先'剿匪'，后抗日"）的欺骗口号之下，同蒋介石对立。你们看，不是有点奇怪吗？并不奇怪，这不过是大狗小狗饱狗饿狗之间的一点特别有趣的争斗，一个不大不小的缺口，一种又痒又痛的矛盾。但是这点争斗，这个缺口，这种矛盾，对于革命的人民却是有用的。我们要把敌人营垒中间的一切争斗、缺口、矛盾，统统收集起来，作为反对当前主要敌人之用。

把这个阶级关系问题总起来说，就是：在日本帝国主义打进中国本部来了这一个基本的变化上面，变化了中国各阶级之间的相互关系，扩大了民族革命营垒的势力，减弱了民族反革命营垒的势力。

现在我们来说中国民族革命营垒里的情形。

首先是红军的情形。同志们，你们看，差不多一年半以来，中国的三支主力红军都在作阵地的大转移。从去年八月任弼时同志等率领第六军团向贺龙同志的地方开始转移起，接着就是十月开始的我们的转移。今年三月，川陕边区的红军也开始转移。这三支红军，都放弃了原有阵地，转移到新地区去。这个大转移，使得旧区域变为游击区。在转移中，红军本身又有很大的削弱。如果我们拿着整个局面中的这一方面来看，敌人是得到了暂时的部分的胜利，我们是遭遇了暂时的部分的失败。这种说法对不对呢？我以为是对的，因为这是事实。但是有人说（例如张国焘）：中央红军失败了。这话对不对呢？不对。因为这不是事实。马克思主义者看问题，不但要看到部分，而且要看到全体。一个虾蟆坐在井里说："天有一个井大。"这是不对的，因为天不止一个井大。如果它说："天的某一部分有一个井大。"这是对的，因为合乎事实。我们说，红军在一个方面（保持原有阵地的方面）说来是失败了，在另一个方面（完成长征计划的方面）说来是胜利了。敌人在一个方面（占领我军原有阵地的方面）说来是胜利了，在另一个方面（实现"围剿""追剿"计划的方面）说来是失败了。这样说才是恰当的，因为我们完成了长征。

讲到长征，请问有什么意义呢？我们说，长征是历史纪录上的第一次，长征是宣言书，长征是宣传队，长征是播种机。自从盘古开天地，三皇五帝到于今，历史上曾经有过我们这样的长征吗？十二个月光阴中间，天上每日几十架飞机侦察轰炸，地下几十万大军围追堵截，路上遇着了说不尽的艰难险阻，我们却开动了每人的两只脚，长驱二万余里，纵横十一个省。请问历史上曾有过我们这样的长征吗？没有，从来没有的。长征又是宣言书。它向全世界宣告，红军是英雄好汉，帝国主义者和他们的走狗蒋介石等辈则是完全无用的。长征宣告了帝国主义和蒋介石围追堵截的破产。长征又是宣传队。它向十一个省内大约两万万人民宣布，只有红军的道路，才是解放他们的道路。不因此一举，那么广大的民众怎会如此迅速地知道世界上还有红军这样一篇大道理呢？长征又是播种机。它散布了许多种子在十一个省内，发芽、长叶、开花、结果，将来是会有收获的。总而言之，长征是以我们胜利、敌人失败的结果而告结束。谁使长征胜利的呢？是共产党。没有共产党，这样的长征是不可能设想的。中国共产党，它的领导机关，它的干部，它的党员，是不怕任何艰难困苦的。谁怀疑我们领导革命战争的能力，谁就会陷进机会主义的泥坑里去。长征一完结，新局面就开始。直罗镇一仗，中央红军同西北红军兄弟般的团结，粉碎了卖国贼蒋介石向着陕甘边区的"围剿"，给党中央把全国革命大本营放在西北的任务，举行了一个奠基礼。

主力红军如此，南方各省的游击战争怎么样呢？南方的游击战争，受到了某些挫折，但是并没有被消灭。许多部分，正在恢复、生长和发展。

在国民党统治区，工人的斗争正在从厂内向着厂外，从经济斗争向着政治斗争。工人阶级的反日反卖国贼的英勇斗争，现在是在深刻地酝酿着，看样子离爆发的时候已不远了。

农民的斗争没有停止过。在外祸、内难、再加天灾的压迫之下，农民广泛地发动了游击战争、民变、闹荒等等形态的斗争。东北和冀东的抗日游击战争，正在回答日本帝国主义的进攻。

学生运动已有极大的发展，将来一定还要有更大的发展。但学生运动要得到持久性，要冲破卖国贼的戒严令，警察、侦探、学棍、法西斯蒂的破坏和屠杀政策，只有和工人、农民、兵士的斗争配合起来，才有可能。

民族资产阶级、乡村富农和小地主们的动摇以至参加抗日斗争的可能性，前面已经说过了。

少数民族，特别是内蒙民族，在日本帝国主义的直接威胁之下，正在起来斗争。其前途，将和华北人民的斗争和红军在西北的活动，汇合在一起。

所有这些都指明，革命的阵势，是由局部性转变到全国性，由不平衡状态逐渐地转变到某种平衡状态。目前是大变动的前夜。党的任务就是把红军的活动和全国的工人、农民、学生、小资产阶级、民族资产阶级的一切活动汇合起来，成为一个统一的民族革命战线。

民族统一战线

观察了反革命和革命两方面的形势以后，我们就容易说明党的策略任务了。

党的基本的策略任务是什么呢？不是别的，就是建立广泛的民族革命统一战线。

当着革命的形势已经改变的时候，革命的策略，革命的领导方式，也必须跟着改变。日本帝国主义和汉奸卖国贼的任务，是变中国为殖民地；我们的任务，是变中国为独立、自由和领土完整的国家。

实现中国的独立自由是一个伟大的任务。这须同外国帝国主义和本国反革命势力作战。日本帝国主义是下了凶横直进的决心的。国内豪绅买办阶级的反革命势力，在目前还是大过人民的革命势力。打倒日本帝国主义和中国反革命势力的事业，不是一天两天可以成功的，必须准备花费长久的时间；不是少少一点力量可以成功的，必须聚积雄厚的力量。中国的和世界的反革命力量是比较过去更加衰弱了，中国的和世界的革命力量是比较过去更加增长了。这是正确的估计，这是一方面的估计。但是同时我们应当说，目前中国的和世界的反革命力量暂时还是大于革命力量。这也是正确的估计，这是又一方面的估计。由于中国政治经济发展的不平衡，产生了革命发展的不平衡。革命的胜利总是从那些反革命势力比较薄弱的地方首先开始，首先发展，首先胜利；而在那些反革命势力雄厚的地方，革命还是没有起来，或者发展得很慢。这是中国革命在过去长时期内已经遇到的情形。在将来，可以想到，在某些阶段里，革命的总的形势是更加发展了，但是不平衡状态还会存在着。要把不平衡的状态变到大体上平衡的状态，还要经过很长的时间，还要花费很大的气力，还要依靠党的策略路线的正确。如果说，苏联共产党领导的革命战争是在三个年头里完结了的话，那末中国共产党领导的革命战争，过去已经花去了很长的时间，而要最后地彻底地解决内外反革命势力，我们还得准备再花一个应有的时间，像过去那样地过分的性急是不行的。还得提出一个很好的革命策略，像过去那样地老在狭小的圈子里打转，是干不出大事情来的。不是说中国的事情只能慢吞吞地去干，中国的事情要勇猛地去干，亡国的危险不容许我们有一分钟的懈怠。今后革命发展的速度，也一定比过去要快得多，因为中国的和世界的局面都是临在战争和革命的新时期了。虽然如此，中国革命战争还是持久战，帝国主义的力量和革命发展的不平衡，规定了这个持久性。我们说，时局的特点，是新的民族革命高潮的到来，中国处在新的全国大革命的前夜，这是现时革命形势的特点。这是事实，这是一方面的事实。现在我们又说，帝国主义还是一个严重的力量，革命力量的不平衡状态是一个严重的缺点，要打倒敌人必须准备作持久战，这是现时革命形势的又一个特点。这也是事实，这是又一方面的事实。这两种特点，这两种事实，都一齐跑来教训我们，要求我们适应情况，改变策略，改变我们调动队伍进行战斗的方式。目前的时局，要求我们勇敢地抛弃关门主义，采取广泛的统一战线，防止冒险主义。不到决战的时机，没有决战的力量，不能冒冒失失地去进行决战。

这里不来说关门主义和冒险主义的关系，也不来说冒险主义在将来大的时局开展中可能发生的危险性，这点等到将来再说不迟。这里只说统一战线的策略和关门主义的策略，是正相反对的两个不同的策略。

一个要招收广大的人马，好把敌人包围而消灭之。

一个则依靠单兵独马，去同强大的敌人打硬仗。

一个说，如果不足够地估计到日本帝国主义变中国为殖民地的行动能够变动中国革命和反革命的阵线，就不能足够地估计到组织广泛的民族革命统一战线的可能性。如果不足够地估计到日本反革命势力、中国反革命势力和中国革命势力这几方面的强点和弱点，就不会足够地估计到组织广泛的民族革命统一战线的必要性；就不会采取坚决的办法去打破关门主义；就不会拿着统一战线这个武器去组织和团聚千千万万民众和一切可能的革命友军，向着日本帝国主义及其走狗中国卖国贼这个最中心的目标而攻击前进；就不会拿自己的策略武器去射击当前的最中心目标，而把目标分散，以至主要的敌人没有打中，次要的敌人甚至同盟军身上却吃了我们的子弹。这个叫做不会择敌和浪费弹药。这样，就不能把敌人驱逐到狭小的孤立的阵地上去。这样，就不能把敌人营垒中被裹胁的人们，过去是敌人而今日可能做友军的人们，都从敌人营垒中和敌人战线上拉过来。这样，就是在实际上帮助了敌人，而使革命停滞、孤立、缩小、降落，甚至走到失败的道路上去。

一个则说，这些批评都是不对的。革命的力量是要纯粹又纯粹，革命的道路是要笔直又笔直。圣经上载了的才是对的。民族资产阶级是全部永世反革命了。对于富农，是一步也退让不得。对于黄色工会，只有同它拼命。如果同蔡廷锴握手的话，那必须在握手的瞬间骂他一句反革命。哪有猫儿不吃油，哪有军阀不是反革命？知识分子只有三天的革命性，招收他们是危险的。因此，结论：关门主义是唯一的法宝，统一战线是机会主义的策略。

同志们，统一战线的道理和关门主义的道理究竟哪一个是对的呢？马克思列宁主义到底赞成哪一个呢？我坚决地回答：赞成统一战线，反对关门主义。人中间有三岁小孩子，三岁小孩子有许多道理都是对的，但是不能使他们管天下国家的大事，因为他们还不明白天下国家的道理。马克思列宁主义反对革命队伍中的幼稚病。坚持关门主义策略的人们所主张的，就是一套幼稚病。革命的道路，同世界上一切事物活动的道路一样，总是曲折的，不是笔直的。革命和反革命的阵线可能变动，也同世界上一切事物的可能变动一样。日本帝国主义决定要变全中国为它的殖民地，和中国革命的现时力量还有严重的弱点，这两个基本事实就是党的新策略即广泛的统一战线的出发点。组织千千万万的民众，调动浩浩荡荡的革命军，是今天的革命向反革命进攻的需要。只有这样的力量，才能把日本帝国主义和汉奸卖国贼打垮，这是有目共见的真理。因此，只有统一战线的策略才是马克思列宁主义的策略。关门主义的策略则是孤家寡人的策略。关门主义"为渊驱鱼，为丛驱雀"，把"千千万万"和"浩浩荡荡"都赶到敌人那一边去，只博得敌人的喝采。关门主义在实际上是日本帝国主义和汉奸卖国贼的忠顺的奴仆。关门主义的所谓"纯粹"和"笔直",是马克思列宁主义向之掌嘴,而日本帝国主义则向之嘉奖的东西。我们一定不要关门主义,我们要的是置日本帝国主义和汉奸卖国贼的死命的民族革命统一战线。

人民共和国

如果说,我们过去的政府是工人、农民和城市小资产阶级联盟的政府,那末,从现在起,应当改变为除了工人、农民和城市小资产阶级以外,还要加上一切其他阶级中愿意参加民族革命的分子。

在目前,这个政府的基本任务是反对日本帝国主义吞并中国。这个政府的成分将扩大到广泛的范围,不但那些只对民族革命有兴趣而对土地革命没有兴趣的人,可以参加,就是那些同欧美帝国主义有关系,不能反对欧美帝国主义,却可以反对日本帝国主义及其走狗的人们,只要他们愿意,也可以参加。因此,这个政府的纲领,应当是以适合于反对日本帝国主义及其走狗这个基本任务为原则,据此以适当地修改我们过去的政策。

现时革命方面的特点,是有了经过锻炼的共产党,又有了经过锻炼的红军。这是一件极关重要的事。如果现时还没有经过锻炼的共产党和红军,那就将发生极大的困难。为什么?因为中国的汉奸卖国贼是很多的,并且是有力量的,他们必然想出各种法子来破坏这个统一战线,用他们威迫利诱、纵横捭阖的手段来挑拨离间,用兵力来强压,来各个击破那些比较他们小的、愿意离开卖国贼而同我们联合起来打日本的力量。如果抗日政府抗日军队中缺乏共产党和红军这个要素,这种情形是难于避免的。一九二七年革命的失败,主要的原因就是由于共产党内的机会主义路线,不努力扩大自己的队伍(工农运动和共产党领导的军队),而只依仗其暂时的同盟者国民党。其结果是帝国主义命令它的走狗豪绅买办阶级,伸出千百只手来,首先把蒋介石拉去,然后又把汪精卫拉去,使革命陷于失败。那时的革命统一战线没有中心支柱,没有坚强的革命的武装队伍,四面八方都造起反来,共产党只得孤军作战,无力抵制帝国主义和中国反革命的各个击破的策略。那时虽然有贺龙、叶挺一支军队，但还不是政治上坚强的军队，党又不善于领导它，终归失败了。这是缺乏革命中心力量招致革命失败的血的教训。在今天，这件事起了变化了，坚强的共产党和坚强的红军都已经有了，而且有了红军的根据地。共产党和红军不但在现在充当着抗日民族统一战线的发起人，而且在将来的抗日政府和抗日军队中必然要成为坚强的台柱子，使日本帝国主义者和蒋介石对于抗日民族统一战线所使用的拆台政策，不能达到最后的目的。没有疑义，威迫利诱、纵横捭阖的手段，日本帝国主义者和蒋介石是一定要多方使用的，我们是要十分留神的。

当然，对于抗日民族统一战线的广泛的队伍，我们不能希望每部分都有如同共产党和红军一样程度的巩固。在他们的活动过程中，有些坏分子因为受了敌人的影响退出统一战线的事情，是会发生的。但是我们不怕这些人退出去。一些坏人受敌人的影响退出去，一些好人却会受我们的影响加进来。只要共产党和红军本身是存在的，发展的，那末，抗日民族统一战线必然也会是存在的，发展的。这就是共产党和红军在民族统一战线中的领导作用。共产党人现在已经不是小孩子了，他们能够善处自己，又能够善处同盟者。日本帝国主义者和蒋介石能够用纵横捭阖的手段来对付革命队伍，共产党也能够用纵横捭阖的手段对付反革命队伍。他们能够拉了我们队伍中的坏分子跑出去，我们当然也能够拉了他们队伍中的"坏分子"（对于我们是好分子）跑过来。假如我们能够从他们队伍中多拉一些人出来，那敌人的队伍就减少了，我们的队伍就扩大了。总之，现在是两个基本势力相斗争，一切中间势力，不附属于那一方面，就附属于这一方面，这是一定的道理。而日本帝国主义者和蒋介石灭亡中国和出卖中国的政策，不能不驱使很多的力量跑到我们方面来，或者径直加入共产党和红军的队伍，或者同共产党和红军结成联合战线。只要我们的策略不是关门主义，这个目的是能够达到的。

为什么要把工农共和国改变为人民共和国呢？

我们的政府不但是代表工农的，而且是代表民族的。这个意义，是在工农民主共和国的口号里原来就包括了的，因为工人、农民占了全民族人口的百分之八十至九十。我们党的第六次全国代表大会所规定的十大政纲，不但代表了工农的利益，同时也代表了民族的利益。但是现在的情况，使得我们要把这个口号改变一下，改变为人民共和国。这是因为日本侵略的情况变动了中国的阶级关系，不但小资产阶级，而且民族资产阶级，有了参加抗日斗争的可能性。

那是没有问题的，人民共和国不代表敌对阶级的利益。相反，人民共和国同帝国主义的走狗豪绅买办阶级是处在正相反对的地位，它不把那些成分放在所谓人民之列。这和蒋介石的"中华民国国民政府"，仅仅代表最大的富翁，并不代表老百姓，并不把老百姓放在所谓"国民"之列，是一样的。中国百分之八十至九十的人口是工人和农民，所以人民共和国应当首先代表工人和农民的利益。但是人民共和国去掉帝国主义的压迫，使中国自由独立，去掉地主的压迫，使中国离开半封建制度，这些事情就不但使工农得了利益，也使其他人民得了利益。总括工农及其他人民的全部利益，就构成了中华民族的利益。买办阶级和地主阶级虽然也住在中国的土地上，可是他们是不顾民族利益的，他们的利益是同多数人的利益相冲突的。我们仅仅离开他们这些少数人，仅仅同他们这些少数人相冲突，所以我们有权利称我们自己是代表全民族的。

工人阶级的利益同民族资产阶级的利益也是有冲突的。要开展民族革命，对于民族革命的先锋队不给以政治上、经济上的权利，不使工人阶级能够拿出力量来对付帝国主义及其走狗卖国贼，是不能成功的。但是民族资产阶级如果参加反对帝国主义的统一战线，那末，工人阶级和民族资产阶级就有了共同的利害关系。人民共和国在资产阶级民主革命的时代并不废除非帝国主义的、非封建主义的私有财产，并不没收民族资产阶级的工商业，而且还鼓励这些工商业的发展。任何民族资本家，只要他不赞助帝国主义和中国卖国贼，我们就要保护他。在民主革命阶段，劳资间的斗争是有限度的。人民共和国的劳动法保护工人的利益，却并不反对民族资本家发财，并不反对民族工商业的发展，因为这种发展不利于帝国主义，而有利于中国人民。由此可知，人民共和国是代表反帝国主义反封建势力的各阶层人民的利益的。人民共和国的政府以工农为主体，同时容纳其他反帝国主义反封建势力的阶级。

让这些人参加人民共和国的政府，不危险吗？不危险的。工人农民是这个共和国的基本群众。给城市小资产阶级、知识分子及其他拥护反帝反封建纲领的分子以在人民共和国政府中说话做事的权利，给他们以选举权和被选举权，不能违背工农基本群众的利益。我们纲领的重要部分应当保护工农基本群众的利益。工农基本群众的代表在人民共和国政府中占了大多数，共产党在这个政府中的领导和活动，都保证了他们进来不危险。中国革命的现时阶段依然是资产阶级民主主义性质的革命，不是无产阶级社会主义性质的革命，这是十分明显的。只有反革命的托洛茨基分子，才瞎说中国已经完成了资产阶级民主革命，再要革命就只是社会主义的革命了。一九二四年至一九二七年的革命是资产阶级民主主义性质的革命，这次革命没有完成，而是失败了。一九二七年至现在，我们领导的土地革命，也是资产阶级民主主义性质的革命，因为革命的任务是反帝反封建，并不是反资本主义。今后一个相当长时期中的革命还是如此。

革命的动力，基本上依然是工人、农民和城市小资产阶级，现在则可能增加一个民族资产阶级。

革命的转变，那是将来的事。在将来，民主主义的革命必然要转变为社会主义的革命。何时转变，应以是否具备了转变的条件为标准，时间会要相当地长。不到具备了政治上经济上一切应有的条件之时，不到转变对于全国最大多数人民有利而不是不利之时，不应当轻易谈转变。怀疑这一点而希望在很短的时间内去转变，如像过去某些同志所谓民主革命在重要省份开始胜利之日，就是革命开始转变之时，是不对的。这是因为他们看不见中国是一个何等样的政治经济情况的国家，他们不知道中国在政治上经济上完成民主革命，较之俄国要困难得多，需要更多的时间和努力。

国际援助

最后，需要讲一点中国革命和世界革命的相互关系。

自从帝国主义这个怪物出世之后，世界的事情就联成一气了，要想割开也不可能了。我们中华民族有同自己的敌人血战到底的气概，有在自力更生的基础上光复旧物的决心，有自立于世界民族之林的能力。但是这不是说我们可以不需要国际援助；不，国际援助对于现代一切国家一切民族的革命斗争都是必要的。古人说："春秋无义战。"于今帝国主义则更加无义战，只有被压迫民族和被压迫阶级有义战。全世界一切由人民起来反对压迫者的战争，都是义战。俄国的二月革命和十月革命是义战。第一次世界大战后欧洲各国人民的革命是义战。中国的反鸦片战争，太平天国战争，义和团战争，辛亥革命战争，一九二六年至一九二七年的北伐战争，一九二七年至现在的土地革命战争，今天的抗日和讨伐卖国贼的战争，都是义战。在目前的全中国抗日高潮和全世界反法西斯高潮中，义战将遍于全中国，全世界。凡义战都是互相援助的，凡非义战都是应该使之转变成为义战的，这就是列宁主义的路线。我们的抗日战争需要国际人民的援助，首先是苏联人民的援助，他们也一定会援助我们，因为我们和他们是休戚相关的。过去一个时期内，中国革命力量和国际革命力量被蒋介石隔断了，就这点上说，我们是孤立的。现在这种形势已经改变了，变得对我们有利了。今后这种形势还会继续向有利的方面改变。我们不会再是孤立的了。这是中国抗日战争和中国革命取得胜利的一个必要的条件。

选自《毛泽东选集》第一卷，人民出版社 1991 年版

中共中央关于逼蒋抗日问题的指示

（一九三六年九月一日）

（一）目前中国的主要敌人，是日帝，所以把日帝与蒋介石同等看待是错误的，"抗日反蒋"的口号，也是不适当的。

（二）在日帝继续进攻，全国民族革命运动继续发展的条件之下蒋军全部或其大部有参加抗日的可能。我们的总方针，应是逼蒋抗日。一方面继续揭破他们的每一个退让，丧权辱国的言论与行动，另一方面要向他们提议与要求建立抗日的统一战线，订立抗日的协定。我们正在通知他们，共产党中央立刻准备派代表出去，或接受国民党和蒋介石的代表到苏区来，以便进行谈判。

（三）我们目前中心口号依然是"停止内战一致抗日"，因此要解释我们是真正主张"和平统一"的，我们的主张同全国人民的要求，是完全一致的。中国共产党并宣布他赞助建立全中国统一的民主共和国，赞助召集由普选权选出的全国的国会，拥护全中国统一的国防政府与抗日联军，在全中国民主共和国建立时，苏区可成为统一民主国的一个组成部分，苏区代表将参加全中国的国会，红军将服从统一的军事指挥。指出"攘外必先安内"的方针是破坏和平统一的。南京的国防会议与国民大会是不能集中统一全中国抗日力量的。

（四）在逼蒋抗日的方针下并不放弃同各派反蒋军阀进行抗日的联合。我们愈能组织南京以外各派军阀走向抗日，我们愈能实现这一方针。对广西方面我们赞成他们的抗日发动，是正确的。但我们更应要求他们在实际行动上表现他们抗日的诚意，主要的给人民以抗日救国的一切民主权利，发动群众的抗日运动。也只有这样，他们才能把抗日运动坚持与扩大出去，才能使抗日运动成为有力的运动。对他们的错误决不放弃批评的自由。对蒋方应指出用内战决不能解决集中统一的问题，而要求停止内战一致抗日。他们的争论，应付之全国人民的公决。

（五）在对付宁粤两方这种冲突时，我们应力求避免在全中国人民前面，袒护一方面的态度。在全国人民前面，我们应表现出我们是"停止内战一致抗日"的坚决主张者，是全国各党各派（蒋介石国民党也在内）抗日统一战线的组织者与领导者。这种态度最能争取广大抗日人民的同情与拥护，在国民党区域中也便利于我们的活动。

（六）关于建议"国共合作"的宣言，下次交通即带上，到时广为翻印，分发南京及各省党政军学商工农各界。

中央

九月一日

选自中央档案馆编：《中共中央文件选集》第十一册（一九三六——一九三八），中共中央党校出版社1991年版

中共中央为公布国共合作宣言①

（一九三七年七月十五日）

亲爱的同胞们：

中国共产党中央委员会谨以极大的热忱向我全国父老兄弟诸姑姊妹宣言，当此国难极端严重民族生命存亡绝续之时，我们为着挽救祖国的危亡，在和平统一团结御侮的基础上，已经与中国国民党获得了谅解，而共赴国难了。这对于我们伟大的中华民族前途有着怎样重大的意义啊！因为大家都知道，在民族生命危急万状的现在，只有我们民族内部的团结，才能战胜日本帝国主义的侵略。现在民族团结的基础已经定下了，我们民族独立自由解放的前提也已创设了，中共中央特为我们民族的光明灿烂的前途庆贺。

不过我们知道，要把这个民族的光辉前途变为现实的独立自由幸福的新中国，仍需要全国同胞，每一个热血的黄帝子孙，坚韧不拔地努力奋斗。中国共产党愿当此时机，向全国同胞提出我们奋斗之总的目标，这就是：

（一）争取中华民族之独立自由与解放。首先须切实地迅速地准备与发动民族革命抗战，以收复失地和恢复领土主权之完整。

（二）实现民权政治，召开国民大会，以制定宪法与规定救国方针。

（三）实现中国人民之幸福与愉快的生活。首先须切实救济灾荒，安定民生，发展国防经济，解除人民痛苦与改善人民生活。

---

① 这是周恩来为中共中央起草的宣言。此宣言起草于1937年4月4日，7月15日由中共中央交付国民党，至9月22日国民党中央社才发表。

凡此诸项，均为中国的急需，以此悬为奋斗之鹄的，我们相信必能获得全国同胞之热烈的赞助。中共愿在这个总纲领的目标下，与全国同胞手携手地一致努力。

中共深切知道，在实现这个崇高目标的前进路上，须要克服许多的障碍和困难，首先将遇到日本帝国主义的阻碍和破坏。为着取消敌人的阴谋之借口，为着解除一切善意的怀疑者之误会，中国共产党中央委员会有披沥自己对于民族解放事业的赤忱之必要。因此，中共中央再郑重向全国宣言：

一、孙中山先生的三民主义为中国今日之必需，本党愿为其彻底的实现而奋斗。

二、取消一切推翻国民党政权的暴动政策及赤化运动，停止以暴力没收地主土地的政策。

三、取消现在的苏维埃政府，实行民权政治，以期全国政权之统一。

四、取消红军名义及番号，改编为国民革命军，受国民政府军事委员会之统辖，并待命出动，担任抗日前线之职责。

亲爱的同胞们！本党这种光明磊落大公无私与委曲求全的态度，早已向全国同胞在言论行动上明白表示出来，并且已获得同胞们的赞许。现在为求得与国民党的精诚团结，巩固全国的和平统一，实行抗日的民族革命战争，我们准备把这些诺言中在形式上尚未实行的部分，如苏区取消、红军改编等，立即实行，以便用统一团结的全国力量，抵抗外敌的侵略。

寇深矣！祸亟矣！同胞们，起来，一致地团结啊！我们伟大的悠久的中华民族是不可屈服的。起来，为巩固民族的团结而奋斗！为推翻日本帝国主义的压迫而奋斗！胜利是属于中华民族的！

抗日战争胜利万岁！

独立自由幸福的新中国万岁！

中国共产党中央委员会

选自《周恩来选集》上卷，人民出版社1980年版

反对日本进攻的方针、办法和前途①

（一九三七年七月二十三日）

毛泽东

一、两种方针

中国共产党中央委员会于卢沟桥事变的第二日，七月八日，向全国发表了号召抗战的宣言。宣言中说：

"全国同胞们！平津危急！华北危急！中华民族危急！只有全民族实行抗战，才是我们的出路。我们要求立刻给进攻的日军以坚决的抵抗，并立刻准备应付新的大事变。全国上下应立刻放弃任何与日寇和平苟安的打算。全中国同胞们！我们应该赞扬和拥护冯治安部的英勇抗战。我们应该赞扬和拥护华北当局与国土共存亡的宣言。我们要求宋哲元将军立刻动员全部第二十九军开赴前线应战。我们要求南京中央政府切实援助第二十九军。并立即开放全国民众的爱国运动，发扬抗战的民气。立即动员全国陆海空军准备应战。立即肃清潜藏在中国境内的汉奸卖国贼分子和一切日寇的侦探，巩固后

---

① 1937年7月7日，日本帝国主义发动了卢沟桥事变，企图以武力吞并全中国。全国人民一致要求对日作战。蒋介石迟迟至事变后十日才在庐山发表谈话，确定了准备对日抗战的方针。这是由于全国人民的压力，同时也由于日本帝国主义的行动已严重地打击了英美帝国主义在中国的利益和蒋介石所直接代表的大地主大资产阶级的利益。但就在这时，蒋介石政府仍然同日本继续谈判，甚至接受日本同中国地方当局议定所谓和平解决的办法。一直到8月13日日军大举进攻上海，蒋介石在东南的统治地位已无法维持，才被迫实行抗战。但在这以后，直到1944年，蒋介石同日本的秘密谋和活动，始终没有停止。蒋介石在整个抗日战争时期，完全背叛了他在庐山谈话中所谓"如果战端一开，那就地无分南北，人无分老幼，无论何人皆有守土抗战之责任"的声明，反对人民总动员的全面的人民战争，从1938年10月武汉失守以后，更采取消极抗日积极反共反人民的反动政策。毛泽东在这篇文章中所说的两种方针，两套办法，两个前途，正是说明了在抗日战争中一条共产党路线和另一条蒋介石路线之间的斗争。

方。我们要求全国人民用全力援助神圣的抗日自卫战争。我们的口号是：武装保卫平津华北！为保卫国土流最后一滴血！全中国人民、政府和军队团结起来，筑成民族统一战线的坚固的长城，抵抗日寇的侵略！国共两党亲密合作抵抗日寇的新进攻！驱逐日寇出中国！"

这就是方针问题。

七月十七日，蒋介石先生在庐山发表了谈话。这个谈话，确定了准备抗战的方针，为国民党多年以来在对外问题上的第一次正确的宣言，因此，受到了我们和全国同胞的欢迎。该谈话举出解决卢沟桥事件的四个条件：

"（一）任何解决不得侵害中国主权与领土之完整；（二）冀察行政组织不容任何不合法之改变；（三）中央所派地方官吏不能任人要求撤换；（四）第二十九军现在所驻地区不能受任何约束。"

该谈话的结语说：

"政府对于卢沟桥事件，已确定始终一贯的方针和立场。我们知道全国应战以后之局势，就只有牺牲到底，无丝毫侥幸求免之理。如果战端一开，那就地无分南北，人无分老幼，无论何人皆有守土抗战之责任。"

这就是方针问题。

以上是国共两党对卢沟桥事变的两个具有历史意义的政治宣言。这两个宣言的共同点是：主张坚决抗战，反对妥协退让。

这是对付日本进攻的第一种方针，正确的方针。

但是还有采取第二种方针的可能。近月以来，平津之间的汉奸和亲日派分子积极活动，企图包围平津当局，适应日本的要求，动摇坚决抗战的方针，主张妥协退让。这是非常危险的现象。

这种妥协退让的方针，和坚决抗战的方针是根本矛盾的。这种妥协退让的方针如不迅速改变，将使平津和华北尽丧于敌人之手，而使全民族受到绝大的威胁，这是每个人都应十分注意的。

第二十九军的全体爱国将士团结起来，反对妥协退让，实行坚决抗战！

平津和华北的全体爱国同胞团结起来，反对妥协退让，拥护坚决抗战！

全国爱国同胞团结起来，反对妥协退让，拥护坚决抗战！

蒋介石先生和全体爱国的国民党员们，希望你们坚持自己的方针，实践自己的诺言，反对妥协退让，实行坚决抗战，以事实回答敌人的侮辱。

全国军队包括红军在内，拥护蒋介石先生的宣言，反对妥协退让，实行坚决抗战！

共产党人一心一德，忠实执行自己的宣言，同时坚决拥护蒋介石先生的宣言，愿同国民党人和全国同胞一道为保卫国土流最后一滴血，反对一切游移、动摇、妥协、退让，实行坚决的抗战。

二、两套办法

在坚决抗战的方针之下，必须有一整套的办法，才能达到目的。

一些什么办法呢？主要的有如下各项：

（一）全国军队的总动员。动员我们的二百几十万常备军，包括陆海空军在内，包括中央军、地方军、红军在内，其主力立即出动开到国防线上去，其一部分留在后方维持治安。委托忠实于民族利益的将领为各方面的指挥员。召集国防会议，决定战略方针，统一战斗意志。改造军队的政治工作，使官兵一致，军民一致。确定游击战争担负战略任务的一个方面，使游击战争和正规战争配合起来。肃清军队中的汉奸分子。动员一定数量的后备军，给以训练，准备上前线。对军队的装备和给养给以合理的补充。按照坚决抗战的总方针，必须作如上各项的军事计划。中国的军队是不少的，但不实行上述计划，则不能战胜敌人。以政治条件和物质条件相结合，我们的军力将无敌于东亚。

（二）全国人民的总动员。开放爱国运动，释放政治犯，取消《危害民国紧急治罪法》①和《新闻检查条例》②，承认现有爱国团体的合法地位，扩大爱国团体的组织于工农商学各界，武装民众实行自卫，并配合军队作战。一句话，给人民以爱国的自由。民力和军力相结合，将给日本帝国主义以致命的打击。民族战争而不依靠人民大众，毫无疑义将不能取得胜利。阿比西尼亚的覆辙③，前车可鉴。如果坚决抗战出于真心，就不能忽略这一条。

（三）改革政治机构。容纳各党各派和人民领袖共同管理国事，清除政府中暗藏的亲日派和汉奸分子，使政府和人民相结合。抗日是一件大事，少数人断乎干不了。勉强干去，只有贻误。政府如果是真正的国防政府，它就一定要依靠民众，要实行民主集中制。它是民主的，又是集中的；最有力量的政府是这样的政府。国民大会要是真正代表人民的，要是最高权力机关，要掌管国家的大政方针，决定抗日救亡的政策和计划。

（四）抗日的外交。不能给日本帝国主义者以任何利益和便利，相反，没收其财产，废除其债权，肃清其走狗，驱逐其侦探。立刻和苏联订立军事政治同盟，紧密地联合这个最可靠最有力量最能够帮助中国抗日的国家。争取英、美、法同情我们抗日，在不丧失领土主权的条件下争取他们的援助。战胜日寇主要依靠自己的力量；但外援是不可少的，孤立政策是有利于敌人的。

（五）宣布改良人民生活的纲领，并立即开始实行。苛捐杂税的取消，地租的减少，高利贷的限制，工人待遇的改善，士兵和下级军官的生活的改善，小职员的生活的改善，灾荒的救济：从这些起码之点做起。这些新

---

① 1931年1月31日国民党政府颁布了《危害民国紧急治罪法》，用"危害民国"的罪名作为迫害和杀戮爱国人民和革命者的借口。按该法的规定，凡从事反对国民党政权的革命活动者处死刑；凡与革命活动发生联系的或以文字图书演说方式进行革命宣传者处死刑、无期徒刑或十年以上有期徒刑；凡组织进步文化团体、集会宣传反法西斯主义者处五年以上十五年以下有期徒刑等。《危害民国紧急治罪法》的颁布，标志着国民党统治的日益法西斯化。

② 《新闻检查条例》，指民党为压制人民言论自由于1933年1月19日制定的《新闻检查标准》，同年10月5日又作了补充规定。《新闻检查标准》规定，在国民党统治区报刊上发表的任何文字，都要在刊出以前，将稿件送交国民党新闻检查官检查。检查官可以任意删改和扣留。

③ 即埃塞俄比亚。

政将使人民的购买力提高，市场繁荣，金融活泼，决不会如一些人所说将使国家财政不得了。这些新政将使抗日力量无限地提高，巩固政府的基础。

（六）国防教育。根本改革过去的教育方针和教育制度。不急之务和不合理的办法，一概废弃。新闻纸、出版事业、电影、戏剧、文艺，一切使合于国防的利益。禁止汉奸的宣传。

（七）抗日的财政经济政策。财政政策放在有钱出钱和没收日本帝国主义者和汉奸的财产的原则上，经济政策放在抵制日货和提倡国货的原则上，一切为了抗日。穷是错误办法产生出来的，在有了合乎人民利益的新政策之后决不会穷。如此广土众民的国家而说财政经济无办法，真是没有道理的话。

（八）全中国人民、政府和军队团结起来，筑成民族统一战线的坚固的长城。执行抗战的方针和上述各项政策，依靠这个联合阵线。中心关键在国共两党的亲密合作。政府、军队、全国各党派、全国人民，在这个两党合作的基础之上团结起来。"精诚团结，共赴国难"这个口号，不应该只是讲得好听，还应该做得好看。团结要是真正的团结，尔诈我虞是不行的。办事要大方一点，手笔要伸畅一点。打小算盘，弄小智术，官僚主义，阿Q主义①，实际上毫无用处。这些东西，用以对付敌人都不行，用以对付同胞，简直未免可笑。事情有大道理，有小道理，一切小道理都归大道理管着。国人应从大道理上好生想一想，才好把自己的想法和做法安顿在恰当的位置。在今天，谁要是在团结两个字上不生长些诚意，他即使不被人唾骂，也当清夜扪心，有点儿羞愧。

这一套为着实现坚决抗战的办法，可以名为八大纲领。

坚决抗战的方针，必须随之以这一套办法，否则抗战就不可能胜利，日本永在侵略中国，中国永无奈日本何，而且难免做阿比西尼亚。

---

① 阿Q是中国伟大作家鲁迅的著名小说《阿Q正传》中的主角。他的突出特点是习惯于用自己安慰自己的方法，在任何情形下自以为是胜利者即"精神胜利"者。阿Q主义就是指这种"精神上的胜利法"。

对坚决抗战方针有诚意的人，一定要实行这一套办法。试验坚决抗战有诚意与否，看他肯采取并实行这一套办法与否。

另外还有一套办法，那就是样样和这一套相反。

不是军队总动员，而是军队不动员，或向后撤。

不是给人民以自由，而是给人民以压迫。

不是民主集中制的国防性的政府，而是一个官僚买办豪绅地主的专制政府。

不是抗日的外交，而是媚日的外交。

不是改良人民生活，而是照旧压榨人民，使人民呻吟痛苦，无力抗日。

不是国防的教育，而是亡国奴的教育。

不是抗日的财政经济政策，而是照旧不变甚至变本加厉的无益于国有益于敌的财政经济政策。

不是筑成抗日民族统一战线的长城，而是拆毁这个长城，或是阳奉阴违、要做不做地讲一顿"团结"。

办法是跟着方针来的。方针是不抵抗主义的时候，一切办法都反映不抵抗主义，这个我们已经有了六年的教训。方针如果是坚决抗战，那就非实行合乎这个方针的一套办法不可，非实行这八大纲领不可。

三、两个前途

前途怎样呢？这是大家所担心的。

实行第一种方针，采取第一套办法，就一定得一个驱逐日本帝国主义、实现中国自由解放的前途。这一点还有疑义吗？我以为没有疑义了。

实行第二种方针，采取第二套办法，就一定得一个日本帝国主义占领中国、中国人民都做牛马奴隶的前途。这一点还有疑义吗？我以为也没有疑义了。

四、结论

一定要实行第一种方针,采取第一套办法,争取第一个前途。

一定要反对第二种方针,反对第二套办法,避免第二个前途。

一切爱国的国民党员和共产党员团结起来,坚决地实行第一种方针,采取第一套办法,争取第一个前途;坚决地反对第二种方针,反对第二套办法,避免第二个前途。

全国的爱国同胞,爱国军队,爱国党派,一致团结起来,坚决地实行第一种方针,采取第一套办法,争取第一个前途;坚决地反对第二种方针,反对第二套办法,避免第二个前途。

民族革命战争万岁!

中华民族解放万岁!

选自《毛泽东选集》第二卷,人民出版社1991年版

中国共产党抗日救国十大纲领
——为动员一切力量争取抗战胜利而斗争

（一九三七年八月二十五日）①

（一）打倒日本帝国主义：

对日绝交，驱逐日本官吏，逮捕日本侦探，没收日本帝国主义在华财产，否认日本外债，废除日本条约。收回日本租界。

为保卫华北与沿海各地而血战到底。

为收复平津与东北而血战到底。

驱逐日本帝国主义出中国。

反对任何的动摇妥协。

（二）全国军事的总动员：

动员全国海陆空军实行全国抗战。

反对单纯防御的消极作战方针，采取独立自主的积极作战方针。

建立经常的国防会议，讨论与决定国防计划与作战方针。

武装人民，发展抗日的游击战争，配合主力军作战。

改革军队的政治工作，使指挥员与战斗员团结一致。

军队与人民团结一致，发扬军队的积极性。

援助东北人民革命军东北义勇军，破坏敌人的后方。

实现一切抗战军队的平等待遇。

建立全国各地军区，动员全民族参战，以便从雇佣兵役制转变为义务兵役制。

---

① 本文原件无时间，时间是根据内容和1937年8月25日毛泽东、朱德、周恩来致剑英小开（即潘汉年）电而判定的。而本文的起草时间为1937年8月15日。

（三）全国人民的总动员：

全国人民除汉奸外，皆有抗日救国的言论，出版，集会，结社，及武装抗敌之自由。

废除一切束缚人民爱国运动的旧法令，颁布革命的新法令。

释放一切爱国的革命的政治犯，开放党禁。

全中国人民动员起来武装起来，参加抗战，实行有力出力，有钱出钱，有枪出枪，有知识出知识。

动员蒙民回民及其他一切少数民族，在民族自决和民族自治的原则下，共同抗日。

（四）改革政治机构：

召集真正人民代表的国民大会，通过真正的民主宪法，决定抗日救国方针，选举国防政府。

国防政府必须吸收各党各派及人民团体的革命分子，驱逐亲日分子。

国防政府采取民主集中制，他是民主的，但又是集中的。

国防政府执行抗日救国的革命政策。

实行地方自治，铲除贪官污吏，建立廉洁政府。

（五）抗日的外交政策：

在不丧失领土主权的范围内，与一切反对日本侵略主义的国家订立反侵略的同盟，及抗日的军事互助协定。

拥护和平阵线，反对德日意侵略阵线。

联合朝鲜台湾及日本国内的工农人民反对日本帝国主义。

（六）战时的财政经济政策：

财政政策以有钱出钱及没收汉奸财产作抗日经费为原则。经济政策是整顿与扩大国防生产，发展农村经济，保证战时农产品的自给。提倡国货，改良土产，禁绝日货，取缔奸商，反对投机操纵。

（七）改良人民生活：

改良工人农民职员教员及抗日军人的待遇。

优待抗日军人的家属。

废除苛捐什税。

减租减息。

救济失业。

调节粮食。

赈济灾荒。

(八) 抗日的教育政策：

改变教育的旧制度旧课程，实行以抗日救国为目标的新制度新课程。

实施普及的义务的免费的教育方案，提高人民民族觉悟的程度。

实行全国学生的武装训练。

(九) 肃清汉奸卖国贼亲日派，巩固后方。

(十) 抗日的民族团结：

在国共两党澈底合作的基础上，建立全国各党各派各界各军的抗日民族统一战线，领导抗日战争，精诚团结，共赴国难。

选自中央档案馆编:《中共中央文件选集》第十一册(一九三六——一九三八)，中共中央党校出版社1991年版

论持久战

（一九三八年五月）

毛泽东

内容略，详见《毛泽东选集》第二卷，人民出版社1991年版。

抗日游击战争的战略问题

(一九三八年五月)

毛泽东

内容略,详见《毛泽东选集》第二卷,人民出版社1991年版。

中国共产党在民族战争中的地位

(一九三八年十月十四日)

毛泽东

内容略,详见《毛泽东选集》第二卷,人民出版社1991年版。

统一战线中的独立自主问题①

（一九三八年十一月五日）

毛泽东

帮助和让步应该是积极的，不应该是消极的

为了长期合作，统一战线中的各党派实行互助互让是必需的，但应该是积极的，不是消极的。我们必须巩固和扩大我党我军，同时也应赞助友党友军的巩固和扩大；人民要求政府满足自己的政治经济要求，同时给政府以一切可能的利于抗日的援助；工人要求厂主改良待遇，同时积极作工以利抗日；地主应该减租减息，同时农民应该交租交息，团结对外。这些都是互助的原则和方针，是积极的方针，不是消极的片面的方针。互让也是如此。彼此不挖墙脚，彼此不在对方党政军内组织秘密支部；在我们方面，就是不在国民党及其政府、军队内组织秘密支部，使国民党安心，利于抗日。"有所不为而后可以有为"，正是这种情形。没有红军的改编，红色区域的改制，暴动政策的取消，就不能实现全国的抗日战争。让了前者就得了后者，消极的步骤达到了积极的目的。"为了更好的一跃而后退"②，正是列宁主义。把让步看作纯消极的东西，不是马克思列宁主义

---

① 这是毛泽东在中国共产党第六届中央委员会扩大的第六次全体会议上所作的结论的一部分。结论是在1938年11月5日和6日作的，这一部分是在5日讲的。统一战线中的独立自主问题，是当时毛泽东同陈绍禹（王明）在抗日民族统一战线问题上意见分歧的突出问题之一。这在本质上就是统一战线中无产阶级领导权的问题。

② 见列宁《黑格尔〈哲学史讲演录〉一书摘要》，《列宁全集》第55卷，人民出版社1990年版，第239页。

所许可的。纯消极的让步是有过的,那就是第二国际的劳资合作论①,把一个阶级一个革命都让掉了。中国前有陈独秀,后有张国焘,都是投降主义者;我们应该大大地反对投降主义。我们的让步、退守、防御或停顿,不论是向同盟者或向敌人,都是当作整个革命政策的一部分看的,是联系于总的革命路线而当作不可缺少的一环看的,是当作曲线运动的一个片断看的。一句话,是积极的。

民族斗争和阶级斗争的一致性

用长期合作支持长期战争,就是说使阶级斗争服从于今天抗日的民族斗争,这是统一战线的根本原则。在此原则下,保存党派和阶级的独立性,保存统一战线中的独立自主;不是因合作和统一而牺牲党派和阶级的必要权利,而是相反,坚持党派和阶级的一定限度的权利;这才有利于合作,也才有所谓合作。否则就是将合作变成了混一,必然牺牲统一战线。在民族斗争中,阶级斗争是以民族斗争的形式出现的,这种形式,表现了两者的一致性。一方面,阶级的政治经济要求在一定的历史时期内以不破裂合作为条件;又一方面,一切阶级斗争的要求都应以民族斗争的需要(为着抗日)为出发点。这样便把统一战线中的统一性和独立性、民族斗争和阶级斗争,一致起来了。

"一切经过统一战线"是不对的

国民党是当权的党,它至今不许有统一战线的组织形式。刘少奇同志说的很对,如果所谓"一切经过"就是经过蒋介石和阎锡山,那只是片面的服从,无所谓"经过统一战线"。在敌后,只有根据国民党已经许可的东西(例如《抗战建国纲领》),独立自主地去做,无法"一切经过"。或者估计国民党可能许可的,先斩后奏。例如设置行政专员,派兵去山东之类,先"经过"则行不通。听说法国共产党曾经提出过这个口号,那大概

---

① "劳资合作论"是第二国际主张在资本主义国家内,无产阶级与资产阶级合作,反对用革命手段推翻资产阶级统治以建立无产阶级专政的一种反动理论。

是因为法国有了各党的共同委员会,而对于共同决定的纲领,社会党方面不愿照做,依然干他们自己的,故共产党有提此口号以限制社会党之必要,并不是提此口号以束缚自己。中国的情形是国民党剥夺各党派的平等权利,企图指挥各党听它一党的命令。我们提这个口号,如果是要求国民党"一切"都要"经过"我们同意,是做不到的,滑稽的。如果想把我们所要做的"一切"均事先取得国民党同意,那末,它不同意怎么办?国民党的方针是限制我们发展,我们提出这个口号,只是自己把自己的手脚束缚起来,是完全不应该的。在现时,有些应该先得国民党同意,例如将三个师的番号扩编为三个军的番号,这叫做先奏后斩。有些则造成既成事实再告诉它,例如发展二十余万军队,这叫做先斩后奏。有些则暂时斩而不奏,估计它现时不会同意,例如召集边区议会之类。有些则暂时不斩不奏,例如那些如果做了就要妨碍大局的事情。总之,我们一定不要破裂统一战线,但又决不可自己束缚自己的手脚,因此不应提出"一切经过统一战线"的口号。"一切服从统一战线",如果解释为"一切服从"蒋介石和阎锡山,那也是错误的。我们的方针是统一战线中的独立自主,既统一,又独立。

选自《毛泽东选集》第二卷,人民出版社1991年版

中共中央书记处关于南方局领导成员的决定[①]

(一九三九年一月五日)

中央书记处会议提议将华南及西南各省合并成立——中央局,建议改名为西南局[②],参加的名单为:周恩来、博古、凯丰、张文彬、徐特立、吴玉章、叶剑英、廖承志、吴克坚(党报)、邓颖超、刘晓、高文华、董必武,以周恩来为书记。

选自南方局党史资料征集小组编:《南方局党史资料·党的建设》,重庆出版社1990年版

[①] 标题是编者加的。
[②] 经周恩来提议后,仍定名为南方局。

中共中央书记处关于同意周恩来等为南方局常委的指示[①]

（一九三九年一月十三日）

南方局：

1. 同意南方局名称，以周、博、凯、吴、叶、董六人[②]为常委。
2. 如项[③]不愿管赣北，江西全部可归南方局管。
3. 同意对鄂西北及湖北省委之提议。
4. 刘晓还未离上海，何人代替他还不知道。上海工作仍归南方局管。

中央书记处

选自南方局党史资料征集小组编：《南方局党史资料·党的建设》，重庆出版社1990年版

[①] 原文为电报稿，标题是编者加的。
[②] 指周恩来、博古、凯丰、吴克坚、叶剑英、董必武六人。
[③] 指东南局书记项英。

中共中央南方局关于组织分工等问题致中央书记处电[①]

（一九三九年一月十六日）

中央书记处：

　　甲、南方局已遵电示开会。组织分工为博古组织，凯宣传及党报，周统战，叶联络，克坚报馆，邓妇女，缺青年，请派南翔来[②]。

　　乙、南方局设重庆，桂林设办事处，联络湘赣粤桂及香港运输。

　　丙、川省委暂分川康及川东两特委。川东特委务请派一书记来。沪工作极便利发展，刘晓以不调为宜。

　　丁、鄂北及鄂西北仍请划入中原局，归豫西省委管理，鄂省委则管鄂西湘西北。

　　戊、粤湘均开扩大会，博、叶分别出席，博今早飞桂转粤。

　　己、江西区分待与东南局商定再报。

南方局

选自南方局党史资料征集小组编：《南方局党史资料·党的建设》，重庆出版社1990年版

[①] 标题是编者加的。
[②] 文内的博、凯、周、叶、克坚、邓、南翔，分别指博古、凯丰、周恩来、叶剑英、吴克坚、邓颖超、蒋南翔。

中共中央为抗战两周年纪念对时局宣言

(一九三九年七月七日)

亲爱的同胞们！英勇的将士们！

中国共产党中央委员会，谨以无限之热忱与兴奋，纪念伟大神圣之民族抗战的两周年！

两年来，我前方数百万将士，以热血头颅抵抗暴寇，忠勇奋发，劳苦备尝，当此抗战两周年之日，中共中央谨向蒋委员长及我保卫国土之忠勇将士致崇高的敬礼。

两年来，我数万万民众及海外侨胞，万众一心，精诚团结，努力生产，协助军队，输财输力，支援前线。而在沦陷区域之同胞，虽身陷水深火热之中，仍群起抗敌，奋斗不懈。中共中央谨向我全国同胞及海外侨胞致亲切的敬意。

两年来，在火线上，在敌机下，在敌人暴行中，万千壮士，英勇捐躯，老弱妇孺，惨遭蹂躏，中共中央谨向我民族英烈致沉痛的哀悼，谨向英烈之遗孤遗族致亲切的慰问！

两年来，世界各国人士，或则主持公理，仗义执言，或则慷慨输将，助我抗战，或则抵货拒运，制裁暴寇，中共中央谨向同情及援助我之友邦人士致敬佩的谢意！

同胞们！将士们！

民族解放战争的两年，对于中华民族是奋发的、进步的、光明的两年。伟大的民族战争，摧毁着千百年遗留下来的阻碍我民族前进与发展的许多障碍，锻炼了全民族的精诚团结、进步统一，发扬了忠勇奋发威武不屈的精神，唤起了全世界的同情和景仰，粉碎了日寇速战速决的狂妄企图，奠定了继续抗战争取最后胜利之始基，开创了独立自由幸福的新中国的远景。

强盗侵略战争的两年，对于日本帝国主义者是黑暗的、困难与危机日益增长的两年。两年战争的结果，日本帝国主义者被迫地进入了心所不愿力所不及的长期战争中，差不多一百万万的战费，近百万的伤亡，换来了广大辽阔的战区，处处遭受打击的战线，迫近危机的经济状况，孤立失助的国际地位，厌战反战日益蓬勃的民情，日寇正在这种国力消竭危机四伏的穷途上迈进。

两年抗战的结果，已经最鲜明的显示了：只要坚持抗战到底，巩固团结统一，不畏困难，不惧险阻，力求进步，奋斗勿懈，那么，最后胜利一定属于中华民族的，而最后胜利的时机，也一天天地更加接近了。

正因为这样，日寇在其速战速决的战略失败之后，采取了速和速结的政略。近半年来，日寇在军事上集其主力于"扫荡"游击区，对沿海各地作海盗式的袭击，而在前线上的部队只能保持相机进取的姿态，日寇侵略之现阶段已侧重于以政治上诱降的阴谋来灭亡中国了。那狡诈无赖的近卫声明，不过是这种阴谋的公开暴露。虽是这种声明，仅获得少数民族败类的无耻响应，而为全国人民伟大壮烈的巨吼所反对。然自此以后，日寇却更积极施行其政治上诱降的活动，它一方面利用丧失胜利信心、阴怀二志的国内投降妥协分子，另一方面利用国际间对法西斯侵略者惯于妥协的反动力量，企图以此来达到它降服中国的目的。

在日寇策动下，汉奸汪精卫之流，公然匍伏［匐］敌前，粉墨登场，为和平之狂吠，作卖国之掮客。而国内投降妥协分子，则散布谣言，煽惑人心，故意制造日寇可能放弃其灭亡中国之野心的梦呓，制造我军力不足、财力不足与民心厌战的胡说，散播国际调解应予接受的空气，散播不亡于敌即亡于共的谬论。迹其种种论调与行动，无非是替日寇之诱降灭华为内应，替汉奸之叛国亲敌作声援。盖日寇视中国之进步与团结为灭亡中国最大障碍，乃不得不千方百计摧毁中国的进步，破裂中国的团结，而这些国内投降妥协分子则起而应之，如捧纶音，蠢蠢欲动。他们暗藏于抗战阵营之中，乘间抵隙，便利私图，呼朋引类，奋其魔力。对抗战之各种进步主张与设施，或消极怠工，或破坏捣乱。对一切进步的力量与团体，则肆意摧折，不遗余力，对赤忱为国、忠贞正义之士，则视为仇雠，排击不休。对现代科学进步的思想与文化则目为洪水猛兽，毁之唯恐不力，去之唯恐不尽。对共产党、八路军、新四军与陕甘宁边区，则更是他们造谣污蔑、攻击陷害的对象，视之为眼中钉，明攻暗毁，无所不用其极。对国家民族前途所赖的青年，则束缚其思想，桎梏其行动。而尤重要者，就是尽力分裂国内团结，制造纠纷，鼓励磨擦，挑拨内哄。其所用手段，则为伪造三民主义，以破坏革命的三民主义；加紧阴谋活动，以分裂国民党；伪造情报，散布流言，以破坏共产党；造作事端，挑拨感情，以离间国共两党之团结，并引起国内各党、各派、各界、各军之间的嫌隙与裂痕。凡此所为，或直接受命于日寇，或间接而被其利用，一言蔽之，以分裂达投降之目的而已。盖不仅因为共产党、八路军、新四军乃坚持抗战、坚持统一战线的重要力量，亦且因为国共团结乃民族统一战线的骨干，三民主义乃民族统一战线的政治基础，如不分裂这个团结，破坏这个基础，就不能造成其投降乞和的条件。阴贼险狠，愈出愈奇，国人不能不深加注意了。

至于国际反动力量，那么，虽然我国的抗战获得了世界各国人民各先进人士的同情与援助，但是在帝国主义的反动营垒中却存在着鹬蚌相争渔翁得利的私利主义者，存在着想以中华民族为牺牲而与侵略者妥协的阴谋家，这些分子随时准备重演慕尼黑的罪行，而以中华民族为宰割之对象。此种现象，现时虽尚未表面化，但暗中策动，渐见积极，稍不注意，便有被其牵入圈套之可能。

凡此所述，一则日寇政治诱降的恶毒阴谋，二则中国投降妥协分子之投降与分裂的罪恶活动，三则国际东方慕尼黑的暗中酝酿；三者汇合，便造成今日抗战形势中的两种最大危险，即中途妥协与内部分裂的危险。这就是今日政治形势中的重要的特点，可能的趋向。认清这个特点，克服这个趋向，才能使抗战获得胜利而避免悲惨的命运。

同胞们！将士们！

今日而与日寇言和平就是屈膝投降，中途妥协就是亡国灭种。日寇诱降中国的甜言蜜语，不过是灭亡中国吞并中国的钓饵。投降妥协分子的挑拨离间，分裂团结，防共反共，制造内哄，无非是出卖民族国家投降屈膝的实际准备。东方慕尼黑即令与西方慕尼黑有形式上之不同，而其实质亦将毫无二致。

同胞们！将士们！

我们以热血头颅所换来的抗战的光辉成果，能让投降妥协分子的罪恶活动所毁灭所断送么？我们用全民族的努力所缔结所公认的抗日民族统一战线与国共合作，能让投降妥协分子所破坏所分裂么？我们千百万先烈的鲜血，能让他白白的流去么？我们愿意受日寇甜蜜语言的钓饵，而置国家民族于万劫不复之地么？我们愿意作国际投机交易场上任人宰割的羔羊么？不，决不！

同胞们！将士们！

我们要：

坚持抗战到底——反对中途妥协！

巩固国内团结——反对内部分裂！

力求全国进步——反对向后倒退！

我们要继续抗战，抗战到把日寇驱逐至鸭绿江的对岸！

我们要巩固团结，团结得如钢铁一般的强固！

我们要向前进步，进步到三民主义新中国的建立！

我们要反对投降妥协分子的罪恶活动！

我们要反对国际反动派的东方慕尼黑阴谋！

同胞们！将士们！

坚持抗战，动员一切人力、财力、物力，展开全民族的全面的抗战！巩固国内团结，坚持抗日民族统一战线与国共合作，力求进步，彻底实行三民主义，建立独立自由幸福的新中国，坚决反对投降，反对分裂，反对倒退，这就是我全中华民族继续努力的总方向。

同胞们！将士们！奋斗吧，我们要胜利，我们无论如何要胜利，我们就一定能胜利！

拥护蒋委员长，拥护国民政府，抗战到底！

拥护三民主义，拥护国共合作，精诚团结！

抗战胜利万岁！

中华民族解放万岁！

选自中共中央文献研究室、中央档案馆编：《建党以来重要文献选编（一九二一——一九四九）》第十六册，中央文献出版社2011年版

关于国际新形势对新华日报记者的谈话

（一九三九年九月一日）

毛泽东

记者问：苏德互不侵犯协定的订立，其意义如何？

毛答：苏德互不侵犯协定是苏联社会主义力量增长和苏联政府坚持和平政策的结果。这个协定打破了张伯伦、达拉第等国际反动资产阶级挑动苏德战争的阴谋，打破了德意日反共集团对于苏联的包围，巩固了苏德两国间的和平，保障了苏联社会主义建设的发展。在东方，则打击了日本，援助了中国，增强了中国抗战派的地位，打击了中国的投降派。在这一切上面，就安置了援助全世界人民争取自由解放的基础。这就是苏德互不侵犯协定的全部政治意义。

问：人们还不明了苏德互不侵犯协定是英法苏谈判破裂的结果，反而以为英法苏谈判的破裂是苏德协定的结果。请你说明一下英法苏谈判为什么没有成功？

答：英法苏三国谈判所以没有成功，完全由于英法政府没有诚意。近年来，世界反动资产阶级首先是英法的反动资产阶级，对于德意日法西斯的侵略，一贯地执行了一种反动的政策，即所谓"不干涉"政策。这个政策的目的，在于纵容侵略战争，自己从中取利。因此，英法根本拒绝苏联历来提出的组织真正的反侵略阵线的建议，而采取"不干涉"的立场，纵容德意日侵略，自己站在一边看。其目的在于使战争的双方互相消耗，然后自己出台干涉。在执行这个反动政策的过程中，曾经牺牲了半个中国给日本，牺牲了整个阿比西尼亚、整个西班牙、整个奥国、整个捷克给德意。这一次又想牺牲苏联。这种阴谋，在这次英法苏三国的谈判中已经明显地暴露出来了。这个谈判，从四月十五日到八月二十三日，进行了四个多月，在苏联方面尽到了一切的忍耐。英法则始终不赞成平等互惠原则，只要求苏联保证它们的安全，它们却不肯保证苏联的安全，不肯保证波罗的海诸小国的安全，以便开一个缺口让德国进兵，并且不让苏联军队通过波兰去反对侵略者。这就是谈判破裂的原因。在这个期间，德国愿意停止反苏，愿意放弃所谓《防共协定》，承认了苏联边疆的不可侵犯，苏德互不侵犯协定就订立了。国际反动派，首先是英法反动派的这种"不干涉"政策，乃是"坐山观虎斗"的政策，是完全损人利己的帝国主义的政策。它从张伯伦上台开始，到去年九月慕尼黑协定发展到了顶点，到此次英法苏谈判就最后破产。往后的时间，就不得不变成英法和德意两大帝国主义集团直接冲突的局面。我一九三八年十月在中共六届六中全会上曾经说过："搬起石头打自己的脚，这就是张伯伦政策的必然结果。"张伯伦以损人的目的开始，以害己的结果告终。这将是一切反动政策的发展规律。

问：据你看，目前的时局将要如何发展？

答：目前的国际时局已处在新的形势中。早已开始了的第二次帝国主义战争的片面性状态，即是说，由于"不干涉"政策而发生的一方进攻、一方坐视的局面，就欧洲方面说来，今后势必由全面性的战争起而代之。第二次帝国主义战争已进到新的阶段。

在欧洲方面，德意帝国主义集团和英法帝国主义集团之间，为了争夺对殖民地人民统治权的帝国主义大战，是迫在眉睫了。在战争中，为了欺骗人民，为了动员舆论，战争的双方都将不顾羞耻地宣称自己是正义的，而称对方是非正义的。其实，这只是一种欺骗。因为，双方的目的都是帝国主义的目的，都是为了争夺对殖民地半殖民地和势力范围的统治权，都是掠夺性的战争。在目前，就是为了争夺波兰，争夺巴尔干半岛和地中海沿岸。这样的战争完全不是正义的。世界上只有非掠夺性的谋解放的战争，才是正义的战争。共产党决不赞助任何掠夺战争。共产党对于一切正义的非掠夺的谋解放的战争，则将挺身出而赞助，并站在斗争的最前线。第二国际所属的社会民主党，在张伯伦、达拉第的威迫利诱之下，正在发生分化，一部分上层反动分子正在蹈袭第一次大战时的覆辙，准备赞助新的帝国主义战争。但另一部分，则将和共产党一道建立反战反法西斯的人民阵线。目前张伯伦、达拉第正在模仿德意，一步一步地反动化，正在利用战争动员将国家组织法西斯化，将经济组织战争化。总之，两大帝国主义集团正在狂热地准备战争，大屠杀的危险临到千百万人民的头上。这种情形，毫无疑义地将激起广大人民的反抗运动。无论在德意，无论在英法，无论在欧洲和世界其他地方，人民如果不愿充当帝国主义的炮灰，他们就一定会起来用各种方式去反对帝国主义战争。

在资本主义世界，除了上述两大集团之外，还有第三个集团，这就是以美国为首的包括中美洲南美洲许多国家在内的集团。这个集团，为了自己的利益，暂时还不至于转入战争。美国帝国主义想在中立的名义之下，暂时不参加战争的任何一方，以便在将来出台活动，争取资本主义世界的领导地位。美国资产阶级暂时还不准备在国内取消民主政治和平时的经济生活，这一点对于世界的和平运动是有利益的。

日本帝国主义受了苏德协定的严重打击，它的前途将更加困难。它的外交政策，正在两派斗争中。军阀想和德意建立联盟，达到独占中国，侵略南洋，排斥英美法出东方的目的；但一部分资产阶级则主张对英美法让步，把目标集中于掠夺中国。目前和英国妥协的趋势甚大。英国反动派将以共同瓜分中国和在财政上经济上帮助日本为条件，换得日本充当英国利益的东方警犬，镇压中国的民族解放运动，牵制苏联。因此，不管怎样，日本灭亡中国的根本目的是决不会变更的。日本对中国正面大规模军事进攻的可能性，或者不很大了；但是，它将更厉害地进行其"以华制华"的政治进攻和"以战养战"的经济侵略，而在其占领地则将继续疯狂的军事"扫荡"；并想经过英国压迫中国投降。在某种适合于日本的时机，日本将发起东方慕尼黑，以某种较大的让步为钓饵，诱胁中国订立城下之盟，用以达其灭亡中国的目的。日本的这种帝国主义的目的，在日本人民革命没有起来之前，不管日本统治阶级掉换什么内阁，都是不会变更的。

在整个资本主义世界之外，另一个光明世界，就是社会主义的苏联。苏德协定增加了苏联帮助世界和平运动的可能，增加了它援助中国抗日的可能。

这些就是我对于国际形势的估计。

问：在这种形势下，中国的前途将如何？

答：中国的前途有两个：一个是坚持抗战、坚持团结、坚持进步的前途，这就是复兴的前途。一个是实行妥协、实行分裂、实行倒退的前途，这就是亡国的前途。

在新的国际环境中，在日本更加困难和我国绝不妥协的条件之下，我国的战略退却阶段便已完结，而战略相持阶段便已到来。所谓战略相持阶段，即是准备反攻的阶段。

但是，正面相持和敌后相持是成反比例的，正面相持的局面出现，敌后斗争的局面就要紧张。所以，从武汉失守后开始的敌人在沦陷区（主要是在华北）举行的大规模的军事"扫荡"，今后不但还会继续，而且还会加紧起来。更因敌人目前的主要政策是"以华制华"的政治进攻和"以战养战"的经济侵略，英国的东方政策是远东慕尼黑，这就极大地加重了中国大部投降和内部分裂的危险。至于我国国力和敌人对比，还是相差很远，要准备实行反攻的力量，非全国一致，艰苦奋斗，是不可能的。

因此，我国坚持抗战的任务还是一个非常严重的任务，千万不要丝毫大意。

因此，毫无疑义，中国万万不可放弃现在的时机，万万不可打错主意，而应该采取坚定的政治立场。

这就是：第一，坚持抗战的立场，反对任何的妥协运动。不论是公开的汪精卫和暗藏的汪精卫，都应该给以坚决的打击。不论是日本的引诱和英国的引诱，都应该给以坚决的拒绝，中国决不能参加东方慕尼黑。

第二，坚持团结的立场，反对任何的分裂运动。也不论是从日本帝国主义方面来的，从其他外国方面来的，从国内投降派方面来的，都应该充分警戒。任何不利于抗战的内部磨擦,都必须用严正的态度加以制止。

第三,坚持进步的立场,反对任何的倒退运动。不论是军事方面的、政治方面的、财政经济方面的、党务方面的、文化教育方面的和民众运动方面的,一切不利于抗战的思想、制度和办法,都要来一个重新考虑和切实改进,以利抗战。

果能如此,中国就能好好地准备反攻的力量。

从现时起,全国应以"准备反攻"为抗战的总任务。

在现时,一方面,应当严正地支持正面的防御,有力地援助敌后的战争;另一方面,应当实行政治、军事等各种改革,聚积巨大的力量,以便等候时机一到,就倾注全力,大举反攻,收复失地。

选自中共中央文献研究室、中央档案馆编:《建党以来重要文献选编(一九二一——一九四九)》第十六册,中央文献出版社2011年版

目前抗日统一战线中的策略问题①

(一九四〇年三月十一日)

毛泽东

（一）目前的政治形势是：（1）日本帝国主义受了中国抗日战争的严重打击，已经无力再作大规模的军事进攻，因而敌我形势已处在战略相持阶段中；但敌人仍然坚持其灭亡中国的基本政策，并用破坏抗日统一战线、加紧敌后"扫荡"、加紧经济侵略等方法，实行这种政策。（2）英法在东方的地位因欧战削弱，美国则继续采取坐山观虎斗的政策，故东方慕尼黑会议暂时无召集的可能。（3）苏联的对外政策取得了新的胜利，对中国抗战依然取积极援助政策。（4）亲日派大资产阶级早已彻底投降日本，准备傀儡登场。欧美派大资产阶级则尚能继续抗日，但其妥协倾向依然严重存在。他们采取两面政策，一面还要团结国民党以外的各派势力对付日本，一面却极力摧残各派势力，尤其尽力摧残共产党和进步势力。他们是抗日统一战线中的顽固派。（5）中间力量，包括中等资产阶级、开明绅士和地方实力派，因为他们和大地主大资产阶级的主要统治力量之间有矛盾，同时和工农阶级有矛盾，所以往往站在进步势力和顽固势力之间的中间立场。他们是抗日统一战线中的中间派。（6）共产党领导之下的无产阶级、农民和城市小资产阶级的进步力量，最近时期有一个大的发展，基本上已经奠定了抗日民主政权的根据地。他们在全国工人、农民和城市小资产阶级中的影响是很大的，在中间势力中亦有相当影响。在抗日战场上，

---

① 这是毛泽东在延安中国共产党的高级干部会议上的报告提纲。

共产党所抗击的日寇兵力，同国民党比较起来，几乎占到了同等的地位。他们是抗日统一战线中的进步派。

以上就是目前中国的政治形势。在这种形势下，争取时局好转，克服时局逆转的可能性，还是存在的，中央二月一日的决定是完全正确的。

（二）抗日战争胜利的基本条件，是抗日统一战线的扩大和巩固。而要达此目的，必须采取发展进步势力、争取中间势力、反对顽固势力的策略，这是不可分离的三个环节，而以斗争为达到团结一切抗日势力的手段。在抗日统一战线时期中，斗争是团结的手段，团结是斗争的目的。以斗争求团结则团结存，以退让求团结则团结亡，这一真理，已经逐渐为党内同志们所了解。但不了解的依然还多，他们或者认为斗争会破裂统一战线，或者认为斗争可以无限制地使用，或者对于中间势力采取不正确的策略，或者对顽固势力有错误的认识，这些都是必须纠正的。

（三）发展进步势力，就是发展无产阶级、农民阶级和城市小资产阶级的力量，就是放手扩大八路军新四军，就是广泛地创立抗日民主根据地，就是发展共产党的组织到全国，就是发展全国工人、农民、青年、妇女、儿童等等的民众运动，就是争取全国的知识分子，就是扩大争民主的宪政运动到广大人民中间去。只有一步一步地发展进步势力，才能阻止时局逆转，阻止投降和分裂，而为抗日胜利树立坚固不拔的基础。但是发展进步势力，是一个严重的斗争过程，不但须同日本帝国主义和汉奸作残酷的斗争，而且须同顽固派作残酷的斗争。因为对于发展进步势力，顽固派是反对的，中间派是怀疑的。如不同顽固派作坚决的斗争，并收到确实的成效，就不能抵抗顽固派的压迫，也不能消释中间派的怀疑，进步势力就无从发展。

（四）争取中间势力，就是争取中等资产阶级，争取开明绅士，争取地方实力派。这是不同的三部分人，但都是目前时局中的中间派。中等资产阶级就是除了买办阶级即大资产阶级以外的民族资产阶级。他们虽然同工人有阶级矛盾，不赞成工人阶级的独立性；但他们在沦陷区受到日本帝国主义的压迫，在国民党统治下则受大地主大资产阶级的限制，因此他们还要抗日,并要争取自己的政治权力。在抗日问题上,他们赞成团结抗战;在争取政治权力问题上,他们赞成宪政运动,并企图利用进步派和顽固派之间的矛盾以达其目的。这一阶层,我们是必须争取的。开明绅士是地主阶级的左翼,即一部分带有资产阶级色彩的地主,他们的政治态度同中等资产阶级大略相同。他们虽然同农民有阶级矛盾,但他们同大地主大资产阶级亦有矛盾。他们不赞成顽固派,他们也想利用我们同顽固派的矛盾以达其政治上的目的。这一部分人,我们也决不可忽视,必须采取争取政策。地方实力派,包括有地盘的实力派和无地盘的杂牌军两种力量在内。他们虽然同进步势力有矛盾,但他们同现在国民党中央政府的损人利己的政策亦有矛盾,并想利用我们同顽固派的矛盾以达其政治上的目的。地方实力派的领导成分也多属大地主大资产阶级,因此他们在抗日战争中虽然有时表现进步,不久仍然反动起来;但又因为他们同国民党中央势力有矛盾,所以只要我们有正确的政策,他们是可能在我们同顽固派斗争时采取中立态度的。上述三部分中间势力,我们的政策都是争取他们。但这种争取政策,不但同争取农民和城市小资产阶级有区别,而且对于各部分中间势力也有区别。对于农民和城市小资产阶级,是当作基本同盟者去争取的;对于中间势力,则是当作反帝国主义的同盟者去争取的。中间势力中的中等资产阶级和开明绅士,可以同我们共同抗日,也可以同我们一道共同建立抗日民主政权,但他们害怕土地革命。在对顽固派的斗争中,其中有些人还可以在一定限度内参加,有些则可以保持善意的中立,有些则可以表示勉强的中立。地方实力派,则除共同抗日外,只能在对顽固派斗争时采取暂时的中立立场;他们是不愿同我们一道建立民主政权的,因为他们也是大地主大资产阶级。中间派的态度是容易动摇的,并且不可避免地要发生分化;我们应当针对着他们的动摇态度,向他们进行适当的说服和批评。

争取中间势力是我们在抗日统一战线时期的极严重的任务,但是必须在一定条件下才可能完成这个任务。这些条件是:(1)我们有充足的力量;(2)尊重他们的利益;(3)我们对顽固派作坚决的斗争,并能一步一步地取得胜利。没有这些条件，中间势力就会动摇起来，或竟变为顽固派向我进攻的同盟军；因为顽固派也正在极力争取中间派，以便使我们陷于孤立。在中国，这种中间势力有很大的力量，往往可以成为我们同顽固派斗争时决定胜负的因素，因此，必须对他们采取十分慎重的态度。

（五）顽固势力，目前就是大地主大资产阶级的势力。这些阶级，现在分为降日派和抗日派，以后还要逐渐分化。目前的大资产阶级抗日派，是和降日派有区别的。他们采取两面政策，一面尚在主张团结抗日，一面又执行摧残进步势力的极端反动政策，作为准备将来投降的步骤。因为他们还愿团结抗日，所以我们还有可能争取他们留在抗日统一战线里面，这种时间越长久越好。忽视这种争取政策，忽视同他们合作的政策，认为他们已经是事实上的投降派，已经就要举行反共战争了，这种意见是错误的。但又因为他们在全国普遍地执行摧残进步势力的反动政策，不实行革命三民主义这个共同纲领，还坚决反对我们实行这个纲领，坚决反对我们超越他们所许可的范围，即只让我们同他们一样实行消极抗战，并且企图同化我们，否则就加以思想上政治上军事上的压迫，所以我们又必须采取反抗他们这种反动政策的斗争策略，同他们作思想上政治上军事上的坚决斗争。这就是我们对付顽固派两面政策的革命的两面政策，这就是以斗争求团结的政策。如果我们能够在思想上提出正确的革命理论，对于他们的反革命理论给以坚决的打击；如果我们在政治上采取适合时宜的策略步骤，对于他们的反共反进步政策给以坚决的打击；如果我们采取适当的军事步骤，对于他们的军事进攻给以坚决的打击；那末，就有可能限制他们实施反动政策的范围，就有可能逼迫他们承认进步势力的地位，就有可能发展进步势力，争取中间势力，而使他们陷于孤立。同时，也就有可能争取还愿抗日的顽固派，延长其留在抗日统一战线中的时间，就有可能避免如同过去那样的大内战。所以，在抗日统一战线时期中，同顽固派的斗争，不但是为了防御他们的进攻，以便保护进步势力不受损失，并使进步势力继续发展；同时，还为了延长他们抗日的时间，并保持我们同他们的合作，避免大内战的发生。如果没有斗争，进步势力就会被顽固势力消灭，统一战线就不能存在，顽固派对敌投降就会没有阻力，内战也就会发生了。所以，同顽固派斗争，是团结一切抗日力量、争取时局好转、避免大规模内战的不可缺少的手段，这一真理，已被一切经验证明了。

但在抗日统一战线时期，同顽固派斗争，必须注意下列几项原则。第一是自卫原则。人不犯我，我不犯人，人若犯我，我必犯人。这就是说，决不可无故进攻人家，也决不可在被人家攻击时不予还击。这就是斗争的防御性。对于顽固派的军事进攻，必须坚决、彻底、干净、全部地消灭之。第二是胜利原则。不斗则已，斗则必胜，决不可举行无计划无准备无把握的斗争。应懂得利用顽固派的矛盾，决不可同时打击许多顽固派，应择其最反动者首先打击之。这就是斗争的局部性。第三是休战原则。在一个时期内把顽固派的进攻打退之后，在他们没有举行新的进攻之前，我们应该适可而止，使这一斗争告一段落。在接着的一个时期中，双方实行休战。这时，我们应该主动地又同顽固派讲团结，在对方同意之下，和他们订立和平协定。决不可无止境地每日每时地斗下去，决不可被胜利冲昏自己的头脑。这就是每一斗争的暂时性。在他们举行新的进攻之时，我们才又用新的斗争对待之。这三个原则，换一句话来讲，就是"有理"、"有利"、"有节"。坚持这种有理、有利、有节的斗争，就能发展进步势力，争取中间势力，孤立顽固派，并使顽固派尔后不敢轻易向我们进攻，不敢轻易同敌人妥协，不敢轻易举行大内战。这样，就有争取时局走向好转的可能。

（六）国民党是一个由复杂成分组成的党，其中有顽固派，也有中间派，也有进步派，整个国民党并不就等于顽固派。因为国民党中央颁布《限制异党活动办法》等等反革命磨擦法令，并实行动员他们一切力量进行普遍全国的思想上政治上军事上的反革命磨擦，有些人就以为整个国民党都是顽固派，这种看法是错误的。现在的国民党中，顽固派还站在支配其党的政策的地位，但在数量上只占少数，它的大多数党员（很多是挂名党员）并不一定是顽固派。这一点必须认识清楚，才能利用他们的矛盾，采取分别对待的政策，用极大力量去团结国民党中的中间派和进步派。

（七）在抗日根据地内建立政权的问题上，必须确定这种政权是抗日民族统一战线的政权。在国民党统治区域，则还没有这种政权。这种政权，即是一切赞成抗日又赞成民主的人们的政权；即是几个革命阶级联合起来对于汉奸和反动派的民主专政。它是和地主资产阶级专政相区别的，也和严格的工农民主专政有一些区别。在政权的人员分配上，应该是：共产党员占三分之一，他们代表无产阶级和贫农；左派进步分子占三分之一，他们代表小资产阶级；中间分子及其他分子占三分之一，他们代表中等资产阶级和开明绅士。只有汉奸和反共分子才没有资格参加这种政权。这种人数的大体上的规定是必要的，否则就不能保证抗日民族统一战线政权的原则。这种人员分配的政策是我们党的真实政策，必须认真实行，不能敷衍塞责。这是大体的规定，应依具体情况适当地施行，不能机械地求凑数目字。这种规定，在最下级政权中可能须作某种变动，以防豪绅地主把持政权，但基本精神是不能违背的。在抗日统一战线政权中，对于共产党员以外的人员，应该不问他们有无党派关系及属于何种党派。在抗日统一战线政权统治的区域，只要是不反对共产党并和共产党合作的党派，不问他们是国民党，还是别的党，应该允许他们有合法存在的权利。抗日统一战线政权的选举政策，应该是凡满十八岁的赞成抗日和民主的中国人，不分阶级、民族、党派、男女、信仰和文化程度，均有选举权和被选举权。抗日统一战线政权的产生应该由人民选举，然后陈请国民政府加委。其组织形式，应该是民主集中制。抗日统一战线政权的施政方针，应该以反对日本帝国主义，反对真正的汉奸和反动派，保护抗日人民，调节各抗日阶层的利益，改良工农生活，为基本出发点。这种抗日统一战线政权的建立，将给全国以很大的影响，给全国抗日统一战线政权树立一个模型，因此应为全党同志所深刻了解并坚决执行。

（八）在发展进步势力，争取中间势力，孤立顽固势力的斗争中，知识分子的作用是不可忽视的，顽固派又正在极力争取知识分子，因此，争取一切进步的知识分子于我们党的影响之下，是一个必要的重大的政策。

（九）在宣传问题上，应该掌握下列的纲领：（1）实行《总理遗嘱》，唤起民众，一致抗日。（2）实行民族主义，坚决反抗日本帝国主义，对外求中华民族的彻底解放，对内求国内各民族之间的平等。（3）实行民权主义，人民有抗日救国的绝对自由，民选各级政府，建立抗日民族统一战线的革命民主政权。（4）实行民生主义，废除苛捐杂税，减租减息，实行八小时工作制，发展农工商业，改良人民生活。（5）实行蒋介石的"地无分南北，人无分老幼，无论何人皆有守土抗战之责任"的宣言。这些都是国民党自己宣布的纲领，也是国共两党的共同纲领。但是除了抗日一点外，现在的国民党都不能实行，只有共产党和进步派才能实行。这些是已经普及于人民中的最简单的纲领，但是许多共产党员还不知利用它们作为动员民众孤立顽固派的武器。今后应该随时把握这五条纲领，用布告、宣言、传单、论文、演说、谈话等等形式发布之。这在国民党区域还是宣传纲领，但在八路军新四军所到之地则是行动的纲领。根据这些纲领去做，我们是合法的，顽固派反对我们实行这些纲领，他们就是非法的了。在资产阶级民主革命阶段上，国民党的这些纲领，同我们的纲领是基本上相同的；但国民党的思想体系，则和共产党的思想体系绝不相同。我们所应该实行的，仅仅是这些民主革命的共同纲领，而绝不是国民党的思想体系。

选自《毛泽东选集》第二卷，人民出版社 1991年版

放手发展抗日力量，抵抗反共顽固派的进攻①

（一九四〇年五月四日）

毛泽东

（一）在一切敌后地区和战争区域，应强调同一性，不应强调特殊性，否则就会是绝大的错误。不论在华北、华中或华南，不论在江北或江南，不论在平原地区、山岳地区或湖沼地区，也不论是八路军、新四军或华南游击队②，虽然各有特殊性，但均有同一性，即均有敌人，均在抗战。因此，我们均能够发展，均应该发展。这种发展的方针，中央曾多次给你们指出来了。所谓发展，就是不受国民党的限制，超越国民党所能允许的范围，不要别人委任，不靠上级发饷，独立自主地放手地扩大军队，坚决地建立根据地，在这种根据地上独立自主地发动群众，建立共产党领导的抗日统一战线的政权，向一切敌人占领区域发展。例如在江苏境内，应不顾顾祝同、冷欣、韩德勤等反共分子的批评、限制和压迫，西起南京，东至海边，南至杭州，北至徐州，尽可能迅速地并有步骤有计划地将一切可能控制的区域控制在我们手中，独立自主地扩大军队，建立政权，设立财政机关，征收抗日捐税，设立经济机关，发展农工商业，开办各种学校，大批培养干部。中央前要你们在今年一年内，在江浙两省敌后地区扩大抗日武装至十万人枪和迅速建立政权等项，不知你们具体布置如何？过去已经失去了时机，若再失去今年的时机，将来就会更困难了。

---

① 这是毛泽东为中共中央起草的给中共中央东南局的指示。
② 华南游击队，是中国共产党领导的当时广东省几支抗日游击队的总称。后来发展为：东江纵队、琼崖纵队、珠江纵队、韩江纵队、粤中人民抗日解放军、南路人民抗日解放军。

（二）在国民党反共顽固派坚决地执行其防共、限共、反共政策，并以此为投降日本的准备的时候，我们应强调斗争，不应强调统一，否则就会是绝大的错误。因此，对于一切反共顽固派的防共、限共、反共的法律、命令、宣传、批评，不论是理论上的、政治上的、军事上的，原则上均应坚决地反抗之，均应采取坚决斗争的态度。这种斗争，应从有理、有利、有节的原则出发，也就是自卫的原则、胜利的原则和休战的原则，也就是目前每一具体斗争的防御性、局部性和暂时性。对于反共顽固派的一切反动的法律、命令、宣传、批评，我们应提出针锋相对的办法和他们作坚决的斗争。例如，他们要四、五支队①南下，我们则以无论如何不能南下的态度对付之；他们要叶、张两部②南下，我们则以请准征调一部北上对付之；他们说我们破坏兵役，我们就请他们扩大新四军的募兵区域；他们说我们的宣传错误，我们就请他们取消一切反共宣传，取消一切磨擦法令；他们要向我们举行军事进攻，我们就实行军事反攻以打破之。实行这样的针锋相对的政策，我们是有理由的。凡一切有理之事，不但我党中央应该提出，我军的任何部分均应该提出。例如，张云逸对李品仙，李先念对李宗仁③，均是下级向上级提出强硬的抗议，就是好例。只有向顽固派采取这种强硬态度和在斗争时采取有理、有利、有节的方针，才能使顽固派有所畏而不敢压迫我们，才能缩小顽固派防共、限共、反共的范围，才能强迫顽固派承认我们的合法地位，也才能使顽固派不敢轻易分裂。所以，斗争是克服投降危险、争取时局好转、巩固国共合作的最主要的方法。在我党我军内部，只有坚持对顽固派的斗争，才能振奋精神，发扬勇气，团结干部，扩大力量，巩固军队和巩固党。在对中间派的关系上，只有坚持对顽固派的斗争，才能争取动摇的中间派，支持同情的中间派，否

---

① 四、五支队，即新四军第四、第五两个支队，是张云逸任指挥的新四军江北指挥部的主力。当时他们正在淮河以南、长江以北、运河以西、淮南铁路以东地区建立抗日根据地。

② 叶、张两部，这里指叶飞率领的新四军挺进纵队和张道庸（即陶勇）率领的苏皖支队。当时他们在江苏中部一带开展抗日游击战争，建立抗日根据地。

③ 一九四〇年春，国民党安徽省政府主席李品仙、第五战区司令长官李宗仁（均属桂系），派军队向在安徽、湖北抗日的新四军发动大规模进攻。当时新四军江北指挥部指挥张云逸、豫鄂挺进纵队司令员李先念，都曾经强硬地抗议他们破坏抗日的行为，并且在军事上进行了坚决的自卫斗争。

则都是不可能的。在应付可能的全国性的突然事变的问题上，也只有采取斗争的方针，才能使全党全军在精神上有所准备，在工作上有所布置。否则，就将再犯一九二七年的错误。

（三）在估计目前时局的时候，应懂得，一方面，投降危险是大大地加重了；另一方面，则仍未丧失克服这种危险的可能性。目前的军事冲突是局部性的，还不是全国性的。是彼方①的战略侦察行动，还不是立即大举"剿共"的行动；是彼方准备投降的步骤，还不是马上投降的步骤。我们的任务，是坚持地猛力地执行中央"发展进步势力"、"争取中间势力"、"孤立顽固势力"这三项唯一正确的方针，用以达到克服投降危险、争取时局好转的目的。如果对时局的估计和任务的提出发生过左过右的意见，而不加以说明和克服，那也是绝大的危险。

（四）四、五支队反对韩德勤、李宗仁向皖东进攻的自卫战争，李先念纵队反对顽固派向鄂中和鄂东进攻的自卫战争，彭雪枫支队在淮北的坚决斗争，叶飞在江北的发展，以及八路军二万余人南下淮北、皖东和苏北，均不但是绝对必要和绝对正确的，而且是使顾祝同不敢轻易地在皖南、苏南向你们进攻的必要步骤。即是说，江北愈胜利、愈发展，则顾祝同在江南愈不敢轻动，你们在皖南、苏南的文章就愈好做。同样，八路军、新四军和华南游击队，在西北、华北、华中、华南愈发展，共产党在全国范围内愈发展，则克服投降危险争取时局好转的可能性愈增加，我党在全国的文章就愈好做。如果采取相反的估计和策略，以为我愈发展，彼愈投降，我愈退让，彼愈抗日，或者以为现在已经是全国分裂的时候，国共合作已经不可能，那就是错误的了。

（五）在抗日战争中，我们在全国的方针是抗日民族统一战线的。在敌后建立民主的抗日根据地，也是抗日民族统一战线的。中央关于政权问题的决定，你们应该坚决执行。

（六）在国民党统治区域的方针，则和战争区域、敌后区域不同。在

---

① 指以蒋介石为首的国民党顽固派。

那里，是荫蔽精干，长期埋伏，积蓄力量，以待时机，反对急性和暴露。其与顽固派斗争的策略，是在有理、有利、有节的原则下，利用国民党一切可以利用的法律、命令和社会习惯所许可的范围，稳扎稳打地进行斗争和积蓄力量。在党员被国民党强迫入党时，即加入之；对于地方保甲团体、教育团体、经济团体、军事团体，应广泛地打入之；在中央军和杂牌军中，应该广泛地展开统一战线的工作，即交朋友的工作。在一切国民党区域，党的基本方针，同样是发展进步势力（发展党的组织和民众运动），争取中间势力（民族资产阶级、开明绅士、杂牌军队、国民党内的中间派、中央军中的中间派[①]、上层小资产阶级和各小党派，共七种），孤立顽固势力，用以克服投降危险，争取时局好转。同时，充分地准备应付可能发生的任何地方性和全国性的突然事变。在国民党区域，党的机关应极端秘密。东南局和各省委、各特委、各县委、各区委的工作人员（从书记至伙夫），应该一个一个地加以严格的和周密的审查，决不容许稍有嫌疑的人留在各级领导机关之内。应十分注意保护干部，凡有被国民党捕杀危险的公开或半公开了的干部，应转移地区荫蔽起来，或调至军队中工作。在日本占领地区（大城市、中小城市和乡村，如上海、南京、芜湖、无锡等地）的方针，和在国民党区域者基本相同。

（七）以上策略指示，经此次中央政治局会议决定，请东南局和军分会诸同志讨论，传达于全党全军的全体干部，并坚决执行之。

（八）此指示，在皖南由项英同志传达，在苏南由陈毅同志传达。并于接电后一个月内讨论和传达完毕。对于全党全军的工作布置，则由项英同志按照中央方针统筹办理，以其结果报告中央。

选自《毛泽东选集》第二卷，人民出版社1991年版

[①] "国民党内的中间派"和"中央军中的中间派"，指抗日战争时期，在一定时间内对反共不很积极，或者当反共顽固派向中国共产党领导的军队进攻的时候采取中立态度的国民党内的某些派别和某些个人，中央军中的某些军官或个别部队。

论政策①

（一九四〇年十二月二十五日）

毛泽东

在目前反共高潮的形势下，我们的政策有决定的意义。但是我们的干部，还有许多人不明白党在目前时期的政策应当和土地革命时期的政策有重大的区别。必须明白，在整个抗日战争时期，无论在何种情况下，我党的抗日民族统一战线的政策是决不会变更的；过去十年土地革命时期的许多政策，现在不应当再简单地引用。尤其是土地革命的后期，由于不认识中国革命是半殖民地的资产阶级民主革命和革命的长期性这两个基本特点而产生的许多过左的政策，例如以为第五次"围剿"和反对第五次"围剿"的斗争是所谓革命和反革命两条道路的决战，在经济上消灭资产阶级（过左的劳动政策和税收政策）和富农（分坏田），在肉体上消灭地主（不分田），打击知识分子，肃反中的"左"倾，在政权工作中共产党员的完全独占，共产主义的国民教育宗旨，过左的军事政策（进攻大城市和否认游击战争），白区工作中的盲动政策，以及党内组织上的打击政策等等，不但在今天抗日时期，一概不能采用，就是在过去也是错误的。这种过左政策，适和第一次大革命后期陈独秀领导的右倾机会主义相反，而表现其为"左"倾机会主义的错误。在第一次大革命后期，是一切联合，否认斗争；而在土地革命后期，则是一切斗争，否认联合（除基本农民以外），实为代表两个极端政策的极明显的例证。而这两个极端的政策，都使党和

---

① 这是毛泽东为中共中央起草的对党内的指示。

革命遭受了极大的损失。

现在的抗日民族统一战线政策，既不是一切联合否认斗争，又不是一切斗争否认联合，而是综合联合和斗争两方面的政策。具体地说，就是：

（一）一切抗日的人民联合起来（或一切抗日的工、农、兵、学、商联合起来），组成抗日民族统一战线。

（二）统一战线下的独立自主政策，既须统一，又须独立。

（三）在军事战略方面，是战略统一下的独立自主的游击战争，基本上是游击战，但不放松有利条件下的运动战。

（四）在和反共顽固派斗争时，是利用矛盾，争取多数，反对少数，各个击破；是有理，有利，有节。

（五）在敌占区和国民党统治区的政策，是一方面尽量地发展统一战线的工作，一方面采取荫蔽精干的政策；是在组织方式和斗争方式上采取荫蔽精干、长期埋伏、积蓄力量、以待时机的政策。

（六）对于国内各阶级相互关系的基本政策，是发展进步势力，争取中间势力，孤立反共顽固势力。

（七）对于反共顽固派是革命的两面政策，即对其尚能抗日的方面是加以联合的政策，对其坚决反共的方面是加以孤立的政策。在抗日方面，顽固派又有两面性，我们对其尚能抗日的方面是加以联合的政策，对其动摇的方面（例如暗中勾结日寇和不积极反汪反汉奸等）是进行斗争和加以孤立的政策。顽固派在反共方面也有两面性，因此我们的政策也有两面性，即在他们尚不愿在根本上破裂国共合作的方面，是加以联合的政策；在他们对我党和对人民的高压政策和军事进攻的方面，是进行斗争和加以孤立的政策。将这种两面派分子，和汉奸亲日派加以区别。

（八）即在汉奸亲日派中间也有两面分子，我们也应以革命的两面政策对待之。即对其亲日的方面，是加以打击和孤立的政策，对其动摇的方面，是加以拉拢和争取的政策。将这种两面分子，和坚决的汉奸如汪精卫、王揖唐、石友三等，加以区别。

（九）既须对于反对抗日的亲日派大地主大资产阶级和主张抗日的英

美派大地主大资产阶级，加以区别；又须对于主张抗日但又动摇、主张团结但又反共的两面派大地主大资产阶级和两面性较少的民族资产阶级和中小地主、开明绅士，加以区别。在这些区别上建立我们的政策。上述各项不同的政策，都是从这些阶级关系的区别而来的。

（十）对待帝国主义亦然。虽然共产党是反对任何帝国主义的，但是既须将侵略中国的日本帝国主义和现时没有举行侵略的其他帝国主义，加以区别；又须将同日本结成同盟承认"满洲国"的德意帝国主义，和同日本处于对立地位的英美帝国主义，加以区别；又须将过去采取远东慕尼黑政策危害中国抗日时的英美，和目前放弃这个政策改为赞助中国抗日时的英美，加以区别。我们的策略原则，仍然是利用矛盾，争取多数，反对少数，各个击破。我们在外交政策上，是和国民党有区别的。在国民党是所谓"敌人只有一个，其他皆是朋友"，表面上把日本以外的国家一律平等看待，实际上是亲英亲美。我们则应加以区别，第一是苏联和资本主义各国的区别，第二是英美和德意的区别，第三是英美的人民和英美的帝国主义政府的区别，第四是英美政策在远东慕尼黑时期和在目前时期的区别。在这些区别上建立我们的政策。我们的根本方针和国民党相反，是在坚持独立战争和自力更生的原则下尽可能地利用外援，而不是如同国民党那样放弃独立战争和自力更生去依赖外援，或投靠任何帝国主义的集团。

党内许多干部对于策略问题上的片面观点和由此而来的过左过右的摇摆，必须使他们从历史上和目前党的政策的变化和发展，作全面的统一的了解，方能克服。目前党内的主要危险倾向，仍然是过左的观点在作怪。在国民党统治区域，许多人不能认真地执行荫蔽精干、长期埋伏、积蓄力量、以待时机的政策，因为他们把国民党的反共政策看得不严重；同时，又有许多人不能执行发展统一战线工作的政策，因为他们把国民党简单地看成漆黑一团，表示束手无策。在日本占领区域，也有类似的情形。

在国民党统治区和各抗日根据地内，由于只知道联合、不知道斗争和过分地估计了国民党的抗日性，因而模糊了国共两党的原则差别，否认统一战线下的独立自主的政策，迁就大地主大资产阶级，迁就国民党，甘愿束缚自己的手足，不敢放手发展抗日革命势力，不敢对国民党的反共限共政策作坚决斗争，这种右倾观点，过去曾经严重地存在过，现在已经基本上克服了。但是，自一九三九年冬季以来，由于国民党的反共磨擦和我们举行自卫斗争所引起的过左倾向，却是普遍地发生了。虽然已经有了一些纠正，但是还没有完全纠正，还在许多地方的许多具体政策上表现出来。所以目前对于各项具体政策的研究和解决，是十分必要的。

关于各项具体政策，中央曾经陆续有所指示，这里只综合地指出几点。

关于政权组织。必须坚决地执行"三三制"①，共产党员在政权机关中只占三分之一，吸引广大的非党人员参加政权。在苏北等处开始建立抗日民主政权的地方，还可以少于三分之一。不论政府机关和民意机关，均要吸引那些不积极反共的小资产阶级、民族资产阶级和开明绅士的代表参加；必须容许不反共的国民党员参加。在民意机关中也可以容许少数右派分子参加。切忌我党包办一切。我们只破坏买办大资产阶级和大地主阶级的专政，并不代之以共产党的一党专政。

关于劳动政策。必须改良工人的生活，才能发动工人的抗日积极性。但是切忌过左，加薪减时，均不应过多。在中国目前的情况下，八小时工作制还难于普遍推行，在某些生产部门内还须允许实行十小时工作制。其他生产部门，则应随情形规定时间。劳资间在订立契约后，工人必须遵守劳动纪律，必须使资本家有利可图。否则，工厂关门，对于抗日不利，也害了工人自己。至于乡村工人的生活和待遇的改良，更不应提得过高，否则就会引起农民的反对、工人的失业和生产的缩小。

关于土地政策。必须向党员和农民说明，目前不是实行彻底的土地革命的时期，过去土地革命时期的一套办法不能适用于现在。现在的政策，一方面，应该规定地主实行减租减息，方能发动基本农民群众的抗日积极

---

① "三三制"是中国共产党在抗日战争时期的统一战线的政权政策。根据这一政策，抗日民主政权中人员的分配，共产党员大体占三分之一，左派进步分子大体占三分之一，中间分子和其他分子大体占三分之一。

性，但也不要减得太多。地租，一般以实行二五减租为原则；到群众要求增高时，可以实行倒四六分，或倒三七分，但不要超过此限度。利息，不要减到超过社会经济借贷关系所许可的程度。另一方面，要规定农民交租交息，土地所有权和财产所有权仍属于地主。不要因减息而使农民借不到债，不要因清算老账而无偿收回典借的土地。

关于税收政策。必须按收入多少规定纳税多少。一切有收入的人民，除对最贫苦者应该规定免征外，百分之八十以上的居民，不论工人农民，均须负担国家赋税，不应该将负担完全放在地主资本家身上。捉人罚款以解决军饷的办法，应予禁止。税收的方法，在我们没有定出新的更适宜的方法以前，不妨利用国民党的老方法而酌量加以改良。

关于锄奸政策。应该坚决地镇压那些坚决的汉奸分子和坚决的反共分子，非此不足以保卫抗日的革命势力。但是决不可多杀人，决不可牵涉到任何无辜的分子。对于反动派中的动摇分子和胁从分子，应有宽大的处理。对任何犯人，应坚决废止肉刑，重证据而不轻信口供。对敌军、伪军、反共军的俘虏，除为群众所痛恶、非杀不可而又经过上级批准的人以外，应一律采取释放的政策。其中被迫参加、多少带有革命性的分子，应大批地争取为我军服务，其他则一律释放；如其再来，则再捉再放；不加侮辱，不搜财物，不要自首，一律以诚恳和气的态度对待之。不论他们如何反动，均取这种政策。这对于孤立反动营垒，是非常有效的。对于叛徒，除罪大恶极者外，在其不继续反共的条件下，予以自新之路；如能回头革命，还可予以接待，但不准重新入党。不要将国民党一般情报人员和日探汉奸混为一谈，应将二者分清性质，分别处理。要消灭任何机关团体都能捉人的混乱现象；规定除军队在战斗的时间以外，只有政府司法机关和治安机关才有逮捕犯人的权力，以建立抗日的革命秩序。

关于人民权利。应规定一切不反对抗日的地主资本家和工人农民有同等的人权、财权、选举权和言论、集会、结社、思想、信仰的自由权，政府仅仅干涉在我根据地内组织破坏和举行暴动的分子，其他则一律加以保护，不加干涉。

关于经济政策。应该积极发展工业农业和商品的流通。应该吸引愿来的外地资本家到我抗日根据地开办实业。应该奖励民营企业，而把政府经营的国营企业只当作整个企业的一部分。凡此都是为了达到自给自足的目的。应该避免对任何有益企业的破坏。关税政策和货币政策，应该和发展农工商业的基本方针相适合，而不是相违背。认真地精细地而不是粗枝大叶地去组织各根据地上的经济，达到自给自足的目的，是长期支持根据地的基本环节。

关于文化教育政策。应以提高和普及人民大众的抗日的知识技能和民族自尊心为中心。应容许资产阶级自由主义的教育家、文化人、记者、学者、技术家来根据地和我们合作，办学、办报、做事。应吸收一切较有抗日积极性的知识分子进我们办的学校，加以短期训练，令其参加军队工作、政府工作和社会工作；应该放手地吸收、放手地任用和放手地提拔他们。不要畏首畏尾，惧怕反动分子混进来。这样的分子不可避免地要混进一些来，在学习中，在工作中，再加洗刷不迟。每个根据地都要建立印刷厂，出版书报，组织发行和输送的机关。每个根据地都要尽可能地开办大规模的干部学校，越大越多越好。

关于军事政策。应尽量扩大八路军新四军，因为这是中国人民坚持民族抗战的最可靠的武装力量。对于国民党军队，应继续采取人不犯我我不犯人的政策，尽量地发展交朋友的工作。应尽可能地吸收那些同情我们的国民党军官和无党派军官参加八路军新四军，加强我军的军事建设。在我军中共产党员在数量上垄断一切的情况，现在也应有所改变。当然不应该在我主力军中实行"三三制"，但是只要军队的领导权掌握在我党手里（这是完全必需的，不能动摇的），便不怕吸收大量同情分子来参加军事部门和技术部门的建设。在我党我军的思想基础和组织基础已经巩固地建设成功的现在时期，大量地吸收同情分子（当然决不是破坏分子），不但没有危险，而且非此不能争取全国同情和扩大革命势力，所以是必要的政策。

以上所述各项统一战线中的策略原则和根据这些原则规定的许多具体

政策，全党必须坚决地实行。在日寇加紧侵略中国和国内大地主大资产阶级实行反共反人民的高压政策和军事进攻的时候，惟有实行上述各项策略原则和具体政策，才能坚持抗日，发展统一战线，获得全国人民的同情，争取时局好转。但在纠正错误时，应是有步骤的，不可操之过急，以致引起干部不满，群众怀疑，地主反攻等项不良现象。

选自《毛泽东选集》第二卷，人民出版社1991年版

论联合政府

(一九四五年四月二十四日)

毛泽东

内容略,详见《毛泽东选集》第三卷,人民出版社1991年版。

（二）口述回忆

南方局党史很重要[1]

邓颖超

我因身体关系，不能出席座谈会，深感遗憾！现提一点简单的意见，仅供参考。

南方局领导下的地区党史，也是我们党全部历史的一个方面，是很重要的。编写党史，首要的要实事求是，用辩证唯物主义和历史唯物主义的方法去分析，如实地反映历史的真面貌，切忌烦琐、夸大的叙述。

专此，致以

革命的敬礼

1983.4.15

选自《中共中央党史资料》第十二辑，中共党史资料出版社1985年版

---

[1] 邓颖超1983年4月15日给中共南方局党史资料征集座谈会的信。题目为编者所加。

南方局的历史丰富了党的历史宝库[①]

宋　平

《南方局党史资料》丛书的出版，是党史工作的一项重大收获。对它的出版，我表示衷心的祝贺！

今天参加这个出版座谈会并与当年共事的许多老同志重新聚会，感到特别高兴。

《南方局党史资料》以及《南京局党史资料》的出版和《长江局党史资料》的即将出版，都是很有意义的。因为这一段历史在我们党的整个历史中间是非常重要、非常光辉的一页。我们党经过长期的斗争，在遵义会议之后，更加成熟，领导全国人民，在最艰难的时期，通过统一战线，通过武装斗争，一直到取得抗日战争的胜利，接着进入解放战争时期。没有这一段历史，中国革命不可能取得这样的胜利，中国共产党也不可能取得这样大的发展，成为今天领导全国人民进行社会主义建设的大党。所以，这是一段非常重要的历史。

在当时有两个战场：一个解放区，在前线进行武装斗争，是主战场；另一个战场在大后方，在国民党地区，也是一个重要战场。在后一战场，我们党进行了多方面的工作：建立党的各级组织；成功地开展了统一战线工作，团结各阶层人士，带动广大群众，支持抗日战争。可以说，没有这一条战线，没有大后方这个战场的大量工作和取得的成就，也很难取得前方军事的胜利。因为在当时，第一要发动群众，第二要跟投降派和顽固派进行斗争，这是取得抗日战争胜利的重要保证。在这条战线中，长江局、

[①] 题目为编者所加。这是宋平同志1990年6月25日在北京人民大会堂召开的《南方局党史资料》丛书出版座谈会上的讲话。

南方局、南京局在党中央的领导和周恩来同志的亲自主持下，作了非常有成就、非常出色的工作，经验是非常丰富的。不论是党的建设，从秘密工作到公开工作；统一战线工作，从基层到上层；文化战线的工作——夏公（指夏衍同志）今天也来了，还有徐冰等同志，都作了很多工作——在南方局指挥下，各条战线的工作都是非常出色的。这些经验，在党的历史上确实非常宝贵。把这些经验按照历史本来面目加以整理，加以提炼，就会丰富我们党的历史宝库。这对于进行党的优良传统教育和爱国主义教育，对于培养后代都是非常宝贵的财富。这是很有意义的一件事情。

再过几天，我们党就要度过第69个生日了。我特别回想到南方局时期，当时党的生活和学习给我们留下极为深刻的印象。南方局机关的整风学习和平时学习是在周恩来同志、董必武同志，和今天在座的孔原同志的亲自领导下进行的。这些学习非常认真。几位领导同志亲自参加学习，和大家一起讨论。南方局对思想政治工作十分重视，对整风学习、平时学习，对一般同志的文化学习也很重视。党的生活非常严谨，从周恩来同志起，都参加党的小组会，过严格的党的生活，开展批评与自我批评。这个集体，从南方局机关到新华日报社是个战斗的集体，思想高度一致，纪律十分严格。通过学习，受到教育，大家提高了政治思想水平，加强了党性锻炼，在当时那种复杂艰苦的环境里，在重重包围中，没有出过逃兵。这和强有力的政治思想工作、和严格的党的生活是分不开的。在纪念党的生日前夕，我们回顾这段历史，确实很值得总结。童小鹏同志叫我写一写对当年的回忆。我当时作为南方局的学习秘书，是应该写的。当时我们都还很年轻，周恩来等老一辈革命家的领导和教育对我们这一代人的党性锻炼、政治思想觉悟的提高的影响是非常深刻的，终生受益，永志不忘。对这一段学习生活的历史应有所补充。

选自中共四川省委党史研究室、中共重庆市委
党史研究室等编：《南方局党史研究论文集》，
重庆出版社1993年版

南方局的工作很出色，南方局党史很重要①

胡乔木

南方局这部分党史是很重要的。没有南方局的大量工作，就没有抗战时期那么一种局面，团结了大后方那么多的人，把抗战坚持了下去，还保存了我们党的一大批精干力量；没有南方局的大量工作，就没有后来解放战争时期那样大规模的群众运动，形成那样强大的第二条战线。那时南方局的工作很艰苦啊！南方局的统一战线工作是很出色的。没有南方局在大后方进行的广泛的统一战线工作，就很难把当时在国民党区域的各民主党派和各方面人士团结在我们共产党的周围，后来我们建立新中国的情况就会不一样，就没有今天这样的格局。因此，可以说，南方局的统战工作从一个方面的意义上讲，为新中国的建立奠定了重要的政治基础。南方局的统战工作是多方面的，有国内的也有国际的，有上层的也有下层的，为我们党团结争取了许多的朋友。应该从多方面收集材料。在皖南事变前后一段时间，国际上的朋友去延安的不多，只有斯诺、斯特朗等少数几个人。但南方局在这方面做的工作很多。1944年，中外记者参观团和美军观察组到延安之后，国际朋友到延安的就多了。这些人能去延安，有的还和我党建立了友好关系，这都与南方局、八路军办事处有直接关系，是南方局、办事处的同志们在这里长期艰苦工作的结果。

我们党的发展历史，包括南方局的发展历史，一离不开人民群众的斗争；二离不开朋友们的合作；三离不开国际无产阶级和国际友人的支持。南方局当时在非常困难的条件下工作，没有他们的帮助与合作是不行的。

---

① 这是胡乔木同志1988年12月到四川视察时在重庆就党史有关问题的一些谈话。记录整理出来后，经乔木同志审阅修改，在《红岩春秋》创刊号上发表。

中国共产党的历史，南方局的历史，是党的组织、党员和革命群众共同斗争的历史。这不是说南方局领导机关的工作不重要，而是说不能离开人民群众和国内外朋友们的共同斗争。过去搞党史时这些方面不重视，只侧重在领导同志的言行，这是不够的。当年南方局的领导同志，周总理、董老、叶帅等等都已经去世了。南方局的史料仅从一个方向去找不行，还可以走其他的路，不要限于一个方向。

历史是立体的，不是一条线，要从多方面来反映。南方局的历史不仅是从南方局本身来反映，资料是很丰富的，可以发掘的材料就很多。比如当时八路军办事处就与许多外国人有往来，有许多外国人著的书我们还没有翻译过来。许多与我们保持联系、与我们合作的人，如宋庆龄，如民盟的领导人，如文化界的朋友们，他们的活动是在党的影响下进行的，体现了党的领导，是党史的一部分。党史与现代革命史，与人民群众的活动历史是分不开的。近10年改革开放的历史也是这样。我们党有这么多的合作者，是我们党的光荣。他们对革命、对党的贡献并不比有的党员少，有的人比党员的贡献还要多些。我们搞党史视野要放宽一点，要从四面八方来反映。这样，南方局的活动历史就具体了。

选自中共四川省委党史研究室、中共重庆市委党史研究室等编：《南方局党史研究论文集》，重庆出版社1993年版

关于南方局的一些情况

廖似光

南方局的前身是武汉的长江局。1938年八九月间，日军逼近武汉，形势吃紧，长江局于10月间分几批撤离武汉迁重庆，多数人员是乘船，少数坐飞机。周恩来同志和少数干部是经长沙去桂林，然后再到重庆。周恩来、董必武、邓颖超、博古、凯丰等同志陆续到达重庆后住在八路军驻渝通讯处所在地机房街。这个通讯处由周怡同志负责。长江局迁到重庆后改为南方局，通讯处撤退并正式成立八路军驻重庆办事处。办事处是个公开合法的机构，它专门是管财务、交通等方面的事务，同国民党打交道，而南方局却是我党设在国统区领导南方党工作的秘密机关。

南方局是由周恩来、董必武、博古、邓颖超、何凯丰、叶剑英、吴克坚等委员组成，周恩来同志任书记，董必武管统战，叶剑英管军事，博古管组织，凯丰管宣传，邓颖超管妇女，李克农负责广西的工作。当时南方局管辖的范围包括湖南、湖北、广东、广西、江西、福建、云南、贵州、川东、川西及香港等十多个地区。我在南方局工作期间经历了两个时期，即1938—1940年上半年的党组织发展时期，和1940年下半年反共高潮开始后转入隐蔽待机的时期。

当时南方各省党的负责人分别是：湖南省委书记涂振龙，后任高文华；湖北省委书记郭述升，后任何伟、钱瑛；广东省委书记张文彬；闽粤赣特委书记方方、王唯一；云南工委书记马子卿；贵州当时称贵阳特委，负责人是邓止戈、秦天真；江西省委书记是郭潜；广西是李克农负责（当时广西地下党较薄弱而没有省委，是由八路军桂林办事处领导开展工作）。

四川分为两个特委，廖志高任川东特委书记，罗世文任川西特委书记，罗被捕后由邹凤平继任。除此之外，南方局还与上海地下党有联系，饶漱石、刘晓去延安，经重庆，曾来南方局汇报工作。同时香港党组织也属南方局领导，负责人是廖承志、连贯。

虽然由于地理关系南方局直接领导川东、川西和湖北省的工作较多，但其他地区南方局也是直接在管，其工作也是根据南方局的决定部署的。南方局还定期将各地负责人找来个别谈话，听取汇报，部署工作。另外南方局还办过两期训练班，培训县、区级领导干部，学员每期30人左右，其学员主要来自川东、川西，以川东的为多。讲课主要是董老、博古、凯丰、邓颖超和组织部的黄文杰，恩来也来做过形势报告。博古讲"党的组织问题"等课。黄文杰是训练班负责人，他死后负责人是我。我的任务是领导学员的学习和讨论，搜集并征求他们对教学的意见。

最初负责南方局组织部工作的是博古，以后孔原、钱瑛都先后做过组织部的负责人。我一直在下面做具体工作，同我一个时期在组织部工作的还有张月霞。1941年我回延安时，我的工作就交给了石磊（即曹瑛）。听说刘少文在皖南事变后也曾在组织部工作过。

选自中共中央党史研究室科研管理部、中共重庆市委党史研究室编：《见证红岩——回忆南方局》上，重庆出版社2004年版

我所了解的南方局和八路军驻渝办事处机关

林 蒙[①]

南方局的组织机构，自成立之日起，变化不大，但人员变动就大一些，我去南方局工作的1941年至1943年间，组织情况和人员情况如下：1941年时，南方局书记周恩来，宣传部长兼统一战线工作委员会书记董必武，组织部长孔原，委员有邓颖超、章汉夫、廖志高等同志。

恩来机要秘书童小鹏，电台台长钱松甫、申光。

组织部——1939年7月之前，副部长是黄文杰（病死于重庆），9月以后部长是孔原。秘书有廖似光（凯丰爱人）和张月霞（博古爱人）。1940年廖、张回延安，便由于江震同荣高棠二人来接替他们的工作。那时，凡地下党负责干部，延安来的干部，或"统委"联系的在国民党机关任职的特殊党员，均须经过组织部，但经常出面接头联系的又是"统委"负责人董必武或"统委"下属的各组。

组织部下设干部科，科长原是石磊（即曹瑛），1941年时为龙潜。组织部总交通袁超俊。

1941年钱瑛来组织部工作，1943年7月回延安。

宣传部——1940年前凯丰任部长，后为董老兼部长。1941年到1943年，宋平、陈舜瑶和张剑虹是这个部门的工作人员。

"统委"——董老负责。"统委"下设各组，1941年到1943年部分负责人和工作人员是：妇女组组长邓颖超，副组长张晓梅，干部吴全衡、卢瑾、胡明。文化组徐冰为组长，干部张颖。外事组组长王炳南，副组长陈

[①] 林蒙，1941年到1943年在南方局统一战线委员会、宣传部等部门工作。

家康，干部龚澎。军事组组长王梓木，副组长薛子正。经济组组长许涤新。青年组组长刘光，干部何启君、黄若敦、朱语今等。由林蒙和刘昂分别担任"统委"秘书、助理秘书。1942年林蒙调宣传部，兼搞"统委"地方政治组织的工作。

"统委"各组联系的人员中除党员外，多数是统战朋友，供给党资料、情报的。

1938年武汉沦陷后，党派周怡从武汉来重庆筹备成立"八路军驻重庆办事处"并由他负责，以后周怡回延安（1941年即离开红岩村，1944年病死延安），办事处由钱之光任处长。1941年至1943年办事处的部分工作人员是：

陈远绍：办事处总务科长

牟爱牧：办事处总务科副科长

刘　恕：办事处会计科长

岳仁和：办事处副官

杨汉章：办事处管理员

祝　华：办事处干部

张显仪：办事处干部

刘子华：办事处医生

梁隆泰：办事处传达

朱友学：办事处传达

龙飞虎：恩来警卫副官

彭海贵：恩来警卫副官

彭祖贵：办事处警卫班长

何玉春：恩来警卫员

除武汉迁渝的人员外，南方局和办事处干部来源主要有延安、老区来的，有1941年桂林办事处撤销后调来的，还有地下党来的。1939年国民党反动派发动的第一次反共高潮，有的地下党同志在一地工作过久，怕暴露，有的因当地地下党出了事故需转移等等原因，由组织安排，有计划地撤退到南方局、办事处和新华日报工作；有的后来送回延安或转移到其他地区工作。前者的例子如1941年我从川东特委调南方局，后者有张显仪，1941年他任涪陵五县工委书记时，因丰都组织遭破坏，张有错误，撤职下来后留办事处工作。另于江震同荣高棠都原是地下党负责人，1941年秋冬以后调南方局的。地下党的这种撤退与调动，是当时南方局整个工作的重大部署之一。1939年开始，国民党反动派采取了消极抗日、积极反共的政策，一次接一次掀起反共高潮。为了保存力量，避免无谓的损失，党在国统区提出了"巩固党"的任务。其中措施之一是撤退干部。但无论到办事处或南方局来工作的人员，均由南方局组织部统一安排。

选自中共中央党史研究室科研管理部、中共重庆市委党史研究室编：《见证红岩——回忆南方局》上，重庆出版社2004年版

二、推动民族团结抗战
——中共中央南方局的统一战线工作

习近平总书记指出："在百年奋斗历程中，中国共产党始终把统一战线摆在重要位置，不断巩固和发展最广泛的统一战线，团结一切可以团结的力量、调动一切可以调动的积极因素，最大限度凝聚起共同奋斗的力量。"全民族抗战爆发后，以毛泽东为代表的中国共产党人开辟了对日作战的敌后战场，同时，以很大的力量加强了党在国民党统治区的统一战线工作。南方局在国民党统治区的中心工作就是维系、巩固和发展抗日民族统一战线，争取抗战的最后胜利。

国共合作是抗日民族统一战线的基础，但是这个基础却不牢固，特别是抗战进入相持阶段以后，国民党实行消极抗日，积极反共的政策，坚持一党专政，限制中共和人民抗日力量的发展，国共双方的矛盾和斗争不可避免。南方局在中共中央的领导下，高举抗战民主旗帜，为坚持和发展抗日民族统一战线，以高超的政治智慧把握国共合作抗战的主动权，对国民党顽固派采取既团结又斗争的策略，几度扭转了濒于决裂的国共关系，避免了全面内战，维系了国共团结抗战大局。

第二次国共合作之初，周恩来等人就多次拒绝蒋介石要求，坚决拒绝将国共两党合并，挫败了蒋介石以抗日民族统一战线进行"溶共"的图谋，1938年12月13日《陈绍禹、周恩来等就蒋介石在谈判中提出国共两党组成一个大党问题给中央的报告》和吴玉章拒绝加入国民党的回忆《中共代表同蒋介石的一次会见》就是生动的说明。

在抗战相持阶段国共矛盾逐步加剧的情况下，南方局坚定地创造性地贯彻中共中央"政治进攻，军事防守"的方针，坚持以重庆为中心的国民党统治区阵地，以高超的政治智慧把握国共合作抗战的主动权，对国民党顽固派采取既团结又斗争的策略，使几度出现危局的国共合作关系化险为夷，确保了抗日民族统一战线不致分裂，皖南事变前后的文献资料就是典型范例。皖南事变发生后，中共中央一度判断蒋介石欲与中共决裂，数电催促周恩来等南方局重要干部急速离渝。在国共合作濒于破裂之际，以周恩来为首的南方局通过对形势的周密分析和判断，毅然致电中央，决定坚守重庆阵地以争取时局好转，并得到中央同意，从而保存了党在国统区的指挥中心和国共两党合作的主渠道，维护了国共合作。1941年1月27日，南方局以八路军驻重庆办事处全体工作人员的名义给中共中央和毛泽东、朱德发出电报说，"处在政治环境极端严重和尖锐的重庆""向你们保证：无论在任何恶劣的情况之下，我们仍以不屈不挠的精神坚守我们的岗位，为党的任务奋斗到最后一口气"。两天后，办事处收到毛泽东、朱德的回电："甚慰。望努力奋斗，光明就在前面，黑暗总会灭亡。全国全世界人民都是援助我们的。"此后，南方局根据中央策略方针，针对蒋介石顽固派的两面性，继续采取拉蒋抗日的政策，在斗争中求团结，使国民党顽固派不得不收敛其军事反共行为，而取以政治方式解决国共关系，国共合作得以维系到抗战胜利。这是南方局为维护抗日民族统一战线作出的特殊贡献。

争取中间势力，是南方局统一战线工作的重要任务。当时的中间力量，情况非常复杂。就其大多数而言，大体代表了民族资产阶级和上层小资产阶级，包括国共两党之外的各抗日党派、地方实力派、工商界、文化界、华侨的中上层人士，以及少数民族和宗教界的中上层人士等诸多方面，而中间党派则是与各方面有着广泛联系的最具代表性的力量。为了团结中间党派，南方局进行了艰苦的努力。1939年8月，中共中央政治局开会，全面总结和研究党的统一战线工作，周恩来在会上作报告，详细分析了统战工作中遇到的一系列问题，总结了他在统一战线工作中长期积累的丰富经验。他提出，对各党派的关系，基本上应扶持进步力量，争取中间分子。周恩来的意见和南方局的工作得到毛泽东高度评价。此后，中共中央多次就如何争取中间力量和中间党派向南方局作出《中共中央关于争取小党派及中间分子工作的指示》《毛泽东关于争取民族资产阶级问题给周恩来、叶剑英的电报》等指示，南方局根据中共中央指示，不断加强对中间党派的工作，对他们的抗日民主要求给予大力支持，并将其团结在抗日民族统一战线之中，共同抗击日本帝国主义，与国民党的反共反人民政策作斗争，促成了中国民主同盟、九三学社和中国民主建国会等民主党派的建立。1944年9月，中共代表在国民参政会上提出的组织联合政府的主张，更将抗日民族统一战线推进到一个新阶段，在国内外引起了强烈反响，得到各民主党派、团体和各界人士的热烈拥护。国民党统治区各民主党派、各界人士纷纷发表宣言，举行集会，一致要求成立联合政府，推动抗战胜利。高涨的民主运动标志着中国共产党与国民党争夺中间力量领导权的胜利，最终使中间力量成为制约国民党顽固派反共内战政策、推动抗战胜利的一支重要力量。

全民族抗战时期，南方局的统一战线工作，为坚持国共合作，发展和壮大抗日民族统一战线，争取抗战胜利作出了巨大贡献，从政治层面彰显了中国共产党在抗日战争中的中流砥柱作用。

（一）历史文献

陈绍禹、周恩来等就蒋介石在谈判中提出国共两党组成一个大党问题给中央的报告

（一九三八年十二月十三日）

中央书记处：

我们昨见蒋，对六中全会后毛信问题，蒋谈毛信他未见过，后又谈因事多，即或许看过也忘记了。对两党关系问题，他说：共产党员退出共产党，加入国民党，或共产党取得［消］名义将整个加入国民党，我都欢迎，或共产党仍然保存自己的党，我也赞成，但跨党办法是绝对办不到。我的责任是将共产党合并［于］国民党成一个组织，国民党名义可以取消；我过去打你们，也是为保存共产党革命分子合于国民党。此事乃我的生死问题，此目的如达不到，我死了心也不安，抗战胜利了也没有什么意义。所以，我的这个意见，至死也不变的。共产党不在国民党内发展也不行，因为民众也是国民党的，如果共产党在民众中发展，冲突也是不可免。三民主义青年团章程，如果革命需要可以修改，不过这是枝节问题，根本问题不解决，一切均无意义。我们分别解释：一个组织办法做不到。如跨党办法做不到，则可采取我们提议的其他方式合作。蒋答：其他方式均无用。蒋说此问题时态度很慎重，见我们对一个组织问题不同意，即说：绍禹同志到西安时我们再谈一谈。同时，晚间并派张冲来说委员长他太率直，并

非说不合并只要分裂，请不要误会。

陈、周、博、吴、董[①]

选自南方局党史资料征集小组编:《南方局党史资料·统一战线工作》,重庆出版社 1990 年版

[①] 姓名全称分别是陈绍禹、周恩来、博古、吴玉章、董必武。

中共中央为国共关系问题致蒋介石电

（一九三九年一月二十五日）

恩来同志转中国国民党总裁蒋先生惠鉴：

顷得恩来同志来电，谓先生在贵党五中全会前，切望敝党提出今后国共两党合作之意见，不胜欣慰。兹特向先生坦白披沥陈之：

（一）卢沟桥事变以来，举国在先生领导之下，进行对日的民族革命抗战，显示出四万万五千万人的伟大民族团结，为世界上任何暴力不能征服之力量。胜利之基始奠，前途之希望无穷。此皆先生领导之功勋与前线将士、全国党派、全体同胞积极努力之业绩，千载而下，与有荣施。然而抗战过程，实一艰难斗争过程，日寇汉奸深知我民族团结之基础和骨干，实为国共两党之合作；因此，敌人计划遂特别努力于破坏国共两党，及两党之合作事业。在抗战进入新阶段之际，日寇对策，厥为于军事进攻之外，加紧进行"以华制华"之毒计；其中尤特别着眼于强调反共口号，不特借以欺蔽世界之舆论，尤其企图借此以破坏国共两党之合作，并破坏与分化国民党。汪精卫在强调反共口号之下，实行逃走而叛党卖国之活动，实为日寇此种阴谋之具体表露。先生在驳斥近卫声明之讲演中，曾公开指明反共即灭华，实为一针见血之论，名言至理，中外同钦。盖共产党为中华民族进步之力量，国民革命不可缺少之因素，反共实即反对中华民族解放之事业，反共实即反对国民党抗战建国之友军，反共实即反对并分裂国民党。凡此，皆当前历史之具体真理，谅先生必有同感也。

（二）抗战以来基本事实，表现两党合作日趋进步，两党同志日趋团结，中外人士皆认此为抗战必胜、建国必成之主要根据；此不仅为两党同志之光荣，抑且显示中华民族之伟大。因此，凡关心中华民族命运者，无不企盼国共两党之巩固的与长期的合作。因此，敝党扩大的六中全会决议及毛泽东同志代表敝党致先生信，均诚挚具体地提出国共两党长期合作之主张和方法，用意所在，无非欲与先生及国民党同志，相见以诚，相守以信，积极地拥护先生及政府之领导，巩固发展抗日民族统一战线，以便团结全国，渡过难关，对抗敌人阴谋，消灭汉奸毒计，停止敌之进攻，准备我之反攻。此物此志，凡在国人，已昭然共见。

（三）但两党为反对共同敌人与实现共同纲领而进行抗战建国之合作为一事，所谓两党合并，则纯为另一事。前者为现代中国之必然，后者则为根本原则所不许。共产党诚意的愿与国民党共同为实现民族独立、民权自由、民生幸福之三民主义新中华民国而奋斗，但共产党绝不能放弃马克思主义之信仰，绝不能将共产党的组织合并于其他任何政党。此不论根据抗战建国之根本利益，根据两党长期合作之要求，根据中国社会历史之事实，根据三民主义中民权主义之原则，以及根据孙中山先生之遗训，都非如此不可。

（四）两党合作过程中常有磨擦现象，最近尤甚。许多地方不仅原有的共产党员政治犯未曾释放，而且常有逮捕和杀害共产党员之事。陕甘宁边区问题，虽经先生一再承认，但政府机关延不解决，少数不明大义分子，遂借以作无谓之磨擦。查禁敝党书报，侮蔑敝党言论之事，尤层出不穷。甚至八路军伤病员兵在三原附近者，亦被地方当局武装包围威胁，几至酿成流血惨剧。其他歧视共产党员与八路军员兵之事，不一而足。特别在冀鲁等地敌后游击区域中，各种排挤、污蔑八路军与共产党之行为，几乎每日皆有。此等情形，殊为严重。至于磨擦增加之原因，一部分固由于日寇汉奸挑拨离间之阴谋，得逞其计，另一部分不能不归咎于少数不明民族大义，不顾国家存亡者之固执成见，一意孤行。此种不幸事件积累之结果，定将不利于中华民族抗战建国之事业；日寇汉奸正注视此等事件之增加，而发出得意之狞笑。因此，必须停止此种现象，断不应任其发展，致陷民族国家于不利。

（五）但敝党中央深信：巩固与扩大国共两党长期之合作，为全国爱国同胞和世界先进人士所切望，为全民族抗战建国所必需。敝党六中全会已将保证两党长期合作办法，及敝党所能让步之点及其一定限度，恳切提供先生及国民党全党同志之前；深信贵党五中全会在先生贤明远见的领导及各中委公忠谋国的精神之下，定能对敝党中央建议加以慎重考虑，而得到有利两党长期合作之恰当的结论，以慰全国人民殷殷之望，以固抗战建国胜利之基。民族前途，实利赖之。

专此，敬致

民族革命的敬礼！

中国共产党中央委员会

选自南方局党史资料征集小组编：《南方局党史资料·统一战线工作》，重庆出版社1990年版

中共中央书记处关于国民党五中全会问题的指示

(一九三九年二月二十五日)

关于国民党五中全会问题中央有下列意见：

（一）根据蒋介石的开幕词，五中全会宣言及各方所得材料可以看出：

（甲）五中全会的主要方针仍为继续抗战和联共抗战，同时并在提高抗战信心，打击悲观失望情绪以及企图使国民党本身进步发展与强化等方面，作了相当的努力，这些都是五中全会主要的与积极的方面。我们应加以赞助和发扬。

（乙）据各方消息，蒋在五中全会前后曾一再宣称：抗战到底的意义，是恢复芦沟桥事变以前的状况；中日问题的解决办法，在于召集太平洋会议；对共产党政策，目前是联共和防共，最后达到以三民主义溶化共产党的目的。同时，五中全会的公开文件，虽未明白表示这类意见，但其实质上亦包含有抗战最高目的为恢复芦沟桥事变前状况，及不依靠民众而依靠外援，对民权主义实行，一无表示，蒋在参政会演说则公开反对民主政治，这都是不正确的。这些缺点错误的根源，基本上是由于蒋和资产阶级对如何继续抗战和争取抗战胜利问题，历来就与我们有不同的路线，是由于他们对抗战的不澈底性和对外依赖性，以及对本国真正革命力量壮大的恐惧心之再一次暴露。同时，也是由于目前战争形势，国际情况及日本情况所促成。

（二）根据上述分析，我们对国民党五中全会决议，应该赞助其继续抗战和联共抗战的积极方面，对其缺点错误，则应根据我党六中全会决议，进行口头上文字上的批评解释工作，目的是要以我们和全国大多数人民拥护的澈底抗战路线，来克服他们的不澈底抗战路线。在批评时，一般的不作为正面批评五中全会及蒋的意见的方式提出，而作为一般地解释此等问题的方式提出。批评态度应该婉转说理，积极严肃，以争取全国大多数同情为主。

（三）此指示只用口头传达不得油印发下。

中央书记处

选自中央档案馆编：《中共中央文件选集》第十二册（一九三九——一九四〇），中共中央党校出版社1991年版

关于统一战线的策略、方法和守则（提纲）①

（一九三九年八月四日）

统一战线的策略

一、开展反对汪逆汉奸及其党羽的斗争，使国内阶级得到适当的分化，以巩固统一战线。

二、帮助友党、友军进步，首先要给以适时的批评，具体的建议，并帮助其进步分子的发展。

三、坚持我军在敌后游击战争的胜利与发展，树立模范作用，以影响友党、友军。

四、坚持民主政治，首先在陕甘宁、晋冀察等边区树立模范的民主政治，以推动全国。

五、坚持全民的动员，首先在敌后游击区域及边区做出各种动员的成绩，以影响全国。

六、积极扶持同情分子，努力争取中间分子，尤其是知识分子及公正绅商参加抗战，以扩大统一战线。

七、坚决进行反顽固分子的斗争——人不犯我，我不犯人，人如犯我，我必犯人。不过，对这种人仍是自卫的性质。

八、对目前全国倒退的现象，必须给以严正的批评、适当的抗议与必要的压力，以促其进步。

九、对国际关系，要联合各国朝野的同情人士，扩大国际影响，以集中火力反对国际法西斯及民主国家中的妥协派。

---

① 这是周恩来在中共中央政治局会议上的报告提纲的节录。

十、正确地解释三民主义与共产主义的实质与关系，并宣传科学思想、民族解放思想、民主思想、社会主义思想以及民族美德与优良传统，以反对复古的反动的向后倒退的思想。

统一战线的方法

一、在斗争上，我们要不失立场，但不争名位与形式；我们要坚持原则，但方法要机动灵活，以求达到成功；我们要争取时机，但不要操之过切，咄咄逼人。

二、在组织上，要不暴露，不威胁，不刺激，以求实际的发展，但不能走向死路，也不要自投陷阱。

三、在工作上，要使竞争互助让步相互为用，但竞争不应损人，克己互助不要舍己耘人，让步不能损害主力。

四、在方式上，要讲手续，重实际，勤报告，重信义，守时间，以扩大影响，便利工作。

统一战线的守则

一、坚定的立场。

二、谦诚的态度。

三、学习的精神。

四、勤勉的工作。

五、刻苦的生活。

六、高度的警觉性。

选自《周恩来统一战线文选》，人民出版社1984年版

中共中央书记处关于争取小党派及中间分子给何克全等的指示

（一九四〇年四月一日）

凯、董、叶①：

（一）蒋正在用决心实行宪政的允诺，拉拢各小党派及中间派分子，孤立我们，同时把内战与磨擦的责任推在我们身上，向我们进攻。

（二）各小党派及中间派分子中有反对内战、停止磨擦、实行宪政好意的要求，但他们对于国民党是内战的挑拨者、磨擦的主动者则不了解，他们对蒋实行宪政的口号允诺则有幻想。

（三）我们对策为得同各小党派及中间派分子联合，必须同他们一起：

甲、提出反对内战停止磨擦的要求，但说明谁是内战与磨擦的主动者，将反对内战反对磨擦的口号抓在我们手中，指出只有国内的和平统一，才能真正的抗日反汪。

乙、要求实施宪政与民主政治，指出今天我们决不能以口头的允诺为满足，而必须认真的实行，首先要求国民大会代表以改选及党派和爱国人士言论出版集会之自由，利用具体事实揭破当局过去实施宪政之毫无诚意，说明在抗日反汪的斗争中实施宪政与民主之必要。

中央书记处

选自南方局党史资料征集小组编：《南方局党史资料·统一战线工作》，重庆出版社1990年版

---

① 姓名全称是凯丰、董必武、叶剑英。

张文彬关于对广东地方实力派进行统战工作的情况给南方局的报告（节录）

（一九四〇年四月二十三日）

广东地方实力〈派〉余汉谋原和我们关系较好的。广州失守后他受到内外的打击，更要求我们的帮助，曾经在广州失守后向云①提出要我们给他一些有能力、没有红的干部，帮助他整顿部队训练干部。我们在广东统一战线工作的主要对象就是余汉谋。广州没有失守前与我们关系最好的是他。广州失守以后和我们关系最好的也是他。对他在广州失守后的作法以上的第一部分的政治情况中已经说到，这里不讲了。

我们对他的工作，我们主要是支持十二集团军使他去巩固，更使他再进步。广州失守要建立军队中政治工作的时候，我们便帮助他建立政治工作，动员了八百多青年，内有四百多抗先队员，一百二十个党员现在已成为他部队中的政治干部。最近，粤北战争以后，许多人都打击他，我们曾说出〈要〉精诚团结，鼓吹群众工作的成绩，要奖励有功部队，号召青年加入他的部队去，并继续送干部。我们对他的要求，只要他能坚持抗战和进步团结，就可以在政治上起推动的作用，也可以对我们起掩护作用，要他公开的掩护我们是不可能的，我们只要他隐蔽的帮助，但是余为人忠厚，容易动摇，容易被人包围。目前中央②的策略是对付广西白③的势力，中央认为目前把广东白的势力消灭余是没有问题的，所以对余是用硬软兼施的办法。一方面阻止余汉谋，并在内扶助王俊，夺取师团长的地位；另

---

① 即云广英。
② 指国民党中央。
③ 即白崇禧。

方面利用收买的政策，拉拢余汉谋。但也不能让李汉魂超过余的力量，保持他们的均势，维持中央的统治地位。这样的情况下，余曾在逆流的时候，在部队中进行了反共的动员。所以，我们在他的部队中，也不能有过分的幻想。同时，今天真正能维持他的力量的还是依靠我们和青年，问题在于我们派有力的干部到他的周围去影响他，现在省委自己就没有这样的干部。

除余以外，我们做统一战线工作的第二个主要对象是张发奎。张发奎为人直爽，受过中国大革命的洗礼。他现在的地位，是在抗战中持中立地位建立起来的。他现在要做事而自己没有人，现在能帮助他工作的是左翼的人。他今天一般表现还很好，曾经在几次逆流来时，表示应该抗战进步，团结、大胆的用青年，对共产党不用怀疑，内部不应磨擦。在曲江，他们公开的讲话和政治意见，都可以把我们的意见反映出来，比如，反汪运动的问题、对抗先的问题、对我们的干部被捕问题，都公开表示应该团结，反对内部磨擦。曾公开的在长官司令部干训团，指出反苏的舆论不合时宜，不合抗战建国纲领。我们对他们的要求主要是把我们的政治意见通过他们发表出去，扩大进步的影响。

此外，司令部以前的蒋光鼐是比较好的。他以后辞了参谋长，现任党政主任委员。司令部军法处李章达是救国会分子，参谋长陈宝仓都是比较好的。在许多群众运动上，都给我们相当帮助。我们曾从他们那里取得一般的政治活动。在南路的张炎也比较进步的。他上面依靠白崇禧，下面依靠青年，成立了学生总队，有七百多个队员，主要的干部是左翼分子。在中区有古鼎华这个人，上面依靠陈诚，但是这个人在广东没有势力，所以他在下边又不能不依靠青年。他做了中区抗先的队长，现在对抗先还愿意支持，对反共取消极的态度。我们要推动他继续进步和对群众工作支持，但要存有很大的戒心，不能对他有幻想。此外，香翰屏是余的人，后来因为我们的自己部队的扩大，力量的增长，多少妨害了他的利益，又因为三青团的挑拨，他企图反共，公开的打击华侨服务团和曾生部队，然而我们的方针是继续争取他，同时把个人的利害与抗战的利害说明。因为李汉魂想夺取他的游击队和他在青年中的势力，和他有矛盾。所以我们可以利用这种矛盾，建立起统一战线工作。

选自《中共中央南方局历史文献选编》上，重庆出版社2017年版

中国共产党六月提案

（一九四〇年六月）

一、请实行抗战建国纲领所规定之人民集会结社言论出版之自由：

甲、请明令保障各抗日党派之合法存在。

乙、请即释放一切在狱之共产党员，并保障不因党籍信仰之不同而横遭扣留、拘禁、非刑与歧视。

丙、请停止查禁各地抗日之书报杂志、对新华日报之出版发行，请予以法律保障，禁止各地之非法扣留，并允许该报登载中共之文件决议及其领导人之言论文字。

丁、请通令保护十八集团军及新四军之家属，一律按抗战军人家属优待，禁止非法扰骚和残害。

二、请在游击区及敌占领区内，实行抗战建国纲领所规定之指导及援助人民武装抗日，并发动普遍的游击战。对各该地区之地方政权，请予开放，实行民主，对当地民众组织，力予扶植，使各党各界之人才，均能充分发挥反对敌伪斗争之能力与效果。为加强经济战争，避免敌人吸收法币，争夺外汇起见，请批准各游击根据地发行以法币为基金之地方流通券。

三、关于陕甘宁边区、第十八集团军及新四军问题：

甲、请明令划定延安、延长、延川、保安、安定、安塞、甘泉、鄜县、定边、靖边、淳化、栒〔枸〕邑、宁县、正宁、庆阳、合水、环县、盐池及河边之绥德、米脂、吴堡、葭县、清涧共二十三县，为陕甘宁边区，组织边区政府，隶属行政院，并请委任林祖涵同志为边区政府主席。

乙、请扩编第十八集团军为三军师，其所属游击部队按各地战区所属游击部队同等待遇。

丙、请增编新四军至七个支队。

丁、为确定战争职责及避免误会和冲突计，请规定第十八集团军新四军与支队作战分界线。

戊、请依同等待遇，按时补充第十八集团军新四军以枪械、弹药、被服、粮秣及卫生通信交通等器材。

选自《中共中央南方局历史文献选编》上，重庆出版社2017年版

毛泽东关于争取民族资产阶级问题给周恩来、叶剑英的电报

（一九四〇年十月十四日）①

恩来、剑英同志：

苏北根据地的工作对全国有重大政治影响，而对民族资产阶级的正确政策，成为我们建立苏北模范抗日根据地的中心问题之一。如果我们能以正确政策争取民族资产阶级，在抗日民主方面与我们合作，在国共斗争方面保持中立，则不仅对孤立大资产阶级有极大帮助，且使我们的新民主主义政策得以开始在全国注目之地区具体实现，对于目前阶段整个革命进程是有帮助的。因此请你们除对生活教育社人员加以联络，鼓励他们去苏北外（这是主要方面），同时亦对黄炎培、江问渔、张一麐、褚辅成等江浙民族资产阶级之代表加以联络争取工作，向他们说明苏北事件真象［相］，说明我们在苏北的各种政策，征求他们对苏北问题的意见，约请他们派人和介绍人到苏北去办教育文化事业，去投资兴办实业，并说明我们欢迎他们派人和介绍人参加苏北的政权工作和民意机关工作，以便经过他们，扩大我们争取江浙民族资本家的范围，并帮助我们巩固苏北根据地。

毛泽东

选自《中共中央南方局历史文献选编》上，重庆出版社2017年版

---

① 中央档案馆保存的抄件上的日期为1941年1月14日，根据《中央文献汇编》判定为1940年10月。

周恩来、董必武、叶剑英关于皖南事变后各小党派动向给中共中央书记处的报告

（一九四一年□月二十四日）①

中央书记处：

一、江南惨变发生后，中间人士及中间派对国民党大失望，痛感自由民主与反内战而团结之为〔必〕要。章伯钧、左舜生等拟发起成立民主联合会，以团结各党各派无党无派以及国民党左派。开始时，或无公开之中共人士参加，但愿与我们保持合作，以香港或上海为中心，利用国社党徐傅霖在香港所办之报纸为喉舌，对国内及华侨、东江进行民主及反内战运动。章等已与我等交换意见，我等深表赞同。

二、章伯钧拟请中共、国社党、救国会、青年党、第三党各出一人，（参）加上梁漱溟、黄任之，成立一秘密核心，以领导上述民主联合会工作。

三、第三党近因当局之压迫，日渐左倾。现正整顿其组织，并提出联苏、联共之中心主张，与我党建立更密切之合作。近派章伯钧、邱哲为代表与我们正式谈判，表示合作诚意，并盼我们党对他们的政纲、组织、宣传及经济与切实援助。我们已表示极端赞同，并愿与以种种协助之意。

周、董、叶敬渝

选自南方局党史资料征集小组编：《南方局党史资料·统一战线工作》，重庆出版社1990年版

---

① 电稿原件没有月份。

中共中央书记处关于
对付蒋介石一月十七日命令的方针给周恩来的指示

（一九四一年一月二十五日）

恩来同志：

（一）敬电悉，为了对抗蒋介石一月十七日命令，我们必须采取尖锐对立的步骤回答他，否则不但不能团结全国人民，不能团结我党我军，而且会正中蒋之诡计。

（二）延安命令及谈话已直发中央社、蒋介石、香港、上海及各地。

（三）此命令及谈话仅为对付蒋一月十七日命令，不用八路军及中共出面，待蒋采取其他步骤时，我们再采取新的必要步骤。

（四）我们的让步阶段已经完结，我们须准备对付全面破裂，蒋以为我们怕破裂，我们须表示不怕破裂。

（五）政治上全面攻势，军事上取守势。

（六）蒋一月十七日命令及谈话，对我们甚为有利，因为他把我们推到同他完全对立的地位，因为破裂是他发动的，我们应该捉住一月十七号命令坚决反攻，跟踪追击，决不游移，决不妥协。

（七）中间派的议论决不可尽信。

（八）你们须立即向国民党表示：如果他们不能实行我们所提的十二条（主要是取消一月十七日命令），你们应要求他们发护照立即回延。

中央书记处
有申

选自《中共中央南方局历史文献选编》上，重庆出版社2017年版

八路军驻重庆办事处全体人员致毛朱的贺电

(一九四一年一月二十七日)

中央毛主席、朱总司令转全体同志们：

处在政治环境极端严重和尖锐的重庆，镇静和热烈地向你们祝贺三十年的旧历元旦。向你们保证：无论在任何恶劣的情况之下，我们仍以不屈不挠的精神坚守我们的岗位，为党的任务奋斗到最后一口气。

重庆办事处全体工作人员

廿九年除夕感

选自《中共中央南方局历史文献选编》上，重庆出版社2017年版

毛、朱给重庆八路军办事处全体同志的慰问电

（一九四一年一月二十九日）

办事处全体工作同志均鉴：

感电悉，甚慰。望努力奋斗，光明就在前面，黑暗总会灭亡。全国全世界人民都是援助我们的。

毛泽东、朱德

艳

选自《中共中央南方局历史文献选编》上，重庆出版社2017年版

中共中央书记处关于
提出十二条临时解决办法给周恩来的指示

（一九四一年二月二十八日）

恩来同志：

请以你自己或董老名义（不用延安名义），向张冲表示下列临时解决办法：

（一）两个集团军，八路四个军，新集团军两个军，共六个军。

（二）华北、华中、西北防地均维持现状。

（三）释放所有皖南被俘干部，拨款抚恤死难家属。

（四）释放叶挺充任军职。

（五）交还所有皖南人枪。

（六）下令停止向我进攻。

（七）停止对新华日报的压迫。

（八）停止全国政治压迫，承认共产党合法地位，释放西安、重庆、贵阳及各地被捕人员。

（九）成立各党派联合委员会，周恩来为副主席。

（十）周恩来加入参政会主席团。

（十一）承认边区的合法地位。

（十二）承认敌后抗日政权。

在以上各点见之明文与事实后，我党可以出席参政会。同时并向张冲表示，如彼方同意上述方法，由你偕张冲同来延安谈判，参政会延期两星期开会。

以上由你或董老用口头向张冲表示，不用文字。

中央书记处
二月二十八日申

选自中共中央文献研究室、中央档案馆编：《建党以来重要文献选编（一九二一——一九四九）》第十八册，中央文献出版社2011年版

中共中央一九四一年三月政治情报
——六个月来国民党反共高潮的总结

（一九四一年三月二十二日）

（一）从去年十月十九日何应钦、白崇禧皓电开始的新的反共高潮现似已告一段落，而走向低降。

（二）这一反共高潮可分三个发展阶段：

甲、何、白之皓电及齐电要求八路军、新四军撤至黄河以北，并在军事上、政治上、舆论上积极对我进攻，这是此次反共高潮的开端。

乙、皖南事变后，国民党发布一月十七日的反革命命令，宣布新四军叛变，取消该军番号，并将军长叶挺交军法审判，是这次反共高潮的顶点。但国民党即因此受到国内外各方的非难，而我方则得到国内外广大同情，使我党能在政治上转为攻势，而彼方则转陷于防御地位。

丙、到三月一日第二届国民参政会开幕时，蒋介石曾用极大努力，诱骗我出席参政会，为我方坚决拒绝。彼方乃在参政会通过一个反共决议，以掩饰其面子，实则已为退兵时之一战。

（三）顽固派敢于发动这次反共高潮，是依据如下估计：

甲、正在德意日三国同盟成立后，英美苏均在财政上、军火上加强援华抗日；而日本也在经过亲日派及各种表示积极拉蒋。故蒋估计当时国际形势于彼极有利，反共不会遭到英美苏的反对，又可取得日本谅解，不向彼进攻。而到春季后国际形势将生变化，故决定此次高潮要在德意日春季攻势以前结束，而在此期间内将我党在华中力量压到华北去。

乙、因我们佳电（十一月九日）所取顾全大局委曲求全的态度，以为我们不敢破裂，可以逼迫让步，并各个击破。他们认为如不在此时压服共产党，将来就无办法了。

丙、这次反共高潮，是在蒋、桂（地方反共派）、何（亲日派）联盟下进行的。桂系参加反共，是使蒋介石敢于发动此次高潮的实力上的原因。

（四）皖南新四军的失败，使反共顽固派冲昏头脑，发布一月十七日命令。蒋介石没有料到我们敢于和他的反革命命令采取尖锐对立的态度，于一月二十日发表中共革命军事委员会的命令和谈话。又没有料到英美两国舆论发生如此大的不赞成的反响。又没有料到华中大举"剿共"的军队会遭到敌人的"扫荡"，破坏他原来的计划。又没有料到全国最大多数中间派及进步派人士及海外华侨都站在我们方面来非难政府的举措。上述原因，逼使蒋介石在政治上从进攻转为防御。蒋在一月二十七日演讲，已在力图使事件缩小范围，申明只限于军令军纪，不牵涉党派与政治问题。

（五）在第二届国民参政会开会的前夜，蒋曾用了很大的力量来诱骗我党参政员出席参政会，以粉饰皖南事变以来抗战营垒内存在着的重大裂痕，和减少国内外各方对蒋的非难。为此企图，他曾动员了重庆国民党全体和参政会的八个小党派来包围我们让步。我们则以三月二日的新十二条，打退了他这种企图，坚决不出席，这对蒋是一个严重的打击。

（六）中间阶层在这次斗争中的立场，是动摇不定的，但依然处在中间地位。十月十九日以后，他们是站在中间立场，劝我们让步，主观上对我们好，实际帮助了蒋。我们为争取他们及全国人民，采取了佳电的态度。在一月十七日以后，他们完全同情我们，表现了从来没有的好。但在参政会开会期间，曾对蒋允许他们成立各党派委员会、各党派公开活动问题发生幻想，又恢复到劝我让步的立场。这些中间派，可以大别为三类：一是小资产阶级的代表，如救国会及第三党，与我最接近，是最同情我们的；一是民族资产阶级的代表，如黄炎培、张澜等，对大资产阶级不满，但在紧急关头，便成和事老［佬］；一是失意政客，如张君劢、左舜生等，希望从国共纠纷中谋自己升官发财的利益。得了参政会主席团时，面孔就变了。但因他们都反对国民党的一党专政，黄炎培、左舜生、张君劢、梁漱溟等正在发起组织"民主联盟"以求自保和发展，所以仍是一种中间地位。

（七）目前国内外的情势，已迫使蒋介石不得不暂时缓和一下这次反共高潮。第一是日蒋矛盾没有解决，不可能同时抗日"剿共"。第二是国际的压力，不仅英美帝国主义不愿意蒋发动内战，放松抗日，还有苏联援华的力量及态度，也使蒋不能不慎重考虑。第三是我们坚决态度，使他顾虑到全国分裂的危险。第四是蒋部下的政学派、幕僚派及某些重要将领如陈诚、汤恩伯、张治中、卫立煌等对今天反共军事行动并不积极赞成。而桂系在这次反共行动中，并未得利，反受损失（一部分地盘被蒋系夺去），蒋桂矛盾正在发展。故蒋表面虽在参政会上发表反共演说，通过反共决议，但参政会仍选董必武同志为参政会常驻会员。蒋并约周恩来同志谈话，表示许多小问题都可以提前解决（如释放被扣人车，可以继续发饷及减轻对《新华日报》压迫等）。

（八）在这次反共高潮中，我们以佳电迎接了他的开始，以一月二十日的攻势（老十二条）对抗了他的高潮，以三月二日的新十二条，打退了他在参政会上的最后一战。蒋介石在这次斗争中，遭遇到真正的劲敌与攻不开的堡垒。并由于蒋的直接出面反共，被迫着一改过去隐藏在幕后反共的态度，使广大群众过去对于蒋的幻想开始消失，蒋之狰狞面目由蒋自己大大揭露了。这是蒋的最大损失，他现在已感到有重新改变这种态度的必要。

（九）这次国共斗争是两党力量的一次大检阅。皖南事变引起全国及全世界人士的注意，中国共产党更加成了中国团结抗战的重要因素，我党的地位已提高了。这次反共高潮的打退，在国内政治生活中，将产生严重的意义。他象征着抗日民族统一战线内部阶级力量对比的变动。蒋介石在这次反共高潮中的失败，使他在今后再要发动这样的高潮更加困难，使他不能不重新考虑他自己的地位与态度。

选自中央档案馆编：《中共中央文件选集》第十三册（一九四一——九四二），中共中央党校出版社1991年版

答《大公报》社论——周恩来致张季鸾、王芸生的信

（一九四一年五月二十一日）

季鸾、芸生两先生：

　　读贵报今日社论——《为晋南战事①作一种呼吁》，爱国之情，溢于言表，矧在当事，能不感奋！惟贵报所引传说，既泰半为敌人谣言，一部又为《华盛顿明星报》之毫无根据的社评，不仅贵报"不愿相信"，即全国同胞亦皆不能置信。盖美国虽为助我国家，但美国报纸论断通信社消息，却不能尽据为信。例如华盛顿十九日合众电，竟称"据拥护政府最力之参议员多玛斯对合众社记者谈称……彼素即主张以逐渐之方法调解中日战事"，我们能因此便信美国政府接受日本之和平提议么？况中共与汪逆②，久成"汉贼不两立"之势，国内某小部分人或可与汪逆重谈合作，中共及绝大多数之中国军民，吾敢断言，虽战至死，亦决不会与汪逆同流合污，投降日寇。至敌人谣言，则所造者不止一端，即单就晋南战事论，南京二十日同盟电，亦曾说："当晋南、豫北战事发生之前，胡宗南为奉命包围红（？）军计，曾自晋南抽出所部五师调至陕甘宁三省……以致晋南渝（？）军实力大减"。我想贵报对于此种说法，当同样"不愿相信"。

　　再贵报所引事实，一则谓："十八集团军集中晋北，迄今尚未与友军协同作战"，再则谓："我们相信统帅部必然已有命令，要十八集团军参加战斗"。但我可负责敬告贵报，贵报所据之事实，并非事实。在贵报社论发表一周前，晋南白晋公路一段即为第十八集团军部队袭占，停止通车；

---

① 1941年5月，日军在山西省西南部中条山地区发动进攻，后国民党政府军溃退，日军随即占领中条山地区。

② 指汪精卫。

其他地区战事正在发展，只因远在敌后，电讯联络困难，此间遂不得按时报道，而中枢及前线旬余军事磋商，与夫配合作战之计划，皆因军机所限，既不便且不得公诸报端，亦不宜在此函告，于是惯于造谣者流，曾公开向人指摘第十八集团军拒绝与友军配合作战。我曾为此事一再向中枢请求更正，不意市虎之言，竟亦影响于贵报，当自承同业联络之差。惟环境限人，贤者当能谅我等处境之苦。

最后，贵报更寄其希望谓："在国家民族的大义名分之下，十八集团军应该立即参加晋南战役；在其向所服膺的团结抗战精神之下，十八集团军更应该立即赴援中条山"。贵报的热忱，我们感奋，贵报的热望，我们永远不会辜负。我们一向主张团结抗战，而且永远实践团结抗战。去年华北百团大战，战中未得到任何配合，战后未得到任何补充，虽中外电讯竞传捷音，贵报备致奖誉，而犹为人诬为虚构战绩，然我们并不因此抱怨。今年皖南事变后，正当着敌人从信阳出击我友军东进之侧后，而李长江又适于此际叛变于苏北，我们在苏北、皖北的部队，决没有丝毫放松与友军配合打敌，并且还追击了叛军李长江，这也证明我们并不是抱怨者。今年二三月日寇在华北分区"扫荡"，由五台而太行而冀南而山东，我们决没有丝毫放弃华北抗战的根据。尽管十八集团军饷弹俱断，尽管无任何友军可以配合，尽管有人造谣说十八集团军已撤回陕北，然事实胜于雄辩，十八集团军终于击破了敌人"扫荡"。虽弹药越打越少，但我们更不会以此抱怨别人。并且，也不如敌人谣传十八集团军主力是以中条山为中心（自去年漳河划线①以来，我们严遵军令，中条山并无十八集团军一兵一卒），而是远处在敌人重围中的。不过我们可负责向贵报及全国军民同胞声明：只要和日寇打仗，十八集团军永远不会放弃配合友军作战的任务，并且会给敌人以致命的打击的。同时，十八集团军作战地界，奉命不与友军混杂，免致

---

① 1940年3月，在粉碎国民党发动的第一次反共高潮之后，中共中央为争取国民党蒋介石继续抗日，命令第十八集团军总部与第一战区司令长官卫立煌谈判。3月中旬，双方议定沿漳河以临（汾）屯（留）公路和长治、平顺、磁县之线为界，该线以南为国民党政府军驻区，该线以北为第十八集团军驻区。这就是漳河划线。

引起误会。我们现在仍守漳河之线，未入林县一步，犹为敌人故意挑拨，说十八集团军袭击林县某总司令部队，而此地亦有人据此为言者，想见情况之杂。

诚然，"山西是北方的高原，有山西可以控制北方数省，中条山是山西的锁钥………"但山西高原并非仅限于中条山，管涔山可以俯瞰塞外，五台山可以连接冀察，太行山可以东出河北平原，吕梁山既可屏障大河以西又可配合太岳山，控制汾河流域。临汾失守以后，不仅因中条山留有中央大军，握此北方锁钥，且因山西所有高原，都控制在我军手中，方使敌寇三年多屡试渡河，屡遭失败。尤其因二十七年春晋东南反敌"扫荡"一战[1]，早奠定了中条山锁钥之基。回想彼时各军协同作战之盛，诚愿能复见于今日。

敌所欲者我不为，敌所不欲者我为之。四五年来，常持此语自励励人。今敌欲于积极准备南进之际，先给我以重击，并以封锁各方困我。力不足则辅之以挑拨流言，和平空气。我虑友邦人士不察，易中敌谣，故曾向美国通讯社作负责声明，已蒙其十九日在上海广播，不图今日在此复须作又一次声明。我信贵报此文是善意的督责，但事实不容抹杀，贵报当能一本大公，将此信公诸读者，使贵报的希望得到回应，敌人的谣言从此揭穿。我欲言者虽未尽万一，但个中况味，亦雅不欲再公之笔端，为敌人造挑拨资料。惟信不久战况揭晓，捷报传来，当必较千言万语为能作更有力的证明。匆匆书此。敬颂

撰安！不一。

周恩来　谨启
五月二十一日夜

选自《新华日报》1941年5月25日

---

[1] 指1938年4月晋东南军民粉碎日军"九路围攻"。1938年4月初，日军以三万余人的兵力，分九路向晋东南地区之八路军、山西新军（决死队）等进行围攻。这一地区的军民与日军展开坚决的斗争，至27日，共消灭日军四千余人，收复辽县、黎城等十八座县城，彻底粉碎敌之围攻。

南方局统战委员会
关于争取中间分子之经过及经验的报告

(一九四二年七月)

我们争取中间分子与进步分子,就去年各事变来谈,经过了以下过程:

(一)新四军事变发生后,政府公布新四军为叛军,不听命令,攻击友军,企图使中间分子来反对我们。我之对策,除在自己刊物上经过恩来同志名义表示抗议外,并将顽固派包剿新四军阴谋经过,设法揭露,分头与各党派接头谈话。这些党派,虽不敢仗义直言,但也未随声附和国民党。

(二)第二届第一次参政会开幕时,正值新四军事变后不久,各党派因过去政治不自由,避免磨擦剧烈,想趁势在参政会上打开一个局面。曾由二十一人联名致书当局,提出四项意见,其中主要者为:参政会必须共党出席,要求设立各党派委员会,以调解国共关系与商讨国家大计。当局得此信后,表示同意,只要共党出席决不歧视。他们原来准备万一当局不能接受,即不出席参政会,后见当局极表同情,并请他们来劝我出席,故他们转而来劝我出席。我对他们解释执政者的做法是欺人的,我已上当够了,他们说那末再请你们上一次当。我说用不着,他们觉得我态度太硬。到后来参政会上主席团由谁来担任,都由当局指定,会后蒋更把在参政会上所许诺的民主,全部推翻,这才使各党派中间分子同样感到了上当。

(三)四月间苏日中立条约订立,顽固派大作其反苏反共宣传,说中共非中国人。此时各党派态度都很好,并无反苏言论,并曾与我方交换意见，但也有部分进步分子上了当，如救国会曾对苏联表示怀疑。这是由于当局收买了一些人，有的进步分子可能落在中间分子之后，也亦属逆料之中。

（四）中条山战役，顽固分子因怕我不打，怕我乘机报复。及至得悉在此战役中我已配合作战，乃极力埋没我之战绩，说我不打敌人，只打自己。在报纸上大造广泛的反共舆论。我只能在自己报端披露战绩，揭破其阴谋，并经过各党派进步分子与中间分子，向社会解释，顽固派阴谋因此全部暴露。

（五）苏德战起后，顽固派大肆造谣，散布苏无好将领，军备不及德，内部有问题，不能抵抗。此时我曾数次与各党派谈话，他们完全同意我党解释，而顽固分子之反苏论调亦未生效。

（六）第二届第二次参政会开会，这时各党派对当局的幻想较少，此乃因第一次参政会后，中间分子与一部分进步分子，为了推进中国的民主运动，结成同盟，曾发宣言和纲领，均想站在国共两党中间，一面批评国党，一面批评中共，并想在当局允许同盟成立的条件下活动，结果又失败。当局对他们的压迫反更加紧，故他们修改了宣言和纲领，把反共的部分缩得很小。宣言全部可说是针对目前时局病态而发出的。而他们在港所出版之公开报纸，亦大肆宣传活动发表其主张。我对他们推进民主的运动，表示赞成，且予以某些实际帮助。而当时国党则加紧对他们诬蔑，辱骂，压迫，最后想借外人力量封锁他们的报馆，驱逐他们的人，但都未做到，后来只得表面装做置之不理，而实际上企图分化其内部。至二次参政会前同盟有倘若当局不接受其纲领即不出席之拟议，后以政治情况变迁国际形势紧张，颇影响中国抗战局面，他们乃决定在港参政员不予出席外，凡在大后方参政员一律出席。我当时决定我党参政员不在渝的不出席，在渝的如政府释放叶挺即有一人出席，这种步骤彼此尚能一致。以后放叶有人担保，我即一人出席，并有与各党派一致要求实行民主的提案，会场上也能一致了。这时中间党派可说是完全被我争取过来依靠我们这方面了。

（七）太平洋战争发生后，社会上流行很多幻想，对英美估计过高，以为太平洋战争很快可以结束，日本很快放弃进攻中国，并以为太平洋战争是世界战争中心，苏应当出兵打日本。我们认为这种看法是错误的，于是在进步分子及中间派刊物上宣传我之主张，取得他们的完全同意，甚至在公开的会议上讲演还能把我们的一些意见反映出来。顽固派幸灾乐祸，以为香港失陷，民主同盟的老巢倾覆了，于是加紧对他们的压迫。昆明学潮发生，更把这种罪名不客气的加在他们身上。将张君劢扣留重庆，且要将罗隆基调渝，不许民主半月刊出版等。民主运动至此遭受了极大阻碍，他们这些人更感到有必要和我党亲密合作以对抗当局日益加紧的压迫。

选自《中共中央南方局历史文献选编》上，重庆出版社2017年版

与蒋会面尚非其时——致毛泽东

（一九四二年八月十九日）

毛主席：

本晨来电收到。

至今日蒋尚无回电，我当往见刘为章①探究竟。对目前形势答：虽有以政治解决趋势，但具体问题尚未谈到，且实行压迫一无减轻，而会晤地点又在西安，因此蒋毛会面似嫌过早。最好林或朱②先打开谈判之门。如蒋约林或朱随其来渝，亦可答应，以便打开局面，转换空气。一俟具体谈到，有眉目，你再来渝便可见渠。

我意如此，中央意如何？请示复。

周恩来
十九日

选自《周恩来书信选集》，中央文献出版社1988年版

---

① 即刘斐。

② 林，指林彪。朱，指朱德。在周恩来给毛泽东发出这封电报之后不久，林彪赴重庆协助周恩来同国民党进行谈判。

毛泽东关于国共合作中我之斗争方针给周恩来的电报

（一九四二年九月八日）

恩来同志：

十九日电昨日阅悉，又接五日电。兹复于下：

（一）林彪见蒋时，关于我见蒋应说我极愿见他，目下身体不大好，俟身体稍好即可出来会见，不确定时间。如张文伯愿来延则先欢迎他来延一叙，如此较妥。

（二）我们与民主政团及地方军人的合作，应服从于国共合作，国共合作是第一位的，决定性质的，其他合作是第二位的，次要性质的，如果二者发生矛盾，应使第二位服从第一位，这是基本原则，必须坚持。

（三）目前似已接近国共解决悬案相当恢复和好时机，对于国民党压迫各事，应极力忍耐，不提抗议，以求悬案之解决与和好之恢复，并请注意。

（四）我西安办事处已于三日接办公厅通知，四日接卅四集团军通知邀林彪前往，现在交涉飞机，准备日内动身。

毛泽东

八日午时

选自南方局党史资料征集小组编：《南方局党史资料·统一战线工作》，重庆出版社1990年版

周恩来关于对国民党及其他党派统战工作致毛泽东电

(一九四二年九月十四日)

毛主席：

（一）八日午电，十日收到。

（二）国共合作为主，地方与各党派为辅，是历来统战的方针。不过武汉时代太重视国共合作，甚至幻想一些成果，致完全冷落了各小党派及地方实力，且为国党所吓住，反令其易于操纵，这不能不是一个教训。重庆时期，在你的斗争三原则及革命的两面政策指示下，国内外统战工作都得到了新的开展，除主要由于我中央领导正确和党的力量发展，使压迫者不得不有所顾虑外，统战工作亦曾在这方面有若干成绩。因此，自去年反共退潮后，此间即一方面在国共关系不团结状态下采取不刺激办法，另方面却努力于国共以外他方面（外交、地方、各党派、文化界）统战工作的开展。现在国共关系有趋于政治解决可能，我们自应主动的争取这种可能。你指示的两项原则完全正确，且应坚持。

我们做法是这样：

子、对国党争取谈判机会，但有步骤。

丑、如国党在实际上压迫过甚，我们仍与之说理，请求解除压迫太过的事，也要从正面批评，不能默尔而息，使其误认我为屈服，已不复有何要求。

寅、对其他方面，统战中心在要求其与中央比进步、非比落后，坚决反对其弄乱了再说的观念。即在三、四月时，我们与地方谈话亦说明：即使中央进攻边区，我们一边抵抗，一边仍要求停止内战，拥蒋抗战到底。并告诉他们不要以武力响应，只是表示考虑在适当时也要求停止内战。现在当然更不同了。对他们怕蒋，反蒋而不自求进步、自强力量的办法，要诚恳的要求他们改正。

（三）以上三点，你看对否？请示。

恩来

十四日

选自《中共中央南方局历史文献选编》上，重庆出版社2017年版

南方局关于国共关系的报告提纲

（一九四二年十二月十二日）

（甲）国民党十中全会的宣言和决议：

一、日寇入滇，浙干战起，直接促成了国内形势的转机，而停止进攻边区，是一个主要的关键（时间在五、六月）。

二、蒋委员长两次见周及林师长来渝，造成了两党关系的缓和及谈判之门重开（时间在七至十一月）。

三、郑延卓赴延放赈，其意义在恢复两方关系，宣示中央德意，试探我党真意（时间在十一月）。

四、蒋委员长在十中全会关于中共问题的报告，其基本意思，是趋于政治解决的。

五、特种研究委员会的讨论，表现了国民党中有三种意见的存在：第一种，认为中共问题无法解决，只有打才能了之。第二种，认为现在还不是解决的时机，只有拖，只能造成有可能于解决的时机。第三种，认为现在是解决的时机，而且应该解决，但解决的方案又有多种：只有谈，只能互相了解，得到两党解决方案。这三种意见只是三种主要的倾向，还不能包括尽国党全方面的意见。有些人还摇摆于第一、二意见之间，可以半拖半打，上面宽下面紧，上面好下面坏。有些人只动摇于第二、三种意见之间，认为一面拖，一面谈，并不矛盾，可以徐图解决或能相机解决，不过完全主张打的人已渐渐少了。

六、十中全会的宣言的精神是好的，是值得称赞的，但尚有尾巴——两面政策的尾巴（叫抗战中的怠工、民主中的党治、联共中的反共等），尚有缺点——一般政策的缺点（如统治人民，管制经济等）。

七、关于中共问题的决议，是趋向于政治解决的，但条件尚多，局部压迫并未取消，在国民党中仍能作可好可坏的各种解释。

八、然而可总结一句：十中全会的宣言和决议已不是内战危机的扩大，而是由军事解决转向政治解决的开始，也就是好转的开始。这虽是数的变化，但如发展下去，将要起质的变化。

（乙）我党的表示：

一、我党中央发言人的表示（见《新华日报》十二月九日二版）在强调好的，同时并重申我党立场，以推动其好转。

二、我党中央的指示要点：

（一）历史的估计——一九三九年到一九四一年的两次反共磨擦均有国内国外的因素。

（二）从去年停止大的冲突到今年的好转，其中经过显然的国内国外因素的推动和影响。

（三）国民党十中全会决议，给四个年头的国共关系作了一个总结，这总结指出了国共继续合作及具体谈判与解决过去存在着的两党争论的途径，虽然这些争论问题，还不见得很快就能完全的［地］解决（我党中央指示文）。国民党十中全会宣言和决议，在某一意义上与国民党三中全会宣言决议的精神，是相同的，即表面好像很凶，实际上是好转。

（四）我党的态度，在于根据党中央发言人的表示，进行解释说明我党立场及将来仍准备遵守的诺言，关于军队我们可以不扩充，关于作战地区，战后当然要有所调整，关于边区，我们早就要求合法化，关于对共产党员，我们要求实现国民党十中全会的诺言，予公民应得之权利与自由。但必须估计国民党以政治解决代替军事解决，其政治进攻和压迫，还会有的，虽然某些方式会有所改变，我们一方面应防止这种压迫，另一方面应继续采取诚恳协商，实事求是，有理有节的态度，力戒骄傲自大，有损无益的态度，以争取更多的好转（我党中央指示文）。

（丙）国民党的干部会——国民党对待共党三个阶段的变化：

一、第一阶段：（一九三六到一九三八年，西安事变到武汉撤退，三中全会到五中全会）是重在组织上解决，即图融化共产党时期。

二、第二阶段：（一九三八到一九四二年，迁都重庆到经营西北，五中全会到十中全会）是重在军事上解决，企图削弱和消灭共产党时期。

三、第三阶段：（一九四二年——从经营西北，十中全会开始）是重在政治上解决，即图控制共产党的时期的开始。

三个阶段的发展和变化都有其各个时期的国内外因素为之推动的，各种条件是相互影响的，但每一个范围内，都有其主要的内在因素存在，在第二阶段中，经过两次反共高潮，而第三次反共高潮未得最后形成，这也由于国内外因素的影响，因之也促成了第三个阶段的开始。

（丁）目前国内的形势和国际的情况：

一、希特勒德国先败，日本后败的形势是定了的，因之国民党对世界战争胜利的信心是增加了的。而今年击败希特勒，明年击败日本的口号之所以发生变化，主要原因在未能开辟欧陆第二战场。

二、德胜或苏德两败俱伤而美独胜是不合理的想法，已经幻灭了，世界民主的前途是定了的，因之对某些法西斯的崇拜者多少给予了些精神上的打击，因之对国民党世界民主的前途也不得不认识和承认。

三、日寇的战略是保存主力，待机发动，因为要保存主力，所以他不去攻苏，攻印澳，而加紧南洋的掠夺和开发，加紧在华以战养战，以华制华，加紧南洋的交通战和某时期对某一方面的和平攻势，因为日寇待机而动，所以只能够付少收多，仍会有军事上的进攻，而主要的方面会在中国，在中国他可不增加新的力量，便能击溃中国一方，因之这就使国民党对日寇局部进攻的可能性及其严重性也可以有新的认识。

四、由于国民党对美的依赖性，不能不使他对于美国朝野的舆论有着极大的顾虑，美国要员访华后的观感，威尔基的备忘录，美国对于援华军火与兵力的控制，美国对于苏联的友好态度，英美对华的某些特权的取消，英美民间的舆论都不能不使国民党在目前放弃其进行内战的企图。

五、苏联的伟大胜利，日寇攻苏危险的减弱，英苏同盟，美苏协定，邱吉尔、威尔基先后访苏，苏联对中国态度的一贯，都不能不使国民党重新趋于联合苏联。

六、国际间民族解放的趋势，多少给了国民党一些弄好国内关系的影响。国内情况：

（一）军事上反共的失利，及其目前消灭我党我军之不可能，相当教训了国民党的当局。

（二）我党我军在敌后的困难增加，减低了对国民党的威胁。

（三）我党一年一年对国民党进攻的隐忍，特别是今年"七七宣言"的表示，国民党至少相信在目前我们是决无推翻他们的企图和可能的，虽然即在抗战后，我们也不会有这种企图。

（四）目前国内人力物力的艰难，财政经济粮食危机的增加，民众生活的痛苦，行政效率的低能，军队战斗的减弱，国民党部工作的涣散，人心的动荡和不满，都不能不使国民党需要集中内部力谋改善和缓和。

（五）国民党内主张政治解决的呼号，引起各地方势力的离心，发制各小党派的民主结合，各中间分子，自由要求，都不能不使国民党考虑到国内分裂时的不利条件。

（六）蒋委员长与国家民族的胜败不可分离，其不能不有前途究竟如何和目前实际作不通的考虑，这是一个直接的决定因素，因此这各种国内外因素的发展，各种条件的错综复杂和相互影响，便不能不使国民党决定了以政治解决代替了军事解决，以控制共产党代替了削弱和消灭共产党的办法，但这种代替并非完全取消，而是孰为主从的意思，也就是后者附属于前者的意思。

（戊）前途的估计：虽然如上所述，国共关系趋向于好转，但并非无坏转的一面，国民党矛盾存在，国内矛盾存在，而国民党的两面政策、矛盾政策亦仍然继续。国民党领导机关的意见，亦未臻统一，故坏的一方面并未取消，可是好转已渐增长，坏转已渐减弱。一般讲实行政治解决，控制我党我军，不外乎下列几个主要条件：

一、要我军听调动，

二、缩小我军防区，

三、限止我军数目，

四、统一军制军政，

五、缩小边区范围和权利，

六、统一法令政令，

七、统一币制税收，

八、加紧思想统制，

九、加强特务活动，

十、限制我党发展和活动，

十一、强调除奸，

十二、进行挑拨。

目前空气是缓和了，关系是恢复了，但好转是一个趋势，能否具体解决问题，还在两可之间（或拖或相机解决），因为在好转开始中还存在两个应极端注意的重要事实：一个是两个解决问题的看法和办法还有很大的距离，另一个是局部的压迫还没有放松，如在大后方政治上的压迫，对新四军区域军事上的进攻，对华北边区经济上的封锁，仍然继续着，这须我们十分警惕。不过前途的发展，国内外因素的增长，使国民党不得不继续改变，由数变走到质变，这种变化仍然不会彻底，因为是带被动性的，但变得多或少我党的政策也是有关系的，这与世界战争胜利的彻底与否，战后民主政治扩大与否，我国也是有关系的方面之一。总之，国民党在蒋委员长领导之下是有可变性的，而且已向好的方面变，可能国民党十中全会的各项决议和各项实施其意图是好的，但实际方案是错的，或者是矛盾的，等到实行不通，会仍然有变的可能，我们的任务便在促进其变，欢迎其变，而不在阻止其变，反对其变。

（己）我党的基本方针是不变的，应坚持抗战，坚持团结，坚持进步与民主是不变的。我们的目前方针即在现阶段促进国民党好转的方针应该是：

一、争取好转，勿忘防御，即是说加强策略教育不刺激，不挑衅，以诚恳协商的态度，以实事求是的精神，争取国共关系的好转，问题的解决，加紧秘密工作，严格党的纪律，以防御意外的袭击，局部的事变。

二、争取合作，勿忘斗争，即是加强统战工作，多主张少批评，以争取和国民党及各党各派别各阶层关系的无间的合作，加强学习，加强调查研究，改造自己以利思想斗争。

三、争取发展，勿忘巩固，即是说坚持大后方立场及任务（勤于学，勤于业，勤于交友）以开展党的社会基础，加强党性锻炼，实行精兵简政的精神（一个人作两个人的事，一笔钱作两笔钱用，机关小工作多，架子小效能大），以巩固党的队伍和存在。

为实行这些方针，整风仍是目前不可懈怠的任务，为实行目前方针，我们必须准备克服行将到来的空前的困难。世界战争趋向于好转，而情形会更加复杂和艰难，要克服困难，要有胜利的信心，只有团结的意图是不够的，必须有具体而切实的办法。我党今后应一方面努力于敌后，坚持边区的建设、大后方的埋头苦干、沦陷区的隐蔽待机，另方面努力向国民党及各党派各地方，各中间分子多提积极的建议，多提有效的办法，少作消极的批评。为圆满地实行目前方针，党必须加紧两条战线上的斗争，要防止由于目前趋势而走到"左"倾的过分乐观情绪，同时也要纠正由于不相信可以争取好转的右倾悲观情绪。在大后方特别要防止由于局势好转而松懈自己的警惕性和工作的积极性，要防止满足于表面上的和缓，而忽视努力推动以争取实际上的好转，要防止从局部的光明出发，过高地估计全部好转，同时也要防止从片面的黑暗出发，否定这一好转的开始和可能。

选自《中共中央南方局历史文献选编》上，重庆出版社2017年版

周恩来关于共产国际解散后国民党
对我之方针与我之对策致毛泽东电

（一九四三年六月四日）

毛主席：

在共产国际解散的提议书到后，我们搜集了两方面情报，于本月四日开南局①会议，估计国民党对我方针，并决定我们初步办法如下：

（一）估计国民党对我方针：

（甲）抓紧时机及趋向采取政治解决，辅之以军事压迫。一方面企图逼我们，另一方面暗示日寇缓攻。

（乙）政治解决以交出军权、政权为主，至少是军令，政令统一，而最高要求亦有可能重演出溶共政策。

（丙）局部压迫。在军事上，主要在华中、山东进攻，对边区，企图在宁夏方面是其可能冲入的一角，对华北可能多以伪军作为进攻我们的桥梁。在经济上，将更加紧封锁，有可能经过特务与敌伪合作。在政治上，大后方必更加加强宣传攻势，发展自首运动，特别是秘密突击，以进行秘密暗斗。

（丁）为加强宣传攻势，对内必着重于理论反共，对外必着重于政策反共②。至要求政权统一，则对内与对外均用之。其方法，如从内部宣传指示，到公开在报纸、杂志、座谈会、报告、小册子上的曲解、造谣、污蔑、攻击，直到文艺各部门。

（二）我们目前对策：

---

① 指中共中央南方局。
② 原电括号内内容略。

（甲）集中力量，多多反映各方面，主要的是当局方面意见。

（乙）主动地向各方面主要是国民党方面，多谈论边区问题及其有关问题。

（丙）对国民党谈话内容，着重在麻痹和分化顽固分子，争取广大同情。

（丁）对民主运动方面谈话内容，着重在研究民主合作实际问题，道路问题及实施政策，以教育民主分子。

（戊）宣传对策：在重庆积极宣传抗战，用各种办法宣传我方抗战及建设成绩，宣传我方坚持团结与民主的主张和事实，宣传马列主义的普遍真理，辅之以揭发敌伪的某些阴谋和当局政策的矛盾，其方法应特别注意民族化。

（己）外交的活动和宣传应加紧，更加强和美、英自由主义者的实际的联络。

（庚）内部组织却应一方面提高我们〈的〉政治警觉性，另一方面加强我们的责任心和创造性。

（辛）动员党内外干部讨论问题，并发动他们提出今后意见，尤其是要注意马克斯［思］主义中国化的具体问题。

恩来
六月四日渝

选自《中共中央南方局历史文献选编》上，重庆出版社2017年版

毛泽东关于发动制止内战运动给董必武的指示电

（一九四三年七月四日）

必武同志：

（一）近日边区周围，国方部队纷纷调动增加，仅从河防抽出增至洛川、中部、邻县一带者即达七师（内有一机械师），一炮兵旅之众，连原有部队共达二十余师之多，胡宗南亲至洛川召集进攻会议，战事有于数日内爆发可能，形势极度紧张；

（二）请你立即将此种消息向外间传播，发动制止内战运动，特别通知英美有关人员。同时找张治中、刘为章交涉制止，愈快愈妙。向张刘交涉时应说自国际解散后我党中央正准备讨论改善两党关系，不负委座期望，现若动兵，全局破裂，绝非国家之福，如何盼复。

毛泽东
午支

选自《中共中央南方局历史文献选编》上，重庆出版社2017年版

毛泽东关于第三次反共高潮破产原因给彭德怀电

(一九四三年七月十三日)

德怀同志:

我宣传闪击已收效,不但七日外国记者纷纷质问张道藩,而且引起英、美、苏各大使开会,根据朱致蒋、胡电警告蒋,不得发动内战,否则停止援助。更因延安紧急动员,使蒋害怕,不得不改变计划,十日令胡停止行动,十一日蒋、胡均复电致朱声明无进攻意,十二日胡下令开始撤退一个师及两个军部(第一军及九十军),内战危机似可克服。此次蒋之阴谋迅速破产,是我抓紧时机捉住反对内战、反对侮辱共产党两个要点,出其不意,给以打击。重庆外国人是与蒋、胡同时(五日)得到朱总电,故能于"七七"纪念日引起质问及各大使干涉。太南打击刘进尚非其时,望用一切方法克服困难,保持国共一年和平,我党即可能取得极有利地位。

毛泽东
午元亥[①]

选自《中共中央南方局历史文献选编》上,重庆出版社 2017 年版

[①] 午元亥,指七月十三日亥时。

坚持抗日民族统一战线，反对蒋介石的新专制主义[①]

(一九四三年八月十六日)

周恩来

自从建立抗日民族统一战线和开始抗战以来，党内党外，国内国外，对于蒋介石国民党亦即大地主大资产阶级统治的实质，多缺乏深刻的了解。只有毛泽东同志在抗战前就指出他的动摇性与被动性，抗战初期又指出他的妥协性与两面性，到今天更指出他的法西斯性。这些都是历史发展中的重要启示，而且有其时代意义的。因此，我现在便来讲中国的法西斯主义。

在这里，须先回答一些疑问。

有人问：为什么早不说蒋介石国民党是法西斯主义，偏偏现在来说？我们回答：抗战前一段时间里，我们的政策重心在争取他抗战，故强调其可变性与革命性，而只注意其动摇性与被动性就够了。抗战初期，我们的政策重心在争取他长期抗战，全面抗战，故强调持久战，强调团结、进步，反对投降、分裂、倒退，于是就要深刻地认识他的妥协性与两面性。等到现在，他的抗战作用日益减少，反动方面日益扩大，并且著书立说，出了《中国之命运》一书。这样下去，必致抗战失败，内战重起。故我们就要公开地揭穿其法西斯实质了。过去只是因他的发展还没有像现在这样坏，故未强调，并不是没有什么法西斯派。

于是又有人问：蒋介石国民党既是法西斯主义，为什么又能抗战呢？

[①] 这是《论中国的法西斯主义——新专制主义》第一部分的节录。题目为编者所加。

我们回答：毛泽东同志告诉了我们，他是买办的封建的法西斯主义。因为他带买办性，所以当日本帝国主义打进来的时候，他能依靠别的帝国主义去抵抗，并利用民族救亡高潮，起着抗战的革命作用。同时，他又带封建性，所以当同盟国家渐渐重视中国民族抗战的时候，他又回到复古的排外的思想上去，起着反动的作用。并且正因为他是大地主大资产阶级，所以对内总是反对人民，惧怕人民，压迫人民的。他的抗战是决不会彻底的。无产阶级及其政党必须争取和巩固自己在民族民主革命中的领导权，决不能成为大资产阶级的尾巴。这一点，毛泽东同志在抗战前苏区党的代表大会上就警告了我们[①]的。

于是又有人问：法西斯主义是民族侵略主义，蒋介石国民党既还抗战以抵抗日本侵略者，为什么叫他做法西斯主义呢？我们回答：正因为这样，所以毛泽东同志叫他做中国的法西斯主义了。民族侵略主义是法西斯主义的一种特征，不是唯一的特征。季米特洛夫报告中讲的法西斯主义的四种特征[②]，除了民族侵略主义这一点外，中国法西斯主义都是具有的。蒋介石国民党在历史上在现在，都是向人民向劳动群众施行最残酷的进攻，以至于进行镇压革命的内战，实行疯狂狞獗的反动和反革命，成为全中国人民的死敌。只是因为中国已处在殖民地半殖民地的环境中，中国大地主大资产阶级无力对外侵略。至于他对国内各小民族，还不是充满了大汉族主义的民族优越感和传统的理藩政策[③]的思想么？即在对外，国民党

[①] 1937年5月2日至14日在延安举行中国共产党苏区代表大会，毛泽东在会上作了题为《中国共产党在抗日时期的任务》的报告。报告中指出："一九二四年至一九二七年的经验，表明了当资产阶级追随着无产阶级的政治领导的时候，革命是如何地前进了；及至无产阶级（由共产党负责）在政治上变成了资产阶级的尾巴的时候，革命又是如何地遭到了失败。这种历史不应当重复了。"

[②] 见《在共产国际第七次代表大会上》，原文是："法西斯是资本家对劳动人民大众的最猖狂的进攻；法西斯是肆无忌惮的沙文主义和侵略战争（旧的译文是：'法西斯主义——就是横行无忌的民族侵略主义和强盗的战争。'本文引用的是旧译文）；法西斯是疯狂的反动和反革命；法西斯主义是工人阶级和全体劳动人民的最恶毒的敌人！"（《季米特洛夫选集》，人民出版社1953年版。）

[③] 我国边疆的少数民族在历史上往往被称为"藩部"，历代都有职官专管或兼管民族事务，例如清代专设了理藩院，掌管蒙古、西藏、新疆等地的少数民族事务。历代封建统治阶级主要是用镇压和笼络的两手政策对待边疆各少数民族。蒋介石在民族问题上继承了这种政策，甚至否定少数民族的存在，把各少数民族称之为汉族的大小宗支。

还不是有人在提倡大中华联邦应该圈入安南、泰国、缅甸、朝鲜甚至南洋群岛么？季米特洛夫曾经说过，因各国历史社会经济条件不同，因各国民族特性及国际地位不同，所以法西斯主义的发展和法西斯专政本身，在各国所采取的形式也是不同的。斯大林也早说过，德国法西斯主义的出现是表明资产阶级的力量已经削弱，资产阶级在内政方面已经不能采用旧的国会制度和资产阶级民主的方法来维持其统治，因此，就只得采用恐怖的手段。在一定意义上，我们不也可以用于解释中国的大地主大资产阶级的统治么？所以我们也可以说，中国的法西斯主义是中国大地主大资产阶级——实际上就是蒋介石国民党和官僚资本公开的恐怖的专政，亦即特务统治。

于是又有人问：既是这样，为什么只反对国民党内的反动派，而不反对整个国民党呢？为什么只主张取消法西斯主义，而不提取消法西斯主义的头子呢？我们回答：这就因为以蒋介石国民党为代表的英美派大地主大资产阶级的两面性尚存在，尚未走到只有反动性的一面的地步，因为他们的抗战旗帜尚未倒下，国民党尚能影响一部分虽然是日渐减少的人民，尚不敢公开以法西斯主义为号召（不仅因为抗战，而且也由于中国大地主大资产阶级的软弱性而不能独立，因而也不敢公开承认）。故我们只反对国民党中的反动派，并不反对那些愿意抗战愿意民主的国民党员，并且还希望他们和我们一道去反对那些反动派。故我们只主张取消法西斯主义，并且还希望这些国民党员能自动地起来取消法西斯主义而真正实行孙中山的革命的三民主义。故我们只主张解散法西斯的特务组织，并不主张取消国民党组织。由于大地主大资产阶级的法西斯主义日渐抬头，甚至于写出一本《中国之命运》，提出最反动的取消中共的主张，故我们今天乃必须强调中国法西斯主义的危险及其实质。这不仅对于中国人民是一种警醒和教育，首先对于我们党内也是一种警醒和教育，并且这是最实际的肃清党内对于大资产阶级的投降主义的思想。

选自《周恩来选集》上卷，人民出版社1980年版

毛泽东关于国共关系问题给董必武的电报

（一九四四年二月四日）

必武同志：

世电[1]悉。观察今年大势，国共有协调之必要与可能，而协调之时机，当在下半年或明年上半年。但今年上半年我们应做些工作。除延安报纸力避刺激国民党，并通令各根据地采谨慎步骤，力避由我启衅外，拟先派伯渠于春夏之交赴渝一行，恩来则准备于下半年赴渝。上月郭参谋见我，要求林、朱、周赴渝，我即以林、周或可先后赴渝答之。郭又提及何白皓电[2]、西北军事二点，我则答以谈判可以何白皓电为基础，反攻时胡宗南部与边区部队，可按比例开赴前方。我并告郭：我党拥蒋抗战与拥蒋建国两项方针，始终不变。另据探息，调统局以已得延安同意派中央社分社驻延并有不日来延之说，此事全属片面意旨，如有人询你时，你可否认之。关于伯渠赴渝事，今日另有有线电复你。

毛泽东

丑支午[3]

选自南方局党史资料征集小组编：《南方局党史资料·统一战线工作》，重庆出版社1990年版

---

[1] 世电，指8日电。
[2] 皓电，指19日电。
[3] 丑支午，指2月4日午时。

林伯渠、董必武、王若飞关于目前形势和谈判问题给毛泽东电

（一九四四年五月二十三日）

毛主席：

（一）我们对于目前对国党谈判有以下的看法：

在蒋的独裁政治下，现时存在着的日益严重的困难：

第一，是河南战事失败，在军事、政治、经济、外交各方面所发生的严重影响；

第二，是英美舆论对共的同情与对国的抨击，日益增加，有些论文并露骨的〔地〕要求直接援助中共军队，以便配合盟军作战；

第三，是财政经济上的无办法，通货膨胀，物价高涨，负担太重，不仅人民不能忍受，就是他所倚靠着统治人民的公务人员及士兵，也已到处发生怨恨；

第四，是对共党无办法，想打又不敢打；

第五，是国民党内部各派系军队各个人中间的倾轧，离心离德。

蒋在目前对这种情形相当恐慌，曾在国党中央内表示要改变办法，实行民主，来缓和各方，使孙科及许多倾向民主的国民党员都曾引起很大幻想。但自听了蒋在十二中全会的讲话，强调三民主义是最民主的，国民党以外一部分人不配讲民主，强调自信心及友帮〔邦〕舆论批评不足畏后，又表示大失所望。

估计蒋所以又这样顽硬的原因，不仅由于蒋之独裁本质要死而后已，

而我在西安谈判之避免刺激，恐怕也增加了蒋以为不难对付盟邦批评及华莱士来华的梦想。

（二）我们从延安出发时的一些估计，必须随情况的改变而改变了，争取和平已不成基本问题，林彪同志过去提案已不适合今天情况。照原订之方针反被蒋利用去加强他们党内对于一党专政的信心，且作［做］向盟邦粉饰团结的工作。同时，使英美难于说话，使小党派不致硬挺，使国民党内以孙、邵为首要求实行民主的力量也不能抬头，对于促进全国团结抗战进步，决无所得。这种情形，在西安最后数日已稍感觉，到重庆后更为清楚。

（三）我们完全同意中央所提二十条每条的精神，今天只有继续给蒋提出，只有继续揭露其欺骗，只有不给他敷衍捧场，才真正对整个团结抗战有利。同时新二十条虽不能马上实现，但可否定过去，成为今后新的谈判的基础。昨天将此文件交给张、王，虽然张、王坚决拒绝接受转递给蒋，但一定会向蒋报告的。估计蒋会咆哮起来，会逢人骂我，说我无诚意。但客观形势，使他仍不敢公开和我决裂，更不能打我。新的麻烦是会有的，我们早准备了，我们早就确定问题的解决还要拖一个时间，而新二十条的即时提出，也可以使其重新考虑提示案，重新考虑如何对付华莱士来华，重新考虑十二中全会的结论。我们的看法是否正确，请予指示。还有下面几个具体问题，亦请指示：

1. 张、王既坚决拒绝接收二十条文件，是否需要直送给蒋和国党中央，这样就是表示超过张、王，估计不可能送到，在［再］送去也会被退回的，因此不好继续与张、王会谈。

2. 我们对外宣传完全照恩来文章发挥。并着重说明我们争取团结抗战的诚意，及暴露国民党对电台封锁抓人等具体问题上无法解决诚意之事实，二十条全文暂不发表，但对华莱士是否需要告知。

3. 国家招待华莱士的一切宴会，拟不出席，并劝各小党派也不出席，而求得单独和华会面，但小党派如出席时我们应怎样？

4. 我们自然无自行修改二十条之权，但如张、王所提意见有可接受的，当向中央请示。同时建议中央在将来具体解决问题需要修改时，请加上忠实实行四项诺言等字句，更能增加中间人士同情。

5.如果他们交来的提示案内容不好，我拒绝接收，或借此转回延安请示，暂拖下去。

林、董、王

选自《中共中央南方局历史文献选编》下，重庆出版社2017年版

林伯渠在三届三次国民参政会上关于国共谈判的报告

（一九四四年九月十五日）

各位先生：

国民参政会主席团要我报告国民政府派张文伯、王雪艇两先生与中共中央派本人双方谈判的经过，本人对此感到十分兴奋。

国共两党关系应该公平合理的调整，在现政治情况下为十分紧要的事情，不仅参政会同人注意这一问题，全国人民也十分关切。我今天要报告的就是我们与张、王两先生四个月来谈判的过程。在这过程中，大致有七个重要文件，主席团已印发各位，可请参考。

这次谈判，本人从延安出来抱着满腔热诚，希望能够解决问题，并很高兴在西安与张、王两先生不期而晤。我们的谈判是在很友好的情形下进行的，迄今为止我们双方的谈判在原则上存在着很大的距离，虽然我们的谈判尚未最后决定，但四个月来，还无结果可以报告。①

谈判的重要问题

我们所要求于国民党中央的，第一个是全国实行民主政治的问题，在今天民族敌人正深入国土，抗战尚在艰巨时期，必须全国军民团结一致，必须全国人民都动员起来，才能坚持抗战与争取抗战胜利。日寇是一个工业发达的国家，它是有力量的，它正在我国境内作最后挣扎，我们必须重视这一严重形势。中国有四万〈万〉五千万人民，战胜日寇的力量是有的，不过没有团结起来，没有充分的［地］发动起来，今天非常迫切需要

---

① 据另一文本，此句为："我们的谈判尚未能最后决定，因此四个月来，还无结果可以报告。"

将这全部力量团结起来、发动起来。用什么方法来团结全国力量,来发动全国力量呢?我们认为应该在抗战中实行民主政治,只有民主政治才能团结全国一切力量,动员全国一切力量,以拯救我们民族国家的灾难。我们主张实行三民主义、抗战建国纲领和中共所提出的十大纲领,这三大纲领真正实行,就能团结全国力量。蒋委员长在抗战初期曾说过:"地无分南北,民无分老幼,无论何人皆有守土抗战之责",我党中央在抗战初期就主张实行民主,动员人民,实现全国全民的抗战,不应该是政府与军队片面抗战。我们对立即实施民主以增强全国团结抗战力量的意见,抗战以来是一贯如此主张,这次谈判也是这样提出来的。

其次,我们从国共两党关系上说,希望解决一些悬案,这些悬案主要是有关军队、政权、与党三方面问题。我们在敌后抗战八年,军事政治形势有很多变化。在抗战初期,当时八万红军,政府只承认编了三个师,奉命出动,渡河入晋作战,并得到最高统帅部的命令,要我们组织些敌后游击挺进队,挺进敌后作战,我们自己看来,几年来在敌后艰苦作战,做得还好。十八集团军、新四军在晋、冀、察、热、绥、辽、鲁、豫、苏、皖、浙、鄂、粤等省敌人占领区作战,粉碎了许多伪组织,建立了许多抗日政权,使青天白日满地红的国旗能够飘扬在敌人后方。我们经过七年多的作战,正规军已增加到四十七万七千五百人,并组织了民兵二百二十万人。我们要求政府先给我们五个军十六个师的番号。同时,在敌后已建立了十五个抗日根据地,人民选举了自己的政府,管辖了八千八百万人口,我们希望政府承认这些抗日民主政权,管理和指导这些抗日政权。在党的方面,我们要求政府给中共以公开合法的地位,对其他党派也是如此。我们希望政府撤销对陕甘宁边区政府的军事封锁与经济封锁,使边区的人员商旅能够有行动交通往返上的自由。

谈判的重要分歧

我们党向政府与国民党中央提出了这样的意见,国民政府曾有一个提示案给我们,张、王两先生要我们照中央提示案来办理,但这两者中间的差别距离很大，以至谈判到今毫无结果。本人现在仅略举几个较大的分歧之点来加以说明。

首先从军事问题来说，中共所领导的在敌后作战的正规军队四十七万七千五百人，八年来在异常艰苦的敌后环境，坚持与发展了华北、华中、华南敌后三大战场，抗击了绝大部分侵华的日军与伪军，并成为将来总反攻的先锋部队。为了准备反攻的需要，政府应当奖励它，增强它，首先应该全部编成四十七个师才是合理。西安谈判时我提出请求政府暂编六军十八个师，张、王两先生表示接受困难，我党中央六月四日提案请先给五个军十六个师的番号，而政府仍不愿答应，只允编四军十个师。

特别是政府提示案中的编余部队"限期取消"，及已编者"限期集中"二点办法，未能顾到抗战需要与敌后游击战争的环境。因为这些部队是敌后不愿当亡国奴的人民组织起来保卫家乡的抗日武装，他们正是执行了蒋委员长"地无分南北，民无分男女，人人皆有守土抗战之责"的号召。限期取消就等于不要敌后人民抗日，把敌后解放区再交给敌人，这自然是不应该的。

再从对敌后民选地方政府的分歧之点来看。敌后的各抗日政府，全是民权主义性质的。我们在敌后各抗日根据地除汉奸外，一切人民和抗日团体均享有一切自由和权利，政府由人民选举，领导着敌后人民团结一致，坚持抗战，是有很大成效的，我们要求国民政府承认这些敌后解放区民选政府为其所管辖的地方政府，而中央提示案则要取消，这是从抗战利益上不可理解的。

再次关于党派的公开合法地位，与人民言论集会结社身体自由的保障等问题，依目前情形而论，并未见有何改善。我们略举几例来谈：言论自由问题，政府已表示言论尺度放宽，而实际上我们敌后近几个月来打了不少大胜仗，攻克了很多县城，这战报每月呈送军令部，始终未能发表，送《新华日报》也是被扣；再如人民身体自由，政府自八月一日宣布实行保障的规定，但是实际上，我们一再要求释放叶挺将军，他既非共产党员，去新四军更为政府所劝请，不应该拘禁他。我们要求释放自香港沦陷返粤被捕的廖仲恺先生公子廖承志。此外还有很多政治犯身囚监中，我们也要求释放，但都未能做到。

七年前的四项诺言我党信守不渝

还有，张、王两先生给本人的信中也曾责备我党不实行四项诺言，这一点也要加以说明。我们去年十二月曾在延安开会认真检查，检查结果，更证明我们对四项诺言确实完全做到了信守不渝。譬如拿第一条："孙中山先生的三民主义为中国今日之必需，本党愿为其彻底实现而奋斗"来说，我们对民族主义的实行表现在努力抗战、齐心合力打击日寇，以及对边区境内各民族平等地位的尊重上面；我们对民权主义的实行，表现在边区和敌后各根据地民选政府，实行三三制，保障人民言论集会结社身体等一切自由上面；我们实行民生主义，正表现在陕甘宁边区军队和机关的生产运动，减轻人民的负担，由前年二十万石公粮减到今年只征十六万石，我们不把公家的负担，全部压在老百姓头上。第二条："取消一切推翻国民党政权的暴动政策及赤化运动，停止以暴力没收地主土地的政策"，七年来我们坚守不渝。在农民与地主的关系中，我们是一方面保证交租交息，一方面实行减租减息，我们帮助私人工业的发展，并发展合作社，做到公私兼顾，公私两利。我们也早已实践了诺言，从无也从未曾想过要推翻国民党政权的事情。第三条："取消现在的苏维埃政府，实行民权政治，以求全国政权之统一"，这在各抗日根据地已经切实在实行民权政治，我们并不曾另立中央政府，我们只要求政府承认陕甘宁边区与敌后各抗日民选政府为它所管辖的地方政府，我们是赞成统一的，中国也必须统一，但统一必须是民主的统一。第四条："取消红军名义及番号，改编为国民革命军，受国民政府军事委员会之统辖，并待命出动，担任抗日前线之责"，我们对此也是实行已久，我们的军队在敌后艰苦作战的成绩就是证明。我们的部队几年来从未得粒弹一饷的接济，而仍坚持敌后战争，拥护国民政府蒋委员长。凡此事实都足以说明我们已经实践了诺言。张、王两先生曾指责我们立法监察的不独立，但是我们在司法方面已做到切实保障各阶层人民的人权财权和地权等等，我们完全依靠人民来执行弹劾政府，所以我们那边绝少贪污渎职事件发生。

虽然，双方的距离还如此远，可是本人可以再度声明，中国共产党是一贯坚持团结抗战方针，耐心的［地］期待政府观点的改变。

谈判经过真相

现在，本人再来说明一下自西安到重庆与张、王两先生谈判的经过。自从国民党十一中全会决议对国共关系采取政治解决方针以后，我们在延安，听到了很高兴，非常赞成。因为自民国二十九年新四军事件以后，两党关系很僵，我是参政员，也因封锁而不能出来。我们请军委会驻延联络参谋打电报出来，表明我们愿来重庆，继续谈判，经政府复电同意后，本人因负边区政务，尚需布置春耕关系，直到四月底才能动身。在西安与张、王两先生一共会谈五次，本人初见张、王两先生，主要先请示政府的政治解决究竟是如何解决法？以及向他们报告边区情形。张、王两先生一再要我提出具体问题来谈，我当时提出以本年三月十二日国父诞辰周恩来同志的演说作谈判基础，张、王两先生不赞成，他们提议先谈军事，及边区问题，我认为也可以，因先报告了中共领导下军队的数目，并问中央可以答应给我们编多少。张先生要我讲，我说请先给六个军十八个师，张、王两先生认为太多，只同意四个军十二个师，以后会商几次，到最后一次会面时谈话，商定将历次会谈双方意见整理成纪录，双方签字，各报告其中央，由两党中央作最后决定，当时我就照我们双方原先约定的首先在这记录上签字，但张、王两先生未签，记录系综合双方意见而成，张、王信里说只是我个人意见，显然不是事实。

到重庆以后，我党中央即来电报提出二十项意见，由我于五月二十二日交张、王两先生，请其转陈国民党中央，张、王两先生认为有些条件这样提法无异宣布国民党罪状，不肯接受。本人为尊重张、王两先生意见起见，向我党中央请示，将二十条改为十二条，其余八条改为口头要求[①]，由本人于六月五日送交张、王两先生，张、王两先生同时将政府提示案交给我，但对我党中央提案则不允收转，一直争执到六月十五日，才复信称已转呈政府，但解决办法仍照政府提示案不能变更，谈判遂呈僵局。

当时国民党中央宣传部部长梁寒操先生曾对外国记者发表谈话说，谈判停顿，中共要觉悟才好。有记者跑来问我，我于七月二日有谈话发表在新华日报，表示我党的态度是只要对于抗日团结与促进民主有利，我们都可商量。七月二十六日，梁部长又发表不合事实的谈话英文稿，我党周恩来同志于八月十三日曾发表谈话[②]，说明谈判并无结果，并解释此事责任并非在我。但我党中央仍希望谈判能有结果，曾来电请张、王两先生赴延安继续谈判。张、王两先生说此事可以商量。两党谈判的经过情形大致如此。

挽救危局准备反攻应采救急办法

最后，我应当声明：中国共产党很盼望把问题解决，我们所提的意见都是正确的合理的，希望政府能一切从抗战民主团结利益出发，接受我们的合理要求。现在敌寇正在作垂死前的挣扎，我们中国的抗战要保持今天

[①] 口头要求八条是：一、请政府停止对于华中新四军及广东游击队的军事攻击。二、请政府通令取消"奸党""奸军""奸区"等诬蔑与侮辱共产党、十八集团军、新四军及抗日民主地区的称号，此等诬蔑与侮辱的称号，过去都是暗中流行，近更公开见诸报纸。三、请政府停止特务人员对于共产党、十八集团军、新四军及抗日民主地区的破坏活动，此种活动变本加厉，中共获有充分证据，如不停止，妨害团结，实甚且大。四、请政府禁止在报纸刊物上发表对中共造谣污蔑的言论，例如西安特务人员谓延安枪毙王实味等数十人，竟伪造王实味等亲友于3月29日在西安大开追悼会，在报纸上登载追悼会广告与追悼会经过，但王实味等确无所谓枪毙情事。似此完全造谣，有意诬蔑，应请饬令更正，并制止再有类似此等情事发表各报。五、据确息西安一带特务机关，准备于外国记者到西北时，沿途伪装各种人物与伪造各种证件，向外国人告状，借达破坏中共信誉之目的。闻特务所捏造中共罪状，共达十余项之多，似此不但阻碍团结，而且有辱国体，请政府制止彼等伪装伪造。彼等如何布置，中共获有充分证据，如不制止，难免引起不快之后果。六、请政府停止对重庆中共《新华日报》之无理检查（例如禁登十八集团军及新四军的作战消息、禁登中共文件等），破坏该报发行，实行威胁订户，扣押邮寄等情事。七、请政府放还在三原被政府军队扣留，前英美援助十八集团军的药品一百零一箱。八、请政府允许恢复重庆西安两处电台，以利通讯。

[②] 周恩来谈话时间是8月12日，8月13日是《解放日报》刊登时间。

的国际光荣地位,要打败日寇,要得到永久和平,都不能坐待盟友的奋斗,需要更靠我们自己的努力,需要团结与动员全国力量,才足以停止敌人的进攻及准备力量配合盟邦的反攻。我们认为挽救目前抗战危机准备反攻的救急办法,必须对政府的机构人事政策迅速来一个改弦更张。这几天参政员诸先生的各项询问,也正说明了我们政府的机构人事到政策都有很多毛病,不能适合今天抗战的要求。因此我坦白的[地]提出,希望国民党立即结束一党统治的局面,由国民政府召开各党各派,各抗日部队、各地方政府、各人民团体的代表,开国事会议,组织各抗日党派联合政府,一新天下耳目,振奋全国人心,鼓励前方士气,以加强全国团结,集中全国人才,集中全国力量,这样一定能够准备配合盟军反攻,将日寇打垮。

选自中共中央文献研究室、中央档案馆编:《建党以来重要文献选编(一九二一——一九四九)》第二十一册,中央文献出版社2011年版

如何解决①

（一九四四年十月十日）

周恩来

今天是我们中华民国三十三年的国庆日子。正当着国内外局势急剧变化的时候，我们有许多感触，也有许多话要说。

目前战争情况，是欧战节节胜利，不久便可直捣柏林，太平洋战争亦着着前进。可是，我们中国正面战场与敌后战场，却成相反的对照：在正面是节节败退，在敌后是节节胜利。为什么我们正面战场这样不能配合盟国胜利呢？为什么我们只能有敌后战场的胜利呢？这是中华民国胜败兴衰的关键，这是中国命运的转变关头，我们必须唤起全中国人民来注意它，解决它。

现在中国正面战场，是处在严重的失败之中。河南战役，四十四天工夫，失掉了四十五个城市，湘桂战役，又连失长沙、衡阳、零陵、宝庆、肇庆、梧州等这样多的大城市。敌人现在已逼近桂林，威胁柳州，甚至昆明贵阳亦成为敌人窥伺的目标。沿海战役，温州、福州相继失陷。从此，沿海较大的港口都不在我们手里了。这一连串失败的事情，为什么今年会连续发生呢？为什么在日寇已经转入不利的形势下发生呢？这绝非偶然，这是由于国民党政府历来片面抗战、消极抗战、依赖外援、制造内战的失败主义的政策所造成，这是由于国民党在其统治区域实施一党专政、排除异己、压迫人民、横征暴敛的法西斯主义的政策所造成。因此，错误的积

---

① 这是周恩来在延安各界举行的双十节庆祝大会上的演讲。

累和发展，国民党统治的区域，遂在敌人进攻的面前，呈现出抗战以来空前未有的军事、政治、经济、文化各方面的严重危机。

军事方面，国民党当局是历来只许政府抗战，不要人民抗战的。因此，我们在敌后发动人民抗战，便被诬为"武力割据，违抗军令"，而他们在大后方，对人民决不动员，不组织，只有捆绑勒索，于是壮丁越来越少，军队越打越弱，政府也就越抗越没劲了。尤其近年来，国民党政府实行消极抗战、积极反共的反常政策，因此我们在敌后积极抗战，便被诬为"奸党奸军"，加以破坏进攻，而他们在正面战线，却消极观战，决不出击；敌不来则通敌走私，鱼肉人民；敌小来则勉强应战，敷衍门面；敌大来则节节败退，一让千里。其尤甚者，是一面标榜抗战，迷惑人民，骗取外援，牺牲盟邦，企图以此坐享胜利的果实；另一面则信使往还，暗通敌伪，企图以此在目前和缓敌人进攻，加紧敌后"扫荡"，在将来则预留妥协余地，以便外抗盟邦，造成均势，内压人民，进行内战。这种极端矛盾的两面政策，无论如何是不能长久不被戳穿西洋镜的。所以，英国邱吉尔首相，对于国民党政府这次严重的军事挫败，不能不认为"极大遗憾"，不能不认为"是最大的令人失望和烦恼的事"。而美国罗斯福总统也公开声明援华物资由每月二三千吨空运增加到每月二万吨空运，是一个优异的成就和伟大的事业，以驳斥国民党政府那种以援华物资不足而打败仗的借口。其实，打败仗是由于援华物资不足么？不是，绝对的不是。汤恩伯、薛岳的部队，不都是装备了美国的枪炮么？何以败得那样快，那么惨？胡宗南的部队，不是装备了更多的美国枪炮，还带坦克么？何以潼关以东的一仗，打得那么坏？何以胡宗南现在还保存着那么多的用美国枪炮武装起来的部队，不开往抗战紧急的前线，而专门用来封锁抗日的陕甘宁边区呢？并且，也不是非有美国的物资援助，便不能打胜仗的。河南战役中，能够守虎牢关、守洛阳而打得较好的，偏偏不是用美国枪炮武装起来的汤恩伯军队，而是没有得到美国枪炮的地方系军队。敌后战场，我们八路军新四军及一切人民抗日军队，不仅被国民党政府阻挡住，得不到盟邦的物质援助，便连国民党政府自己也从未装备过我们的敌后部队，但我们却偏偏能在敌后存在、发展和胜利。另一方面,史迪威上将指挥的在印缅的中国军队,有了美国的枪炮坦克的装备,不也是打得较好么?可见,中国人民和军队,绝不是不能打胜仗的,而且很英勇很坚韧的打着,这就是我中华民族抗战七年多的伟绩。正面战场之所以连打败仗的缘故,绝不是人民和军队不行,而是国民党政府及其指挥者的错误,自私和无能所造成。所以我们主张争取外援,但这种外援必须结合在自力更生的基础之上,才有作用,才有力量。我们也主张盟邦的物资援助加多,但这种物资必须装备那能够打仗,而且打得很好的部队,才能打退敌人,反攻敌人。否则,援助愈多,损失愈大,保存实力的也愈多,最后不仅不能得到抗战的胜利,而且反会增加内战的危险。这点,我们盟邦美国的舆论似已有同一认识。美国报纸,日前公开指出华莱士副总统及纳尔逊、赫尔利之相继来华,是为了要解决这一问题,并且说:"如果给中国人民以粮食和装备,它能够担任象[像]任何其他民族一样好的战斗任务"的。

这种西洋镜,现在不仅在外国戳穿了,而且还在国内招致了不可弥补的失败。河南战役所以失败得如此之快之惨的,就是因为汤恩伯胡宗南军队专心一意的反共反人民,所以敌人一来,仓惶失措,稍一接触,便溃乱四散,这证明,反共反人民与抗战,是绝不能并存的,尤其是暗通敌伪,反共,反盟邦,与抗战更不能并存。远者如去年豫北之战,刘进、陈孝强因为预得蒋鼎文指示可以通敌打共,等到敌人打来仍想以反共为缓冲,结果庞孙投敌,陈孝强宁可不受八路军之助去打敌,而甘于公开投入敌垒来反共。近者如今年衡阳之战,守城将领明明知道庞炳勋、孙殿英、陈孝强等虽投敌,不仅未受国民党政府通缉,而且还得到国民党当局支持,盟邦虽不断以空运增援衡阳,但当局仍怪外援不够,等到衡阳不守,何能单单责备方先觉等不能死节,还不是上边早给他们暗示了投降的出路么?语云:上有好者,下必甚焉,你上边可以暗通敌伪,我下边为什么不可以公开投降?现在既可以两面投机,将来又可以卷土重来。抗敌有罪,投敌有功,这就是军事失败主义的实质。

在政治方面,国民党当局是死死守着一党专政、个人独裁,绝不容许有多党政治、人民民主的。因此，我们在敌后解放了八十三万七千多〈平〉方公里的土地，解放了九千万的人口，建立了人民普选出来的地方各级政府，便被称为"奸区"、"伪府"，绝不承认。而他们在大后方却只有党治，绝无民选。各级参政会，由县而省而全国，都是指定的。各级官吏，由保甲长直到国民政府主席，都是党部委派的。而这些指定，委派，又为国民党少数统治集团所包办，党内广大党员及民主领袖是得不到这种权利的。所以，与其称为党治，毋宁称为寡头专制。还有，国民党当局是一心一意实行法西斯主义政治，而拒绝实行三民主义的。因此，我们在敌后，在边区，忠实于我们自己的诺言，努力实行革命的三民主义，坚持对敌斗争，三三制，发展生产，减租减息等政策，便被诬为"进行赤化"、"违抗政令"，而他们在大后方，却剥夺人民自由，实行官办自治，钳制舆论，摧残文化，垄断专卖，横征暴敛，纵使特务机关蹂躏人权，纵使官僚资本破坏民业，致造成目前最严重的政治经济危机。甚至革命的三民主义，即在国民党内，也不容许宣传，联共容共主张，更被禁止传播。这种政治，请问不是法西斯主义的政治是什么？

这种错误的失败主义和法西斯主义的政策，如果再不改弦更张，而仍要倒行逆施下去，则种种危机，还会继长增高，还会更加严重。我们站在中国人民的立场上，眼看着中华民族解放的事业，在这光明胜利的前途上，横梗着这种种危机，真是忧心如焚，焦急万分。

为挽救目前危机，为配合盟邦作战，并切实准备反攻起见，我们中国共产党人主张由国民政府立即召集全国各方代表，开紧急国事会议，取消一党专政，成立联合政府，改弦更张，以一新天下之耳目。这一主张的具体实施，我们认为应该采取下列步骤：第一、这各方代表，应由各抗日党派（国共两党及其他抗日党派）、各抗日军队（分国民党中央军、地方军及中共领导的敌后抗日军三方面）、各地方政府（分大后方各省及敌后解放区民选政府两方面）、各民众团体（分大后方及敌后解放区带全国性的各界人民团体）自己推选，人数应按各方所代表的实际力量比例规定。代表总额，为应时局急需，且便于召集起见，可不必太多。第二、这国事会议，国民政府应于最近期间召开，以免延误事机，陷大后方于不可收拾的地步。第三、在这国事会议上，根据孙中山先生革命的三民主义的原则，必须通过切合时要、挽救危机的施政纲领，以澈底改变现在国民党政府所执行的军事、政治、经济、文化等等错误政策。第四、在众所公认的共同施政纲领的基础之上，成立各党派的联合政府，以代替目前的一党专政的政府，吸收全国坚持抗战、民主、团结的各方领导人物，罢免失败主义法西斯主义的分子，以保证真正民主政治的实现。第五、这一联合政府须有权改组统帅部，延纳各主要军队代表加入统帅部，成立联合统帅部，以保证抗战的胜利。第六、在联合政府成立后，应即重新着手筹备真正人民普选的国民大会，准备于最短期间召开，以保证宪政的实施。只有这样的国事会议和联合政府，才是全国民主的真正起点。只有这样的联合统帅部，才能听命政府，协和盟邦，击退敌人的进攻，配合盟国的反攻。如果仍欲以一党包办，伪造民意，即使由国民党再来一次决议，提前到抗战期中召集所谓国民大会与制定宪法，那仍然是党治，不是民治，仍然是伪宪政，不是真宪政。满清末年，不也是玩过伪装准备立宪的把戏么！结果何补于当时的危机？！今日如再重复这一教训，自毁事小，误国罪大。又如果不变更一党专政的实质，不变更现在执行的各项错误政策，即使国民党政府肯邀请各方参加，那仍然是请客式的一党政府，决不是各党派的联合政府。"九一八"以后，南京国民党政府不也曾召集过国难会议，不也曾请过党外人士参加政府么？结果何补于当时的投降政策？！又如果统帅部不容许各主要军队的代表参加，不服从众所公认的政纲及各党派联合的政府，而仍然排除异己，制造内战，即使国事会议开了，联合政府成立了，那仍然会成为有职无权的伴食宰相，一筹莫展的傀儡机关。民国初年，熊希龄号称的第一流人才内阁，"五四"以后，胡适之的好人政府主张，都因军人不能服从政治，军事自外于政府，结果何补于军事独裁？！北伐期中，国民革命军总司令部不受当时国共合作的国民政府的指挥，结果遂造成军事独裁，断送革命。

由此可见，我们所主张的以民主为基础的统一，才是真正的统一、澈底的统一。如果统一于一党专政，统一于军事独裁，那便是假统一，结果别的党派被排除，别的军队被吞并，不服的起来反抗，打败的散之四方，于是祸乱相寻，内战频仍，还有甚么统一可说？民国三十三年的历史，还不够寻味么？

同样，我们所拥护的军令政令的统一，也必须是有利于抗战的军令，而不是那些失败主义的"军令"；必须是合于革命三民主义的政令，而不是那些法西斯主义的"政令"。抗战七年多，我们深入敌后，在外援断绝的条件之下，既受敌伪的反复"扫荡"和烧杀，又遭国民党军队的封锁和夹击，始终屹然不动，坚持至今。我们不仅没有如国民党当局所料，为敌伪顽三方面的夹击而消灭，而且还能够生存，还能够发展，还能够胜利。难道这是偶然么？不，这决非偶然！这是由于我们所服从所拥护的是抗战军令，是民主政令，所反对所违犯的是失败主义的"军令"，是法西斯主义的"政令"。只要肯打敌人，能打敌人，并懂得怎样去打敌人，我们是绝不会被消灭，而且会继续胜利的。只要肯依靠人民，属于人民，为着人民，我们是绝对能生存，而且会继续发展的。因此，我们敌后战场才能与正面战场的失败相反，得到连续不断的胜利。

我们看，在最近半年内，截至九月为止，中国正面战场沦陷了十万多〈平〉方公里的土地，而我们敌后战场却从敌人手中收复了五万〈平〉方公里的土地。正面战场丢弃了四千多万的人口，而敌后战场却又解放了四百多万的人口。正面战场失掉了一百零二个城市，而敌后战场却又夺回了八个城市。正面战场损失了几十万军队，而敌后战场却又扩大了十万正规军。单单拿这几项来做比较，已经够说明我们敌后抗战部队——八路军、新四军和一切人民抗日的部队是多么有功于国家民族，而正面战场的国民党军队，是多么有负于国家民族了。照道理讲，我们不仅应该要求惩办豫湘作战失败的那些主要负责将领，而且还应该请求奖励敌后作战有功的八路军、新四军及华南抗日纵队的将领。可是，有功不赏，有罪不罚，已成惯例，我们还有什么话可说？可是，中国人民是知道应该赏谁，应该罚谁的。并且，依照国民政府最近交给我们的提示案，还要我们取消数十万的抗日部队，取消敌后解放区的一切民选政府，这真是没有道理之至。如果我们接受了这两个取消要求，那就等于帮助了敌人，那才真是"破坏抗战，危害国家"呢！可是，敌后抗日部队、敌后人民政权，就是这样可以命令取消的么？谁也知道，这是绝对不应该，不可能的。

我们看，敌后解放区的胜利，究竟有多大？截至本年九月为止，综合华北华中华南十五个抗日根据地的报导［道］，敌后各解放区现已拥有被解放的人口达九千万，占沦陷区人口（二万零七百八十万）的百分之四十三。敌后各解放区所收复的国土，约八十三万七千余〈平〉方公里，占敌后总面积（一百二十六万三千余〈平〉方公里）的百分之六十六。敌后各解放区所夺回的城市，现在已达到二十八个。敌后我抗战兵力，正规军（包括八路军新四军及华南抗日纵队）已达五十七万，民兵游击队约二百二十万，地方自卫军则有数百万。在这些解放区内，共有民选县政府五百九十一县，专员公署八十五处，民选的边区政府及行署十二处。以上各项，陕甘宁边区均不在内。敌后我军所抗击的敌伪，在一九四四年三月河南战役以前，为日军侵华全数（三十四个半师团，约五十六万人）的百分之六四点五，为伪军全数（约七十八万人）的百分之九十五，合起来则为百分之八十四。在目前，虽由于敌人增加兵力于湘桂、粤汉、平汉三路，向中国正面战场作深入的进攻，但敌后我军仍继续抗击侵华日军（据已明位置的三十三个半师团计算，另有六个师团位置不明未算入）的百分之四十九点五，几近半数，而伪军情况则没有变化，合起来尚为百分之七十六点四。敌后我军经常围困或袭击的十万以上人口的大城市有三十八个，为敌占大城市四十五个的百分之八十五。敌后我军经常逼近活动或进行破坏的铁路线，约达九千六百多公里，为敌占铁路线约一万公里的百分之九十六。敌后我军完全控制的海岸线约八百公里，经常有我活动的海岸线，约六千五百公里。总起来说，我们敌后人民在这七年多所发展起来的抗日部队五十七万正规军及二百二十万民〈兵〉总计起来，几已达到国民党现有部队的相等数目。我们敌后人民，在这七年多所建立起来的五百九十一县地方政权，几已达国民党政府失去的七百二十一县的百分之八十二。以这样有功的抗日部队和广泛的人民政权，它已经是全中国人民的解放旗帜和行动指标。没有这个力量，中国就会灭亡。谁要想"取消"这个力量，谁就抹杀中国人民的抗敌意志，就等于断送了全中国。

国民党政府不仅不承认敌后解放区的数十万正规军、数百万民兵和各级民选政府，并且直到现在，国民党军队还不断在各地封锁进攻，企图消灭这些敌后抗日部队和民主政府。即在目前正面战场最危急的时候，国民党政府用以包围陕甘宁边区及进攻八路军新四军的兵力，也还有五十六个师及其他地方团队，人数达七十七万五千之众（华南尚未计入），而进攻侵扰的事件始终未停，因之，内战危机，亦依然存在。我们坚决要求全国人民、同盟国家和我们一道有效地制止这种内战危机，要求国民党取消反共反人民的反动行为，以便将我们全国力量都能用到抗敌的战场上去。

还有敌后我抗日部队，在此七年多奋勇血战，除了抗战初期领了一百二十挺轻机关枪和六门反坦克小炮以外，从未得到国民党政府军事委员会之任何轻重武器的装备，即弹药、被服、粮秣、经费以及各项交通、卫生器材的供给和补充，也在一九四〇年起全部停止了。甚至连英美红十字会捐助的一百零一箱药品，也在三原被军事委员会没收了。因此，我们部队之所以能存在、发展和胜利，完全是依靠于中国广大人民的拥护和自力更生的成功。但为着今天更有效地消耗和牵制敌人的进攻，明日更有力地配合盟国的反攻起见，我们有充分权利要求国民政府以应得的军火和物资，来装备和供给我们部队，我们更有充分权利要求同盟国将援助中国军队的武器、弹药及一切器材和物资，按照抗击敌伪数目的比例，以大部分供给八路军新四军及敌后一切抗日游击部队。我们英美盟邦应该知道，没有中国敌后抗日部队的参加，不仅在中国战场进行反攻，成为不可能，即连目前欲制止敌人的深入进攻，也成为不可能。我们可断言，拿敌后我们军民的力量、成绩及其所处的战略地位，如果再加以盟国的装备，我们必能达成更高的战斗任务。

现在当魁北克会议之后，英美盟邦正在加增其注意力于中国战场。在重庆刚开过的国民参政会上，蒋主席曾表示继续用政治方式解决国共问题，而参政会又决定派遣五位参政员来延视察，我们除表示欢迎之外，愿乘此国庆纪念，再一次重申我们上面的主张。

我们认为改组政府改组统帅部，成立各党派联合政府联合统帅部，废除失败主义的"军令"和法西斯主义的"政令"，是挽救目前危机切合时要的唯一正确方案。

我们继续要求国民政府承认敌后全部抗日部队和各级民选政府，坚决反对取消敌后数十万抗日部队和民选政府。

我党中央六月四日所提出的十二条意见书与委托林祖涵同志口头提出的八条，仍应成为今后国共谈判的根据。

我们继续邀请并欢迎国民政府代表张治中王世杰两先生来延视察和谈判。我们认为问题可以逐步解决，但必须在不违背抗战、民主、团结的大原则之下来解决。

时机太紧迫了，我们切望国民党当局，全国爱国志士，全国人民，奋起急图，扭转时局的关键，抗战幸甚！国家幸甚！

选自中央档案馆编：《中共中央文件选集》第十四册(一九四三——一九四四)，中共中央党校出版社1991年版

中共中央关于共同纲领与推动
孙科参加民主运动给王若飞指示电

（一九四五年一月二十一日）

王：

甲、十五日电悉。与民主同盟座谈得很好，共同纲领此间正在起草，望将你处收［搜］集之材料交下次美机带来。如党派会议确只能〈为〉国事会议之预备会议，在此会议上应讨论国事会议及民主的联合政府之组织及其实际步骤，应通过共同纲领，应保证放人、撤兵、自由、废特四条之实现。望本此旨与民主同盟及国民党内民主派交换意见，并征求他们主张。以你名义给民盟写信事望稍待，因美武官狄巴斯不久仍来延，看其来意如何再作定夺。

乙、孙科十一条，从他的立场看尚不太坏，惟有中心思想必须告孙，即为民主运动应不怕与蒋对立。只有对立才能将民主与独裁分清，才能取得广大人民拥护，才能引起盟邦重视，才能逼蒋让步；如迁就决不能实现联合政府，而且会涣散民主阵营。成为各党派联合的基本原则，是争取抗战彻底胜利，实行孙中山的革命三民主义，建立独立、自由、繁荣、民主、统一的中国，而不是其他。从民主立场看来，拥蒋只能是有条件的。国民党能否保持其第一党地位，要看其党内民主派的努力，而不能要他党保证。军队国家化是将来民主实现以后的问题，在中国提倡取消军队中党派组织只会削弱抗战力量，增强独裁者控制权，于民主运动是不利的。其他各项可在共同纲领中商榷，各党派会议我们便是采取他的精神提出的。望告孙在其党内努力推动，我们愿与之密切联系互相呼应也。

中央

选自南方局党史资料征集小组编：《南方局党史资料·统一战线工作》，重庆出版社1990年版

中共中央代表周恩来离渝前的声明

(一九四五年二月十五日)

国民政府代表王世杰博士本星期三日在外国记者招待会上的声明，是不坦白和不公平的。因为，他只说了在国共谈判中政府方面提出的所谓让步，而并没有说明在什么条件或前提下，才有这些所谓的让步。第一，国民政府在谈判中，要求中国共产党将其所领导的一切军队移交于国民政府军事委员会统辖。即是说，移交于国民党领导。因为国民政府是国民党一党专政的政府。第二，在谈判中，国民党坚持其一党专政不能结束。由于有这两个条件或前提，这一切所谓的让步，不是落空，便是没有任何意义，甚至不是让步而是束缚或破坏抗战的力量。具体说来，第一，不把军队移交给国民党政府，便没有中共的合法；第二，国民政府军事委员会的委员从来就不开会，也没有任何权力；第三，在党治下的行政院内设置所谓战时内阁，并无最后决定政策之权；第四，不取消党治和不改变排除异己的军事政策，三人委员会改编中共军队仍等于将中共军队移交于国民党政府，而且照打敌人的成绩看来，应该改编的不是中共军队而是国民党军队。说明了这些，便懂得我代表中共中央为什么拒绝了国民政府整个的提议。这是一方面。

另一方面，更主要的原因，是国民政府拒绝了我们关于建立民主的联合政府、联合统帅部，以统一中国一切军事力量，以改革政治、军事、经济、文化各方面政策的建议。我们又曾向国民政府、中国国民党、中国民主同盟提议：由国民政府召开党派会议，讨论和决定如何结束党治、如何改组政府，使之成为民主的联合政府，并起草共同施政纲领，以便在取得一致同意后，好实现联合政府的方针。国民政府的答案是一种咨询性质的会议，而会议中预定的主要内容是继续维持一党专政，反对民主的联合政府。因此，我必须回延向我党中央报告。至于我们希望国民政府首先释放爱国政治犯，取消一切镇压人民的法令，停止一切特务活动，撤退一切包围陕甘宁边区和进攻八路军、新四军的军队等项，政府当局并未接受。这就是数月来两党谈判的主要内容。数月来，两党谈判承美国大使赫尔利将军热忱相助，不断努力，吾人在此表示感谢。

选自中共中央文献研究室、中央档案馆编:《建党以来重要文献选编(一九二一——一九四九)》第二十二册,中央文献出版社2011年版

论统一战线[①]

（一九四五年四月三十日）

周恩来

同志们：我想讲两个问题，一个是抗日民族统一战线的问题，着重讲国共关系，一个是统一战线的经验教训问题。合起来说，都是关于统一战线的问题。

一、关于抗日民族统一战线的问题

自从我们党提出抗日民族统一战线的主张，到去年提出联合政府的主张，有了发展，实际上是一个东西。联合政府就是抗日民族统一战线在政权上的最高形式。国民党对于我们的主张，不管是抗日民族统一战线也好，民主共和国也好，联合政府也好，总是反对的。因为他是站在极少数人的利益的立场上，反对我们代表的极大多数中国人民的利益。毛泽东同志在《论联合政府》的政治报告中告诉我们，这是两条路线的斗争。一方面是国民党政府压迫中国人民实行消极抗战的路线，另一方面是中国人民觉醒起来团结起来实行人民战争的路线。我们知道，抗日民族统一战线的酝酿时间很长，差不多"九一八"以后就逐渐向着这个方向发展。从"九一八"到现在，可以分成五个阶段。第一个阶段，是从"九一八"到西安事变；第二个阶段，是从西安事变到"七七"事变；第三个阶段，是从"七七"事变到武汉撤退；第四个阶段，是从一九三九年国民党五中全会到去年国民参政会开会；最后一个阶段，是从我们联合政府口号的提出一

[①] 这是周恩来在中国共产党第七次全国代表大会上的发言。

直继续到现在。在这五个阶段中，国共两党在全国抗日与民主的问题上，长期地存在着原则的分歧和严重的斗争。

第一个阶段，从"九一八"到西安事变，有五年多时间。国共两方面斗争的中心，是抵抗日本侵略还是不抵抗日本侵略。我们这方面，在全国人民面前所提出的，是要求停止内战，一致抗日。而国民党当局，在全国人民面前所提出、所坚持的，是"攘外必先安内"，实际上就是内战的方针。"九一八"以后，我们向全国国民党的军队提议，在停止进攻、给予人民以自由权利和武装人民三个条件之下，订立停战协定，以便一致抗日。毛泽东同志在报告中已经写了。我们的号召得到了若干国民党军队的响应。例如察北同盟军、福建人民政府和十九路军，以后的东北军、十七路军，都响应我们，跟我们合作。其他一些地方系的军队虽然不是完全同意我们的口号，也和我们有某些合作。就连国民党中央系的军队，在江西打我们时，也有主张开到华北去抗日的。但是那时国民党蒋介石怎样对付呢？对于我们，是不断的"围剿"，更加猖狂的内战。对于那些和我们合作的友军，是进攻他们，解散他们，消灭他们。对于自己的嫡系军队，他发过这样一个命令，"侈言抗日者，杀无赦"。就是谁敢多说抗日的话，就杀了他。以后，一九三五年华北事变发生了，我们的红军主力北上了，我们就提出了抗日民族统一战线的口号和民主共和国的主张，并且在一九三六年给国民党的信①中，提议召集国防会议，发动抗战，召集民选的国民大会，实现民主共和国。在行动上，我们东渡黄河抗日，响应那时华北的"一二·九"运动，掀起了全国的救亡运动。这时候国民党当局却调了大兵到山西阻拦我们抗日，目的是想把我们消灭在西北地方。在西安事变时，我曾经问蒋介石："我们要求停止内战，为什么不停止？"他说："我等你们到西北来。"我说："我们已经到西北一年多了。"他就没有话说了。他的意思很清楚，是要在西北消灭我们。所以在西安事变前，还有山城堡

---

① 这封信指1936年8月25日《中国共产党致中国国民党书》。信中对国民党的反动统治和国民党五届二中全会决定的反动方针，作了义正词严的批判，同时申明了中国共产党关于建立抗日民族统一战线和准备重新实行国共合作的政策。

的一仗①。东边也堵，西边也堵，就是要消灭我们。对于全国的救亡运动，他是极力地压迫，最后发生七君子②入狱的事。所以那时毛泽东同志写的我们党给国民党的信里说："爱国有罪，冤狱遍于国中；卖国有赏，汉奸弹冠相庆。"虽然这样，但是因为我们不断地要求，全国人民不断地呼吁停止内战，一致抗日，所以国民党先派了两个代表到瓦窑堡来谈判，以后我们就派了代表潘汉年同志去跟他们谈判。国民党蒋介石对谈判的想法是怎样呢？那时他是把我们当投诚看待，想收编我们，直到西安事变以前，还是这样的想法，要把我们的军队顶多编三千人到五千人。至于对国民党军队中很多愿意抗日的军队，特别是东北军，就压迫他们。蒋介石对张学良将军曾经说过这样的话："你的责任就是'剿共'，不许到绥远抗战。若要不然，就把你换掉。"以后召集西安会议，陈诚来了，蒋鼎文也来了，是准备以蒋鼎文代替张学良的。这样就逼出来一个西安事变。对西安事变，我们党坚持了和平解决的方针，取得了张学良、杨虎城将军的同意，把蒋介石放回去。蒋介石本人当时具体的诺言是什么呢？就是"决不打内战了，我一定要抗日"。但是张学良送他到南方以后，他就把张学良扣起来，把杨虎城送出洋。这样一来，就激动了东北军、十七路军，几乎把和平破坏。而且他又拿军队来压迫，派特务挑拨，闹出了杀王以哲的事情。从此可见，西安事变和平解决以后，他的内战思想还没有死，并且一直没有死过。现在还可以说一件事，宋子文也是当时谈判的所谓和平使者，那时他答应在蒋介石出去以后，负责改组南京政府。结果这话一直到今天，已经有八年，仍没有兑现。去年我在重庆见他时，说过这样一句讽刺话，我说："西安事变时你答应的诺言，我还没有给你宣布过。"事实证明他一直没有兑现。所以在这第一个阶段，虽然内战是停止了，和平是取得了，但这是逼出来的。这就是我们党中央、毛泽东同志的方针：逼蒋抗日。但

---

① 1936年11月21日在宁夏环县山城堡，红军第一军团和第十五军团一部歼灭国民党军胡宗南部七十八师二三二旅全部和二三四旅两个团，这是第二次国内革命战争时期的最后一战。
② 指当时在上海领导各界抗日救亡运动被国民党反动派逮捕的沈钧儒、章乃器、邹韬奋、李公朴、沙千里、史良、王造时等七人。

蒋介石内战之心并没有死。

第二个阶段，从西安事变到"七七"抗战，大概有半年多时间。两方面争论的中心，是真正准备抗战，还是空谈准备抗战。当时我们党在给国民党三中全会的电报中，毛泽东同志在党的苏区代表会议的报告①中，都是这样说：要真正地实行民主自由，真正地准备抗战。要真正准备抗战就要有民主。我们的中心口号是以民主来推动抗战。国民党当时的方针是什么呢？是"根绝赤祸"，拖延抗战。就是要把共产党的活动消灭、根绝，就是在准备抗战的借口下把抗战拖下去。这是当时蒋介石的思想。

我们来看事实。在一九三七年二月，我们给国民党三中全会的电报上，提出了四项诺言、五项要求。四项诺言大意是，答应改编我们的军队，把我们的苏区改为民主的边区，停止武装暴动推翻国民党政权，停止没收地主土地的政策。五项要求大意是，要求国民党停止内战，给人民自由和释放政治犯，召集各党派会议，真正实行抗战的准备，改善民生。而国民党的回答是什么呢？就是来一个"根绝赤祸"的决议案。那决议有四条：取消红军，取消苏维埃政权，停止赤化宣传，停止阶级斗争。这个东西是双关的，因为红军改了名称，也可以说是取消红军，但红军还存在；苏区改了名称，也可以说是取消苏区，但苏区还存在。所谓停止阶级斗争，停止赤化宣传，就是不许我们在国民党统治区有政治活动。那时候一方面和平了，一方面又埋伏了文章。这个文章一直埋伏到现在，还是要取消我们的军队和政权。那时候国民党内也发生了一部分人跟我们合作的运动。这一部分人，孙科、冯玉祥等也在内，提出了恢复孙中山先生三大政策的决议案，但是没有被通过。那时我们曾经主张召开民选的国民大会，成立民主的政府。毛泽东同志在五月代表会上做了报告，我奉中央命令也写了一篇文章②，国内国外的民主分子都很赞成。但是国民党的回答是什么呢？搞包办的国民大会代表选举。现在准备召开的国大的祸根，就是那

---

① 这个报告，指毛泽东1937年5月3日所作题为《中国共产党在抗日时期的任务》的报告。

② 这篇文章指《我们对修改国民大会法规的意见》。载1937年5月1日出版的《解放周刊》第一卷第二期。

时候种下的。那时我们主张召开各党派会议，但国民党来了个庐山谈话会①，不是大家坐下来开圆桌会议，一道商量，而是以国民党作主人，请大家谈话一番。这个谈话会的方式，一直到上次王世杰同我谈判时，还想采用，提议组织什么政治咨询会，结果还是谈话会。不过庐山谈话会的时候，共产党没有份，我同林伯渠、博古同志三个人不露面，是秘密的，现在他们提议的办法，是给个"公开"，我看就是差了这一点。我们同国民党的谈判一次在西安，一次在杭州西湖，两次在庐山进行。谈判的对象是顾祝同、蒋介石等人。谈判的内容是要他们承认我们的军队，承认我们的边区，承认各党派的合法地位，组织各党派的联盟，就是统一战线。国民党蒋介石的回答是什么呢？他只准我们编三个师（四万五千人），一直到现在还是这样，而且无论如何不给建立统帅部，他要直接指挥。对边区呢？开始承认了，但是抗战以后又推翻了。蒋介石有一次对朱总司令说："你抗战了还要边区！"他想给个总司令的名义，就可以取消边区。结果平型关打了一个胜仗，他又承认了，那是在行政院第三百三十三次会议通过的。到南京撤退，他又把这个决议束之高阁，直到现在还没有承认。对我们的党，就更荒唐了。我们要求各党派的合法地位，建立各党派的联盟，但他在庐山第一次谈话会上居然敢说："请毛先生、朱先生出洋。"你看，他竟会这样想！我们这样好好地同他谈判，他却以送杨虎城出洋的办法来对付我们。关于发表国共合作的宣言问题，在第二次庐山谈话会上，我们带去起草好的宣言，他要动手改两句，那时候我们还客气，同意他修改了两点。但修改了他也不发表，总想把共产党合法这一点抹杀掉。要不是"八一三"打响了，就不会允许我们建立八路军总指挥部和十八集团军总司令部的组织。朱总司令和我同叶剑英参谋长到南京，开始蒋介石还没有决定给八路军的名义，但是到上海打响了，他从庐山跑回来，觉得这是全面战争了，才发表了八路军的番号，紧跟着又发表了十八集团军的番号，要我们的军队去打仗。后来宣言也发表了，但蒋介石又发表了一个谈话，

---

① 指1937年国民党政府在庐山召开的"各党派及无党派人士"座谈会。

一方面是承认我们，可是另一方面，还是说要取消红军，取消苏区。他说我们是一个派，不承认我们是一个党，强调要集中在国民党领导之下，还是以阿Q的精神来对付我们。

这些经历证明，我们的主张把全国人民振奋起来了。西安事变的和平解决，推动了全国抗战。这样，抗战是逼成了，谈判也算逼成了，统一战线也算逼成了。同时又证明，只有人民有力量才能逼成。而且还证明，蒋介石的反共思想是不变的。

第三个阶段，从"七七"抗战到武汉撤退，大概有一年半时间。这个时期斗争的中心，是全面抗战还是片面抗战。我们党的口号，是持久战争、人民战争，就是全面的抗战、全民族的抗战。而国民党方面呢？他们是要速决战，只许政府抗战，不许人民起来，以此来对抗我们的持久战争、人民战争的方针。首先是"八一三"后发生的对出兵问题的争论。我们党中央、毛泽东同志的方针，是要分批出兵，不要一下子开出去。我们主要是到华北开展独立自主的山地游击战争，去创造华北战场，作持久战的准备，这样才能取得胜利。而国民党要求我们一次开出去，并只指定五台山东北边的小块地方（如涞源、蔚县）为我们的防区，企图在那个山屹崂里叫日本人把我们包围消灭。

在全国范围内，党中央和毛泽东同志的方针是坚持持久战。而国民党呢？是幻想速胜。他们觉得，只要打几个胜仗，就可以引起国际的干涉。最大的希望是苏联出兵，次之就是英美在上海干涉。所以他们就打阵地战，把一二百万军队都调到上海，拿去拼，牺牲极大。在南京快丢失之前，蒋介石曾打电报给斯大林说：啊呀！我这个地方已经不能苟安了，请你赶快出兵吧！他还要求同苏联缔结军事协定。事实上，苏联已经帮助了中国的抗战，帮助了军火、飞机，还和中国签订了一个互不侵犯协定①，在政治上给以帮助。蒋介石实行阵地战的结果，把主力拼掉了很多，所以在南京撤退的时候曾一度动摇过，想议和，不过没有搞成，因为日本的条

---

① 指1937年8月苏联和国民党政府签订的中苏互不侵犯条约。

件很苛刻，主要的还是全国的抗战高潮已经起来了，他不敢投降。由于国共双方采取这样不同的方针和做法，结果我们在华北就创造了游击战场、根据地，而他就失掉了华北和华中的大块土地，一直到武汉撤退，在许多次的阵地战中，损伤了很大的兵力。这是战略方面不同的意见。当然那个时候在武汉，我们自己也有错误。就是说，当时在武汉做领导工作的同志，我也在内，着重在相信国民党的力量可以打胜仗，而轻视发展我们自己的力量；在战争上强调运动战，轻视游击战。所以在武汉时期，我们在长江流域的工作，没有能象华北一样，利用国民党军队撤退的时候，到农村去，发动农民，广泛发展游击战争。在武汉谈判当中，我们还是继续坚持各党派联盟的主张，就是建立统一战线组织，制订共同纲领，改革那时的政治机构。而国民党方面呢？他们提出一个政党、一个主义、一个领袖的口号，想把我们吸收到国民党里头去，加以溶化。他们那时叫"溶共政策"，好象要拿水把我们化了。国民党是水做的林黛玉，但是我们没有做贾宝玉，化不了。另外，他们提议，只要你们加进来就好了。我们说，组织一个联合的同盟是可以的，你们是一份，我们也是一份，各有独立的组织。我们进到国民党里面去，要保持我们共产党的独立的组织，也可以象大革命时期第一次国共合作一样。但蒋介石又不干，他说，党外不能有党。我们说，你那个党内就有派，党外有党有什么关系！他说，你们可以进党来作为共产派，不要在外面。他就是想把我们溶化，当然用这个办法是谈不通的。他组织三青团，我们也主张共同参加，发展青年运动，但蒋介石也不干，他就是要拿三青团把一切青年组织都取消，统一到他那里，不许有别的党派在里面活动。这当然也就谈不通。他对我们在敌后的政策，就是让我们到敌后打敌人，削弱我们。正如朱德同志那天说的，国民党在华北很快地就退走了，不能不让我们去。所以武汉时期，他答应要我们到华北、山东去发展游击战争。徐向前同志带一一五师到山东去，还得到了他的同意。但是他看到我们的游击战争有发展，人民力量有发展，建立了根据地，就害怕，所以紧跟着就派鹿钟麟、张荫梧带兵同我们磨擦。我们在政治上主张要改革政治，成立民意机关。他那个时候，一方面搞参政会，另方面还是一党专政，参政会只是一个"作客的机关"，并且还解散了一些人民团体。

在这个阶段我们可以看出，国民党蒋介石速胜论失败了，依赖外国参战也落空了，投机不成，投降又不敢。他被八路军的力量、人民的力量逼得不能不走向持久战，不能不在政治上表示一点进步。但他的投机性、反动性还是继续保留的。

第四个阶段，从一九三九年国民党五中全会一直到去年参政会国共两党公开谈判为止，时间整整有六年之久。我们党跟国民党争论的中心，也就是象我们党一九三九年"七七"宣言上所说的，我们是坚持抗战、团结、进步，而国民党则是要妥协、分裂、倒退。这种斗争到现在还继续进行着。我们在这六年当中，主张积极抗战，求进步，靠自己。我们一方面要求国民党能够这样做；另方面我们在敌后做出了成绩，创造了十九个解放区，发展了很多的军队，证明了我们的办法是对的，这样才支持了国民党的正面战场，推动了全国的民主运动。可是国民党在这六年中怎么样呢？是相反的，也就是我们常说的消极抗战，积极反共。毛泽东同志在这个会议的报告中，也分析了他们依靠外国帮助，等待胜利，勾结敌人伪军来制造内战的这一套。正因为这样，所以在这六年中，就有三次反共高潮，进行过三次谈判。

关于这两个"三"，也可以说一说。开头有一个帽子，就是国民党的五中全会。五中全会是一九三九年一月武汉撤退以后开的。我们党在那个时候去了一个电报，态度是要求进步，反对汪精卫投降，主张严整抗战阵容，刷新政治，改革政府。但是国民党五中全会的回答是，来一个《限制异党活动办法》，会上原则通过，会后国民党蒋介石又对我们军队，对边区，对共产党，对人民的活动等等，订了许多限制的办法。总起来就是：首先，抗战只有一个领导，军令政令必须统一。一直到现在还是这样主张。第二，取消"特殊化"，反对所谓"封建割据"，对边区要包围要封锁。这也是一直搞到现在的。第三，不许再叫八路军，只能叫十八集团军。这是什么意思呢？八路军是平时的军队编制，就是说平常的时候也是有的，而十八集团军是抗战时期的军队编制，既然是战时编制，那么战后就可以取消了！文章在此。但是华北的老百姓回答了他：还是八路军这个名字便当，十八集团军字多不好念。蒋介石订这一条就是他准备取消八路军的一个步骤。以后他就不断地把队伍开到华北，跟我们磨擦。先后有朱怀冰、石友三、高树勋、汤恩伯这些人。并且还要取消我们的办事处，只许西安和重庆的办事处存在，其他的都要取消。因此，平江惨案发生了，竹沟惨案发生了，广东韶关办事处、桂林办事处也取消了。这些都是那个时期的事情。第四，不许国民党区域有共产党的组织。所以以后发现了共产党的秘密组织就破坏。不许有秘密的人民运动，而且不许宣传。所以《新华日报》常常被检查、扣留，党中央和毛泽东同志的许多文章不许登。一九三九年国民党五中全会这个方针，一直贯彻了七个年头。我们说国民党消极抗战，积极反共，就是从那个时候开始的。当然，根子是从历史上来的。

有了这个帽子，底下就有了三次反共高潮。第一次，朱德同志已经说了，是从打边区、取消我们的办事处和制造平江惨案开始。最主要的是在华北，从新军事变一直到朱怀冰和我们磨擦。以后蒋介石打不下去了，失败了。朱德同志说得很对，蒋介石就是怕一个东西，怕力量。你有力量把他那个东西消灭得干干净净，他就没有说的。朱怀冰被消灭完了，蒋介石从来没有提过这个事情。他只好捏住鼻子叫卫立煌和朱总司令谈判，划漳河为界。第一次反共高潮过去了，就来了个第一次谈判。我们的方针是有理、有利、有节。我们打了胜仗不骄傲，还是和他谈判。我们是相忍为国。那次是我出去谈判的[①]。我们和他一谈判，他就想讨一点便宜。那时谈判有四件事：党的合法，边区的承认，军队的增加，还有作战地区的划分。中心是在第四条。他就是想把我们赶到黄河以北，不要新四军在长江以南。那个时候有几个"北"：山东是鲁北，山西是晋北，还有一个黄河

---

① 这次谈判是指1940年6月在重庆同国民党进行的谈判。

以北。他是想把我们都往北送，这真是"投畀有北"①。那我们就不干，所以发生了严重的争论。他毫无让步。我们作了一点让步，答应皖南部队退到长江以北，也是一个"北"，叫做江北。但是他还不干，来了一个何白《皓电》，要我们到黄河以北，也是一个"北"。他坚持《中央提示案》，因此引起了第二次反共高潮。这是一九四〇年冬天开始，是从苏北战争埋伏下来的。苏北战争是他的阴谋，他原来想先从苏北下手，后打皖南。因为苏北我们的力量小，而他有韩德勤、李守维两个军在那里。他们企图北面一压，南面一打，我们就只有"喝水"了！那晓得他搞错了，因为苏北有刘少奇同志的领导，改正了项英同志的错误。陈毅同志领导军队，执行了中央的正确方针，来了一个"退避三舍"。他打来了我们就先退。后来在黄桥来了个反击，消灭了他们两个师。蒋介石捏住鼻子没有说话，但他是要复仇的。在苏北战争结束后，王懋功就到顾祝同那里去，布置皖南事变，但是表面上他还想麻痹你一下。那时候我在重庆。十二月二十五日圣诞节那一天，就是当年西安事变后蒋介石被放回去的那个日子，他忽然请我去他那里，大谈我们是患难朋友，大灌米汤。我看米汤不好喝，引起我的警惕，赶紧打电报给毛泽东同志，说这里面有文章。果然不过十天，他就动手包围皖南的部队，来了第二次反共高潮。因为当时皖南领导部队的同志犯了错误，所以受了损失。他就更加蛮横起来，宣布取消新四军的番号。但是我们党在毛泽东同志领导下来了一个回击，他不承认我们承认。从此新四军变成只受共产党领导、指挥的军队，不受蒋介石领导了，于是就麻雀满天飞，从十万人发展到三十万人，从三个省的地区发展到现在七八个省。这就是第二次反共高潮。等到第二届参政会的斗争取得胜利，第二次反共高潮就结束了。从第二次反共高潮到第二次谈判，中间隔的时间很长，因为这时候正是一个复杂时期，有日苏协定，德苏战争，太平洋战争，以及新疆问题。第二次谈判是在一九四二年的下半年，但事前也有些小的接触。日苏协定订立以后，紧跟着有中条山战役，蒋介石怕中条山守

---

① 参看《诗经·小雅·巷伯》："取彼谮人，投畀豺虎；豺虎不食，投畀有北。"谮，进谗言，说人的坏话；畀，给予；北，指北方寒冷的不毛之地。

不住，希望我们配合，但主要是试探我们还打不打日本，当然这完全是他的糊涂想法。我们表示配合作战，但是蒋介石又怕我们，不要我们过漳河之线，要限制我们作战，这就很难配合。他在中条山，我们在漳河北怎么样打呢？同时他又不给我们下作战命令，要我们自己打。我们要一点补充，他说，只要打，我不会辜负你们的。我们打了，他又取消诺言，食言而肥。这是一次接触。后来，太平洋战争前夜，中国的情势很紧张，日本和美国有妥协的可能，这时要开参政会，他又表示要举国一致。我们为了阻止日美妥协，表示在抗日问题上还是和他一致，所以参加了参政会。那时候有一个条件，就是要把叶挺将军放出来（皖南事变中叶挺将军很勇敢，站在最前线和国民党斗争）。蒋介石答应了这个条件，并由张群担保。我们要求参政会以前就放出来，他不干。我们也打个折扣，那时候董必武同志和邓颖超同志都在重庆，两个人就只出席一个人，他来这一手，我们也来这一手。参政会开了，他仍不放。根据最近的消息，叶挺将军被蒋介石搞到重庆戴笠的特务机关里去了。世界上最不守信义的莫过于蒋介石。这是这个时期小的交涉。到一九四二年下半年谈判以前，蒋介石还想来一套手法，因为那时候新疆问题解决了，有点得意忘形，他说："我到西安去请毛泽东先生出来谈一谈。"后来林彪师长去进行第二次谈判。当时我们还是希望在抗战中能找到一个团结的办法，所以在一九四二年党的"七七"宣言中表示出团结的态度。蒋介石以为我们有点可以让步的样子，提出的条件更苛刻，坚持我们的军队不能多编，仍是八个师，军队编了以后党才能合法，边区要改为行政区，作战地区还要向北移动。这个谈判拖了很久，实际上是他不想解决问题。他是想继续投机，希望那时候有一个日苏战争，一旦日苏打起来，就把我们赶到北边去，实行他原来的计划，所以他就要拖。我和林彪去见张治中，他公开说"还不是拖"！这里头又有文章，结果拖出来一本《中国之命运》，拖出来一个第三次反共高潮。那个时候正遇上共产国际解散，蒋介石以为我们党内会有争论，于是就投这个机，来了一个取消中国共产党，而且还来了一个包围边区，打我们的心脏。第一次反共高潮打华北，第二次反共高潮打华中，第三次反共高潮打西北。我们揭露了他，全国人民都同情我们。在国际舆论上，不管苏联也好，英美也好，都反对中国的内战。所以就把蒋介石的第三次反共高潮压下去了。国民党十一中全会以后，蒋介石在国民参政会上又表示愿意政治解决，可是来了个八字由头，说我们"破坏抗战、危害国家"。第三次反共高潮过去了，我们表示，如果他愿意政治解决，我们总是可以谈的。所以去年林伯渠同志又出去进行第三次谈判。这次谈判正值宪政运动之期，我们就表示要实行民主和宪政，提出了政治问题三条，具体问题先是十七条，以后改为九条，其他的八条改为口头的，这样正式文件共有十二条。从西安谈到重庆，一直谈了差不多半年，还得不到结果。蒋介石就来了第二次《中央提示案》，集中起来就是要我们做三件事：第一，十个师以外的队伍全部限期取消。第二，规定要十个师集中到那里就必须到那里。第三，敌后解放区所有的政府一律都交给流亡重庆的省政府接收。这样的条件我们当然不能接受，谈判就在林伯渠同志在国民参政会报告后告一个段落。

从这三次反共高潮和三次国共谈判中可以看出来，国民党继续反共和内战的方针，在第四个阶段中特别明显，所以谈判时他们充满着反共思想，反共高潮时就打起来了，这就是内战。虽然这样，文章还没有了结，还有新文章：不是再来第四次反共高潮，就是再来第四次谈判。结果，不是反共高潮而是继续谈判。这个谈判不仅有第三方面的民主人士参加，而且有外国人参加；同时，谈判又是公开的。这是和过去谈判不同之点，是一个新的阶段。

第五个阶段，从我们联合政府口号的提出到现在。这个谈判有一个中心，就是我们提出成立民主的联合政府，而国民党要继续一党专制的政府。这是一个斗争，就是毛泽东同志报告里说的两条路线的斗争。我们的方针是，立即召开党派会议，成立临时的联合政府，战后召集国民大会成立正式的联合政府。国民党的方针是，不放弃一党专政，包办国民大会，继续一党专制。半年来斗争更加尖锐。这样的斗争更振奋了全国的民主运动，更使成立联合政府的主张为国际国内民主人士所拥护，所同情。正因为这样,所以谈判也就继续下去,于是有了赫尔利到延安以及我的两次出去①。赫尔利在延安和我们签定了五条协定,同意我党毛泽东同志所提的联合政府的方针。这五条内容主要是:为共同打败日本强盗建设新中国,要在联合政府之下统一起来;要成立各党各派无党无派的联合政府,要成立代表所有抗战力量的联合统帅部;要给人民自由,要实行民主的改革;要承认所有抗日的力量,装备所有抗日的力量,统一所有抗日的力量(用联合政府来统一);承认所有党派的合法地位。这样五条不仅我们提出,而且美国大使赫尔利也是签了字的。这五条他承认了,所以我到了重庆,就是为实现这个方针——联合政府的方针。但是蒋介石又拒绝了。我回延安以后,赫尔利又继续邀请,我就又出去一次,提出为实现联合政府,办法可以采取一个准备的步骤,先开一个各党各派的会议,就是国民党、共产党、民主同盟三方面和无党无派分子的代表人物的会议,来讨论如何改组国民政府成为联合政府,如何起草共同纲领,如何废止一党专政。这一次谈判国民党蒋介石还是不同意,反而叫嚷什么"你们要联合政府就是要推翻政府,开党派会议就是分赃会议"。完全把我们的主张抹杀了。他还是要继续原来的方针。从《根绝赤祸案》到《限制异党活动办法》,历来的主张,就是要我们把军权、政权交出来。这从蒋介石今年三月一日的演说上就可以完全看出来,要我们把军队和敌后的政府都移交给他。他给我们什么呢?不是联合政府。他能够给我们的,就是参加政府去作客。这个客我们作了八年,我们还稀罕作这个客?要把军权、政权交出去,当然是绝对做不到的事。但是蒋介石还是要你这样做,他说可以给共产党合法,但那是把我们手脚捆起来的合法,手脚捆起来还有什么合法!当然很清楚地可以看到,这样的主张后面还有一手,就是三月一日宣布的要在今年十一月十二日召开国民大会,但这还是八年以前国民党包办选举的国民大会。他名义上要还政于民,实际上是要经过召开一党包办的国民大会,通过一党专制的宪法,来承认国民党专制的合法。假使谁出来反对,他就说

---

① 1944年11月11日和1945年1月24日,周恩来两次由延安赴重庆,同国民党进行谈判。

你是分裂，他就要统一你，你不受他统一，他就要讨伐你，这就是他所准备的全国规模的内战。他这条方针完全是和我们对立的。今天除了抗战这点上还可说是相同之外，至于如何抗战，完全是两套。我们是要胜利——彻底的胜利，要民主——新民主主义的民主，要团结——民主的团结，不但要国内的团结而且要国际的团结。国民党是另外一套，不是要彻底的胜利而是企图妥协投降，将来能用日本的资本和武器来打内战，把伪军收编过来打内战，不是要民主而是要维持独裁，不是要团结而是要分裂，在国际上是挑拨离间，企图英美帮助来一个"斯科比"①，国民党就是这一条路线。

从"九一八"以来的国共关系发展到今天，一般地是停止了大规模的内战，发动了抗战，这是统一战线的成功。我们创造和扩大了解放区，振奋了中国人民，推动了中国的民主运动。但是，就是在抗战之下还是有局部的内战，还是充满了反共、反人民、反民主的行动，这是国民党所实行的。这个对立斗争现在还是继续着。我们一方面反对这种反动的消极抗战的路线，另方面还是留有余地，不关谈判之门。三次反共高潮三次谈判，三次谈判后又继续谈判。谈判是为了胜利，为了民主，为了团结，这样的谈判才有作用，否则那真是谈话会了，那就不会有结果。这是长期以来抗日民族统一战线的经过情形。

二、关于统一战线的经验教训问题

谈到经验教训，不能不联系到十年内战时期，甚至大革命时期的一些错误问题。大革命时期我们有一个反帝反封建的民族统一战线，后来因为国民党反动集团背叛了革命，使这个统一战线破裂了。共产党——无产阶级的先进部队被打败了，不得不退入乡村，发动广大群众实行土地革命，建立工农兵代表会议形式的红色政权和工农红军。这个时期的统一战线，是反封建压迫、反国民党统治的工农民主的民族统一战线。"九一八"以

---

① 斯科比，英国人，第二次世界大战后期驻希腊盟军司令。1944年10月，德军在欧陆败退，斯科比率领英军，带着流亡在伦敦的希腊反动政府进入希腊，指使并协助希腊反动政府向长期英勇抵抗德军的希腊人民解放军进攻，屠杀希腊爱国人民。

后我们才转向抗日民族统一战线。所以，大革命、十年内战和抗日战争三个时期的统一战线，是有不同的形式和性质的。但是这三个时期的统一战线又都是属于新民主主义的统一战线，因为新民主主义是我们三个时期统一战线的政治基础。新民主主义的统一战线，就是无产阶级领导的人民大众的反帝反封建的统一战线。毛泽东同志说得很清楚，要建立一个巩固的新民主主义的统一战线，就是要认清楚敌人、队伍和司令官这三个问题。在革命发展过程中，由于敌我关系和斗争营垒时常发生变化，形势时常变动，所以统一战线的问题就很复杂。我们应当根据毛泽东同志所指出的这三个方面，来研究统一战线的经验教训。

现在先说敌人方面。

新民主主义革命的敌人是帝国主义、封建势力。这在整个新民主主义革命时期是不变的。可是帝国主义不仅是一个，而国内的大地主、大资产阶级又有不同的派别和集团，这些敌人又常常不一致，所以敌人营垒又是变化的。这样，我们要认清敌人就不是一件简单的事情，就成了复杂的问题。有时候敌人是合在一起压迫人民大众的。例如大革命失败，南京和武汉的反动势力合作，即所谓"宁汉合作"的时候，帝国主义站在他们后面一致地压迫革命。但是这种情形在整个二十多年当中并不很多，许多时候敌人是分开的。"九一八"以后就很明显，日本用武力侵占中国，他们就分开了。抗战以后更加明显，英美站在反对日本方面，成为中国抗战的同盟军。所以帝国主义是有分有合，分开的时间还是长的。从国内大地主、大资产阶级来说，北伐战争反对北洋军阀的时候，南方就有些封建势力、大资产阶级和军阀到革命阵线里来投机，夺取领导权。十年内战时候，敌人对红军的进攻也是不一致的。抗战时期，英美派大资产阶级翻过来站在抗战方面反对日本，但同时又和日本勾结。这样，敌人有分有合，情况就更复杂了。特别是各阶级的代表人物更不是固定不变的。代表性改变了，本来不是敌人也可以变成敌人，常常使我们搞不清楚。蒋介石在大革命初期，起了一些一般资产阶级代表人物的作用，但在一九二六年三月二十日中山舰事件以后，很快地就转到大地主、大资产阶级方面。汪精卫在大革命初期，是资产阶级的代表，在大革命中期，他很激进，接近小资产阶级，但是在武汉时期，他又转到大地主、大资产阶级方面去了。总之，各阶级代表人物是能变化的。在中国整个新民主主义革命时期，帝国主义、封建势力方面变动很大，尤其以抗战时期为最。在这二十五年革命奋斗当中，我们所遇到的统一战线的变动是这样多，这样大，又这样复杂，因此就要求我们有一个清醒的头脑，善于调查研究，分析问题。以毛泽东同志为代表的思想，能够正确地认识历史发展进程中的矛盾变化，能够随时地认识敌人、分析敌人，能够提出战胜敌人的正确方针。而各种"左"右倾机会主义，就是弄不清楚这些，首先在认识和对待敌人这个问题上发生了很多错误。右的错误常常把敌人当成朋友。最明显的是北伐到了武汉，蒋介石在江西杀了陈赞贤，向共产党开了刀以后，一天天地走向反动，很清楚的是要走到敌人方面去，但是那时候我们党内象陈独秀这样的人，还主张继续和蒋介石合作，就没有认识这个转变关头的变动。"左"的错误常常把朋友当成敌人。内战时期，小资产阶级甚至小资产阶级的上层分子是我们的朋友，特别在"九一八"以后，就是中产阶级都可以做朋友，而"左"倾观点认为他们是敌人，并且是最危险的敌人，竟错到这样的程度。

有些敌人在一定条件下是有两面性的。在同他们结成统一战线的时候，有右倾观点的同志，只注意他们可以联合的一面，忘记了他们的反动性。比如抗战初期，大地主、大资产阶级的蒋介石集团参加了抗战，但还保有他的反动性。右倾的错误是替他擦粉，把他的反动性抹杀了。在一九三八年第二个武汉时期，说蒋介石集团不是法西斯，不是军阀，这就错了。蒋介石确有反动性，他是军阀，是法西斯，一定时候我们不去强调这方面是可以的，但是替他擦胭脂抹粉就错了。有"左"倾观点的同志，在转变的关头看不到变化，只注意这些敌人的反动性，看不到他们可以联合的方面。比如一九三五年在瓦窑堡会议的时候，毛泽东同志估计到中国的资产阶级，甚至部分的大资产阶级，有转向抗战的可能，那时候"左"倾观点的同志就不相信，不懂得联合他们来推动抗战。

对统治阶级营垒中的不一致，要分别清楚是那一种性质的。比如说现在的大后方，反对蒋介石法西斯独裁专制的，有许多地方实力派，在这一点上当然可以跟他们联合。但是一定要懂得他们本身还是代表大地主、大资产阶级的，他们同蒋介石在反对民主这一点上没有根本的区别，在抗战不彻底上也没有根本的区别。所以，他们同蒋介石的矛盾是统治阶级营垒中间的矛盾。"左"的观点不承认这种矛盾，认为凡是敌人，在一个时期内都要一律打倒。但是，要打倒一切，就一切打不倒。

敌人营垒是会变化的。右的观点把昨天是朋友而今天已成为敌人的人仍当作朋友。例如刚才说的第一次武汉时期的汪精卫，以前他的确是代表资产阶级同我们合作的，但是到了武汉以后，一天一天地受到大资产阶级影响，走向反动，走到敌人方面去。有右倾观点的同志却还认为他是可靠的朋友，相信他，依靠他。"左"的观点把昨天是敌人而今天可能成为朋友的人当作敌人。例如"九一八"以前，十九路军代表大地主大资产阶级的利益在江西进攻我们，但是到了"九一八"以后，民族革命高潮来到了，在福建和我们合作。有"左"倾观点的同志还把他们当作敌人，反对他们。这些都说明了敌人营垒极不统一、极不一致，变动极大。我们应该很好地分析，运用毛泽东同志的利用矛盾、争取多数、反对少数、各个击破的方针，才不会犯"左"的右的错误。

再说队伍方面。

新民主主义统一战线，有无产阶级，有农民，有小资产阶级，有自由资产阶级，甚至有时有些大地主、大资产阶级也来参加，所以这个队伍很大，很复杂，力量不平衡，不容易统一。对这样一个队伍要弄得很清楚，要会分析，懂得怎么争取队伍的大多数，反对这个队伍中和我们争领导权的少数人，同他们斗争。不懂得这一点就要犯错误。

无产阶级是这个队伍的骨干。无产阶级的觉悟高，本事大，可是人数少，力量小，在新民主主义革命中必须依靠一个最可靠的同盟军——农民。农民是这个队伍的主要力量，象毛泽东同志说的，五个指头占四个。中国的战争实际上就是农民战争，离开了农民就打不好仗。北伐战争时，军队本身也好，军队以外的配合力量也好，最大多数是农民。内战时候更清楚，完全依靠农民。抗战时期还是一样。有了农民，我们就能进能退；没有农民，进是少数孤军前进，退则没有地方可退。"左"倾的也好，右倾的也好，恰恰都是不认识农民，忘记了农民。"左"倾的错误是不依靠农民，只凭无产阶级打冲锋，结果使自己孤立。右倾的错误是依靠资产阶级，甚至依靠大资产阶级。大革命后期，在武汉时期，认为资产阶级可靠，甚至把唐生智、冯玉祥这些大地主大资产阶级的力量当成依靠，而不去依靠农民。第二个武汉时期，抗战初期，有一部分同志不是依靠农民，而是依靠大资产阶级，以为国民党领导的军队能够打胜仗，把主要的力量农民忘记了。这种依靠法很危险，不仅要打败仗，还会被人家俘虏。第二个武汉时期，由于中央路线是正确的，我们主要的力量在华北，所以没有象第一次大革命时候那样失败，但是危险还是有的。后来，大后方工作存在一个弱点，就是民主运动没有深入到农村。

城市小资产阶级在新民主主义革命的队伍中也是一个基本的力量。有了这个力量，还要跟农民结合，假使不跟农民结合，仅仅依靠工人和城市小资产阶级，也不能使革命取胜。右的观点以为依靠城市小资产阶级和工人，就可以取胜。这是不对的。"左"的观点就是连城市小资产阶级都不要。城市小资产阶级的典型代表是知识分子，认为知识分子没有作用。这也是不对的。大革命失败前后，曾经只依靠工人和城市的知识分子。譬如广州起义，只把城市工人和以知识分子为主要成份的教导团动员起来，发动起义，没有依靠农民，也没有打算退到农村中去，所以广州起义失败了。上海起义也是如此，想依靠城市的工人和一部分城市知识分子，在敌人力量最强的上海硬坚持，结果失败。现在我们又到了要进大城市的时候了，当然我们现在的主力军是在农村。做沦陷区城市工作的同志应该认识，要与农村配合才能进退自如，工农小资产阶级结合起来才能有力量。

新民主主义的统一战线队伍里面，还有一个自由资产阶级，我们叫他中间力量。毛泽东同志告诉我们，这是个软弱的动摇的阶级，无产阶级应该争取他，联合他，至少可以使他中立，但是不能依靠他。右的观点忘了农民，忘了工农群众，去依靠自由资产阶级，是错误的。"左"的观点否定与自由资产阶级的联合，也是错误的。

大地主大资产阶级的一部分，有时也会参加到统一战线队伍里来，但是他们带着很明显的两面性。资产阶级有他的两面性，小资产阶级也有他的两面性，但是大地主大资产阶级的两面性是更明显的，他们的反动性的那一面是根深蒂固的。因此，在与他们合作时，要随时提防他们，反对他们的反动性，绝不能依靠他们。大革命末期，武汉时期，不仅依靠汪精卫，还依靠唐生智，依靠冯玉祥，结果落了空。这是大革命失败的教训之一。当时有两种武装力量。一种是我们党的武装力量，有叶挺的二十四师等，这是我们党直接领导的，同时还有广大的工农群众的武装，从广东到武汉，特别是湖南的工农群众有了武装，这是我们的力量。另一种是大地主大资产阶级的武装力量。那时候我们党的政策，不是面向自己的力量，而是面向大地主大资产阶级的力量，唐生智的军队，冯玉祥的军队。我记得最明显的是在武汉危急、"马日事变"以后，我们党的中央还仰望所谓农民领袖、基督将军的冯玉祥。那时共产党也好，国民党也好，就连外国的同志也好，大家都仰望他。当冯玉祥从潼关打到郑州的时候，武汉国民政府的头子就坐专车去接他，我党也派张国焘接他去了。结果，冯玉祥在徐州和蒋介石会面，来了一个大反动，把所有的武汉的人都出卖了，于是武汉全面落空了。这就是依靠大地主大资产阶级武装力量不依靠自己武装力量的恶果。当然还有土地革命问题，不过武装是一个中心问题，这在当时是可以看出来的。第二个武汉时期，以为国民党军队不改造也可以同他很好地合作，这同样是机会主义的错误。

从这里可以看到，我们的抗日民族统一战线，包括无产阶级、农民、小资产阶级、自由资产阶级和一部分大资产阶级，这样大、这样复杂的队伍，如果不搞清楚，就会发生"左"的右的错误。我们党中央、毛泽东同志的领导，分析了这个队伍，把这个队伍里面的人分作三类：一类是进步力量，就是工农小资产阶级；一类是中间力量，就是中间阶层；一类是顽固力量，或者反动力量，就是大地主大资产阶级。地方实力派近乎中间，或者是中间和顽固之间，在阶级性上是接近反动派的，在反蒋这一点上又起了中间力量的作用。根据这三种力量的分析,我们订出了发展进步力量,争取中间力量,孤立、分化和打击顽固力量,也就是联合大多数,反对少数,打击最顽固的力量的方针。右的观点就不是这样。大革命末期,陈独秀主张不分左中右,怕人家说我们分化他们。大地主大资产阶级不喜欢我们分左中右,陈独秀就作了大地主大资产阶级的应声虫。不分左中右,结果左派就要跑到中间,最后跟右派跑了。第二个武汉时期重复了这个错误。一九三七年的十二月会议上,又有人主张不要分什么左中右,只要抗日与不抗日之分,抗日与亲日之分,除了亲日派以外,剩下的就是铁板一块,都是坚决抗日的①。这是受了大地主、大资产阶级的影响。所以第二个武汉时期,就把国民党蒋介石的军阀性、法西斯性都抹杀了,认为站在一起,一般高、一般美、一般漂亮。左中右是应该分的,分才对,不分不对。"左"的观点是只相信无产阶级,只相信无产阶级先锋队,脱离一切群众,自己队伍里的人不去联合。这也是不对的。所以不管是"左"的错误或右的错误,都是不懂得毛泽东同志关于左中右的分析,不懂得如何发展进步力量,争取中间力量,孤立顽固、反动力量,结果孤立了自己。这是我们对统一战线队伍的分析,我们应有这样的认识,没有这样的认识就会犯错误。

但是队伍光分左中右还不够,还要有进一步的严格的区别。这样大的队伍,在无产阶级以外,有农民、小资产阶级、自由资产阶级,甚至有时候还有大地主大资产阶级来参加,就应该有一个严格的区别。无产阶级在这个队伍里是带队的,起领导作用的,其余的阶级都同他有区别。不但大地主大资产阶级和自由资产阶级,就是小资产阶级和农民,也都同无产阶级有区别。所以毛泽东同志就指出,在统一战线中应该坚持独立自主。独立自主,就是指无产阶级的独立性,他有自己独立的政策、独立的思想。他是去联合人家,而不是同化于人家。有了区别,就有斗争。无产阶级在统一战线中的团结,是在坚持独立自主的条件下同人家讲团结,而不要受

---

① 这是针对王明1937年12月9日在中共中央政治局会议报告中的错误观点的批评。

其他阶级的影响。毛泽东同志常说，我们在统一战线中最容易受别的阶级的影响，所以不主张区别是不对的。右的观点就是不主张区别。抗战的武汉时期，有人主张我们是"求同而非异"，就是说只有同而没有异。这是不知道我们无产阶级和别的阶级不同。有些同志不懂得这个统一性和区别性的道理。假如不区别，那就是和人家混合在一块，一定受人家的影响。"左"的观点是天天讲区别，不去和人家共同行动，急于搞社会主义，土地革命时期就要进行共产主义教育，要使一切人都具有社会主义的思想，不懂得应该进行新民主主义教育，就是无产阶级领导的人民大众的反帝反封建的新民主主义教育。右的不区别，"左"的强调区别而不去求得今天统一的方法，都是不正确的，都是受了别的阶级的影响，不是真正的无产阶级的思想。右的错误是受了大资产阶级的影响。因为和他合作，就容易受他的影响。他们的态度好一点，请我们作客，吃茶吃饭，就不去区别了，就把大资产阶级大地主的主张当作自己的主张提出来了。毛泽东同志说过，右的错误，一般地说，在与资产阶级联合的时候比较容易发生；"左"的呢？一般地说，在与资产阶级分裂的时候比较容易发生。这在我们党的《关于若干历史问题的决议》上也这样指出了。同时，因为我们党内小资产阶级出身的成份多，在我们困难的时候，在受了大资产阶级压迫的时候，容易受小资产阶级直接的影响，容易有"左"倾情绪。这些都是受了别的阶级的影响而产生的错误。

再说领导权的问题。

无产阶级比别的阶级先进，是应当领导别的阶级的，这就是毛泽东同志说的"司令官"。但无产阶级也不是天然的司令官，不是从农民一直到大资产阶级都公推你、公认你为司令官。大革命时期有一个彭述之，他写了一篇文章，说无产阶级的领导权是天然的，不要争！这和毛泽东同志关于争领导权的思想完全相反。领导权要用力量来争，因为领导权是有人和无产阶级争，和共产党争的。不但大资产阶级争，自由资产阶级也争，小资产阶级也争。他们总要照他们的思想来领导这个队伍。但是和我们争领导权最主要的力量，还是代表大地主、大资产阶级的国民党这个统治集团。所以在统一战线当中，互争领导权的主要是国共两党，大资产阶级就成为我们斗争的主要对象。因为一个队伍有两个司令官，就要打架，两个中间总要下去一个。在大革命初期，国共两党曾经联合成一个队伍，大革命失败以后，就分了家，成了两个队伍。一直到现在还是两个队伍。一个是无产阶级，共产党为代表，所领导的队伍，发展到今天有了解放区，有了人民的武装。另一个是大地主大资产阶级，国民党为代表，所领导的队伍，十八年来国民党实行一党专政的统治。这两个队伍在那里斗争，双方争取的对象就是农民、小资产阶级、自由资产阶级。有人说我们只争取农民和小资产阶级，这是不对的。我们还要争取自由资产阶级。双方进行争取和领导的方法是不同的。国民党是采取压迫的方法，不但压迫工农，也压迫小资产阶级、自由资产阶级。我们的方法是同一切可以争取的力量合作。我们和农民的关系搞得最好，和小资产阶级的关系也很好。至于对自由资产阶级，领导的方法有所不同，就象和友军的关系一样。大革命初期、中期就是这样的方法。这里头有一个问题，就是自由资产阶级并不那样听话，常常闹独立性。所以我们对自由资产阶级的领导，只能是主要问题上的领导，而不可能是完全的领导。当然，在另一种条件下，我们对自由资产阶级，不但实质上可以领导，而且形式上也可以领导。如在解放区，自由资产阶级就可能在形式上也受我们的领导，但他的独立性还是要保持的。

大地主大资产阶级有时是不是可以受我们领导一下呢？从历史的经验看，一时的或一个问题上的领导也是可能的。一般地说，当他们的力量小的时候可以受我们领导。譬如蒋介石在一九二六年三月二十日以后，就不愿受我们的领导了，但他没有力量北伐，就叫我们帮助他，叫苏联帮助他。这时还受我们领导，但这是靠不住的，因为他表面上受你领导，实际上他准备和你分裂。又如那一天朱德同志报告中讲的，当华北敌人九路围攻的时候，国民党的军队处在很困难的地位，他就要我们朱总司令领导。但那是一时的，一旦他和他的后方打通，就要跑掉，反而来打我们。所以我们应该时常警惕。在要不要抗战的问题上，蒋介石受了我们的领导，就是我们推动了他抗战。但是如何抗战，他要按他的办法，不愿意照我们的办法，不受我们的领导。大地主大资产阶级仅在不得已时、在某一个问题上能受我们领导，他们一旦有了力量，有了外援，就会立刻和我们分裂。所以在领导权的问题上，无产阶级领导农民、小资产阶级，可以搞得很好，很亲密。对自由资产阶级，虽然他闹独立性，但是还可以领导。对大地主、大资产阶级，一般地说不能领导，只能在某个问题上、某个时期内领导。

我们党在历史上几个时期的许多成功，都是因为执行了毛泽东同志关于领导权问题的思想和路线。"左"右倾机会主义在领导权问题上翻的跟头最厉害。可以说"左"倾右倾都不懂得领导权问题，不懂得争取这个领导权。

右倾观点是不要领导权。大革命后期的陈独秀，就是不要领导权，认为只要说一句风凉话，所谓天然领导权就够了，实际上他觉得既是资产阶级革命，领导权就是资产阶级的，无产阶级顶多是抬轿子的，顶多搞一些集会、结社、言论、罢工的自由。在农民问题上，陈独秀连减租减息都不赞成，更谈不到解决土地问题了。那时贴了很多标语，有两个口号，一个是要建立无产阶级的领导权，一个是要争取非资本主义的前途。我们党的第五次代表大会，这样的口号也有很多。但口号是口号，而实际上是放弃领导权，认为领导权是天然的，用不着争。所以在政策上就不发展工农武装，不建立工农领导的政府。虽然那时候湖南、江西、湖北等省，还有一些县政权是归武汉政府的，但是陈独秀压制工农斗争，一切都退让，退让的结果使大革命失败了。这是第一个武汉时期的错误。

第二个武汉时期的错误也是不懂得这个领导权问题。那时有一种解释，说只要抗战就是统一，说蒋介石的政府已经是统一的政府，蒋介石的大资产阶级的政府已经开始民主化，人民已经得到充分自由。这就是说，大资产阶级很好，很民主，很统一，也就是承认大资产阶级的领导权，因而在政策上也就不要民主改革，不要改善民生。但当时党中央是很强调民主改革、改善民生这两点的。武汉时期放弃领导权，还表现在不重视敌后的发展，不主张建立敌后政权，主张一切经过统一战线。假若这个统一战线是我们领导的，当然很好。但实际上，国民党并不承认我们的领导。他所承认的统一战线，就是把我们领导的队伍统一到他的军令、政令里去。所以一切经过统一战线，实际上就是一切经过国民党的军令、政令。那时提出了七个统一①，就是统一指挥，统一编制，统一武装，统一纪律，统一待遇，统一作战计划，统一作战行动。这不是都统一于国民党的军令吗？还不是都统一给他吗？又如提出晋察冀边区也必须经过国民党批准才能成立。这还不是统一于国民党的政令吗？这样退让政策的结果，在武汉被解散了三个群众团体②，后来在华中弄出来一个皖南事变。这就是没有照毛泽东同志说的要时刻提防人家反对我们，不是把国民党的主张提高到我们的主张上来，而是把我们的主张降低到国民党那方面去，也就是争取领导权上犯的右倾错误。

"左"倾机会主义也在领导权问题上翻了很多跟头。简单说来，就是他们不懂中国革命的新民主主义性质，以为已经越过俄国一九〇五年到一九〇七年的阶段，急于转变，争取非资本主义前途，空喊无产阶级领导。政策"左"了，不仅脱离了小资产阶级群众，而且脱离了工农群众，造成了严重的损失。抗战时期的某些"左"倾观点，也是在这些问题上弄不清楚，只要斗争，不要团结，没有认识毛泽东同志关于在统一战线中有团结有斗争，在斗争中有理、有利、有节的策略原则。

所以领导权的问题，是统一战线中最集中的一个问题。右的是放弃领导权，"左"的是把自己孤立起来，成了"无兵司令"、"空军司令"。可以说右倾是把整个队伍送出去，"左"倾是把整个队伍推出去。

以上是从历史经验检讨中得出来的全面认识。我自己在三个时期特别是后两个时期中，犯了不少的错误。今天我讲统一战线的经验，觉得应该看到错误的严重性。当然这些错误已经改正了。假使今后对敌人、队伍、

---

① 七个统一，是王明在1938年3月11日中共中央政治局会议的总结中提出的主张。
② 1938年8月20日国民党武汉卫戍司令部政治部宣布解散中国共产党领导的中华民族解放先锋队和进步的群众组织青年救国会、蚁社。

司令官这三方面不能清楚认识，不管在那一点上还存在着不自觉或盲目性，那一点上就会犯错误。我个人是如此，对我们全党同志也是如此。

选自《周恩来选集》上卷，人民出版社1980年版

(二)口述回忆

中共代表同蒋介石的一次会见

吴玉章[①]

参政会后(指1938年10月28日至11月6日在重庆召开的一届二次国民参政会——编者注),我同董老、王明、博古同志等六人应蒋(指蒋介石——编者注)之约、恳谈了五六点钟。蒋很客气,力劝我们到国民党去作强有力的骨干,为国家民族共同努力,不必要共产党。大家辩论了很久。我说:现在世界上固然有只要一个党的强国,如苏联的布尔什维克和德国的纳粹,但也有各党并存的强国,如英美法等国。蒋急说:"他党可以并存,共产党不能并存。"他又说:"如不取消共产党,死也不瞑目。"他不能溶共就要消灭我们的肺肝如见。他特别向我说:"你是老同盟会,国民党的老前辈,还是回到国民党来吧!"我说:我相信共产党是相信马列主义社会科学的真理,深知只有共产主义才是社会发展的正确道路,不能动摇,如果"二三其德",毫无气节,你也会看不起吧!他这一说服手段,丝毫不能有效,反而使我们知道,他不但没有放弃一个党的主张,今后必然要着手反共的行动。

选自南方局党史资料征集小组编:《南方局党史资料·统一战线工作》,重庆出版社1990年版

[①]吴玉章,1939年1月任南方局委员,1946年4月任中共四川省委书记。

在斗争中团结，在团结中发展

童小鹏[①]

周恩来同志1938年12月到达重庆后，即根据党中央决定，和董必武、博古、叶剑英、邓颖超等同志一起建立以周恩来为书记的中共中央南方局，统一领导八路军办事处、新华日报社和西南、南方地下党的工作，同时代表党中央和国民党进行谈判。1939年1月，国民党召开五届五中全会，通过了《限制异党活动办法》，以后又规定了许多限制和打击我党我军和抗日群众的办法，并且在华北前线搞军事磨擦，在国民党地区制造了"平江惨案"、"竹沟惨案"，捕杀新四军干部和士兵，破坏我地下党组织，迫害进步力量，掀起了第一次反共高潮。

南方局一成立就高举抗日民族统一战线的旗帜，坚决贯彻党中央"坚持抗战，反对投降；坚持团结，反对分裂；坚持进步，反对倒退"三大政治口号，在统一战线工作中，创造性地执行"发展进步势力，争取中间势力，孤立顽固势力"的方针。在日机不断轰炸和国民党特务的包围中，英勇沉着地领导各条战线的同志们进行艰苦的工作和战斗。在同国民党谈判中，坚决保持共产党的独立组织，坚决维护党领导的武装力量和陕甘宁边区、各抗日根据地的地位，对国民党的反共政策进行有理、有利、有节的斗争。向国民党统治区以及国际友人大力宣传党的方针政策，揭露国民党对日投降妥协和反共反人民的阴谋，配合解放区的反磨擦斗争，胜利地粉碎了国民党的第一次反共高潮。

通过以上斗争，扩大了中国共产党的政治影响，巩固和发展了地下党

[①]童小鹏，1939年起先后担任南方局机要科科长、秘书处处长。1944年11月任南方局重庆工委委员。1945年12月任南方局（重庆局）候补委员。

组织，团结了广大的中间力量，取得了国际同情，使国民党反动派陷于孤立地位，巩固和发展了抗日民族统一战线，增强了国民党统治区人民抗战胜利的信心。

我们在南方局的工作人员，在周恩来、董必武等老一辈无产阶级革命家的言传身教下，都提高了政治觉悟和政策水平，增强了工作能力，完成了自己的任务，感到无限光荣。我这个"鸡鸭行长"也在这一系列艰巨、紧张的斗争中，受到锻炼、不断成长，负担着秘书机要工作的重要任务，保证了南方局和延安中央以及一些地方的无线电联络，保守了党的机密。

第一次反共高潮虽然被打退了，但国民党的方针并没有改变，而且准备着更大的反共阴谋。1940年夏，国民党表示要同共产党谈判，并想通过谈判捞到好处。周恩来以无产阶级革命家的睿智和恢宏的气魄投入了这场艰巨的谈判斗争。谈判的主要内容是承认共产党合法地位，承认陕甘宁边区，扩编八路军和新四军，以及划分作战区域。前两个问题在1937年9月国共合作宣言发表后国民党已承认了的问题，但一直拖着没解决，后两个问题是因为八路军、新四军深入敌后扩大武装力量，收复了大片敌占区，理应合理解决的问题。但是国民党不仅不答应，反而提出一个"中央提示案"，无理要求取消陕甘宁边区，要缩编八路军和新四军，并控制其防地。妄称做到了这些，才能承认共产党合法。蒋介石甚至要八路军、新四军开到黄河以北，否则一切问题都不能解决。因此，周恩来根据中央方针，坚持我党方案，进行了针锋相对的斗争。周恩来在南方局的会议上分析形势提出，国民党还不会立刻投降，国共关系也不会立刻好转，是拖的局面，但是接近于大的变化。我们总的任务是巩固组织，开展统一战线，开展群众工作。

为此，南方局全面安排各方面的工作。

加强《新华日报》、《群众》周刊的宣传工作，把党的方针政策告诉国民党统治区人民，经常发表八路军、新四军战报，用事实驳斥国民党说我军"不抗日"的造谣污蔑，并把国民党进攻我军的材料印成小册子通过各种渠道散发到各地和香港以至国外。

通过以郭沫若为首的文化界进步力量，用各种方式鲜明地提出"坚持抗战、团结、进步，反对投降、分裂、倒退"的要求。

广泛开展统一战线活动。周恩来、董必武、叶剑英、邓颖超等领导同志和南方局的文化、党派、青年、工人、妇女各组都按各自分工广泛同各民主党派以及各界党外人士接触，阐明我党主张和揭露国民党反动派的反共阴谋，要求一切主张抗战、民主的力量团结起来，才能制止亲日派的投降妥协，争取民主，达到抗战胜利。同时，经过香港党组织和进步力量，向港澳同胞、海外侨胞以及国际友人开展宣传和统战工作。

对地下党组织，根据隐蔽精干、长期埋伏、积蓄力量、以待时机的方针，针对不同地区的具体情况进行研究，改变了组织方式和工作方法，撤退了暴露的干部，巩固了组织，使党深深扎根于社会和群众之中。

对南方局、八路军办事处和新华日报的工作人员，进行了紧张的政治学习和政策教育，除了领导同志亲自作报告外，还请了郭沫若、翦伯赞等历史学家来上历史课，使大家的政治思想觉悟得到提高，增强了斗争的信心。这一切，都为迎接第二次反共高潮做了充分的组织上和思想上的准备。

皖南事变后，南方局在开展一系列政治斗争的同时，根据党中央决定以我党七个参政员名义，将我党所提出的解决皖南事变的十二条办法提交国民参政会二届一次会议，要求讨论，以求恢复国共团结，坚持抗战，并作为中共参政员出席二届一次参政会的条件。南方局还将我党提出的"十二条"办法抄送各党派的参政员。国民党代表张冲几次要求我党收回十二条，都被恩来同志坚决拒绝。一些民主党派负责人感到问题严重，曾来会见周恩来、董必武，希望中共让步，出席参政会。周恩来、董必武向他们耐心地说明，在蒋介石坚持反共的情况下，如果要避免为他所消灭，除了进行针锋相对的斗争外，别无他路可循，表示不能出席这次会议，并希望他们不要上当受骗。1941年3月1日，国民参政会二届一次会议在中共代表缺席的情况下举行。蒋介石、何应钦对中共和八路军、新四军进行了攻击，通过了所谓统一军令政令的反共决议。但蒋介石又不能不表示，保证以后决无"剿共"的军事,希望中共参政员能在参政会内共聚一堂。

通过这次会议的斗争,进一步暴露了蒋介石反共阴谋,教育了中间党派的代表人物和广大群众,充分表示我党反对投降、反对分裂、反对倒退的坚定立场,也取得了许多国际友人的同情。

选自中共中央党史研究室科研管理部、中共重庆市委党史研究室编:《见证红岩——回忆南方局》上,重庆出版社2004年版

"要牺牲，我们一块牺牲"

陈舜瑶[①]

1月17日国民政府军事革命委员会通令，诬蔑新四军叛变，取消新四军番号，叶挺交付军事法庭审判，通缉项英。这反动命令第二天就要在报纸上发表。新闻检查官已坐在新华日报馆监视。

周恩来无比愤恨地在电话中斥责何应钦："你是中华民族的千古罪人。"他镇定地部署政治反击和准备应付国民党军警突然袭击南方局机关，首先动员和组织机关的全体同志应变。

当晚，在红岩召开南方局和办事处的全体同志开会，周恩来沉痛地讲了皖南事变经过情况，当前我们面临的形势和我们的对策。他分析时局发展存在两种可能：一种可能是国共关系全面破裂；另一种可能是打退蒋、何的猖狂进攻，争取继续合作抗日。我们虽然损失了一个新四军军部，可我们还有几万新四军，几十万八路军，我们还有力量。蒋介石要完全投降必须考虑这点。英美派大资产阶级和亲日派大资产阶级还有矛盾，蒋介石要全面反共就要完全投降，但英美要他牵制日本，不同意他降日，所以蒋既要反共，又不敢彻底破裂。我们坚决反对国民党的反共政策，但不愿破裂，不然我们就要处于两面作战的境地，还是要力争继续合作抗日，但也要充分准备他全面破裂。就是他不敢全面破裂，我们也要作好应付突然事变的准备。他袭击我们南方局机关，主要是要搞我们党的机密：密码、文件、地下党员名单等。因此，必要时我们也要进行适当的抵抗，把机密文件毁完了，就准备坐牢。在出现这种情况时，我要出面交涉。我是蒋介

[①]陈舜瑶，曾在南方局宣传部、统战工作委员会文化组等部门工作。

石、国民党请来的，一定要尽可能争取让蒋把我们送回延安，争取全师而归。如果国民党把我们全抓起来了，我们就一起坐牢。他们要问你是不是共产党员，男同志都承认是共产党员，女同志只承认是家属，因为我们是公开的共产党机关。问你们党组织的情况，就说我们的中央在延安，主席是毛泽东，这里有支部，书记是周恩来。再问还有哪些负责人，就说有董必武、邓颖超，再要问就说不知道，让他们问周恩来。我们在牢里，要坚持不泄露党的机密，好好保养身体。国民党也有可能不杀我们，但也要作最坏的准备，要准备牺牲。要牺牲，我们一块儿牺牲。要学习先烈，在任何情况下保持共产党员的革命气节。我们现在的工作更困难了，我们当共产党员就不要怕困难。只要国民党还没有把我们抓起来，就要坚持工作。为了避免和减少牺牲，要疏散一些同志，留下的同志要更加努力地工作。

这是铭心刻骨的一夜！这是毕生难忘的一夜！我们沉痛地哀悼和深切怀念伤、亡、被俘的 7000 余战友。他们中间有来自八省，曾在丛林岩穴中苦斗三年的老游击战士，有苏皖众多工农，有全国各省救亡学生运动的精英，有优秀的爱国知识分子、专家学者，还有大革命时期铁军、"八一"打第一枪的领导者。红岩还留有叶挺将军和新四军一些同志的足迹。而今他们或身陷囹圄，或血染茂林，被俘的遭到惨绝人寰的蹂躏。皖南事变全过程证明了中国大地主、大资产阶级的政治代表们对人民是怎样地仇恨残忍，是怎样地阴险诡诈！这怎不令人怒火冲天！我们要将满腔怒火熔铸出钢铁心志，和他们斗争到底。我是学生出身的青年，虽然见过大刀水龙，但面临这样严酷的阶级斗争大世面还是第一次，这真是惊心动魄的阶级教育课！

嘉陵江畔小楼上，窄窄楼道里，聚集着百余共产党员。南方局的领导同志坐在我们对面，周恩来站在我们中间。我们屏息静听他讲话，完全明白处境是何等艰险，从心灵深处感到外面夜黑雾重，春寒彻骨。红岩是被重重包围的孤岛，一旦国共关系破裂，国民党军警随时可能破门而入。我们要准备牺牲，甚至全体牺牲。这悲壮激烈的情景，真仿佛"易水萧萧西风冷，满座衣冠似雪，正壮士悲歌未彻"。但是我们不是悲哀地相互告别，不是为哪个人慷慨赴死，我们是为打退国民党当局的猖狂进攻而临战誓师。不管有多大艰险，我们不放过最后的可能性，一定要打退反共高潮。

在险恶形势下，为减少损失，南方局逐步撤退干部。先由各组提出名单，经过领导审查后决定。包括干部、进步朋友和烈士遗孤等，回延安的居多数，也有去李先念处和新四军江北部队的。一部分文化、新闻、学术等方面的知名党员干部和进步朋友就撤退到香港、南洋，转换阵地作战，在香港形成据点，写文章、办报纸、出书刊，再反射到内地来。去南洋的干部还积极开展华侨工作。有些同志就近在四川转入地下，以公开职业（如中小学教师等）作掩护，隐蔽起来。

周恩来要求，对每一撤退同志，都要周密考虑怎样使他走得脱，站得住，能发挥作用。撤退途中的合法证件、交通工具、旅费都要有办法解决。转入地下的同志一般暂时与组织割断联系，由叶剑英把他们的名单带回延安，倘若因形势变化，失掉关系，还可以查证。这对党员是至关重要的。周恩来还提出了"三化"（社会化、职业化、合法化）、"三勤"（勤学、勤业、勤交友），使中央的隐蔽方针更具体化，使党员从积极方面领会和贯彻。隐蔽不是蛰伏隐僻处，而是深入群众，广交朋友，努力学习，积储力量。这次艰巨的撤退工作真正做到了对每个同志负责到底，也同进步朋友结成了患难知交。

今年在征集周、邓遗物时，发现皖南事变时邓颖超曾将母亲遗物和周恩来珍爱的纪念品放在小磁匣内寄存好友家，并说倘她不能来取回，就留作纪念吧。他们真是一切都准备着了。想起那难忘之夜，周恩来和我们共勉："要牺牲，我们一块儿牺牲。"他临难无苟免的气概，和同志共生死的豪情，对我们的理解和信任，深深教育、激励着我们，使我们懂得了他那"我要坚持到最后"的"最后"是有决心、有信心把反共高潮打退到谷底；是对朋友对同志负责到底；是为共产主义奋斗到底！

选自中共中央党史研究室科研管理部、中共重庆市委党史研究室编：《见证红岩——回忆南方局》上，重庆出版社2004年版

南方局对民主政团同盟的指导和帮助

罗隆基[①]

从民主政团同盟酝酿成立的时候起，民盟的发起人和领导人同共产党在重庆的负责人，就有了合作关系的渊源了。民盟的发起人和领导人当时都是参政会的参政员。在抗战初期，参政会每年在重庆开会两次。参政员中各民主党派的领袖和许多民主人士就利用参政会在重庆开会的机会，经常举行座谈会、碰头会和聚餐会等交换有关时局的意见。共产党的参政员如董必武、林祖涵、吴玉章、邓颖超等是经常来参加这类集会的。周恩来只要有机会在重庆，他亦必定来参加这类集会。共产党负责人在这类集会中，已经起着政治上教育和领导的作用了。

民主政团同盟在成立的时候是个秘密的组织。但对共产党来说，民主政团同盟的成立是公开的秘密。共产党对民盟始终采取鼓励、支持和帮助的态度。民盟最初派梁漱溟到香港去办光明报，香港的中国共产党地下党组织是秘密予以协助的。1941年，我在昆明创办民盟支部的时候，共产党在昆明的地下党组织是予以全力支持的。那时候共产党地下党员周新民在重庆已经参加了民盟，他特地来昆明的云南大学教书，实际上他到昆明来，是来帮助民盟发展工作的。不久，地下党员李文宜也到昆明来进行妇女工作。昆明的民盟支部后来发展得比较好，成为当时昆明学生运动的推动力量，实际上这是共产党地下党组织对民盟工作的支持和鼓励的结果。民盟在昆明的情况是这样，民盟在西南和西北的各城市中能够得以成立和发展，情况都是如此。

[①] 罗隆基，1941年参与组织中国民主政团同盟（民盟前身），任中央常委兼宣传部长。

民盟中央同共产党在政治上的合作，在其成立后就开始了。民盟的某些中央领导人，如张澜、沈钧儒、章伯钧和我自己，早已同共产党在重庆的领导人，就关于抗日反蒋运动的问题，经常秘密协商，并共同进行工作。举几件很小的例子来说：早在民主政团同盟的时代，民盟四川、云南两省的实力派军人领袖刘文辉、龙云已有了秘密的关系。他们两个都是民盟的秘密盟员。他们是当时西南实力派主张抗日反蒋的人，都向往共产党在抗日反蒋中的领导，都愿以自己的实力，对这个共同的目的有所贡献。由于刘、龙两人都是民盟的盟员，四川方面通过张澜同刘文辉的联系，云南方面通过我同龙云的联系，进一步加强四川、云南两省实力派同共产党的密切合作。刘文辉有时到重庆来。当他在重庆的时候，共产党方面的周恩来、民盟方面的章伯钧和我，同刘文辉四人就进行过秘密会商。在云南方面，经过我同龙云的联系，共产党方面亦派有秘密代表驻在昆明。后来昆明同延安又有了秘密电台的联系。龙云还指定缪云台，民盟方面由我代表，加上共产党在昆明的负责人，亦成立了一个三人的秘密委员会，经常讨论怎样团结西南几省的实力，准备支持和策应共产党领导的革命武力，以贯彻抗日到底的目的，同时亦准备防止蒋介石发动内战的阴谋。这些以往的具体事例，不仅说明当年民盟秘密盟员刘文辉、龙云两个人同共产党早年的联系，实际说明了早在旧政协以前，民盟在抗日反蒋这个共同的目标上已同共产党进行了真实的合作。

1945年8月间，毛泽东在重庆的时候，曾经到过特园同民盟张澜主席进行过亲切的恳谈。周恩来在那个时候，就经常到特园来向民盟领导人和许多民主人士，作争取和平和民主斗争的讲演和指导。特园因此就得到了"民主之家"这个光荣的名称。这个"民主之家"就象征着当年共产党同民盟的亲切关系。

选自中共中央党史研究室科研管理部、中共重庆市委党史研究室编：《见证红岩——回忆南方局》上，重庆出版社2004年版

对国民党民主派的工作

许涤新[①]

在执政的国民党内部，除顽固势力外，还有一部分是要求团结抗日的进步人士，如冯玉祥、李济深、于右任、邵力子、张治中、贺耀祖、王昆仑、朱蕴山、朱学范、李德全、倪斐君以及曹孟君等。他们当中有些人还是国民党当权派。众所周知，张治中曾三上延安。1945年8月，他在美国驻华大使赫尔利陪同下首次到延安，邀请毛泽东主席赴重庆谈判，并将其在重庆的公馆"桂园"主动借给毛主席，作为在渝期间会见各方人士之用。《双十协定》签字的第二天，由于周恩来的联系，他亲自护送毛主席飞返延安。1946年春，他又以最高军事三人小组成员的身份第三次到延安。当晚，党中央在杨家岭设宴招待，张治中在宴会上说："希望你们将来写历史的时候，不要忘记'张治中三到延安'这一笔。"由此可见张治中与我们的关系。

贺耀祖早就同我党有联系，他的夫人倪斐君对南方局妇女组的工作贡献颇大。在曲折的道路上，他们一直同我们合作。

另外，还有一个陈布雷，是蒋介石的亲信，我们通过他的女儿陈琏（中共党员）专门做他的工作，使陈布雷在政治上感到矛盾，无法解脱。

由于对国民党顽固派和民主派区别对待，促进了国民党内部的分化。

对于国民党机关（包括其报社）中的工作人员，我们也进行了统战工作，不少国民党的政治经济情报，是从其政府机关的中下层干部那里得到的。

选自中共中央党史研究室科研管理部、中共重庆市委党史研究室编：《见证红岩——回忆南方局》上，重庆出版社2004年版

[①]许涤新，1938年初，到武汉参与创办《群众》周刊和《新华日报》，任《群众》周刊副主编；同年底，随《新华日报》到重庆，任编委和党总支书记，先后担任南方局宣传部秘书、经济组组长等职。

周恩来对于右任先生的关怀

屈　武[①]

我在苏联度过了12个春秋,于1938年,绕道西欧,由海路回国。到香港以后,我找到了中国共产党派驻香港的代表廖承志同志,我们作了长时间的谈话。从他那里我了解到国内各方面的一些情况,心情虽然有些沉重之感,但是在国共两党团结合作情况下,对祖国抗战前途,是颇具信心的。我在香港稍事停留之后,取道贵阳搭长途汽车到达重庆,当时正是中秋佳节。我的岳父——长期担任监察院院长国民党元老于右任老先生,亲自过江接我,我遂和他共住在康心之公馆的后花园里。

到重庆以后,我接触各方面的人士,并仔细地体察祖国的形势和内部的问题。摆在眼前活生生的现实,使我看清了政治上是非的分野,也逐步认识了祖国的出路问题。当时的当务之急,是挽救国家民族危亡的抗战问题。抗战的胜败,关键在于能不能坚持到底;能不能坚持到底,端倪国共两党能不能保持团结合作。我能得出这样的认识,应该感谢中共的同志们,特别是周恩来同志,对我的帮助。

我同周恩来同志的认识,是王炳南同志介绍的。认识之后,同他的接触就多了。有时候他通知王炳南找我谈话,有时候是我直接到曾家岩50号"周公馆"主动找他谈话。我找周恩来同志主要是反映我所知道的重要情况,或者是有什么问题向他请教。我和王炳南是经常见面的。他是我们陕西乾县人,远在第一次国共合作时代,我们就认识。抗战期间在重庆,通过他的关系,我知道一些有关延安方面的动态,中共中央的一些决议,

---

[①] 屈武,国民党左派,1941年在重庆参与发起组织中华民族大众同盟(后改称为中国民主革命同盟)。

毛主席的一些重要言论，以及前方与敌后的战斗形势。有一次夜间，王炳南找我说周恩来同志在新华书店楼上要我去谈话，我应邀前往。谈话时王炳南也在座，除了谈些有关时局问题之外，周恩来同志着重地对我讲："于右任先生是位公正的人，有民族气节，但是在国民党内部，他还不能算是一位真正的左派。他态度不坚定，旗帜不够鲜明。于先生是你的老长亲，你应该爱护他，首先在政治方面爱护他。要帮助他对两党合作团结抗战问题立场要坚定。在这方面发生的重大问题，要有正确的理解和积极的态度。"由此可见，周恩来同志是多么珍视与党合作共同抗战的局面，对国民党人是如何爱护并争取他们发挥积极作用。从这次谈话以后，我在于先生身边生活了六年多的时间，一直是体念周恩来同志的苦心，本着他的指示帮助于先生做我所应该做的事情。

我和于先生生活在一起的初期，他对两党合作共同抗战问题，确有所怀疑。当然这是由于他不了解情况受反动宣传蒙蔽的缘故。有一次他问我："据说我们的国军在前方抗战，八路军挖国军的墙脚，收缴国军的枪支，他们不打鬼子，一味扩充自己的实力，究竟是为什么？他们的企图是什么？"我说："这显然是编造的谎言。"我列举了各战区大量相反的材料，证明国民党军队奉上级命令，在前方和后方"围剿"八路军，并没收他们的枪械弹药。接着他就问我："这些消息是从哪里来的？"我说："主要是王炳南告诉我的，有些情况是周恩来先生亲口对我讲的。"他听到我同周恩来同志有直接联系的话，很不安地提醒我说："你要当心啊！重庆到处是特务。"他对我和周恩来同志的接触非常担心，但对我向他介绍的情况是相信不疑的。这时他已经察觉到的确有人向他耳朵里灌输反共的谎言。

1939年冬，有一次，周恩来同志找我，要我向于先生反映一件事情，说："汪精卫投降日本去了。他虽然走了，目前重庆还有更重要更危险的投降派，他们直接间接地和敌人勾勾搭搭，请于先生注意。他是国民党的元老，应该在国民党内仗义执言，做扶倾救危的工作。"和这个问题有联系的是汪伪组织成立以后，南京的汪伪政权派曾在上海活动多年的"CC"

代表人物吴××到重庆进行日、汪、蒋的联系工作。周恩来获悉之后，立即要我转告于先生，请他力挽狂澜，挽救国家民族的危局。这些，我都照周恩来同志的指示，转告于先生了。于先生表示一定要注意，一定要调查清楚，决不能听令一些人进行出卖国家民族利益的勾当。

1941年1月，皖南事件发生后，我把这一反共破坏抗战的阴谋策划和事变经过系统地告诉了于先生。他听了非常气愤，拍着桌子大声说："这样破坏两党的合作，简直就是破坏抗战，我一定要讲话！"他沉默了一会之后，叹了一口气说："唉！讲了又有什么用处呢！"我当时看到这位爱国老人的正义表现，深深同情他有心无力的处境。以后于先生听到周恩来同志卖《新华日报》的消息，曾以赞叹的口气对我说："恩来先生的人格真是伟大！"这些迹象都表明，于先生对国共两党合作坚持抗战和政治上的大是大非问题，已逐步地有所明确，态度也较严正了。

于先生一向对国民党上层的争权夺利互相倾轧，以及贪污腐化掠夺财物的现象是深恶痛绝的。他执掌监察院多年，本来想运用这一职权，做点澄清吏治收拾人心的工作，但是那些贪婪成性祸国殃民的人，正是那些握有实权身居枢要的人，徒有虚名的监察院，又哪里能发挥作用。有一次监察院揭发了一件重大的贪污案件，被弹劾的涉及蒋介石左右的权要人物。于先生坚持要执行监察职权进行弹劾，而蒋介石却坚决地为这些坏人进行庇护。于先生在气愤之下，表示要坚辞监察院长职务。为了表示对蒋介石的抗议，他带着李副官一人，离开重庆移居成都。他走后两天，我向周恩来同志汇报了这一情况，周恩来同志说："于先生的姿态很好，这是对老蒋独裁作风一个有力的揭露。"接着他又说："于先生一个人去成都，身边没有人照顾怎么行呢？你应该去成都陪伴他，照顾他的生活，同时也可以解除他的一点苦闷。"周恩来同志还嘱托我代表他向于先生表示慰问，要我告诉于先生，他这一举动大得人心，但不要悲观。于是我就驰往成都。于先生在成都住在陕西同乡严谷声家里，严谷声出身书香门第，房屋宽敞，于先生住在楼上，我住在于先生卧室隔壁一间房里。于先生在成都方面的老朋友和同乡们经常有人来看望他，也有人从重庆专程来成都看望他的。但他情绪一直安定不下来，这种情况持续有一月之久。记得在一个午夜后的四点钟左右，他突然起来敲我的墙壁，要我到他房里谈话。我到他房里坐在床沿上，他带着一点惊恐的神态告诉我说："刚才我做了一个恶梦，梦见老蒋手持利刀，厉声对我说你逃不出我的手，我要你的老命，说着他就用刀向我胸部刺来，这样，我就惊醒了。"接着他又说："这个梦是个不祥之兆呵！"我当即安慰他说："做梦是下意识的条件反射，你老人家还不知道吗？这和现实生活有什么关系呢？"他又接着说："蒋介石的为人你还不知道吗？他心狠手辣，有什么信义可讲。"我陪着他谈话，一直到天亮。从这件小事可以看出在国民党政府中稍有正义的人，在蒋介石的法西斯统治下，总是提心吊胆。

关于于先生在成都时期的情况和他回重庆的经过，我曾向周恩来同志作了详细汇报。当我说到于先生的"惊梦"的时候，周恩来同志说："看来，于先生脑子里还有些封建迷信的残余。老年人嘛，旧的影响是很难一时根除的。"我说："于先生害怕老蒋害他，这种心理是有历史根源的。"周恩来同志说："于先生和邓演达先生不同，他这块元老招牌老蒋还是要利用的，绝不会加害于他。你要请于先生鼓起勇气，对老蒋该顶的还是要顶。"

1944年春，蒋介石命我到陕西去担任建设厅长。我及时地把蒋介石的召见等情况向周恩来同志作了汇报。他认真考虑之后说："那只好去吧，违抗是无益的。你到西安之后要经常和八路军驻西安办事处处长周子健同志进行联系。"这样，我在1944年春天，离开了重庆。

选自中共中央党史研究室科研管理部、中共重庆市委党史研究室编：《见证红岩——回忆南方局》上，重庆出版社2004年版

在保卫中国同盟工作

廖梦醒[1]

太平洋战争爆发,香港沦陷后,日寇搜捕甚严,风声吃紧。少石[2]和我不得不于风雨之夜,偷渡离港,于1942年春节前夕,到了澳门。不久后,我婆婆和女儿李湄也到来了,我们一起住到5月。从重庆,周恩来同志拍来了电报,嘱我和女儿陪同叶挺夫人和她女儿到重庆去;少石留港澳工作。

叶挺夫人母女以及我们母女,经由肇庆、桂林、贵阳、独山,于8月3日清晨抵达重庆。我们在山城郊区一个小旅馆休息一下。随行的叶挺同志的梅副官和周公馆取得了联系。周恩来同志派车来接我们到了曾家岩50号。

当天到晚餐时,周恩来同志在二楼的室内告诉我,这次调我来是因为孙夫人要恢复保卫中国同盟的工作。原来在这组织中的外国友人那时还没有来重庆,连一个打字员也没有。我又恢复到我原来的工作岗位上,担任秘书兼办公厅主任。在香港的炮火下我们分手时,孙夫人拥抱过我,现在我又回到了她身边。不久我仍然管财政。

我每天到孙夫人家上班,保卫中国同盟办事处就设在她家。捐给八路军的医疗器械,从国外运进来,都经过孙夫人这里送过去的。当时胡宗南的部队包围着陕甘宁边区,边区缺医少药。正好国外捐来了一架大型X光机,运到飞机场。能飞到延安去的只有美国军用机,但舱门只容一个人通

---

[1] 廖梦醒,1931年入党,1938年起在保卫中国同盟工作兼宋庆龄秘书,1941年随保卫中国同盟迁至重庆,长期担任周恩来和宋庆龄之间的秘密联络工作。

[2] 少石,即李少石,廖梦醒的丈夫。时任《新华日报》记者、南方局外事组成员。

过，大型 X 光机竟不得其门而入。周恩来同志叫我和孙夫人商量。孙夫人叫我去找史迪威将军的副官杨上校。他是夏威夷出生的华侨，很得史迪威信任。我找到他，他跟我讲英语。我把情况说明，问他可否想想办法。他立刻转告史迪威将军。史迪威很同情我们，下令把一架军用飞机的舱门拆开放进飞机里。X 光机装进飞机后，史迪威担心夜长梦多，恐怕发生变故，专门嘱咐杨上校快让飞机飞出。过一天，我去见周恩来同志，他满面笑容，对我说："X 光机已运抵延安。这里有你出的力。"我回去报告孙夫人，她听了也很高兴。解放后，我在宋副委员长家里看见一位杨姑娘，就是杨上校的女儿，可惜来不及交换地址就分手了。

我作为保卫中国同盟财务主任，收到海外华侨捐献的款项，大都是交给延安的。取款时办事处的汽车在约定时间开到重庆中国银行门前等着。我直接找孔祥熙的顾问艾德勒，那时叫他艾德勒先生，向他要现金。有时一取就是两三麻袋，钞票装得满满的。我让车子载走了麻袋，就独自走回家去。艾德勒同志和冀朝鼎合作得很好，一点马脚不露。孔祥熙还顶信任他们。有一次在一条小巷内碰到冀朝鼎，那时我不知道他亦是同志。他放低声音问我："周先生好吗？"我想，你是孔祥熙手下红人，还能是好人吗？我不敢回答，便问："哪个周先生？"他急忙离开我走了。我报告了周恩来同志，以为冀朝鼎有意试探我。直到1949年夏天，我随邓大姐到上海接孙夫人，大姐带我到中国银行顶楼。我看到他，吓了一跳，从此我们便成为好同志了。想到他和艾德勒两位同志冒险在敌人阵营里工作，非常钦佩他们。

选自中共中央党史研究室科研管理部、中共重庆市委党史研究室编：《见证红岩——回忆南方局》上，重庆出版社2004年版

在周恩来领导下开展对民族资产阶级的统战工作

许涤新

我在1940年冬从《新华日报》调到中共中央南方局宣传部工作。不到一年，南方局经济组组长钱之光同志因为八路军驻渝办事处的工作太忙，组织决定我兼任这个组的组长。经济组的任务是研究抗日战争中的经济问题，通过秘密党员和同情者，搜集国统区财经材料，并团结进步的经济学家在理论上分析战时经济问题。但是，对于民族资本家的工作，却不敢问津，因为这里有一个阶级立场的问题。

在1942年的秋天，恩来同志找我去谈话。他对我说："经济组的活动范围，现在只限于秘密党员，限于同情者，限于进步的经济学者，这些人的作用都是不可轻视的。但是，要使工作得到进一步的发展，你必须出面同民族资本家打交道，做民族资本家的统战工作。"我听了这段话之后，默默不言。恩来同志说，"你对民族资本家的统战工作，有意见吗？"我回答说："要我做对民族资本家的统战工作，在思想上，现在我还想不通。资本家是剥削雇佣劳动者的剥削者。民族资产阶级同买办资产阶级虽然存在着区别，但是，作为剥削阶级，那是一致的。同民族资产阶级交朋友，建立统战关系，那我的阶级立场呢？共产党就是要打倒资本家，建立无剥削的社会主义社会，进而进入共产主义社会。如果同民族资本家搞统战，难道不是同我们的历史任务背道而驰吗？"恩来同志听了我的话之后，大笑起来。他问道："你拥护统一战线吗？"我说："当然拥护。"他说："党的统一战线难道把民族资产阶级放在外边吗？连国民党蒋介石我们还要同他们搞统战，何况民族资产阶级？民族资产阶级有两面性，既有剥削工人的一面，又有爱国主义的一面。从马克思主义的阶级理论来说，从中国今天的具体情况来说，这个阶级的爱国主义的一面就是我们同它搞统战的理论根据，何况统战工作并不只是有团结的一面了，除了团结之外，还有斗争。有团结，有斗争，正是同民族资产阶级的两面性相适应的。我们的一些同志，害怕丧失立场，只抓斗争。而忽视团结，这是不正确的。这是'左'倾思想在作怪。你是一名老党员，你也吃过'左'倾思想的苦头。我之所以叫你对民族资产阶级做统战工作，是因为你学过经济，在生产贸易，在市场物价，在财政税收等方面，有所了解，同民族资本家谈起来，容易谈得通。"我考虑了一会，才接受了恩来同志分配给我的这一任务。

恩来同志接着对我说："好，你既然接受这个任务，就要好好地干。日本军国主义侵略中国，从'九一八'算起，已经有十多年，从'七七事变'算起也有四五年，要打败日本，要反对国民党的妥协投降，只有团结一切可以团结的力量。要你做民族资本家的统战工作，就是为了坚持抗战，就是为了争取抗战的胜利。这就是工人阶级和广大劳动人民的利益，这就是共产党和工人阶级的立场。叫你对民族资产阶级搞统战，难道会损害你的政治立场吗？"

为了做好对民族资产阶级的统战工作，我必须在经济组之外找助手，因为经济组的同志都是不露面的党员，经济组所联系的秘密党员和进步分子，也很难公开同民族资本家打交道。反复考虑的结果，我就找罗叔章和胡子婴这二位同中上层资本家有接触的大姊，作为顾问，向她们请教。

这二位大姊给我介绍了工商界各帮，特别是在重庆的上海帮资本家的情况。第一步的做法是登门拜访，名片还是用《新华日报》编辑的职务。当时同民族资本家交朋友并不是容易的事情，这并不是因为重庆的山路崎岖，而是因为国民党的法西斯统治的恐怖。不少资本家害怕接待我之后，国民党特务要同他们"算帐[账]"。而C.C.早就通过其走狗，如潘序伦之流，对我们进行攻击。一些受蒙蔽的资本家不仅给我以闭门羹，而且在吵了一架之后，高声"送客"。他们认为国民党是正统，是国家的代表；而共产党、八路军和新四军，不服从政令军令，破坏国家政府的统一。国民党军之所以打了败仗，追究原因，未始不是因为国家的军令政令的不统一，未始不是因为中国共产党的闹独立性。他们的说法，赤裸裸地是国民党C.C.的那一套。我当然不能不向他们说清楚情况，而他们却不让我把话说完。这怎能不吵起来呢？但是，还有一些民族资本家是可以谈得来的。这可以把章乃器、胡子昂、胡厥文、刘鸿生、吴蕴初、古耕虞和潘昌猷等人，作为代表。

从1942年的秋天开始，我就在山城重庆，开始了对民族资产阶级的统战工作。到1945年1月11日，王若飞、潘梓年和我公开在重庆"特园"招待产业界人士。不久，周恩来同志又以更大的规模招待重庆产业界人士。是年9月17日，毛泽东同志在"桂园"举行茶会招待产业界人士，会见刘鸿生、潘昌猷、范旭东、吴羹梅、吴蕴初、章乃器、颜耀秋等人，阐明中国共产党对待民族工商业的政策，我同钱之光同志在场作陪。是年10月19日，周恩来同志应西南实业协会的邀请，出席工业家"星五聚餐会"，讲演《当前经济大势》。在这种情况下，我们对工商统战工作，就顺利地开展了。

选自中共中央党史研究室科研管理部、中共重庆市委党史研究室编：《见证红岩——回忆南方局》上，重庆出版社2004年版

回忆周恩来对我的教导

古耕虞[①]

抗日战争后期，国民党统治区的经济状况更加恶化，国民党政府通过通货膨胀和统购统销，加紧掠夺人民群众，压迫民族工商业。蒋宋孔陈四大家族同民族资产阶级的矛盾也日益尖锐。当时，我们出口商为了维护生产，并争取一定的利润，除了向国民党政府请愿、诉苦外，求援于新闻界对我们的支持。在那个期间，以周恩来为首的中共中央南方局，通过《商务日报》不断揭露国民党通货膨胀和贪污腐化，鼓励和支持民族工商业家为提高猪鬃等出口物资的收购价格向国民党政府作斗争。特别是中共的报纸《新华日报》更是大声疾呼，为民请命，在舆论上给以有力支持，迫使国民党反动政府不得不作出一些让步。这时，我开始感到要同国民党作斗争，使我经营的业务能够维持并有所发展，需要同中共往来，取得支持。

这段时间，在《新华日报》工作的许涤新同志常到四川畜产公司来，向我了解出口业方面的情况。有时也就当时的一些经济问题同我交换意见。我们交往次数多了，也就比较熟悉了。有一天，他对我说，周恩来准备约几位出口商座谈一下，问我是否愿意参加。我当即表示早就希望有机会见他，我一定去参加。次日，我应邀去"特园"，那天到会的，除了我和康心远以外，还有几位出口业的同业。这是我第一次会见周总理，虽然时间短暂，但他平易近人的亲切态度，一见面就好像遇到了一位多年相知的朋友一般，感到无比亲切，给我留下了深刻的印象。这以后，周总理在

[①] 古耕虞，全民族抗战时期任四川畜产公司总经理，被称为"中国猪鬃大王"。

"特园"约集我们几个出口商谈过好几次。每次会见,他总是这样虚怀若谷地听取我们介绍工商界的情况和我们的意见,他总是那样诲人不倦地耐心向我们讲解当时的形势和革命的道理,特别是揭露国民党政府的腐败,四大家族掠夺人民的真相,使我们受到很大的启发和教育。

在这几次座谈中,总理对当时我们民族工商业的处境十分同情;同时勉励我们要在困难中努力发展生产,支援抗战。当时,太平洋战争已经爆发,日本帝国主义侵占中国香港和新加坡、缅甸等地以后,中国对外的陆上交通完全断绝,除猪鬃可以空运出口以外,桐油已无法外运出口,只能内销。但是国民党政府对桐油仍然实行统购统销,实际上是掠夺出口商。周总理对这件事非常愤慨。他认为,国民党政府这样搞,不仅使桐油商无法生存,实际上摧残了桐油生产,桐树也会被砍伐的,这样搞下去怎么行。对于猪鬃的问题,总理对我们晓以大义,鼓励我们要努力发展生产,供应盟国的需要。那时苏联、美国、英国需要猪鬃甚急,在美国首都华盛顿成立了一个三国代表团共同参加的猪鬃分配机构,负责交涉向中国取得猪鬃并分配所取得的猪鬃。他们提出要求,为了争取战争的胜利,要中国每年供应盟国3寸至6寸的长鬃一万担。记得在几次谈话中,周总理一再对我谈到,猪鬃是急需的战略物资,对战争的胜负起着一定的作用。国民党当局的种种不合理的、阻障生产的措施,应当改进,使猪鬃商能维持生产、有一定的利润;同时猪鬃商在战争时期也不应要求过高的利润,要保证供应,支援抗战。总理还说,抗战胜利后,国家要建设,还要发展猪鬃的生产和出口,以换取外汇,民族工商业家要有远见。总理的这些教导、勉励和支持、使我深受教育,成了我的动力。

我们四川畜产公司除了以四川为基地外,还在黔、滇、陕、甘、湘、鄂等省收购加工,担负了当时猪鬃生产的主要任务,满足了盟军的需要。

在这个期间,周总理对于争取民族工商界人士做了大量工作,中国共产党的影响在工商界中更加广泛,越来越多的民族工商界人士逐步地靠拢中国共产党。

抗日战争胜利后,全国人民都需要休养生息,我们工商界也殷切希望有一个和平安定的局面，恢复和发展自己的业务。但是，日本刚刚宣布投降不几天，重庆就传出内战即将爆发。这时，《商务日报》《新华日报》的记者来访问我，要我对这件事情发表谈话。我表示，抗战八年人民的痛苦已经够受了，今天人民一致要求的是安定，决不许打内战。大约在《商务日报》《新华日报》记者问我以后的一两天，《新华日报》的负责人潘梓年约我在"特园"吃饭，实际上是周总理约我谈话。那天在座的有周总理、许涤新、潘梓年和中共代表团的其他几位负责人，客人就只有我。主要是总理同我谈话，谈的时间比较长。总理首先问我对当时的局势怎样看？我坦率地对总理讲，我对政治的兴趣不大，我认为内战不能打，建国要靠自己。从我内心来说，大哥（指国民党）不能打小兄弟（指中共），但是你们打起仗来，我们的生意就做不成了。所以，我是坚决反对内战的。总理在听了我的看法后，详细地向我讲解了当时的形势。总理说，抗战胜利后，首先要有安定的政治环境，才能建国。要求和平民主，是全国人民的愿望。为了求得和平，中国共产党愿意逐步撤退在一些地区的抗日军队，但是国民党军队要停止向解放区前进，避免冲突，这样才能迅速恢复交通，恢复经济。总理还说，中国共产党是主张和平建国、反对内战的，希望民间团体和民族工商界人士大家起来，制止内战，共同建国。我还向总理谈到反对统购统销的问题。周总理十分恳切地向我表示，他完全支持，将尽力来帮助我们，并希望以后多同他联系。总理这一次同我长时间的谈话，对于我以后走的道路影响至深。是我终身难以忘怀的。

抗日战争胜利后。鬃商立即联合起来，采取一致行动，向复兴公司开炮，反对统购统销，要求贸易自由。当时重庆的新闻界，除国民党直接控制的报纸以外，都表示支持，纷纷写文章。特别是共产党领导的《新华日报》以及《商务日报》，更是大力支持，发表消息和社论，揭发复兴公司的官僚腐败情形，批评统购统销政策造成的恶果。许涤新等同志领导的中国经济事业协进会，也发表《对时局的严正献言》，提出9点主张，要求国民党当局"立刻废止管制政策，取缔官僚资本，以舒解工商业八年的痛苦，并使民营企业得以自由发展"。当时《商务日报》发表了一篇题为

《一枝鲜花插在牛粪上》的文章，充分地揭露了复兴公司舞弊腐败的情形。于是舆论哗然，国民党监察院不得不通过弹劾案，组织调查委员会，查复兴公司的账。最后，国民党行政院命令废止了统购统销法令，撤销了复兴公司。

抗战八年，民族工商业同全国人民一样，历经苦难，好容易盼望到抗战胜利了，以为我们的国家可以走上和平、民主的道路，民族工商业也能够恢复和发展自己的业务。但是国民党政府倒行逆施，继续执行其反动政策，弄得民族工商业焦头烂额，奄奄一息。正在这个时候，周总理于1945年10月19日应西南实业协会的邀请，出席星五聚餐会，发表了题为《当前经济大势》的讲演。当时在重庆的民族工商界人士对这个问题非常关心，都希望听听中国共产党的意见。当天到会的人特别多，气氛很热烈，我也参加了。记得周总理在讲演中，首先分析了抗战胜利后的政治形势，肯定了民族工商界人士关心政治是一个进步现象。他说，为了战后工业建设，首先要有安定的政治环境，而安定的政治环境又不外和平、民主两件事。为了和平，这是全国人民的方针，但和平需要从实际行动中求得。今天最重要的是国共双方军事上停止前进。避免冲突，然后交通才能迅速恢复，工业复员才能顺利进行。关于民主，不但政治上要民主，经济上也同样要民主。中国今天的情形却是管制得太多，统制得太死。弄得市场紊乱，工商凋敝。他鼓励和支持工业界推举代表积极参加讨论和平建国方案，决定施政纲领和修改宪章。接着周总理讲到发展资本的问题。他明确提出，中国共产党主张国家资本、私人资本、合作资本应该在节制资本的原则下互相配合，反对官僚资本、垄断资本和侵略资本。他说，今后中国必然还要经过一段保护私有财产，发展资本主义的阶段。中国经济这样落后，发展又这样不平衡，决不是短期就能走上社会主义的道路的。将来资本主义发展到某种程度，究竟是否应转入社会主义，还要用民主的方式来决定。共产党是实事求是的。最后，周总理还谈到税收和劳资问题，他认为虽然今后中国和别的国家要实行互惠经济，但关税应当保护民族工业；工业税原则上也应当减轻。对于劳资问题，周总理很坦率地说，劳动者的利益，中国共产党是主张保障的，这一点不能欺骗大家。但是中国共产党的一切主张，都不能不从中国的现实出发。中国今天的劳动者与民族资本家，都受压迫，应当互相让步，共同奋斗，以求中国工业的发展。他希望民族资本家能有远见。经过八年抗战，当时工商界中越来越多的人逐步地看清了国民党的腐败无能，把希望寄托在中国共产党方面，但是对于中国共产党的主张，特别是对于民族工商业的方针政策，不是很清楚的。

周总理的这次讲话。第一次公开地、全面地阐释了中国共产党的经济纲领和方针、政策；同时也为民族工商业家指明了前进的方向，在工商界中产生了强烈的反响。

选自中共中央党史研究室科研管理部、中共重庆市委党史研究室编：《见证红岩——回忆南方局》上，重庆出版社2004年版

从反蒋转向走亲共的道路

刘文辉①

在蒋介石集团的压迫下，特别是抗日战争时期蒋的势力已经深入四川的时候，我的处境岌岌可危，如果在政治上孤立无援，就不可能生存下去；而自从1930年北平扩大会议失败以后，国民党内部的实力集团垮的垮、降的降，已经不成局面，国内可与蒋政权抗衡的政治力量只有中国共产党，除此以外，找不到其他的政治依靠。因此，我决定走亲共的道路。但是仅有主观要求也不成。同时又有极为有利的客观条件，首先是，共产党和毛主席的统一战线政策为一切反对蒋政权而愿意向人民靠拢的人们敞开了大门；其次是，随着时间的推移，国内政治形势越来越有利于革命人民而不利于蒋介石反动集团。正是凭借了这两个有利条件，所以我的亲共也就由假到真，即由原来利害上的暂时利用逐渐变成了政治上的长期依靠，终于脱离国民党反动集团，参加了人民阵营。

我同中共的正式接触，始于1938年，即抗日战争发生后的第二年。四川成为抗日根据地之一以后，彼此的联系日益频繁和密切。现在，就我脑中印象最深而又认为重要的事实，略述如下：

1938年夏季，中共中央代表董必武、林伯渠、陈绍禹等由陕北去汉口参加国民参政会会议，道经成都，与我会面于我方正街住所。这是我同中共中央同志第一次正式接触。我们这次的话题以如何团结地方力量，坚持抗日战争，反对蒋介石投降妥协为中心。从他们三人的谈话中，我已初步了解了党的抗日救国方针和人民民主统一战线政策；同时我也把自己反对

---

① 刘文辉，全民族抗战时期担任西康省政府主席，1944年加入民盟。

蒋政权和拥护中共抗日方针的态度向他们作了明确的表示。经过这次会晤,我同党相互间都有了了解,为我进一步亲共开辟了一条坦途。

1939年夏天,我和董必武、林伯渠等在重庆曾家岩潘文华家第二次会晤。时距重庆"五三"、"五四"大轰炸后不久,蒋政府的各军政机关都已疏散下乡,抗战亡国论在国民党当权派中又复抬头。故我们这次会晤,也主要是谈的有关抗日战争的问题。他们几位向我分析了国内外形势,阐释了抗战必胜、妥协必败的道理。尔后我对抗战胜利的信念能够坚定下来,这次晤谈是有重大影响的。

1942年2月,我同周恩来第一次见面。这次会晤,事前是通过民盟的朋友联系的。为了避开蒋介石特务的耳目,时间在深夜,地点在重庆机房街吴宅,在座只有周和我二人,约谈了一小时,谈完后周马上走了。周在谈话中给我扼要地分析了国内政治形势,指出了抗日救国的道路。他说:"当前全国人民的要求是:坚持抗日反对投降,坚持团结反对分裂,坚持进步反对倒退,而关键则在于坚持民主,反对独裁。"他表示:"在反对蒋介石法西斯统治的斗争中,共产党愿意同国民党民主派合作,尤其希望西南地方的民主力量能同党密切联系,具体配合"。最后他还给我指出了努力的方向,说"团结就是力量,须在国民党内部多做团结工作,通过川康朋友自身的团结去促进西南地方民主力量的团结"。"团结是为了斗争。对蒋介石政府的一切反动政策措施,都须给以坚决反对和有效抵制。西南地方力量在现阶段有条件这样做,大胆行动起来,共产党愿意在政治上给以支持"。(以上是引述周谈话大意) 周的这一番话,使我明确了政治方向,增加了前进力量。经过这次大会晤以后,我同党的关系,也就由一般联系开始进入了实际配合的阶段。

1942年6月,中共中央派王少春到雅安和我经常联系,并设有一个秘密电台与延安直接通报。王每天把党中央的方针政策和解放区的胜利消息向我传达,同时把川康方面的军政动态向党中央汇报。毛主席的一些重要著作和党中央的重要政策文件,我都通过电台先一步读到了。因此,我在政治上不断受到教育,从而在实际活动中也就减少了一些盲目性。这个电台一直工作到雅安解放，经历将近8年而没有被破坏。解放后，王少春到重庆高兴地向我说："你的任务完成了，我的任务也完成了。"

1943年11月和1944年六七月间，我曾派代表杨家桢到重庆和王若飞先后有过两次会晤。在那些年月里，正是蒋介石集团向我节节进逼的时候，不是以对藏用兵为名要把我的部队消灭于康藏高原，就是要派伪中央军进驻西藏来控制我的行动，我一年到头都在紧张中过日子。王若飞通过我的代表每次都给我分析了情况，出了主意。他告诉我，蒋介石集团的本性是外强中干，我如果以眼还眼，以牙还牙，蒋就会知难而退。他一再给我打气，叫我不要松劲。我听了朋友的话，坚持了反蒋斗争，终于一个个的难关被克服下去了。后来我意识到，这就是党在政治上思想上对我的有力支持。

1945年2月间，张友渔到成都，党派他帮助我进行政治理论学习。他每天清早就到方正街住所，给我系统地分析世界和中国的革命形势，讲解革命理论和党的方针政策，连续达一个多月之久，我等于进了一次政治学校。

1946年二三月间，正值旧政协会议闭会后不久，周恩来将要离开重庆去南京的时候，他嘱民盟的朋友转达我："政协决议能否实现，联合政府能否组成，要看蒋介石下一步如何走，现在还不能定。但是无论怎样演变，斗争总是不可免的，对蒋介石一刻也不能放松警惕。"他还叫民盟这位朋友特别提醒我，说今后的政权问题完全取决于人民的意志，如果人民不要他，谁也站不住。他鼓励我把西康的工作做得好一点，以取得人民的支持。我体会到：周的这一番话，不仅是向我说明了当时国内的政治形势，同时也给个人指明了政治前途。

在这些年月里，我在政治生活中经历着两种截然不同的情况：一方面是，如上所述，共产党主动向我伸出友谊之手，诚恳地关怀我，热情地支持我；而另一方面，蒋介石集团则视我若眼中钉，不断地在政治上排斥我，在军事上压迫我，必欲去之而后甘心。这种切身经历驱使我，同共产党的关系日益亲近，而同国民党反动派的关系则越来越乖离了。

选自中共中央党史研究室科研管理部、中共重庆市委党史研究室编：《见证红岩——回忆南方局》上，重庆出版社2004年版

三、笔战是枪战的前驱
——中共中央南方局的文化工作

习近平总书记强调："文化自信是更基础、更广泛、更深厚的自信，是更基本、更深沉、更持久的力量。"全民族抗战时期，南方局创造性地贯彻执行党中央的路线方针政策，把文化工作作为一个重要方面，以高度的文化自信，团结带领广大进步文化人士，在国民党统治区持续开展了宣传党的政治主张、宣传抗战和民主等进步思想的活动，为抗战胜利凝聚了思想力量、装备了精神武器。

开辟报刊宣传阵地，筑牢抗战宣传舆论堡垒。党中央高度重视新闻宣传工作，在《中共中央关于党报问题给各地方党委的指示》中指出，"党报正是反映党的一切政策，今后地方党部必须根据党报杂志上重要负责同志的论文，当作是党的政策和党的工作方针来研究"。为贯彻党中央指示，南方局充分利用《新华日报》和《群众》周刊等新闻宣传阵地，在抗战形势变化的各个重要时刻，及时发表言论、宣传党的主张，对不利于团结抗战的各种反动言论进行揭露、批判。《〈新华日报〉发刊词》中明确规定了办报宗旨："本报更将尽其所能为巩固与扩大抗日民族统一战线而效力。本报愿将自己变成一切抗日的个人、集团团体、党派的共同的喉舌。"皖南事变后，《新华日报》和《群众》周刊在国民党当局的迫害和打压下采取各种灵活手段坚持发行，许涤新在《抗日战争时期的〈群众〉周刊》中提到，为应付国民党扣留文章、更改文章的局面，"我们需要多准备一些稿子"，"我们对付的办法是把被删的地方，开了'天窗'，留出空白，让读者知道"。作为摧不垮、打不掉的战斗堡垒，《新华日报》和《群众》周刊等党的舆论阵地赢得了广大群众和进步人士的拥护，为巩固和发展统一战线发挥了重要作用。

广聚进步文化人士，建立抗战文化统一战线。为团结文化战线上的朋友，周恩来在《关于领导文化工作者的态度给廖承志的指示》中指出，"不能仍拿抗战前的眼光看他们"，"不能拿抗战前的态度对待他们"，"不能拿一般党员的尺度去测量他们，去要求他们"，体现了南方局对待进步文化人士的开放、包容态度。皖南事变后，南方局关心和保护爱国知识分子，及时向香港、南洋等地转移了大批进步文化人士；香港沦陷后，又及时组织营救，将他们转移回内地或者前往南洋等地，为中华民族保存了一大批文化精英。南方局充分利用以郭沫若为首的国民政府军事委员会政治部第三厅和后来的文化工作委员会合法地位，广泛团结文化界人士一致抗日。1945年2月，文化工作委员会动员组织300余名文化界人士发表《对时局进言》，提出"民主团结实为解决国内局势之主要前提"，号召"枪口一致对外"。重庆文化界为争取言论出版自由，推动民主运动发展，发布的《重庆文化界对言论出版自由意见书》《重庆文化界为言论出版自由呈中国国民党十二中全会请愿书》等，均引发巨大社会反响，形成抗日和民主斗争的浪潮。

巧妙开展文化活动，汇聚抗日救亡力量。面对皖南事变后国民党当局对文化界活动的压制，南方局采取了庆祝寿辰、开纪念会等隐蔽的方式进行。《南方局关于文化运动工作报告》提到，"过去文化活动的方式已不能用，被迫产生新的方式，借文化人的红白日，郭沫若氏之五十寿辰，冯玉祥之六十寿辰，张冲之追悼会等等，以此方式进行一些文化活动"。广大文艺家创作了许多诗歌、音乐、美术、戏剧、电影等优秀作品，在抗日救亡和民主斗争中动员和影响群众，尤其是在持续数年的话剧演出活动中，产生了一大批话剧精品，歌颂爱国抗敌事迹，鞭挞卖国投降、破坏统一战线的行为。《回忆中华剧艺社》提到，在南方局领导下，中华剧艺社上演郭沫若的《屈原》等许多进步剧本，在国民党统治区影响巨大。西南第一届戏剧展览会是南方局领导进步文化活动的成功范例。党领导的生活书店等，编辑出版了一大批在全国有重要影响力的抗战进步刊物和文艺作品。中国木刻研究会等社会团体组织的成立，为文艺活动注入了更多活力。南方局领导下的各类文化活动，增强了文化工作者的信心，丰富了国民党统治区广大民众文化生活，冲破了国民党顽固派的文化压制，推动了抗战文化运动的发展。

积极开展对外文化交流，讲好中国共产党抗战故事。南方局灵活地采用创办报刊杂志、出版外文读物、开设外语对敌广播、召开记者招待会等方式积极主动发声。在纽约、莫斯科等著名文学刊物上发表文章和小说，介绍中国人民在抗战时期的斗争和生活。《致全世界反法西斯侵略战争的作家电》《致苏联文艺界书》等作品向国际社会揭露了日军侵华的种种罪行，积极宣传统一战线和积极抗日主张，使外界及时得悉中国共产党的政治观点，争取到了国外的声援和支持，增进了各国对中国共产党抗战情况的了解，使国际社会认识到中国共产党是抗日的重要力量。

南方局的文化工作从宣传动员民众、团结进步文化人士、传播进步思想、维护统一战线、推动文艺运动发展、开展对外文化交流等方面，以文化自信凝聚民族力量，为争取抗战胜利提供了强大的精神动力，谱写了党革命文化工作史上独具特色的壮丽篇章。

(一)历史文献

《新华日报》发刊词

(一九三八年一月十一日)

在民族自卫战争的怒潮中,本报得与读者诸君及全国同胞相见,本报同人实觉无限之感奋及欣幸,其愿于此相见之初,一倾本报创立之初衷及今后努力鹄的。

日寇猖狂,国家破碎,我前方数十万将士正以热血头颅为民族之独立生存而流血牺牲,我后方千百万民众亦正以英勇坚毅之精神为前线之胜利而努力奋斗。全中国沸腾着。"贯澈抗战到底,争取最后胜利,"在今天成为激响于全中国的雄伟壮烈的呼声。我们坚信在伟大的民族觉醒的基础上,在我们的力量更广泛的动员,更严密的组织,更亲切的团结的基础上,中华民族的儿女们是有充分的力量足以战胜日寇,维护我们珍贵的民族生命的。本报愿在争取民族生存独立的伟大的战斗中作一个鼓励前进的号角。为完成这个神圣的使命,本报愿为前方将士在浴血的苦斗中,一切可歌可泣的伟大史迹之忠实的报道者记载者,本报愿为一切受残暴的寇贼蹂躏践踏的同胞之痛苦的呼吁者描述者;本报愿为后方民众支持抗战参加抗战之鼓动者倡导者,在"抗日高于一切,一切服从抗日"之原则下,本报将尽其棉〔绵〕薄提倡与赞助一切有利于抗战之办法、设施、方针,力求其迅速确实的实现,而对于一切阻碍抗日事业之缺陷及弱点,本报亦将勇敢地尽其报急的警钟的功用,本报愿与全国一切志切救国的抗日的战士与同道。互相勉励,手携手地共同为驱除日寇争取抗战最后胜利而奋斗。

不仅如此,我们深信,当前挽救国家危亡的民族自卫抗战,实为我中华民族复兴之必经途径及其起点。为我们民族的光辉的前途计，不仅需要在今天全国同胞精诚团结共同救国，而且需要在抗战胜利后和衷共济共同建国。民族独立、民权自由、民生幸福的新中国是我们民族俊秀的儿女们近百年来前仆后继再接再厉所力求实现的理想，我们愿意在踏着先人们奋斗的血迹而为崇高的理想而斗争时担负其应尽的职责。

欲求抗战的最后胜利，欲求独立自由幸福的新中国之实现，其在今天和将来，均舍［需］加强我们内部的团结，巩固抗日民族统一战线外，别无方法与途径，这是挽救时局和复兴中华的关键。本报同人前曾为创造此伟大的团结而努力奋斗，于今团结初成之时，本报更将尽其所能为巩固与扩大抗日民族统一战线而效力。本报愿将自己变成一切抗日的个人、集团团体、党派的共同的喉舌；本报力求成为全国民众的共同的呼声；同时本报将无情地抨击一切有害抗日与企图分裂国内团结之敌探汉奸及托派匪徒之阴谋。务使实现地无分南北东西，人无分老幼男女之铁一般坚固的团结，并且在这个团结之中，各种力量能够互相帮助、互相扶持，共同负责，共同发展，四万万五千万人民的坚固团结，将成为牢不可破的新的长城，保护我们民族的生命，将成为坚不可碎的新的基石，创立起独立自由幸福的新中华！

当此发刊之始，本报更希望全国人士及读者诸君，对本报力加扶持、赞助、培植、指导，使新华日报能与我们光明灿烂的新中华同时生长发育与同垂永久！

选自《新华日报》1938年1月11日

周恩来在全国文艺界抗敌协会成立大会上的讲话

(一九三八年三月二十七日)

今天到会场后最大的感动,是看见了全国的文艺作家们,在全民族面前,空前的团结起来。这种伟大的团结,不仅仅是在最近,即在中国历史上,在全世界上,如此团结,也是少有的!这是值得向全世界骄傲的!诸位先知先觉,是民族的先驱者,有了先驱者不分思想,不分信仰的空前团结,象征我们伟大的中华民族,一定可以凝固的团结起来,打倒日本帝国主义!这是第一点感想。其次希望作家多多取材前线将士的英勇奋斗,与战区敌人的残暴,后方全民众动员的热烈,一定可以发扬举国同仇敌忾,加强战胜敌人的信心!第三,在今天抗战过程中,我们还负有建国的任务。文学家应分布各战场,各内地,更多接触内地的人民生活,同时要承继祖先遗下的优秀文艺传统。第四,不仅是对抗战文艺,民族文艺,即对世界文艺,也负有重大的责任。总理昭示我们,要我们迎头赶上,一定要能与世界进步的文艺联系起来,使我们的文艺在世界上也有辉煌的地位!

选自《新华日报》1938年3月28日

中共中央关于党报问题给各地方党委的指示

(一九三八年四月二日)

由于过去党处在长期秘密工作之下，不能发行全国性的党报，因此对于党的各项政策只能靠秘密的油印刊物传达，这样就养成同志们不了解党报的作用。在今天新的条件之下，党已建立全国性的党报和杂志，因此必须纠正过去的那种观念，使每个同志应当重视党报，读党报，讨论党报上的重要论文。党报正是反映党的一切政策，今后地方党部必须根据党报杂志上重要负责同志的论文，当作是党的政策和党的工作方针来研究。在党报上下列几种论文：（一）"新华报"上的社论；（二）"新华报"、《解放》、《群众》上中央政治局负责同志的文章，必须在支部及各级党的委员会上讨论和研究。

各地方党部应当尽一切力量来帮助《新华日报》，以达到加强报纸与群众的联系。（一）每个支部应有一份《新华日报》，每个同志应尽可能定一份"新华报"，并帮助推销和发行。（二）帮助建立通讯工作。（三）帮助建立读者会。各地方党应把这通知给每个支部每个党员知道，并讨论具体执行的办法。

选自中共中央文献研究室、中央档案馆编：《建党以来重要文献选编（一九二一——一九四九）》第十五册，中央文献出版社2011年版

《抗战文艺》发刊词

(一九三八年五月四日)

文艺——在中国民族解放斗争的疆场上，一位身经百战的勇士！

它在中国民族的喋血苦战之中生长，紧紧地伴随着为痛苦而挣扎的民族："以血泪为文章，为正义而呐喊"，二十年来，不管道程的险阻，境地的窘迫，始终不动摇，不绝望，不失节，不逃避，挺身疾走，勇往迈进，争取了自己的光荣的历史，奠定了自己的不朽的功绩！

它面对着黑暗的封建的压榨，不屈不挠地持续着顽强的斗争，它站立在民族国防的前哨，和帝国主义的侵略支撑着艰苦的肉搏！

它为着痛苦的民众，呼出悲怒的叫号，它为着神圣的祖国，争取前途光明！它号召着战斗，它报告着到来的希望。象一道光华的长虹，刮破了世纪的暗空，象一群勇敢的海燕，冲击着时代的阴霾。

在震天动地的抗战炮火声中，必须有着和万万千千的武装健儿一齐举起了大步的广大的文艺的队伍；笔的行列应该配布于枪的行列，浩浩荡荡地奔赴前敌而去！满中国吹起进军的号声，满中国沸腾战斗的血流，以血肉为长城，拼头颅作炸弹，在我们钢铁的国防线上，要并列着坚强的文艺的堡垒。

这一个文艺的堡垒由于中华全国文艺界抗敌协会的成立，已经奠下了最初的基石，"抗战文艺"的发刊是首先在这基石上树起一杆进军的大旗，在这面旗子之下，我们号召全中国的文艺工作者，为着强固文艺的国防，首先强固起自己营阵的团结，清扫内部一切纠纷和磨擦，小集团观念和门户之见，而大家把视线一致集中注于当前的民族大敌。其次把文艺运动和各部门的文化的艺术的活动作密切的机动的配合,谋均衡的普遍的健全的发展。并且我们要把整个的文艺运动,作为文艺的大众化的运动,使文艺的影响突破过去的狭窄的知识分子的圈子,深入于广大的抗战大众中去!

"抗战文艺"要肩负起这个巨大的责任,反映这一运动,推动这一运动,沟通这一运动,发扬这一运动,集合全国文艺工作者的巨大的力量,成为全国文艺行进中的道标,使文艺这一坚强的武器,在神圣的抗战建国事业中肩负起它所应该肩负的责任!也只有在战斗之中负起自己的任务,才能巩固其本身发扬和光大的基础!

选自南方局党史资料征集小组编:《南方局党史资料·文化工作》,重庆出版社1990年版

周恩来在鲁迅逝世二周年纪念会上的讲话①

（一九三八年十月十九日）

我想在今天鲁迅先生逝世二周年纪念会上大家都是诚心诚意的来纪念鲁迅先生的。我自己不是文学作家，然而却参加了文艺协会，同时在血统上我也或许是鲁迅先生的本家，因为都是出身浙江绍兴城的周家，所以并不如主席所说以来宾资格讲话。然而我却不愿意如景行严口口声"吾家太炎先生"似的而也说"吾家树人先生"，我只能如古诗所说"疾风知劲草，板荡识忠臣"似的来怀念鲁迅先生。

确实是看到田汉先生的文章，想到去年纪念鲁迅先生，正是上海抗战危急，而今年纪念鲁迅先生，又是武汉危急的时候，所以使我们更易想到劲草忠臣的鲁迅先生。因为鲁迅先生不论在政治上、文学上、人格上，都有值得我们纪念的地方，鲁迅先生生时，在国难当头或局势摇荡时，绝未动摇和妥协过，无故［论］在今天明天都本其一贯精神，倔强奋斗，至死不屈，同时，又启示出来的光明，把握住光明的前途。

在文艺上，鲁迅先生一贯地对旧社会给以无情的批判与揭露，不妥协，不苟且，指示我们一个光明的前途。即使在反映中国社会腐朽的阿Q正传上也显示出伟大的奋斗前途，而鼓励着大众反抗腐恶势力，这是在先生早期到后期都是如此的。

在先生为人上，对于社会改革，政治运动，是深切地关心着，而反映在他的文学作品中。他的个人生活，社交来往也是丝毫不苟且不屈服的。他看出未来的光明，然而却没有离开社会、离开现实。特别在晚年对中华

---

① 标题为编者拟定。

民族解放之努力，回答一个托派的信上，不容情地揭露托派之阴谋，赞同抗日民族统一战线，指出中华民族解放之大道，是值得我们钦佩他的政治远见的。

到今天，抗战已经一年有余，更走到一个艰苦困难的阶段，纪念鲁迅先生，更应该学习这种倔强奋斗至死不屈的鲁迅，不退让，不妥协。困难愈大，要愈加努力，以克服困难，坚持抗战，特别要紧的是要有最后胜利的信心，伟大前途的认识，为达此目的而努力。非有如此信心，即不能坚持长期抗战，向前奋斗，反而会随时因困难而动摇屈服，妥协投降。只有坚信未来之胜利，同时又努力于克服现实的困难，而艰苦奋斗，这才是中华民族之伟大精神要素，也正是鲁迅精神之所代表。

在文学创作上，也可如此了解。一般常常争论的现实主义与理想主义的问题，在鲁迅作品中可得到正确的解答。一种写实的作品，没有不受环境的影响和加以主观见解的。只有主观上抓住最现实的生动材料，起了极深刻的反映，能产生出成功的作品。现实离不开环境及物质的支配，而同时又须有主观的选择，包含了理想的见解，并暗示着光明——奋斗目标，这必然是个好作品，正是鲁迅作品的精神。这理想在今天民族抗战的烈火中，便是争求民族解放胜利，一切以此为目标而奋斗着。今天读抗战、读现实文学，也便是需要这样的作品，才能动员大众，深入人心，而后在方法上、技巧上、也便能更适合现在，更大众化，更通俗化。这种作风，需要我们今天学习的。

所以，不论在政治上、文学上、或为人道德上，都需要我们学习鲁迅先生的精神和作风，发挥鲁迅先生的精神，有着强烈的现实反映，未来光明的追求，是我们今天在武汉更加危急，抗战遇到困难，同时也是战争更加扩大时，我们应有的抱负。我们应艰苦不拔，克服困难，为实现最后胜利而奋斗到底！

选自《新华日报》1938年10月20日

致全世界反法西斯侵略战争的作家电

(一九三九年四月九日)

全世界反法西斯侵略战争的作家同志们：

"中华全国文艺界抗敌协会"（Chinese Writers Assoiation）在敌人的残酷炮火下面诞生，在中国人民底壮烈战斗里面成长，到今天已经一年了。在这一年中间，东方的法西斯侵略者日本军阀更大量地占领了我们底土地，屠杀了我们底人民；西方法西斯侵略者们逮捕了奥地利、捷克、绞杀了西班牙，他们底魔手现在且向着阿尔巴尼亚、波兰、罗马尼亚，以至保障民主自由精神的大国英、法、苏底领土伸进。这是人类历史上最严重的关头，而我们追随着呼应着诸君底英勇的战斗，和法西斯侵略者毁灭文化的暴行相抗，在这一年中间守住了保卫文化和创造文化的岗位。在检查过去的战斗经验和规划未来的战斗程序的今天，我们更明确地记起了诸君底战略所给予我们的力量，更痛切地感到了诸君、我们在人类进步文化传统下面是不能分开的一体。代表着为世界的和平、进步和中国底平等、自由而牺牲奋斗的全中国人民对于用政治的行动或文化的工作为反抗法西斯侵略而努力的诸君，对于用献身的热诚到中国土地上来访问我们甚至和我们一到〔道〕工作的诸君，我们致送诚恳的谢意；对于在西方法西斯侵略者底暴力下面被屠杀了、被禁梏〔锢〕了〈的〉奥地利、捷克、西班牙的诸君，对于在日本法西斯侵略者底暴力下面被屠杀了、被禁梏〔锢〕了的日本、朝鲜、台湾的诸君，我们致送真挚的同志的哀悼和慰问！

中华全国文艺界抗敌协会第一届年会
大会总主席邵力子及到会代表同叩
一九三九年四月九日重庆

选自南方局党史资料征集小组编：《南方局党史资料·文化工作》，重庆出版社1990年版

中共中央书记处关于在重庆加强翻印和
发行党报党刊工作给南方局的指示

（一九四〇年一月二十五日）

南方局并告东南局：

（甲）估计到"新华日报"及"群众"在当局严格检查下，已不能完全公开代表党的立场及广大群众对于党的立场的要求了解，请无论如何设法〈让〉"解放""军政杂志"在重庆继续翻印，在延安出版的杂志应尽可能地翻印，至少应将其中的重要论文及文件，应经常印成小册子形式发表。新中华报上论文及磨擦问题文件材料很多，尤其必须设法翻印，至少须将其中重要材料集成小册子翻印分发。

（乙）"共产党人"为中央对党内的唯一刊物，必须设一切方法使全党同志看到，不能铅印时可油印，不能全部油印时可选择其中最重要的翻印。

（丙）为了秘密发行的需要，你们应以很大的力量建立秘密发行网，尽量采取过去白色恐怖下的一切经验。

中央书记处

选自《中共中央南方局历史文献选编》上，重庆出版社2017年版

全国文抗协会致全世界作家书

（一九四〇年八月）

苏联A.托尔斯泰，法国罗曼·罗兰，美国屈莱梳，英国威尔司，印度泰戈尔转全世界作家公鉴：

暴日侵华三载，经我中华民族英勇的抵抗，绝难遂其囊括中国鲸吞东亚的大欲，最近日暮途穷，及妄冀以轰炸的毒策，达成侵略胜利的目的，自今年四月起，无日不以凶恶的飞机，对我不设防城市及与军事无关的民宅商店村庄，不择手段，罔计目标，滥施狂炸。重庆城郊之文化机关，如中央大学、重庆大学、复旦大学、国立图书馆，以至中学小学，无不任性摧残，肆意蹂躏，即各友邦使馆，即友邦人士之生命财产，亦多横遭波及，但日寇犹嫌残暴不足，自"八·一九"起，更复大肆轰炸，夜以继日，重庆市内市外火光烛天，延续数日，闹市家宅，尽成灰烬，被难灾民，露宿街衢，似此摧残文化，违反人道，破坏公法，诚灭绝人性的兽行，为全人类之公敌。伟大的中华民族，已在血火中获得新生，团结一致，奋斗到底，寇机盲目轰炸的威胁，断难动摇我抗战的决心，中华全体文艺作家，莫不深信最后胜利必属于我，同时愿以日寇所表现的可耻的暴行，公诸全世界作家之前，以期同予人类蟊贼以谴责与制裁。

中华全国文艺界抗敌协会

选自《新华日报》1940年8月28日

中共中央关于发展文化运动的指示

(一九四〇年九月十日)

(甲)关于国民党区域的文化运动。在国民党统治区域很可能广泛发展与极应该广泛发展的一项极端重要的工作,是抗日文化运动。这项工作的意义在目前有头等重要性,因为它不但是当前抗战的武器,而且是在思想上干部上准备未来变化与推动未来变化的武器。因此在国民党统治区的党(敌占大城市亦然)应对发展文化运动问题特别提起注意,应把对文化运动的推动、发展及其策略与方式等问题经常放在自己的日程上。对于文化运动的进行,应该联合一切不反共的自由资产阶级(即民族资产阶级)与广大小资产阶级的知识分子共同去做,而不应使共产党员尖锐突出与陷于孤立。在反对复古,反对大资产阶级的文化专制政策,反对日寇汉奸的奴隶文化等方针之下(根据各地情况将口号具体化)是能够动员各阶层知识分子、各部门文化人与广大青年学生加入这一运动的。须知对于广大人民群众,对于在军队中、政府中、党部中、学校中、社会中的广大中下层人们,如果不在思想上引起一个变化,则政治上的根本变化或彻底好转(即建立抗日民族统一战线政权)是不可能的。关于如何在各个文化部门中(理论的,政治的,学校的,社会的,文学的,艺术的)推广与深入这个运动,希望国民党区域的党部加以切实的研究。

(乙)关于各根据地上的文化运动(略)

选自中共中央文献研究室、中央档案馆编:《建党以来重要文献选编(一九二一——一九四九)》第十七册,中央文献出版社2011年版

南方局关于新华日报工作给中共中央书记处电

（一九四〇年十二月二十四日）

中央书记处及党报委员会：

新华日报两月来在宣传上有进步，惟工作环境日见困难，最近能不被扣留文章更少，假有不送检查处者，最轻是严重警告，并要派联络员驻办检查标题及文章，我们尚在拒绝中。中宣部召集有关方面讨论新华问题，三面代表主以群众力量打掉向赞成者，少数尚未通过，但我们屡次抗议，迄不得直，为使新华合法存在起见，文稿拟全照删改刊出，惟社论因受检查更严，登出无大精彩，拟改为不定期，不一定每日有社论，以优重庆报纸内容亦拟从新年起大加改革以美共工人日报，载多方面材料实行烘托式宣传，不要每篇都是政治化的面孔，你们意见如何请告。

南方局

廿四日渝

选自《中共中央南方局历史文献选编》上，重庆出版社2017年版

致苏联文艺界书

（一九四一年一月一日）

敬佩的A.托尔斯泰，A.绥拉菲摩维支，Y.吉尔波丁，D.别德尼，A.法捷耶夫，M.肖洛霍夫，I.爱伦堡，L.绥甫林娜，F.班菲洛夫，并转苏联各民族的文艺作家同志们：

首先，我们愿意代表全中国的文艺作家们向你们表示诚恳的慰问。

你们也许知道，我们这个几乎网罗了全中国的文艺作家的，现在拥有了四百多个会员的团体，是在英雄的抗日民族战争爆发了以后组织起来的，它底任务就是为了团结一切不愿意做日本帝国主义者底奴隶的文艺作家们，从文艺的道路上参加这个光荣的民族解放事业。成立以来，作为这个团体本身的工作，虽然说来非常惭愧，然而，亲爱的朋友们，我们可以骄傲地告诉你们，我们底同志从没有因为困难而放弃过自己底岗位，在客观条件非常艰苦境遇下面是这样，在敌机的残酷轰炸下面是这样，甚至在黑暗的沦陷区域或者炮火连天的前线也是这样。而且我们还可以骄傲地告诉你们：在这个艰苦的然而伟大的斗争里面，从参加实际工作的青年知识分子中间，从觉醒了的人民中间，饱含着新的生命的健康的作家，在不断地成长，出现。就是仅仅从文艺领域上看，我们也能够确信，伟大的中华民族的解放战争绝对不能允许走向妥协的或者失败的结局。

你们也许知道，中国新文艺还不过二年多的历史，但它底诞生原是由于中国人民底为了反抗残酷的帝国主义统治和黑暗底封建统治的愿望，它底斗争和成长就一直是和中国人民争解放、争进步的艰苦斗争互相呼应的。中国人民的争解放、争进步的伟大事业既然是和现世界各国人民底争解放、争进步底伟大事业彼此关联，有失败就一同失败、胜利就一同胜利的命运，所以我们的新文艺为了执行它底任务，不得不坚守着两个目标：和民众同生同死地站在一起，向国际的先进文艺、特别是苏联底文艺学习经验。为了说出中国人民底生活，为了说出中国人民底愿望，国际底先进文艺，特别是苏联底文艺，就一定是作为前辈的战友而帮助了我们。到今天为止，虽大半还只是通过不完全的翻译，但你们底作品，特别是伟大的M.高尔基的作品，对于我们底新文艺所发生的影响，决不是在简单的叙述里面能够说明的。中国新文艺底伟大的先驱者和领导者，也是苏联文艺的最早的和最努力的介绍者鲁迅所走的道路，就可以替我们作证。亲爱的朋友们，从这里你们当可以知道我们底作家为什么在抗日民族战争里面能够有这样坚决的立场，愿意用自己底忠心，甚至自己底生命来争取胜利，你们也可以知道我们对你们抱有怎样的友情，在我们底工作里面能够证实你们底工作底世界的意义。犹如伟大的苏联是为自由幸福而战斗的伟大的中华民族底真正朋友一样，伟大的苏联文艺也是为民族底自由幸福而坚决斗争的我们新文艺底真正朋友。能够向你们说明这一真理，我们是觉得光荣的。

我们也很愿意具体地告诉你们，我们底作家在这个民族战争中间怎样地生活、做了些什么，愿意你们以及苏联各民族底人民通过我们底微弱的工作能够更加了解中国人民在怎样生活，怎样战斗，仇恨的是什么，所愿望的又是什么。过去，个别的苏联朋友和中国作家曾经做了一些，但计划地谨严地参加这个工作，当然是我们底责任。作为一个开始，我们曾经和"国际文学"约定了准备一个"中国抗战文艺"专号的材料，但为了工作条件底顺利，已改请"中苏文化协会"担负了这个工作底组织任务，我们底同志要用最大的热诚来促进它底实现。当然，这只是一个开始，而且在我们现有的主观客观条件下面也很难说能够到怎样完善的成绩，但为了回答你们以及苏联各民族底人民对于中国人民底战斗的关心，也为了回答欧美各国底先进的人民底战斗的关心，我们希望在你们底关切和同情下面能够使这个工作继续地开展。当然，这只是你们和我们之间现在能够做得到的交通方法，但如果能够更进一步，你们中间有谁愿意到我们这个战斗的土地上来，亲身来和苦难的然而却是在英勇作战的伟大的中国人民相处，像 I.爱伦堡先生在西班牙的战争中一样，我们也能够得到机会去访问光明而幸福的你们的国土，亲自感染你们底文艺底新鲜而健康的香气和伟大底苏联人民底坚贞而乐观的奋斗精神，那更是我们所希望的了。我们愿意这个希望在最近的将来能够实现。

亲爱的朋友们，在困难的阶段上面奋斗的我们，不愿也不应送给你们任何廉价的乐观消息，还有一个更艰苦的时期，等在我们底前面，但我们可以向你们保证，中国底人民，中国底作家，已经非常确信地认识了，只有通过这个艰苦的时期才能够争到真正的胜利。我们要用真实的战斗日程来和你们底友谊相会。

祝你们健康，并致
文艺同志的敬礼！

中华全国文艺界抗敌协会启

选自南方局党史资料征集小组编：《南方局党史资料·文化工作》，重庆出版社1990年版

周恩来关于领导文化工作者的态度给廖承志的指示

(一九四一年五月七日)

重庆转港报洛甫、凯丰同志：

转港承志，三个月来文化人到香港者甚多，要你一人招待疏散，想见你的烦忙，不过我们仍要向你提议对待文化战线上的朋友及党与非党干部，第一不能仍拿抗战前的眼光看他们，因他们已进步了，已经过一次考验了，第二不能拿抗战前的态度对待他们，因他们已经过一些政治生活，不是从前上海时代的生活了，第三，我们也不能拿一般党员的尺度去测量他们，去要求他们，因为他们终究是做上层统战及文化工作的人，故仍保留一些文化人的习气和作风，这虽然如高尔基、鲁迅也不能免的，何况他们乎。因此，我们必须学习列宁、斯大林对待高尔基的眼光、态度和尺度，才能帮助和提拔这般文化人前进。毛主席告诉我们要重视这支文化战线上的力量，因为他们正是群众革命精神宣传者和歌颂者，我这一年来在此收获不少，希望和建议你们本此精神做去，原则的问题不要放松，工作方法上处人态度和蔼，作风不能尽人一致的。从前那种有时失之轻浮，有时失之圆滑，有时失之谦虚、有时骄傲的态度是不适当的。希望你也一样的排斥，并且更慎重认忍切实细密一些，因为你来电中对夏衍有"不敢相信"一语，并且又曾拒绝他参加支委，故我有些感觉港电告你的，望你有则改之无则加勉。

周恩来渝电

选自南方局党史资料征集小组编：《南方局党史资料·文化工作》，重庆出版社1990年版

转移在港各界朋友
——周恩来致廖承志、潘汉年等的电报

（一九四一年十二月）

廖、潘、刘①并书记处：

（一）太平洋战争爆发，香港已成死港。香港接朋友，如有可能，请先至澳门转广州湾，或先赴广州湾然后集中桂林。

（二）请即刻派熊子民往桂林告梅龚彬、胡西民，并转在柳州左洪涛，以便招待你们。

（三）政治活动人物可留桂林，文化界可先到桂林，新华日报出去的人（如戈宝权、张企程等）可来重庆，戏剧界朋友可要夏衍组织一旅行剧团专赴西南各地，暂不来重庆。

（四）极少数的朋友也可去马来亚，但这要看港的交通条件，恐不可能。上海、马尼剌已不可能。

（五）少数部分能留者尽量留，但必须合秘密条件，宁缺毋滥，必须估计到日军占领香港后能存在。上海必为日全部占领，饮冰②能存在否，请考虑。

（六）汉年部分，想已有妥当布置。

（七）港中存款全部提出，一切疏散及帮助朋友的费用，均由你们分别负责开支，并经过你们三人会议决定动用。存款共多少望告。

（八）承志如欲与港英政府见面，并得令保证与他们一同撤退，可留港到最后再走。海南岛事应该与他们立即确定，如港政府派军护送人物及

---

① 廖，即廖承志。潘，即潘汉年。刘，即刘少文。
② 饮冰，即龚饮冰。

军火至海南岛，则可送一批人去，并进行破坏日机场及仓库交通线。

（九）孙、廖两夫人①及柳亚子、邹韬奋、梁漱溟等，望派人帮助她（他）们离港。

周恩来

选自《周恩来书信选集》，中央文献出版社1988年版

---

① 指孙中山夫人宋庆龄、廖仲恺夫人何香凝。当时在香港居住。

南方局关于文化运动工作报告

（一九四二年）①

去年文委工作因为时已久，但〔且〕材料无存，只能凭个人记忆所及，简要报告如次：

（一）疏散时期：一至五月，新四军事变后，重庆又入黑暗时期，党决定疏散文化人他往。此时文委主要工作，即以全力说服文化界文艺界友人离渝，为其筹划路费，安排去处。经文委手疏散的计百余人，但一时无确实统计可查。所去之路有延安、苏北、香港、新加坡、仰光及内地各县。此工作至五月间始告一段落。轰炸时期：五月至九月，此时因重庆被炸迁往乡寓，进城颇不便，文化人亦大半下乡，城内无多少工作可言。此时所作的是保持一些关系，经常与之联系，谈不上开展工作。与文委有关系的书店及杂志亦因种种限制，不能出版新书及杂志、日报。雾季时期：（1）由于当局之种种压迫，过去文化活动的方式已不能用，被迫产生新的方式，借文化人的红白日，郭沫若氏之五十寿辰，冯玉祥之六十寿辰，张冲之追悼会等等，以此方式进行一些文化活动。（2）戏剧运动，其他文化活动方式都遭压迫，于是文化活动乃集中于当局尚未十分注意的演剧运动，收获不少。演出者多比较好的剧本。当局的三青剧团始选一二国民党文化人剧本演出，但卖票不多（如杨村人之秦良玉）影响不佳。我们对导演及演员方面作了不少工作，改善了他们一些作风，加强了他们的团结及学习。

（二）文化界反侵略运动周刊办□之□□胜利因太平洋战争起，我们

---

①原文无时间，根据内容判断应是1942年春。

曾动员各文化团体，发动反侵略运动周，即当局主持的中英学会、反侵略大会、国民外交协会等团体亦被动员加入。原期有所作为，以便打开文化运动沉闷局面，筹备已就绪，突受当局活动之打击，致功亏一篑。

（三）出版工作，左倾书店因限于环境及资金，未出新书，只是再版一些原书维持门面。在我们支持下，为宣传苏联胜利，曾有苏联文艺运动之出版计划，由靖华主编，但因印刷条件太坏，只出版了一本《剥掉的面具》，第二册亦已付印，以后当陆续出书。我们所影响的杂志，多被当局藉故取消出版证，如《七月》《文艺阵地》《文学月报》等，现存者可数，《学习生活》尚图出版，由当局控制印刷所之故，印刷颇感困难也。

（四）新书局之成立，因原来之三书店"生活、新知及读书"受种种之限制，所出之书不易销行外埠。文化工作受打击，故有新书店之创立。计与我们有关之书店"指导出版社"、"文学书店"、"文风书店"、"进文书店"等。

第四组织工作[①]，党之大后方的组织方式改变后，将支部组织改为个人接头关系。除疏散者外，现在的组织关系尚有六十余人，名单已送交中组部。

选自南方局党史资料征集小组编：《南方局党史资料·文化工作》，重庆出版社1990年版

---

① 原文如此。

周恩来关于香港文艺运动情况
向中央宣传部和文委的报告①

（一九四二年六月二十一日）②

文艺运动情况报告如下：

一、香港新四军事件前，香港文艺活动只限很小的下层活动，自渝大批文化人到港，才有新的发展，主要是：

香港文艺活动的组织：（甲）组织（内部组织）文委廖、夏、潘③、胡绳、张友渔五人，下分组：（一）文艺小组夏衍、于伶、章泯、杨刚，夏负责。（二）学术小组，由胡负责。（三）新闻小组，张负责。小组外有座谈会：（1）文艺座谈会夏衍、胡风、戈宝权、叶以群、张友渔、杨刚、茅盾，后扩大增加黄药眠、袁水拍，有时连叶灵凤、戴望舒、徐迟也参加。（2）戏剧座谈会宋之的、于伶、章泯、司徒慧敏、蔡楚生、舒强、沙蒙、凤子、葛一虹。

香港文艺团体及刊物：（乙）文艺团体及刊物：（一）新美术社有丁聪、特伟、叶浅予、郁风等人。（二）文艺通讯社有戈宝权、以群、茅盾（名义上负责）等人。（三）电影有大观公司（党员四人）。（四）报纸副刊有大公报文艺栏、光明报副刊、华商报灯塔等。刊物有青年知识、大众知识（文摘）及大众生活。

香港文艺活动工作情况：（丙）工作情况：（一）文艺活动。广州失守后，香港虽有几个自由主义色彩的报纸，但由于没有一个领导机构，所以文艺方面甚少活动。文协只是一个有名无实的组织，只有广东文艺通讯社

---

① 标题为编者所加。
② 原件无年代，根据内容判断应是1942年。
③ 廖、夏、潘即廖承志、夏衍、潘汉年。

香港分社可以一做点事情，团结一部分青年文艺爱好者，组有文艺研究社和文艺讲演会等。该会刊物有《文艺青年》，内容进步，到新四军事件时，香港各报登的消息非常坏，只有《文艺青年》主持正义，因此被封，后虽曾数度拟复刊未果。《文艺青年》共出十二期，渝文化人到港后，文艺活动即被推动。几个主要的副刊都是进步的，能起相当作用，并从此时文协改选也有积极的活动。而座谈会研究会的组织产生，开始是各部门座谈会，主要讨论业务上的事宜，后来扩大为上层的茶话会，每星期一次，讨论文协工作及文艺政策诸问题。同时谈及一些时事，但是大家都很不积极，不到会不发言的事很多。后来改为每二星期一次，仍是如此，终改为三星期一次，并扩大到各部门，如戏剧、电影、美术也加入，但又因人事纠纷，所以也没有好好继续。文艺方面能起颇大作用的是文艺通讯社，是将各种稿子发到海外，帮助海外各地文艺运动，并联络国内及海外文艺作家，发稿在新加坡、菲律宾、爪哇、槟榔屿、美国、桂林、衡阳、河内、昆明等地。每周发稿两次，每月发字三十万，在各地起作用甚大。

香港工作的几个阶级。新四军事变后，主要为争取时局好转，文艺以揭露国内政治黑暗为主，茅盾、韬奋写的文章影响极大，五、六月份后，各方面工作都较有基础，方开始以建立国际及反法西斯运动为目标，并组成中苏文化协会，提议中英美苏文协□□，曾出反侵略诗集小说等。以后则着重国内民主运动的提倡和声援。

港文艺界发生之争论。文艺界在港稍有争论，开始时是因为战后之文艺理论与文艺批评之缺乏，而要提倡，从戈宝权到港后，曾经介绍过苏联文艺〈理论〉问题，而引起争论的是杨刚写的文章，战后文艺作品检阅，及国内时局问题影响到文艺活动，这两篇文章在大的方向上是有些小毛病，这篇文章登教前后，曾在座谈会中讨论，其主要争论内容：（一）目前文艺运动应强调世界途径还是个人情感问题。（二）对过左革命文学的潮流问题。（这问题的争论有多半是带着人事问题在内的）。后来亦曾讨论过文艺创作作风问题，主要谈话是反对公式主义及抗战八股之类。

港对文艺活动之限制。以前香港文艺活动是在虚弱的状态中的，政府不很注意检查，通过并不是一件困难的事情，只要不妨害香港政府及有伤风化的就都载出。后来海外部派五人专门进行调查工作，不久中宣部亦派海外团至港〈调查〉在当时是多半注意汪派活动的。后来华商报发现左倾，特别是茅盾、韬奋的文章登过后，引起很大注意，检查也就严格起来了。随便可以扣文章，有关港府及国内政治的文章都不能登，而延安消息及战报，仍可通过当时定的检查标准，而有关领袖的生活之悲观言论及暴露黑暗等文章均不准登，开始时对华商特别严格，到民主政团同盟宣言发表后，则对华商较宽，对各党报则严，如□□□□□光明等都受到压迫。并有中国评论出版，以与大众生活对战。然大众生活却照旧毫没有受到打击（大众生活韬奋编，每月销一万 X 千份，为港杂志站之最大销数）。

港戏剧电影活动情况。戏剧电影在香港：话剧活动是因娱乐展开的，一贯如此，在抗战后曾有中国救亡剧团，中华剧社（欧阳予倩）、中国旅行团（唐槐秋）到港也曾演话剧，但成绩都不甚可观。在港本地，有业余友谊队，它是由银行界青年业余组织（他们也常常演，但总是亏本）。自渝剧人到港后，第一次上演"雾重庆"得到空前的成绩，连演五场都满座。后来以孙夫人发动以反战大同盟〈名义〉□□□□□演出"马门教授"，极得外国宾客的赞赏。这次演出不只起了上层统一战线作用，并且对外介绍中国演剧的开始。第三次演"北京人"后即失陷。电影在广东整个都是落后的，崇尚的是民间的旧传说，意识非常坏，只合地方的报纸趣味。后来司徒慧敏、蔡楚生到港拍了"孤岛天堂"、"白云故乡"皆起了新作用：在南洋各地极受欢迎。但由于摄影场无着，工作甚难展开；后大观公司愿拍电影片，且为进步人士预备某些好的片子，不久战争即发。

港音乐活动及其情况。音乐活动：广东音乐（歌咏）运动，一向是较活跃的。在以前香港歌咏活动成为文艺活动的主流，但无人领导。后曾发动响应反法西斯运动，举行一次音乐会为英苏将士募捐。太平洋战争后，文化运动工作〈停止〉。现文化人云集桂林，无看中桂林亦成文化活动中心。

选自南方局党史资料征集小组编：《南方局党史资料·文化工作》，重庆出版社1990年版

周恩来关于大后方文化活动近况
致中央宣传部凯丰转文委电①

（一九四二年九月）

大后方最近文化活动近况：

（一）重庆市文艺界活动极少，中苏文协除了随时召开讲演会外，最近正筹备十月革命节文化晚会并演剧。"中苏文化"改为季刊。

（二）出版周刊，全国文协活动全部停顿。会刊"抗战文艺"仍续出版。

（三）政治部文委会②近被政治部监视甚严，会内外之特务工作加紧，对外活动甚少。夏季仅为政治部等筹开七七纪念会及一次时事座谈会，会内正整顿工作加强□□，请侯外庐等讲课，分历史方法论等。二组（文艺）拟收集材料出年鉴。孩子剧团已改组，换团长李清灿，但原有孩子几乎已全部退出报考学校。三组，对敌行动□移交政治部三厅，三组只作研究工作。

（四）戏剧活动：夏季四大剧团（中央青年剧社，中国万岁剧团是属政治部电影厂，中央电影场剧团属中央宣传部，中华剧艺社〈是〉民间职业社）均迁北碚排演，预备雾季公演。到北碚后官方团体积极进行排演工作，并提倡学习（研究斯坦尼斯拉夫斯基演势体系之风甚盛）。唯剧艺社团领导人及经济困难，工作无法进行，内部生活纷乱，人心涣散，恐难支持。估计今冬剧运因政治环境及剧场之限制，难如去冬热烈。

（五）出版界最近由于印刷和检查的限制，出版新书甚不容易。加上

---

① 标题为编者所加。
② 政治部文委会即国民党军事委员会政治部下，以郭沫若为首组成的文化工作委员会。

经济困难，读者购买力极为薄弱，于是无法销售，因之书店都不敢出版新书，十月革命已近，中苏文艺丛刊，出苏联文艺书籍四册。

（六）国立剧校教员闹风潮，老派余上沅、陈治策教务主任与新派焦菊隐（剧课主任）马彦祥应尚能不和，新派欲赶老派教员走，学生情绪极低。音乐学院亦有同样情形，音专派蔡绍序、刘雪庵与李抱忱争风，结果蔡刘离校。均反映该校拉拢留学派，打击国内剧校音乐院之作用。①

（七）桂林政治环境渐恶，对文化活动之统治亦加紧，文化人□人之集团都渐被监视。港之文化人已渐来渝，前小规模出版社，多因经济周转不灵，逐渐的关门，新书籍出版渐少，杂志出版较多。

选自南方局党史资料征集小组编：《南方局党史资料·文化工作》，重庆出版社1990年版

---

①原文如此。

重庆文化界对言论出版自由意见书[①]

（一九四四年五月）

国民参政会，宪政实施协进会，各省市参议会，全国各报馆：各法团暨文化界人士公鉴：溯自敌寇大举侵占我国领土，摧残各地文化设备以来，成千成万的文化战士或死或伤，或流离失所，被困在沦陷区的千百万同胞，受尽了敌寇法西斯文化的侵害的荼毒。这样，就造成了我国亘古未有的文化危机。

要根本克服这种危机，只有动员全国人力，物力，在蒋主席的领导之下，迅速进行反攻，驱逐敌寇出中国，我们文化工作者的责任，则是坚执自己的武器，动员国内一切反攻力量，击破敌伪的精神麻醉，以服役于为民族的战斗，而达成历史所赋予的艰巨任务。

然而，时至今日，追溯既往，瞻望前途，我们所不能已于言者，即七年以来，言论、出版、学术研究、戏剧公演等所受之限制，实至繁且苛。数年以来，禁出著作及禁演戏剧不可胜计，许多翻译名作，学术专著，以及描写战时现实或过去历史之文化作品，虽绝无违背"抗战建国纲领"及妨碍国家民族得益之处，亦均在"不合国情"、"不合国策"、或"不合抗战要求"等等笼统批驳之下，遭受禁止出版并扣留原稿，致使作家深感动辄触禁之苦，其已准出版者，更有在再版时复审而遭禁止，或甲地审讫通过之书，运至乙地又被查禁没收；而各地党政当局及军警人任意干涉书刊

[①] 此文原刊载在《新文学史料》（1987年第1期）上，未注明时间，据查有关资料，发表时间应为1944年5月。（1）国民党五届十二中全会于1944年5月召开；（2）1944年5月3日重庆文化界五十余人假百龄餐厅举行茶会，商讨言论出版自由等问题。由沈志远等六人负责整理各种意见，起草重庆文化界对言论出版自由的意见书和向国民党五届十二中全会的请愿书。

发售之事，亦不一而足，致使书店蒙受无穷之损失。尤以杂志期刊一项，近年吊销登记禁止发行之纯正学术文艺刊物，更不胜列举。上述种种事实，其阻碍国家文化之发展，限制人民言论出版之自由，实至深且钜。环顾欧美各民主国家，虽在战时，对人民之民主权利（言论、出版、集会、结社）亦莫不竭力保障。盖民主权利之享有，正是民主国人民虽舍身破产，为国牺牲亦所不惜的根据，也正是民主阵线必然战胜轴心国家的理由。

我国为同盟国主要支柱之一，际此全世界的反侵略战争即将胜利的今日，自应加倍尊重人民民主权利，解除所加于文化、出版、研究、公演之一切限制，以促使文化的武器，发挥更大的作用。因此，我们为民族前途计，也为文化前途，特请求政府根本废除图书杂志审查制度，开放言论、出版、研究及公演之自由。

近年来，出版数量锐减，造成全国精神食粮之恐慌现象，过分严苛之图书杂志审查制度之存在，实为其主要原因之一。此对于今日的民族解放战争，对于未来的民族文化建设，都是莫大的损失，我们谨以国民的忠诚，热望政府当局考虑我们的要求，社会人士支持我们的意见，则民族前途幸甚，文化前途幸甚！

选自南方局党史资料征集小组编：《南方局党史资料·文化工作》，重庆出版社1990年版

重庆文化界为言论出版自由呈中国国民党十二中全会请愿书[①]

（一九四四年五月）

为请愿事，窃查图书杂志审查制度，自创立以迄于今，已有年所。抗战以来，当局多方顾虑，审查标准盖严于前，以是从事文化出版事业者，深感种种困难。当此抗战已近胜利阶段，宪政即届实施时期，民主国家正在共争胜利，全国上下复在高呼民主，我国为民主国家核心之一，除敌伪之宣传外，一切言论著作出版等自由之给与，自已到瓜熟蒂落之适当时机。同人等均为从事文化事业者，爰拟刍见若干条，敬祈钧会容察审议，决定施行，文化出版事业幸甚，抗战建国前途幸甚。

（一）取消图书杂志及戏剧演出审查制度。

（二）杂志一面出版，一面申请登记，在登记证未发下以前，一律准行邮寄。其既经出版，不得借故吊销登记证，或停止发行，过去因故停刊之杂志，亦得复刊。

（三）书刊出版之后，非经法律手续，不得禁止发行，各地军政当局，不得禁扣书刊，干涉演剧。

（四）严令各地方当局切实遵守法令，保障言论出版自由。

（五）以前未经通过而被扣留之一切著作、戏剧，除破坏抗战建国，违反民族利益者外，应请一律发还原稿，并解除禁令。其被认为显然违反国家民族利益者，亦应详列理由，通知原作者。

[①] 此文原刊载在《新文学史料》（1987年第1期）上，未注明时间，据查有关资料，发表时间应为1944年5月。

请愿人

洪　深	孙伏园	韩待桁	范寿康	老　舍	郭沫若
茅　盾	姚蓬子	吴藻溪	黄芝冈	张骏祥	曹　禺
潘孑农	马彦祥	夏　衍	吴祖光	胡　风	吴祖缃
阳翰笙	韩幽桐	臧克家	姚雪垠	赵清阁	沈志远
侯外庐	郁文哉	葛一虹	焦菊隐	于　伶	聂绀弩
宋之的	金长佑	陈翰伯	沈　浮	彭子冈	曹孟君
王亚平	潘梓年	唐性天	陈纪滢	田仲济	列躬射
梁纯夫	詹辱生	史东山	浦熙修	徐　盈	金满城
冯乃超	胡　绳	石西民	张友渔	梅　林	曹靖华
李乃□	张静庐	张申府	冯雪峰	吴铁声	吴清友
郑君里	黄洛峰	陈北鸥	任　钧	方兴年	叶以群
贺礼逊	祝公健	姚绍华	钱歌川	孙晋三	薛迪畅
王冶秋	田　涛	仲秋元	杨　刚	唐秉彝	王畹苏

选自南方局党史资料征集小组编:《南方局党史资料·文化工作》,重庆出版社1990年版

董必武关于桂林的疏散情形致周恩来电①

（一九四四年七月八日）②

周：

一、敌已越衡阳，向西南前进，桂林震动，纷纷搬家。我们对该处疏散分两部分，廖夫人，柳亚子各五万元已汇出，叶夫人十万元，另设法汇〈去〉。对文化人（约二十人）已派李亚群去桂秘密办理，对无法走的人予以帮助，如愿留的则鼓励他们留，帮助疏散家属，限期三个月留桂林，完毕，则期满回来，否则办完即回。三月后，敌被阻零陵线则李回，只留二十万由狄超、邵荃麟、张锡昌三人办理，并已把政治形势的估计及党的政策等告李转知桂林方面。

二、柳廖等向桂东南之八步转移，柳已去。

三、任公李济深拟也向梧州撤退，这是他们新的出路，并酝酿已久，他们开始不要做得太突出，仍以抗战口号斗争，不要正面攻击蒋。

四、闻余汉谋暗中表示，若粤汉湘桂皆失，是愿留敌后。

董　七月八日

选自南方局党史资料征集小组编：《南方局党史资料·文化工作》，重庆出版社1990年版

---

① 标题为编者所加。
② 原件无年代，根据内容判断应是1944年。

关于大后方文化人整风问题的意见[1]

（一九四五年一月十八日）

周恩来

对于大后方文化人整风的问题，我们有以下意见，请考虑：

（一）如文化人整风只限于文委及《新华日报》社两部门的同志，则可行；如欲扩大到党外文化人，似非其时。因目前民主运动正在开展，正好引导文化界进步分子联合中间分子，向国民党当局作要求学术、言论、出版自由的斗争，向顽固分子作思想斗争，揭露国民党文化统制政策的罪恶，并引导其与青年接近，关心劳动人民生活，以便实际上参加和推动群众性的民主运动。这也就是很好的整风。否则，抽象地争论世界观、人生观，甚至引起不必要的对历史问题的争论，以致松懈对国民党内顽固派的斗争，招致内部的纠纷，这是很要慎重的。至于延安文教大会，只能以其群众观点、实事求是、统一战线、民族化、大众化诸方面的影响，教育大后方的文化人，而不是以它的决议和内容来衡量他们的工作。

（二）即便对文委及《新华日报》社同志的整风，历史的反省固需要，但检讨的中心仍应多从目前实际出发，顾及大后方环境，联系到目前工作，以便引导同志们更加团结，更加积极地进行对国民党的斗争，而防止同志们相互埋怨、相互猜疑的情绪的增长。

选自《周恩来选集》上卷，人民出版社1980年版

---

[1] 这是给当时在重庆主持中共中央南方局工作的王若飞的电报，与董必武联名从延安发出。

对时局进言

（一九四五年二月）

"道穷则变"，是目前普遍的呼声，中国的时局无须我们"诡词悚听"，更不容许我们再来"巧言文饰"了。

内部未能团结，政治贪墨成风，经济日趋竭蹙，人民尚待动员，军事急期改进，文化教育受着重重扼制，每况愈下，以致无力阻止敌寇的进侵，更无力配合盟军的反攻，在目前全世界战略接近胜利的阶段，而我们竟快要成为新时代的落伍者。全国的人民都在焦虑，全世界的盟友都在期待，我们处在万目睽睽的局势当中，无论如何是应当改弦易辙的时候了。

办法是有的，而且非常简单，只须及早实行民主，在野人士正日夕为此奔走呼号，政府最近也公开言明，准备提前结束党治，还政于民，足见人同此心，心同此理，无分朝野，共具惕忧，中国的危机是依然可以挽救的。

然而，"日中必彗，操刀必割"，在今天迫切的时局之下，空言民主固属画饼充饥，预约民主亦仅望梅止渴。今天的道路是应该当机立断，急转舵轮，凡有益于民主实现者便当举行，凡有碍于民主实现者便当废止，不应有瞬息的踌躇，更不应有丝毫的顾虑。其有益于民主实现者，在我们认为，应该是：

一、由国民政府立即召集全国各党派所推选之公正人士组织一临时紧急会议，商讨应付目前时局的战时政治纲领，使内政、外交、财政、经济、教育、文化等均能有改进的依据，以作为国民会议的前驱。

二、由临时紧急会议推选干练人士组织一战时全国一致政府，以推行战时政治纲领，使内政、外交、财政、经济、教育、文化等均能与目前的战事配合。

以上两大纲领实为实现民主的必要步骤，政府既决心还政于民，且不愿人民空言民主，自宜采取此项步骤，使人民有实际参与政治的机会，共挽目前的危机。

更就有碍民主实现者而言，则有荦荦六大端，应该加以考虑。

一、审查检阅制度除有关军事机密者外不应再行存在，凡一切限制人民活动之法令皆应废除，使人民应享有的集会结社言论出版演出等之自由及早恢复。

二、取消一切党化教育之设施，使学术研究与文化运动之自由得到充分的保障。

三、停止特务活动，切实保障人民之身体自由，并释放一切政治犯及爱国青年。

四、废除一切军事上对内相克的政策，枪口一致对外，集中所有力量从事反攻。

五、严惩一切贪赃枉法之狡猾官吏及囤积居奇之特殊商人，使国家财富集中于有用之生产与用度。

六、取缔对盟邦歧视之言论，采取对英美苏平行外交，以博得盟邦之信任与谅解。

以上诸大端如能早日见诸实施，则军事形势必能稳定，反攻基础必能确立，最后胜利也毫无疑问，必能更有把握了。

故民主团结实为解决国内局势之主要前提，而在今天尤为争取国际地位的必须步骤。今天的时局虽然紧迫，而国际形势却大有利于我们，我们尤应趁此时机，早早决定我们的国策。

目前克里米亚会议已告圆满结束，四月二十五日并将由中苏英美法在旧金山召开联合国会议，法西斯和帝国主义已被普遍地宣布死刑，为全人类开出了民主和平的康庄的大道。

更以军事而言，苏联的大攻势正以雷霆万钧之力，雄师数路趋指柏林。英美联军更由西线积极进攻，纳粹兽军已陷于四面楚歌之中，不久当在它的巢窟里面遭受屠戮了。

美国在太平洋上的进攻，也正和欧洲攻势桴鼓相应。美国的意志，在东方急于要在中国登陆作战，急于期待陆上力量的大反攻，以期能同时及早解决日本，更是切迫如火。

今天没有任何力量可以阻止苏联红军及英美盟军的进攻，也没有任何力量可以屈挠同盟国人民的意志。全世界都在吹奏着胜利进行曲，我们中国人民不愿自甘落伍，不愿在这世界战略接近胜利的阶段，仍有自私自利，苟且因循，等待胜利，甚至种下未来祸根的做法。

我们恳切地希望，希望全国人士敞开胸襟，把专制时代的一切陈根腐蒂打扫干净，贡献出无限的诚意、热情、勇气、叡智，迎接我们民主胜利的光明的前途。

力	杨	丁 然	于去疾	于 友	于 伶
王 戎	王 采	王 岚	王 琦	王亚平	
王冶秋	王复生	王郁天	王深林	王超凡	
王治津	王务安	王进英	巴 金	戈宝权	
方令儒	方兴岩	方学武	文怀沙	毛守昌	
禾 波	白 薇	白 杨	甘啸冲	田一文	
田 涛	田仲济	司徒慧敏	史伊凡	伍 禾	
任 钧	任秋石	朱海观	朱鹤年	老 舍	
吉联抗	仲秋元	沈 扬	沈 浮	沈钧儒	
沈静芷	沈经农	沈 慧	冷 火	宋之的	
宋云彬	杜冰波	杜君慧	杜国庠	吕霞光	
吕 恩	汪子美	汪刃锋	何公敢	何成湘	
余所亚	沙千里	李 凌	李 畏	李士豪	
李可染	李声韵	李恩杰	李华飞	吴 视	
吴 茵	吴祖光	吴家骧	吴蔚云	吴组缃	
吴藻溪	吴清友	吴 泽	但杜宇	辛 勤	

阮有秋	林　谷	林　辰	林仲易	林举岱
周而复	周　知	周　峰	周谷城	周徽林
明　敏	金月石	金仲华	金善宝	金锡如
金瑞芹	邵荃麟	孟目的	孟君谋	孟用潜
初大岩	阿　嘉	岳　路	茅　盾	胡　子
胡　风	胡　绳	胡文淑	胡守愚	洪　深
侯外庐	柳　倩	柳亚子	范朴斋	姚木溪
姚雪垠	姚莲子	郁　风	郁有哉	施白芜
俞　珊	俞励犍	冼　群	马　义	马宗融
马寅初	马思聪	高　集	高崇民	高龙生
高　懿	崔小萍	崔万秋	夏　衍	夏　白
夏迪蒙	徐　冰	徐　迟	徐昌霖	徐悲鸿
袁水拍	梁　希	梁纯夫	梁永泰	梁公在
索　开	孙伏园	孙　陵	孙　源	孙坚白
孙施谊	孙锡纲	秦柳方	秦　牧	康性天
祝公健	殷　子	殷　野	耿　震	凌珊如
郭沫若	郭春涛	郭培谦	郭树权	梅　林
许士骐	许幸之	许桂明	许涤新	黄　晨
黄　蕊	黄若海	黄洛峰	黄宛苏	黄碧野
黄荣灿	黄寿慈	舒维清	堵述初	毕相辉
盛家伦	陈之佛	陈文泉	陈先舟	陈先泽
陈　原	陈润泉	陈鲤庭	陈翰伯	陈翠华
陈烟桥	陈迩冬	陶　金	陶行知	曹靖华
曹　禺	章石林	章汉夫	章靳以	章曼苹
章超群	焦菊隐	陆梦生	陆　治	张正宇
张申府	张西曼	张光宇	张志让	张定夫
张明养	张孟闻	张鸿眉	张静庐	张铁弦
张瑞芳	张　雁	张　磊	张　翼	张骏祥

张维冷	张重英	冯乃超	冯文洛	冯雪峰
傅彬然	傅抱石	华 林	华 嘉	彭燕郊
乔 木	覃 英	覃必陶	舒绣文	曾敏之
汤 灏	阳翰笙	贺礼逊	贺孟斧	黄 巩
项 堃	董时进	董鼎清	叶以群	叶浅予
杨 晦	杨荣国	杨潮声	杨村彬	贾纬廉
邹绿芷	葛一虹	葛 琴	路 翎	路 曦
庄寿慈	虞静子	万 灿	廖静文	廖沫沙
赵晓恩	赵韫如	赵慧深	邓初民	刘清扬
刘厚生	刘白羽	邓火子	邓尊棋	刘砥方
刘铁华	刘运筹	刘义斯	蒋 路	翦伯赞
臧克家	臧云远	潘子农	潘梓年	潘 菽
潘震亚	霍应人	蔡 仪	蔡楚生	郑君里
郑 敏	卢于道	卢鸿基	薛迪畅	钱歌川
钱辛权	萧 强	萧隽英	戴爱莲	谢冰心
谢 添	龙季子	聂绀弩	韩北屏	韩 涛
罗家正	罗鬃渔	严杰人	魏志澄	蓝 马
蓝馥心	苏 怡	顾颉刚		

（以姓名繁体字笔画为序）

选自《新华日报》1945年2月22日

重庆各民主党派及文化界欢宴郭沫若和文化工作委员会成员

（一九四五年四月八日）

重庆各党派领袖及文化界人士，昨晚六时，欢宴郭沫若先生及文化工作委员会各先生，到宾主郭沫若、沈钧儒、左舜生、章伯钧、柳亚子、黄炎培、董必武、王若飞、谭平山、陶行知、张志让、马寅初、邓初民、郭春涛、史良、沙千里、施复亮、翦伯赞、侯外庐、高崇民、孟宪章、何公敢、吴藻溪、史东山、阳翰笙、于伶、吴祖光、夏衍、高龙生、胡风、冯乃超、宋之的、白薇、傅彬然、梅林、叶以群诸先生一百几十人，为重庆一大盛会。

席间，沈钧儒先生起立致词，表示："今天到会的朋友，对郭先生道德学问都是极为钦佩的，与文化工作委员会诸先生也是多年老友，相聚一堂，感到非常慰快。大家心里一定都有很多话说，现在先请左舜生先生讲话。"左舜生先生在掌声中致词。他说："这次我们十几个朋友发起这个叙会，与郭沫若先生及文化工作委员会诸先生谈谈，感到很快乐。在这个时候快乐本来也很难得，郭先生过去的自由天地太狭，现在我们欢迎文化界的斗士回到更大的自由天地中来。"一阵掌声结束了左舜生先生的讲话。接着是侯外庐致词，他从文化学术方面讲起。他说："郭先生在文化学术方面的伟大贡献，使他不但是中国的权威，也是世界权威之一。他几十年来的奋斗取得的文化成果，给了我们许多不朽的著作，我们相信郭先生今后还要更多的创造有利中国人民的作品。在欧美各国，最有成绩的学术研究机关，差不多都不是官办的。就是苏联，有名的学者也是独立发展其研究，如瓦尔加的经济研究所。要中国文化发展，社会或私人办的研究机构比官办一定更有作用。刚才左先生说欢迎郭先生回到更大的自由天地来。我补充一点意见，我们不妨计划设立民间研究所，相信对民主文化更有利益，希望我们中国文化人在郭先生领导下，群策群力，联合世界学者，成立研究所。"

史东山先生继续说："郭先生的伟大成就是不用说的，他不仅领导着学术文化工作，就是从戏剧电影方面来说，也是他在领导着我们，我们应学习郭先生及文工会诸先生的精神和作风，以他们各位先生的路线为马首是瞻。文工会虽已解散，但不减我们对郭先生的尊敬，今后我们一定要跟着郭先生的路走。我们的精神永远联系在一起。"

这时沈钧儒先生说明黄任之先生因病缺席，并请尚丁先生朗诵任之先生所作文化诗三章，内容是：

"天地不灭，文化不灭，人类不绝，文化不绝，或箝之口，或夺之笔，人削其名，我腾其实。

文化真美，曹丑忌之，文化真善，伪善畏之。日月经天，谁能蔽之。万古江河，谁能废之。

文化之田，实生善禾。禾之不熟，民食则那。

熟灌之田，无一小勺。一勺之施，维我与若。"

朗诵完毕，又是一片掌声。

王若飞同志起立致词，他说："今天大家来慰问郭先生与文工会诸先生，郭先生在世界文化事业上所起作用极为伟大，他在抗战爆发之初，抛妻离子冒险回国，八年来因中国人民缺乏民主权利，以郭先生之伟大能力，始终不能充分发挥，这是非常遗憾的事。我们伟大的抗战中，郭先生不能象各国大学者那样作极大贡献，这是国家的损失，其责任决不在郭先生。现在文工会业已解散，全国人民及全世界之民主人士都是同情和拥护郭先生；会虽解散，中国人仍然要郭先生，董必武同志来渝后，我们共产党已向政府提出要求委派郭先生为我国出席旧金山会议代表的顾问，以郭先生的学识和声望，代表团有这样的顾问应引为荣。我们提出不是随便的，中共领导的解放区已有一万万人口，九十万军队，二百五十万民兵，一百二十万党员，这样大的地区和人民希望郭先生当国出席联合国会议代表的顾问，政府应该能接受。万一不可能实现，那末此地既不能做事，我们欢迎他到边区解放区去。半个中国是需要郭先生及诸位先生的；郭先生是国家的至宝，为全国人民所热爱，他是永远不会孤立的。现在的形势，抗战胜利有把握，民主也有把握，所以目前的情形只是短期的。在此敬祝郭先生及诸位先生健康！"

邓初民先生接着讲了一段感人很深的话："文工会解散，有人说文工会解散了，文化工作不能解散，这是使我怀疑，我看是文化工作也被解散了，我就是被解散了文化工作的一个，现在是书不能教，文章连写连扣，那么去前方去解放区可不可以呢？也不可以，走不了，甚至青木关也出不去。所以我今天实在无资格欢迎郭先生。有人说解散文工会是经费关系，或是机关重复，这并非正当理由；而是要统治文化。有人说所以要解散是由于这些人是左派，也是没有理由，今天全世界只有民主与法西斯之别，没有什么左派右派的区别（掌声大起）。现在东、西法西斯快失败，民主要胜利，因此有些反民主的人也高唱起民主来了。这种混乱，会影响到一些人，我要特别提出：凡是没有解散文化工作，有广泛集会结社、身体、思想自由、没有特务集中营的，都是民主的地方（这时掌声大起，电灯突然放光，全场哄笑）；反之都是法西斯。今天单说安慰是不够的，要争取各种民主自由，文章才做得通。我们要当心魔鬼的花样，但是我们也坚信'人民的世纪'，魔鬼再会变得美丽的小姐噬人，终不能逃出人民的手掌，希望郭先生永远站在我们前面而奋斗。"

陶先生说："今天中国的文化有二个方向，一是提高，一是普及。我们希望郭先生来筹办一个民主的研究院，或办一个□世界研究院郭先生如能出国，就可以在国外筹备，如出国不成，就设在重庆，希望政府能让其成立；如果再做不成，那末去西北我也不反对，假如西北又去不成，青木关过不了，那怎么办？还是回来办新世界研究院，就是在监狱里，也要办新世界研究院（又是一阵狂热的掌声）。关于普及方面，我有文化下凡的四部曲，一是跑进民众队伍中去；二是跟老百姓学习；三是把优点好处数给老百姓；四是跟老百姓一起创造新中国新世界。简单说即是欢迎文化下乡。"

郭沫若先生这时起立说话，他对今天的盛会表示感谢，一方面他又回忆七年来的工作，自谦没有什么收获，表示惭愧。最后他有力地说："文工会是解散了，文化工作却留下了，从今天起我们要真正开始工作。我回国的时候有首诗说：'四十六年余一死，鸿毛泰山早安排'。我这抗战八年的生命是赚来的，老早应该死了，今年五十四岁可以：'五十四岁余一死，鸿毛泰山早安排'，我随时随地也可以死，但是只要我一息尚存，在诸位先生鼓励下，我仍要做一个民主、文化、文艺的小兵。我补充陶先生一句话，我就是死在坟墓里，也还是从事文化工作！"（大鼓掌）

这时主席请马寅初先生讲话。马先生声明："大家讲得很多，我只讲一句，那解散文工会的是真空管！"一句话说得全场哄笑！

柳亚子先生很激动的说："黄钟毁弃瓦釜雷鸣，我们黄钟大吕之音是永远存在的，毁弃只是形式，我们要把瓦釜毁弃，让黄钟大吕之音，雷鸣！"

翦伯赞先生沉痛地说："听了邓初民先生的话，感到有些兔死狐悲，我们文化工作者抗战后到后方来，为了反抗日本法西斯，争取中国的独立自由。但是我们无一人得到工作，却陷入饥饿线上，还很可能进监牢，费巩教授失踪，在这堂堂首都，这是什么时代？文工会解散是表示最后扫荡自由主义文化，这是中国文化的灾难，也是对中华民族灵魂的侮辱！我们要继续斗争，中国是中国人的中国，我们有爱中国、救中国反法西斯的权利，我们有争取生存的权利，中国文化人已书不能教，文章不能写了，如能拉洋车，是否可组一组文化洋车队，由郭先生带头，如果太难了，我们要向全世界文化界请求援助，我们快饿死了！"时间已到九时，不能再继续下去，沈钧儒先生作了结束语，他一再叮嘱大家团结，像今晚一样团结，去拥护文化工作，望大家共同努力！会议就在一片掌声中结束。

选自《新华日报》1945年4月9日

(二)口述回忆

《新华日报》概况

徐迈进[①]

关于宣传报道方针

在党中央六届六中全会以前,我们在国内宣传方针是团结抗战。团结,不仅是国共团结,而要工农商学兵各界、各民族团结起来,全力以赴为取得抗战的全面胜利努力。抗战,不是一时一地的抗战,而是全面持久的抗战,争取最后的胜利。从而我们注意宣传抗日民族统一战线的方针政策和宣传八路军、新四军在敌后坚持抗战的业绩。在国际宣传方面,我们着重宣传反侵略、反法西斯斗争。与此同时,我们提出了提高质量和发展数量的三个口号,即编得好,出得早,销得多。这三个口号从武汉时期就提出来了,经过党中央肯定,就成了我们办好《新华日报》的三条基本的原则。

编得好,就是要报纸的各个版面,每条新闻,以至大、小标题都尽量编得扼要、醒目,反映问题集中突出,文字上要能使广大群众都能看得懂,而且还要有创造性。例如:综合报道,就是我们《新华日报》创造的,是熊复同志在做新闻编辑时创造的,是其他报纸所没有的。我们在编报中遇到国民党中央社发的新闻稿,常常是罗罗嗦嗦的一大堆,反反复复的重复一个消息。例如国民党军队在战场上尽吃败仗,他们报道时不讲吃败仗,也不讲败退,而把它说成转进。像这样的一条条的乱七八糟的新闻,我们不能都塞进《新华日报》的版面上去,于是我们把它集中起来,

---

[①] 徐迈进,1937年秋天在南京参加《新华日报》的筹建工作,后担任《新华日报》编辑部副主任、编委等职。

经过分析搞成一个综合报道，这样，不仅把版面搞得很活泼，读者看起来也比较清楚。当时重庆新闻界里也承认这是我们的创造。

出得早，这也是《新华日报》在国统区在发行上能取得优势的十分重要的一环，而要做到这一点很不简单。我们在出报的过程中，不仅有封锁与反封锁的斗争，还要跟其他各报纸竞争。人家物质条件比我们好，有卷筒机，平板机也比我们多，纸张充足，并且比我们好。我们要胜过他们只有从工作上改进，其困难是很大的，但我们做到了，我们的报纸出得比他们早，皖南事变发生以后就表现出来了。我们提早出版，突破了特务的种种封锁。

销得多，做到了。编得好，出得早，对销售增加当然是有利，但是在当时的环境下要做到销得多也并不容易。为了能销得多，我们想了各种各样的办法，采取了公开的和秘密发行同时进行；面、线、点三者结合的办法，并随时根据情况改变我们的发行。在全报馆同志的一致努力下，《新华日报》真正实现了编得好、出得早、销得多，这是我党在国统区新闻战线上的一重大胜利。

六中全会以后，我们的方针还是坚持团结、抗战。1939年1月国民党五中全会后，我们的宣传报道方针根据党中央指示的精神，提出了坚持抗战，反对妥协；坚持团结，反对分裂；坚持进步，反对倒退。1945年，日本投降后，我们的宣传报道方针，除了前面提出的如团结、进步等等还要继续宣传外，着重提出了和平民主建国的方针。

《新华日报》采用了一种以开展各种活动的方式来体现我们党的宣传方针。这就不是用文字、版面来反映，而是以艺术形象来反映。当时因战争的关系，从上海、南京、武汉各地撤退到重庆来的文化艺术界人士很多，他们除了看我们的报纸外，在艺术上不清楚该怎么搞好，我们就根据南方局的指示，通过组织一些具体的活动来启发引导。例如：我们根据周副主席的指示，利用《新华日报》七周年纪念，在化龙桥报馆的球场上举行了一次招待会，招待重庆的文化艺术界、工商界及各方面知名人士，在会上演出延安的秧歌剧。那可以体现毛主席《在延安文艺座谈会上的讲话》精神的，这就给文艺界指出了方向。这对大家的影响还是很深刻的。这一次演出虽然搞成了，但是困难也不少。开始没有剧本，后来陆陆续续从《解放日报》上找来了《兄妹开荒》《一朵大红花》《牛永贵受伤》等剧本。《兄妹开荒》是写劳动生产的，《一朵大红花》是写改造二流子的，《牛永贵受伤》是表现拥军爱民的。这三个剧要报馆全承担起来排练，可没有这个能力。报馆只能解决三个演员，即周而复、韦明、汪琦三位同志，是1944年从延安调来的。韦明同志和汪琦同志会唱，会扭秧歌，韦明现在是我们党中央宣传部宣传局的局长，可能也要离休了。汪琦同志现在《人民日报》社工作。只有韦、汪两同志可以演唱，周而复同志排演还可以，但唱不好，怎么办？八路军办事处有人，如荣高棠、王汶、金涛等同志就能演唱，高棠同志在"一二·九"运动时就会演戏，在南方局组织部工作。金涛同志在南方局外事组工作。我们经过同办事处商量以后，人解决了，但剧本仅有文字，没有曲谱，还是演唱不起来。想什么办法呢？就找从延安来的韦明、汪琦两人一段段地唱，包括过门在内，我就把他们唱的谱子记录下来，整理以后再让大家听一听修改一下，总算成功了。排练戏由周而复同志负责，他任导演。还有伴奏的乐队呢？我们还算有几个，中国的乐器如二胡、笛子我是可以演奏的，乔章棣同志会拉二胡，熊复同志会搞打击乐器，秧歌剧不是要锣鼓吗？其他就一个个地凑。最后我跟北碚育才学校的李凌同志商量，在该校音乐组找了三个小朋友来拉小提琴，这三个人一个是杨秉荪同志，现在是中央乐团的首席小提琴，一个是杜鸣心同志，还有一个是陈贻鑫同志，现在都在中央音乐学院执教。借了这三位小朋友，有了三把小提琴，加上我们原来的几个，就凑成了一个小乐队。还要有一个指挥，当时不敢去找音乐界的朋友来干，于是"蜀中无大将，廖化作先锋"，我就硬着头皮说我来吧。我平时教大家唱歌如《黄河大合唱》等还可凑合，但我从来没有搞过秧歌剧的指挥，就边学边做吧。排练的时间很短，但由于大家齐心努力，也就排出来了。报馆成立七周年纪念招待各界，公开发出请贴，国民党方面的人也请，他不来也可以，来则欢迎，结果来的各界人士很多。我们在1945年的1月11日、12

日演了两天，效果很好，轰动了山城。文艺界觉得他们现在有了个方向了，明白应该怎么搞了。这就不是用文字在报章上来反映我党的文艺路线，而是用艺术形象来表现以感染大家。后来我们拿到了毛主席《在延安文艺座谈会上的讲话》印成小册子，送给文艺界的朋友，加深了大家的认识；演出的三个秧歌剧，其角色是怎么分配的呢？荣高棠同志当然是主要演员了，他演了两个剧，在《兄妹开荒》中扮演哥哥，王汶同志扮演妹妹；在《牛永贵受伤》中他扮演牛永贵，周而复同志扮演日本军官。金涛同志扮演老太太；《一朵大红花》中，韦明同志扮演二流子，任琦同志扮演母亲。我们这些同志都不是演员，但为了宣传我们党的路线方针，大家都很认真，因此演出获得了成功。

关于封锁与反封锁的斗争

我们这张报从筹备开始到停刊为止，限制与反限制、封锁与反封锁的斗争一直没有停止过。国民党虽然口头上同意我们出版《新华日报》，心里却是从来不愿意的。1939年5月初，日本飞机对重庆狂轰滥炸，即"五三"、"五四"大轰炸。国民党便利用这个机会要重庆十家大报联合出版，使《新华日报》停刊了三个月又一个星期。在南方局和我们的再三交涉下，才在8月13日得到复刊。国民党本来是不愿让我们复刊，只因他无理，不得不答应。停刊三个月不好，但从另一方面讲也是个有利条件，我们利用这个机会把化龙桥虎头岩的报馆的编辑部、印刷部和生活用房因陋就简地建筑起来。原来的苍坪街、西三街地方很小，展不开，工作起来很受限制，报纸也印得不多，而化龙桥报馆地方宽敞，编辑部、印刷部和经理部门都在这里，又在郊区，工作起来比以前方便多了。

我们还有一次停刊，是在1940年5月，因河南遭受水灾、蝗灾、汤灾，灾情严重，我们在5月14日的二版上发了一条新闻，发稿时搞了个标题为《河南灾情严重衮衮诸公竟坐视——若有天良已拨巨款即应放赈。诿称政治局势变化无理之至》，这个标题很厉害，国民党对此十分恼火，蒋介石大发脾气，勒令《新华日报》停刊一天，遂有5月17日本报停刊一日的事。这次停刊是我们的一次斗争，虽然被迫停刊了一天，但我们揭露了国民党蒋介石的"德政"，因此是值得的。还有一次停刊，我已不在重庆了，就是捣毁我们的门市部（营业部），杨黎原、徐君曼等几个同志都受了伤。

在新闻编辑和发行上的封锁与反封锁的斗争更是经常，蒋介石的政策是溶共、防共、限共，新闻检查就是他的这个反共政策的具体措施。国民党的新闻检查，形式上各个报纸都要送检，实际上就是检查我们的报纸，不让我们的党报向群众宣传我们的方针政策以及讲清当前发生的许多问题。国民党新闻检查所采取的办法：一是扣，我们送去的稿子他给你扣留下来，不论是新闻报道，还是社论、评论，还是副刊文章，他们认为有问题的，就扣下来不准发。二是删，就是拿红笔把他们认为有问题的地方涂掉。三是改，他们认为我们稿子中有什么不当的地方，就给改了，又怕我们不按他们改的出版，所以他们的新闻检查官跑到我们排字房去改我们的版子。面临着这种情况，我们也采取了相应的办法来对付，你要扣、删我们的稿子，我们就开"天窗"（即空白）出版，开大"天窗"不行就改小的，有的把字颠倒起来排，字一颠倒过来就成了一个小空方块，有的就在被删处打上××，读者不是可以从报纸版面上琢磨出来是什么吗？再有就是在报上登个启事，说明什么什么文稿奉命免登。对于新闻检查方面的斗争，汉夫同志是有丰富经验的，很多时候是他亲自出面打这个仗。此外，我们写文章时在技巧上做文章，本来我们是要揭露他们的某个问题，但不直接讲，而是转弯抹角的把它写出来，读者看了能知道，国民党官员呢？倒不一定能看出来，就是他们的新闻检查官员也不是每一篇文章都看出来的。我们用隐晦的文字写出来，有一部分读者是能看得懂的。这样也就把问题真相告诉读者了。到皖南事变时，我们斗争方法又发展到改版、换版，就是我们先排好一个估计能通过检查的版面给他们检查，拿回来换上我们要发表的，如周副主席为皖南事变的题词，就是用改版换版的方式刊登出去的。无论是新闻报，还是副刊，我们都采用过开"天窗"或××以及隐晦的文字表现的斗争方法。只是副刊没有过多改版换版。我们在编辑上就是这样的［地］同国民党的新闻封锁进行抗争的。

发行方面呢，花样就更多了，在这方面左明德、王匡时同志比我清楚。《新华日报》刚办起来的时候我们除在门市销售部分和送给订户部分外，其他都是通过派报工会帮我们派人出售，这个派报工会是黄色工会垄断了的，叫他派报自然问题很大。在汉口时期，国民党还没有公开推行消极抗战、积极反共的方针，情况还好，派报工会还给我们派售。但到了重庆以后情况就逐步变了。初到重庆时，他们也来把《新华日报》领去，而他们并不认真派人去出售，过些时候又给我们送回来不少，说是这部分已卖不掉，有的时候他们就干脆说卖不掉，把很多的报纸都退还我们。实际上就是不给我们发行。我们办了报纸发行不出去怎么成呢，逼着我们自己想办法。我们在1938年11月9日公开登报招收报丁、报童，条件有四：一、粗识文字，二、年龄在12至16岁，三、刻苦耐劳，四、熟悉本市街道。结果招收来的报丁、报童文化很低，什么是阶级，什么是民族都说不上来，还需要我们来培养训练，从读报开始组织他们学文化，学习时事，启发他们的阶级觉悟，教给他们斗争的方法。在我们招收的报丁、报童中，多数是好的，愿意去卖报，极少数有些害怕。有了我们自己的报丁、报童就有了我们的发行队伍，有了这个发行队伍后，是不是就没有斗争了呢？还有，而且斗争仍然很尖锐。国民党见我们有了自己的报丁、报童，不给我们派报也阻止不住《新华日报》的发行了，于是就使出流氓办法，他们见我们的报丁、报童年纪小，就指使特务流氓欺侮他们。这些家伙装着要买报，等把报纸接过手后，就给撕烂扔了，或干脆全部没收，开初我们的小报童在报纸被撕毁或抢去后就跑回来哭，因为这不好交帐［账］呀！我们鼓励帮助他们团结起来，想各种办法同这些流氓斗。因而他们逐步顽强起来，而且很机智、勇敢。国民党觉得我们的报丁报童不好对付，先以撕毁和没收报纸的办法已威胁不倒，就加上了殴打和抓人的一招。可是我们的报丁、报童还是没被吓倒（因为我们平时注意了对他们的教育和帮助，并且在生活上也尽可能的［地］给予一些照顾，使他们过得去），他们仍然坚持天天外出送报卖报。在这个过程中，他们也想了很多办法，已引起国民党特务注意的地方不去,而把报纸送到同读者约好的地方。在形势最险恶的时候,我们的报丁、报童还同某些读者约好将他的报纸放在一个石窟窿或树洞里,让读者找机会到那里去取,这是一方面保证了我们报纸的发行,另一方面也保护了读者的安全。后来,国民党进一步加强法西斯统治,对《新华日报》进一步加紧迫害,有段时间群众看《新华日报》都不行,凡订阅《新华日报》的,就被认为是赤化分子,加以监视、警告,以致有被搜查和逮捕的危险。我们为了保护读者,又不得不改变发行方法,这时我们除了通过报丁报童公开的发行外,又增加了一种秘密发行,伪装送出。当时,我们在成都、昆明、桂林都有营业分处(过去衡阳也有)。开始我们的报纸可以一捆捆的〔地〕从重庆寄去,由那里发行出去,以后不行了,我们寄出的报纸一捆捆的〔地〕被没收。有时接连几个月的邮寄报纸被扣。因而我们又采用分散隐蔽发行的办法,就是把我们发行的报纸,直接由重庆分别寄给一些读者。这种分散寄出的办法,也还要伪装,要在《新华日报》的外面包上其他报刊封皮,封面上寄件人不能写《新华日报》,否则就会被邮检扣下。那天,我们在红岩看到舞蹈《报童》中不是这样的吗,那个报童的报袋里一面装着《新华日报》一面又装着《中央日报》实际上他们是在发行《新华日报》,这就是采取的伪装办法。

另外,还有一些文章和材料,《新华日报》上登不出来,又必须要读者知道的,比如毛主席《论持久战》《论联合政府》《在延安文艺座谈会上的讲话》以及一些重要的新闻资料等,我们都采取在山上内部发行的办法,有的印成伪装的小册子。有一部分国际资料,南方局的同志就把它编辑成《国际问题研究资料》,进行秘密发行。红岩那边负责编这些东西的,我记得开始有章文晋同志,后来是罗青同志,报馆这边是我,陈伯达在那时发表的《窃国大盗袁世凯》《评中国之命运》《中国的四大家族》一套书,也是通过秘密方式发行的。报丁、报童不知道这些东西,我们就自己动手并通过统一战线的渠道来发行。

关于群众工作

我们的党报不只是简单的［地］做做宣传、报道就完了，还有做群众工作的任务。当然也可以这样说，报纸本身的宣传报道就起了动员群众、组织群众的作用。通过报纸的宣传，无形中就把群众团结在我们党的周围。

联系群众的几种方式：第一、认真对待群众的来访来信。我们在重庆期间，虽然国民党特务统治得很厉害，但还是有一些读者不怕特务的监视盯梢来访，当然更多的是来信了。对于每一个来访者和每一封来信所提出的每一个问题，我们都认真研究，一一作答，基本上可以说是有问必答。我们还抽了一部分搞资料工作的同志成立了一个小组，专门负责群众来信、来访。通过我们的解答，使许多读者觉得很受启发，很受教育，增加了他们对《新华日报》的信任和接近。第二、通过创办各种副刊（现在我已记不清有几种副刊了）联系各方面的读者，我记得的有《青年生活》给一些进步青年们谈一些道路方向性的问题，解决一些学习和生活中碰到的疑难问题等等。编辑《青年生活》副刊的开始是蒋南翔同志，继后是刘光同志，最后是朱语今同志吧？还有个《妇女之路》，《妇女之路》副刊出版后，妇女们看了很高兴。还有什么《团结》《文艺之页》《友声》，工人也有副刊、名字记不得了，反正我们办了好几个副刊，每星期轮流出版，通过各方面的副刊来反映各方面的情况，做各个方面的群众工作。第三、采取一种运动性质的活动，例如义卖献金。这个活动，我们在1938年12月18号和20号先后搞两次。在这两次义卖献金中，不仅报馆的同志全体出动，而且动员了许多学生参加义卖，大张旗鼓的进行宣传，动员广大群众有钱出钱，有力出力支援抗战，效果很好。总共收入了5000多元，捐给了抗日前线，这个时候的钱还是比较值钱的。通过这一活动扩大了党在群众中的影响，加强了和群众的联系。第四、通过报丁、报童，加强与郊区读者的联系。郊区的，特别是远郊的读者，他们要进一次城不容易，有的城里的东西他们难买到，我们的报丁、报童了解之后就帮助他们从城里带去，如给他们带点日用品和豆瓣酱等等。当时我们的报丁、报童袋子里除了报纸以外，往往还装有一些其他的日用的东西，那就是给郊区的读者带买的。我们的报丁、报童给他们送报，还带去一些必需品，日积月累，互相之间的关系就越来越亲密。

关于统战工作

我们《新华日报》同别的报纸是不同的，我们的编辑、记者，都有统战工作的任务。编辑，晚上发稿，第二天起来吃了午饭就进城了，找自己的朋友。当时南方局不是要求我们每个人要"三勤"吗？"三勤"中之一勤就是交朋友，交朋友是统战工作必要的途径，不勤交朋友就无法做统战工作。彼此没有共同语言的人，是搞不到一起的。我们的共同语言是什么？是紧密地团结，坚决的抗战，要中华民族解放，建立一个和平、民主、富强的新中国。统战工作的方面是很多的，各个方面都需要做工作，我们报馆主要做哪些方面呢？地方实力派和上层人物的统战工作是南方局在做，我们报馆做得少，我们主要联系的对象有教育界的，文化界的，还有卫生界的，司法界和新闻界的。

教育界经常同我们往来的是大学教授，有一年我们报馆举行周年纪念活动，邀请他们出席，到会的有潘菽、梁希、涂长望、翦伯赞、侯外庐、马寅初等等各大学教授。当时重庆不是有几所大学吗？北碚的复旦大学、沙坪坝的重庆大学、中央大学等等。潘菽就是潘梓年同志的弟弟，梁希解放初当过林业部长。涂长望在解放后当过气象局长。翦伯赞和侯外庐都是历史学家。马寅初是重大的教授、经济学家，解放后是北京大学校长。

文化界同我们联系的朋友是很多的，单拿同我个人来往的就有：戏剧界老前辈田汉、洪深，著名导演史东山、应云卫，导演陈鲤庭、徐韬、王为一，表演艺术家舒绣文，演员郑君里、赵慧深，少年儿童作家张天翼，剧作家陈白尘，音乐方面有冼星海（是我介绍他到延安去的）、沙梅、贺绿汀、盛家伦、赵沨、李凌等。当时在中国电影制片厂负责舞台与银幕美术工作的许珂，曾经送过一堂布景给我们报馆排演话剧用，是我介绍他到延安去的，解放后担任电影编导。其他同志联系的朋友如吴祖光、张骏祥、曹禺、马彦祥、黄苗子等很多，因记不得很多，恕不一一列举了。

卫生界我们也有朋友，不仅交了朋友，而且他们在治病方面给了我们不少帮助。左昂就是一个，他是常偷偷地给我们看病，不要我们的钱。有个叫薛映辉的，他自己挂招牌个人开业，也是常给我们看病的医生。黄鼎臣夫妇也是自己挂牌开业的医生，黄愿意担任我们的医药顾问，他给我们看病不仅不收钱，并且还把收别人的钱拿来补助我们的药品。有重病号时他就出诊到化龙桥给看，最后他还给我们介绍了一个医生，这个人叫陈炎冰，来我们报馆担任专职医生，愿意过我们供给制生活。他很有本事，我们有人害了伤寒病，都不请外边的医生，他就能治好。

新闻界：党领导下的"中国青年新闻记者学会"是在武汉时成立的。学会的领导人有范长江（那时还不是党员），我和《扫荡报》的钟期森，都是常务理事。钟对记者学会的工作不感兴趣，由范和我二人负责，后来各地成立了许多分会，如长沙分会、衡阳分会、南昌分会、郑州分会、开封分会、成都分会、重庆分会、贵州分会、西安分会、延安分会、香港分会等，记不全了。周副主席很关心"记者学会"的工作。从1938年3月成立到1939年4月结束（是国民党勒令停止活动的），它出了个刊物叫《新闻记者》，团结教育了广大会员，会员大部分愿在统一战线中为团结、抗战的宣传报道努力。所以新闻界的统战工作大部分是通过"记者学会"做的。此外，我们报社采访部的记者，也担负着新闻界统战工作的任务。

司法界：通过南方局和我们报馆同志的工作，沈钧儒、沙千里、吴昱恒、陆鸿仪等都同我们报馆有密切联系，他们四人愿意应聘为《新华日报》的法律顾问，并且还敢于把他们的名字在我们报上登出来，在他们的周围团结了一大批司法界人士，在我们报纸举行创刊纪念会时，他们都来参加道贺。吴昱恒先生在大革命时代就跟董老做司法工作，大革命失败后，他或在国民党的法院里工作，或自己挂牌当律师。他做了许多好事。他在法院担任推事、庭长或分院院长时，对我们被捕的党员只要没有证据的就释放，有证据者他也设法从轻处理，可是对叛徒则从重判处。陆鸿仪先生是吴昱恒先生介绍给我认识的，是我的苏州同乡，他富有正义感，愿意帮助我们做点事。

培养干部方面

《新华日报》在培养干部方面做了大量的工作。本来出版一个报纸只要100多人就够了，但我们报社常常人很多，最多时有400多人，因为我们还有培养干部的任务。我们经常储备一批进步青年，经过培养之后输送出去，有的送到延安，有的送到中原解放区。解放后许多当年在《新华日报》工作过的同志都成了我们党和国家的骨干。

我们是如何培养干部的呢？总的说来我们对学习一直抓得很紧，这个学习有两个方面：一是政治学习，一是文化学习。

在思想教育方面，除因时间不够，理论学习抓得少一点，其他如时事学习、阶级教育、传统教育都抓得很紧，尤其是整风学习更使我们大大提高一步，我在这点上体会很深。以前我有两个突出的毛病：一个是瞧不起知识分子，一个是不重视比自己入党晚的党员，很自负。我是一个贫农的儿子，没有钱，书读得很少，只读了点私塾和小学就当学徒了。我在上海当学徒的地方，恰恰又是工、农、商都有的综合公司，公司老板有农场，有车间，也有门市经营。后来我能在《新华日报》担任总务主任，主要就是靠那个时候学到的一点本事。我看到有许多大学生信都写不通，还不及我这个小学生，就瞧不起他们，平时说话往往会挖苦他们，使他们难堪。我加入中国共产党的时间比较早，是1925年的党员，对比我后加入党的同志，不重视。这些毛病以往没有引起我的注意。经过整风，把我这些毛病都给整掉了。那次整风学习，周恩来副主席亲自作报告，讲党的历史，讲自己在过去革命过程中所犯的错误，副主席严格要求自己，把自己过去的错误拿出来当着我们作自我批评。我们非常感动，深受教育。所以，整风学习很重要，为大家继续干好革命工作从思想上打下了一个坚实的基础。

培养干部的另一方面，是帮助一些文化低的同志学好文化，在我们报社的工作人员中，印刷工人、报丁、报童的文化比较低，有的根本没有文化，排字工人的文化比较多一点，也不高，不帮助他们学好文化知识，工作就很难做好，报社就在对他们进行政治思想教育的同时给他们上文化课。《新华日报》营业部的二、三层楼不要把它看成无所谓的地方，这个二、三层楼当年除周副主席、董老他们接待客人外，还是《新华日报》报丁、报童晚上学习文化课的地方，梓年同志晚上进城就要到那里去给他们讲一课；不仅梓年，报馆的其他干部，营业部的负责人都到那里去给他们讲课的。

此外，还通过我们的救亡室、职工会（救亡室后来改为职工会）开展一些活动，对职工进行教育。

总之，我们的教育是多方面的，形式也多样，抓得很紧，大家的提高也快，大量的干部都是在工作实践中培养提高。所以，我们培养出来的一批批人，许多就是很好的，从伯萍同志送给我的《新华日报》工作人员通讯录上看出来，他们好多成了党和国家的各项工作中的骨干或领导干部，这一点只有我们的党报才能办到，其他报纸是办不到的。我们的报纸不仅培养自己本身需要的干部，还为党培养了许多其他方面的人才，先后分别送到延安、敌后抗日根据地，有个别的还输送到海外去工作。

《新华日报》馆的生活情况

我们报馆的全部工作同志在生活上有两个部分：一部分是拿工资的，另一部分是没有工资，供吃饭而拿点零用钱的。印刷工人和报丁、报童是拿工资的，我们按外边的工资标准发给他们。印刷工人开始到《新华日报》馆报工作不是因为他们有了觉悟，而是我们从逃难到武汉的印刷工人中吸收来的。报丁、报童是我们招收来的，也是按照派报工会发工资的情况按月发给。除此之外，其他同志不管是领导干部、编辑、记者还是营业人员都是供给制，吃大锅饭，每月发点零用钱。社长、总经理、总编辑每月发零用钱28块，其余是拿26、24、22、20块的不等。我们在大后方的生活水平一般比边区根据地高点，零用钱就要多发点，可是衣服及生活用品等都要靠这点钱买，不像到延安去，你人一到一套衣服就发给你了，零用钱延安就发得少一点。我们在重庆就不行，一直是大锅饭，吃得也不太好，多数时候是吃素菜，荤菜过年过节吃一点，不过饭吃得饱。后来，我们在化龙桥空地上自己种了菜，还搞了个猪圈，养了点猪，杀猪时大家就打牙祭。吃的米都是在市上买的，比较差，不能像现在宾馆里吃的最白的米，但是也不像北方吃窝窝头，还是吃大米饭，让大家吃饱肚子。有一点我们一直注意到了的，就是早上我们报丁、报童吃干饭，其他同志都吃稀饭。因为报丁、报童要到外面去跑路，中午、晚上大家都吃干饭。医疗问题还是有保障的，开初我们是请外面的医生，后来我们自己设了个医务室，大家还记得吗？有个蔡乃萍医生，还请了一个陈炎冰医生给我们看病，一般的病痛我们都不到医院去的，我们也没有那么多钱到医院去治病。因为一般的病我们都能由自己的医生治好。伤寒都能治好嘛！胡绳同志害过一次斑疹伤寒都治好了。报馆的女同志有了小孩我们都尽量照顾，我们还在庞家岩对面自己动手盖了一幢房子，办起托儿所。最早的托儿所所长叫陆力征，是彭少彭同志的爱人，以后是陈绿原、郑之东的爱人。其他我记不起了。我们还办了个合作社，实际上就是个小卖部，利用同志们进城搞统战工作时，代买点东西，回来放在那里，供给一些不能进城的同志购用。当时我们进城去的人不多，印刷部的同志基本上没有人进城的，除了因为他们的工作性质外，他们基本上都是从南京来的，亲戚朋友也不多，社会关系也少，但也还是多少有事情要办，特别是女同志，有孩子，总得要买些东西，所以我们就办了个小卖部。老板是章介同志，合作社里主要有一些日常用品，有时卖点吃的东西。

在文化生活方面，开初我们搞了一个救亡室，后来改成职工会了。为什么要成立职工会呢？为了跟外面的职工会接触，也有个统战关系在里面。我们改成职工会后，有些合法的活动，我们就可以公开活动了，我们做干部思想工作，有好些是通过职工会进行的。如组织时事学习，阶级教育，传统教育学习，唱歌是在武汉时期就有了，因为在武汉游行时，《新华日报》出去的同志不会唱，怎么办？大家就自动组织起来学唱歌，搞了个歌咏队，队长是汤宝桐同志，搞了很长一段时间，歌咏队搞起来没有人教歌，我就去教（后来李密林、李惠元、金梓林同志也来教唱）。因为我是比较喜欢音乐的，我教他们唱救亡歌曲，大家学会了一些。以后《新华日报》的人出去活动、游行等就能很好的［地］唱起歌来了。到了重庆以后，大家觉得仅唱歌已不满足了，发展到演起戏来，演过的剧名记不很多，导演也是我，我记得还导演了一个叫"海滨渔妇"的独幕剧。我们一般都是在过年过节或在报馆的周年纪念日晚上演出。其中演过一次大型的活报剧，我们把《黄河大合唱》编成一个活报剧搬上舞台演出，办事处的袁超俊同志来帮忙拉小提琴伴奏。

我们也有个篮球场，业余时间组织大家打篮球，也打乒乓球。报社同志除了编辑、记者忙一些外，其他的同志业余时间就搞一些文娱活动。

当时的物质生活是困难的，这方面我可以举一个例子，我有一个朋友从国外回来，送了一套嘎布丁料子做的西装和一件夹大衣给我，我有了这套漂亮的西装神气极了，但不是我一人穿，我和戈宝权、石西民同志三人轮着穿，谁要进城做统战工作，就给谁穿。这既说明当时我们的物质条件很差，又反映了我们同志之间的互相帮助，团结得很好。

选自中共中央党史研究室科研管理部、中共重庆市委党史研究室编：《见证红岩——回忆南方局》下，重庆出版社2004年版

抗日战争时期的《群众》周刊

许涤新

《群众》是党在国民党统治区公开出版的机关刊物，它同《新华日报》像二把锐利的宝剑，深深地插进国民党反动派的胸膛！

《群众》于一九三七年十二月十一日在武汉创刊，它比《新华日报》的出世，还早一个多月，在这一个多月中，《新华日报》编辑部的同志，集中力量，办这个刊物，到了《新华日报》出版以后，才在编辑部里指定几个人专门负责《群众》的编辑工作

《群众》出版的初期，正是国民党忙于从南京、从上海步步败退下来的时候。这个反动而腐烂的统治者为了应付事变，来不及对人民的言论出版自由进行压制，因此，《群众》在这个时期发表了不少有关推动群众运动的文章。但是，这种情况并不很久。一九三八年七月间，国民党不但宣布"战时图书杂志原稿审查办法"及"抗战期间图书杂志审查标准"，而且解散了武汉的许多救亡组织。跟着抗战困难的增加，国民党的反动性也就越来越厉害了，在这种情况下，《新华日报》同《群众》的困难也必然是与日俱增的。

在保卫大武汉期间，因为种种原因，《群众》停刊了半年之久，到这一年的十二月，才在重庆出版。一九三九年五月初，日本帝国主义的飞机，连续几天狂炸了重庆。电灯、自来水都没有了，遇难同胞的尸体，横在马路上。白天静悄悄地像一个死城，国民党利用这个机会强迫《新华日报》参加重庆各报的联合版。报馆编辑部和印刷部的同志都搬到磁器口的高峰寺，《群众》也就在高峰寺的民房里编辑，《新华日报》的时论、专论均在《群众》上发表。在这"联合版"时期，《群众》负起了党报的任务。

从一九三七年十二月到一九四六年六月的八年间,《群众》正如《新华日报》一样,是在国民党反动统治的高压之下,过着艰苦斗争的历程。国民党反动派对我们的迫害,大体有这几个办法:一是检扣稿子。每一期送去检查的稿件,总有三分之一左右的文章被扣留,而这些被扣留的文章,都是稿件的主要部分。把主要的文稿扣留以后,往往弄得"四肢不全"!为了应付这种局面,我们需要多准备一些稿子。二是替我们改文章。国民党的检查官比日本人还要高明。日本统治者对于它的国内的进步书刊删去多少字,补上多少个×××,而国民党检查官在删节以后,却不许补上×××,不管文理通不通,总是把相差很远的下段同上段连接。我们对付的办法是把被删的地方,开了"天窗",留出空白,让读者知道。三是迫害读者,凡订有《新华日报》和《群众》的人,都成了特务们盯梢的对象。四是任意截留邮件,使订户不能经常接到《群众》,这些蛮横的、无耻的做法,当然给与我们不少困难,但是,我们的工作并没有因此就停止。

在抗日民族统一战线中存在着两条相反的路线:一条是以中国共产党主张的、代表工人阶级和全体人民利益的坚持团结、坚持"全面抗战"的道路;另一条是以蒋介石国民党为代表的只照顾大地主、大资产阶级利益的"片面抗战"并准备在一定条件下妥协投降的道路。这两条道路的斗争,在决定着中国的命运。作为中国共产党在国统区的机关刊物,有职责要揭穿蒋介石国民党的妥协投降,要揭穿它的独裁的压制民主的反动性,更有职责要向国统区的人民,宣传新民主主义的陕甘宁边区和其他抗日根据地的生产建设、民主政治和文化教育的发展成就,宣传敌后军民的英勇抗战,不断地粉碎敌寇"扫荡"的实绩。直接批判国民党压制民主、妥协投降的文章,当然是被扣留的;宣传边区新民主主义的政治经济文化的文章,也经常受到留难,但还有一部分是获得通过的。《群众》和《新华日报》对于陕甘宁边区和其他抗日根据地的宣传,对于国统区的人民,发生了巨大的影响。一九四四年重庆曾经有一些民主人士和记者到延安访问,回来之后有的写了文章、写了小册子,大体上也证实了边区建设的成就,证实了《新华日报》和《群众》的介绍之正确。生活在恶性通货膨胀的狂涛打击之下和失去了呼吸自由的国统区的人民，怎能不向往丰衣足食的新民主主义的陕甘宁边区呢？

对于国民党的独裁统治，对于国统区人民的水深火热的生活，是不能熟视无睹的。我们从各方面，使用各种方式，去进行揭露。如：

（一）国民党从武汉撤退到重庆的时候，恶性通货膨胀的现象，一天比一天地暴露出来。到了一九三九年的秋天，日用品成了问题，粮食也成了问题。物价天天在飞涨，法币的身价就比例地在降低。票面五十元的法币发行不久，票面一百元的法币也出现了。客观的经济规律在打着国民党蒋介石的耳光，这就是法币的票面越来越大，而它的身价却越来越小。法币的身价也就是国民党蒋介石的身价。在这里，广大人民当然是倒霉的。但是，国民党四大家族却在这里大发其"国难财"。由于官僚资本的带动，投机活动和游资也在大张其凶焰。国统区的民族资产阶级同官僚资本的矛盾是厉害的。官僚资本的垄断操纵露骨地打击了民族工业，而恶性通货膨胀则使民族资本家出售了成品之后，设法补偿其成本。《群众》就通过物价问题、游资问题、投机问题和工业生产等问题，去揭露国民党的财政破产和官僚资本反动性，去推动民族资产阶级起来要求政治上和经济上的民主。

（二）国民党在武汉的时候，就同日本帝国主义勾勾搭搭。对于这种妥协投降的阴谋，直接指着国民党的文章是通不过的，汪精卫投敌之后，我们就抓住这个问题进行揭露。这些讨伐汪贼的文章，在内容上也提到国民党隐藏未暴露的投机分子。到了抗战后期，蒋介石叫陶希圣替他写了一本《中国之命运》。这是希特勒《我的奋斗》在国统区的翻版。在重庆当时的条件下，要公开批判这本反动的书是发表不出来的。陶希圣除了替蒋写《中国之命运》之外，还写一本什么《中国经济学说》。这本书没有像《中国之命运》一样，在市面上贩卖，但传布还是相当广的。《群众》就抓住这本《中国经济学说》的理论基础——"人性论"和法西斯的全体主义，进行批判。

国民党还豢养一批公开贩卖法西斯主义的"战国"派，这个派以博学的姿态，把战国时代的、柏拉图的以及其他中外的学说作为牌子，而实际上却把希特勒的那一套，完全搬过来。它的对内主张是反对民主主义，对外主张是暴力的，侵略的。对于这个反动的理论，《群众》就锲而不舍地给予了抨击，不但批判它的政治主张，并且批判它的文艺思想。

国民党在武汉的时候，大闹其"一个政府"、"一个领袖"、"一个主义"的法西斯把戏。到了重庆的时候，反共、反苏的宣传并没有一刻停顿，他们除了发动托派和一些叛徒出版一些臭不可闻的无耻小册子之外，还由他们的理论家，如陶百川之流，出版了什么《三民主义与共产主义》，对马列主义进行诬蔑和攻击。第三国际解散的时候，国民党的攻势，又加强起来。为了捍卫马克思列宁主义，《群众》配合着《新华日报》，在这方面，进行了回击，并向广大读者解释了问题。

（三）对于国统区的阶级矛盾和统治阶级的腐败，是不能不揭露的，但又没法直接地尖锐揭露。我们只好借用历史研究，特别是对于农民运动和明末统治者没落的历史本质的研究，间接地去揭露国民党蒋介石的没落命运。郭老的"甲申三百年祭"在《新华日报》发表后，《群众》在这方面的文章也就更多了。

一九三九年希特勒发动了第二次世界大战之后，他的闪电战术，曾经在腐败透顶的波兰和法兰西等地，取得了一时的胜利。国民党中法西斯的徒子徒孙就在国统区散布纳粹闪击战的神话，《群众》配合着《新华日报》负起粉碎这种神话的任务。一九四一年夏，希特勒背信弃义，进攻苏联。当时有人看见纳粹深入苏联国境，很为苏联担心，国民党中有人利用国际事变，又在散布失败主义，为妥协投降准备舆论。这时期，《群众》配合着《新华日报》，分析抗战和第二次世界大战发展的趋势和前途。分析战局的文章是《群众》特点之一。

一九四二年在党中央和毛主席的领导下，全党进行了反对主观主义、反对宗派主义和反对党八股的整顿三风运动。"反对主观主义以整顿学风，反对宗派主义以整顿党风，反对党八股以整顿文风"。整顿三风大大地提高了党的马克思列宁主义水平，为抗战的胜利和解放战争的胜利，准备了条件。在国统区的地下党员，是不可能参加这个运动的。《新华日报》同《群众》就不断地登载党的有关这方面的文件和毛主席的整顿三风的文章，借以教育党的同志和党外朋友。我们的地下工作的同志，就是依靠党报和党刊的这些文件和文章，来进行学习的。党的整顿三风，不但在党内起了巨大的作用，而且对党外的朋友也起了极大的影响。不少进步的民主人士也通过《新华日报》和《群众》，研究整风文件。国民党反动派是没法理解我党整风的伟大意义的，一九四四年当林伯渠同志到重庆谈判的时候，王世杰就向林老请教这个问题，并且说："你们为什么有这么多功夫干这件事！"

为了宣传马克思列宁主义，《群众》经常介绍马克思、恩格斯、列宁和斯大林的经典著作。在国民党统治下，人们要读到马列主义的经典著作，是十分困难的。《新华日报》曾经出版了一部六巨册的《列宁选集》，但发行受到限制。《群众》在介绍经典著作方面，是做得不少的。《联共党史简明教程》出版（一九三九年）之后，《群众》就系统地发表有关联共党史的研究资料，帮助读者进行研究。

选自中共中央党史研究室科研管理部、中共重庆市委党史研究室编：《见证红岩——回忆南方局》下，重庆出版社2004年版

文化工作委员会的组建及工作

阳翰笙[①]

文工会的组建，党对文工会的领导

1940年10月1日成立到1945年4月初解散，以郭沫若为首的文化工作委员会，坚持了长期艰苦的斗争。武汉失守以后，国民党的反动面目更加暴露了。他们加紧反共、限共、溶共。三厅到重庆后，他们颁布了《限制异党活动办法》，秘密发布了《异党问题处置办法》。张治中下令三厅工作人员全部加入国民党。我们给他一个干脆的回答：全体不入。在朝是抗战，在野也是抗战。我们不当你第三厅的官了，撤退出来。党批准了我们撤出第三厅的方针。当时签名的就有100多人。周恩来同志对张治中说："这批人是为抗战而来的，他们在社会上、在学术文化界中的地位很高，在第三厅来当个科员、科长，你们还不满足，还要他们入国民党。现在，他们向我们党表示，愿去延安。你给我几辆卡车，越快越好，我把他们送到延安去。"周恩来将他一军后，他也感到问题严重了，忙报告委员长。蒋介石一看，100多著名文化人要到延安，这不是如虎添翼吗？国民党当局十分恐惧这些卓有影响的进步人士真的去了解放区，又害怕招致中外舆论的谴责。真这样了，可不得了。他说，不参加第三厅可以，但离厅不离部，让组织个文化工作委员会，搞学术研究。

参不参加呢？这是个摆在大家面前的严重问题。很多同志说，我们不加入，在外面随便写点什么都行，不跟他们合作，不受他们的气。请示南方局，南方局认为还是要加入，请示延安，中央同意了。既然国民党要把

[①]阳翰笙，1939年由周恩来委派，到重庆任国民政府军委会政治部第三厅主任秘书，参与组织和领导对进步文化界的工作。

这批著名文化人留在重庆，不让走，就得找个掩护，才便于保存力量。在政府里工作，如要逮捕的话，上面还得有个命令，这就有了保护作用。如果不加入，没有一官半职，随时都可以逮捕你，把你暗杀了。文化工作委员会这块牌子，我们可以利用。周恩来同志花了很大力气，才把郭沫若说服，但郭沫若还是有些顾虑地说："他们乱画个圈圈，把你圈起来，让你在圈圈里做事。"周恩来同志说："你们怎么这样想呢？为什么不可以从圈圈里跳出来？你跳出来嘛！"大家被说服了，愿意加入文化工作委员会。

在筹备文工会的过程中，周恩来同志反复以在国民党顽固派营垒中进行合法斗争的策略思想武装文工会的干部。他指出，国民党当局规定文工会"只能做研究工作，不能从事对外政治活动"，是企图划地为牢，束缚我们的手脚。在我们，一方面可以利用军委会政治部所属团体这一合法地位，尽量多做一些有利于抗战的工作；另一方面，我们可以不受他们的束缚，跳出圈子，以个人身份到社会上去进行活动。他指出，"我们处在无权无势时还能在地下干，现在有一个地盘给我们站住脚，难道还怕干不成事吗？"所有文工会的机构设置、工作方式和人员调整，都是在周恩来同志的领导下和郭沫若的主持下进行的。为了扩大抗日民族统一战线，团结各方面的民主力量，在安排文工会的专任委员、兼任委员人选时，一些未参加第三厅工作的知名人士也参加进来，比以前更扩大了团结面。当时正处在反共高潮中，重庆和各地都弥漫着法西斯白色恐怖。抗日战争中后期，大后方经济十分困难，文化人的生计都成问题，而文工会居然能容纳几十个爱国进步的文化人士，居然能够让他们以进步的观点、方法从事政治、哲学、历史、法律、军事、文艺等研究和文艺创作，这是十分不容易的。文化工作委员会有十个专任委员，十个兼任委员，我们坚持让各民主党派，各文化团体的代表人物都参加。国民党看到文化工作委员会那么多各方面的头面人物，也很难办。不让加入不行，让这些人在里面他们也不放心。所以，当时有人称文工会是"租界"。我们就是利用文工会这个地盘埋伏、掩护了不少我们党的同志，保护了一批进步的文化人士。在中共南方局的正确领导下，文化工作委员会成为国民党统治区的革命文化基地，群众则美称它是"第二红岩"、"第二（八路军）办事处"。

文工会的组织机构是这样安排的：主任委员由郭沫若担任，副主任委员为阳翰笙、谢仁钊。设有十名专任委员：沈雁冰、沈志远、杜国庠、田汉、洪深、郑伯奇、尹伯休、翦伯赞、胡风、姚蓬子；十名兼任委员：舒舍予、陶行知、张志让、邓初民、侯外庐、卢于道、马宗融、黎东方、王昆仑、吕振羽。下设三个组：第一组从事国际问题研究，组长张铁生未到任，实际工作由蔡馥生担任；第二组从事文艺研究，组长为田汉，田汉到西南工作后，由石凌鹤代理；第三组从事敌情研究，组长为冯乃超。文工会分两处办公，城区在天官府7号，主任秘书为罗鬃渔；乡间在赖家桥全家院子，主任秘书为何成湘。另有30余人先后担任秘书、副官、雇员等工作。文工会还设有敌情收听室，世界语、日语印刷厂和其他附属部门。

可以看出，新组建的文化工作委员会，它的委员、工作人员中，包容了比第三厅更广泛的各界代表人物，如著名作家沈雁冰、舒舍予，教育家陶行知，历史学家邓初民、翦伯赞，自然科学家卢于道，还有胡风代表了《七月》一派文艺家，姚蓬子则为国民党方面的文化人。需要说明的是，在文工会的雇员中有记者、诗人、作家、作曲家等，这是由于编制所限，他们的地位和正式研究人员是一样的。由于周恩来同志的正确领导，文化统一战线的范围反而有所扩大，我们团结了更多的文化界人士，在文工会的组建阶段取得了第一个胜利。

当然，文化工作委员会内部斗争还是激烈的。国民党顽固派对文工会的存在十分忌恨，他们在文工会的两处办公地点周围都设置了监视据点，还派特务打入文工会内部探听消息，实行法西斯特务控制。在一次会议上，政治部长张治中也按蒋介石的旨意说："现在有些人口头上拥护三民主义，但叫他参加国民党，他就不参加。"还说："社会上有人说文化工作委员会是个租界，国民政府管不了。"对文工会施加压力。郭沫若当即以半开玩笑半认真的口吻回答："我是研究过佛学的。我知道懂得佛学的并不一定当和尚，当和尚的不一定懂得佛学。至于文化工作委员会是'租界'问题，我们文化工作委员会的同志都是反对帝国主义的，如果张部长认为是'租界'的话,我们就请张部长把这'租界'收回去。"张治中无言答对。

学术研究和理论斗争

文化工作委员会是第三厅的继续,但机构的性质、任务有了很大的变化,文化斗争的方式、途径也有所不同。文工会不能像第三厅那样以国家机关的名义来宣传群众、组织群众,从而掀起轰轰烈烈的抗日救亡运动,但是它可以通过学术研究来开展理论斗争。这一批进步的文化人士做了大量的工作,或著书立说,或讲学论争,或从事文学艺术的创作活动,在大后方文化运动中发挥了巨大的作用。在政治高压、经济困难、资料匮乏的情况下,我们在党的领导下,创造了多种斗争形式,充分发挥了统一战线政策的威力,为民族解放战争和反蒋民主斗争贡献了自己的力量。

在文工会的委员中,中国通史、思想史的研究取得了显著的成绩。我国社会科学各个领域中,历史学是较早运用马克思主义的世界观和方法论的第一个学科。一批进步的历史学家自觉地学习、运用革命的思想武器在学术领域里打开了新局面,在关于中国社会发展阶段的大论战中,击败了新老军阀和国民党政权豢养的反动学者的谰言。在抗日战争时期,我国革命的、爱国进步的历史学家们发扬了这一传统,写出了一系列著作,从历史宏观角度阐明我国社会的发展,以科学的力量,证明了抗日民族斗争的必胜前途。尽管论述的是古代史,但它以事实说明正义必胜,反动派必亡,所以在大后方群众中具有很大魅力。1941年,吕振羽出版了《简明中国通史》上册,1942年,邓初民出版了《社会发展史简明教程》,郭沫若出版了《青铜时代》和《十批判书》,1944年,侯外庐出版了《中国古代思想学说史》。各家单篇论文更是不可胜数。

需要提到的是,郭沫若的历史研究工作的卓越成绩和战斗精神。从大革命失败、旅居日本时起,郭沫若就从事古代历史研究。在风雨如晦的日子里,郭沫若不是为逃避现实而埋头故纸堆中,而是自觉地要清算过去的历史,为着中华民族的将来而探讨历史经验。他涉猎广泛,治学精勤,除

《青铜时代》《十批判书》外，论文集《中国古代社会研究》中的大部分文章都是在文工会时期写作的。1944年3月，郭沫若写了《甲申三百年祭》，深刻地总结了农民起义的历史经验。《新华日报》自3月9日至22日予以连载。而国民党顽固派则大为震恐，《中央日报》于5月19日发表社论进行攻击。周恩来同志对这篇史论给予高度评价，并把它带到延安。中国共产党中央将它列为整风文件之一，设法在上海出版。同年11月21日，毛泽东同志从延安给郭沫若写信说："你的史论、史剧有大益于中国人民，只嫌其少，不嫌其多，精神决不会白费的，希望继续努力。"

在文工会内部，我们重视自我教育，提倡切磋学问，砥砺品节。我们常举办内部学术讲座，郭沫若、翦伯赞都给大家讲过历史专题。有从桂林、昆明来的文化界朋友，就请他们介绍当地的文化学术动态。每当白色恐怖加紧的时候，文工会的同志进行活动比较困难，整个社会气氛是那样专制高压，令人窒息，经济上又十分艰难，少数知识分子容易产生消极情绪，容易放松对自己的要求，我们则强调利用时间淬砺自己，提出"多研究、多学习、多写作"的口号，激励大家精进不息。事后表明，这样做对干部是严格的培养和爱护，许多同志在此后的文化工作中做了不少有益于革命的工作，发挥了积极的作用。

引导群众正确认识国际反法西斯斗争，介绍中国人民的抗日战争。我们在《新蜀报》等报刊主办专栏，如国际问题研究组负责《国际问题周刊》。文艺组石凌鹤、龚啸岚等负责《七天文艺》，针对大家关心的社会实际问题发表文章，因而很受读者的欢迎。

文工会举办各种讲座、演讲会、报告会，以学术活动的方式来广泛联系群众，造成健康的舆论，推动民主运动。文工会举办的讲座，在重庆是很有号召力的。我们请来主讲的人，一方面是社会名流，有民主人士张澜、沈钧儒、张友渔、王芸生等人，国民党左派邵力子、冯玉祥、王昆仑等人；一方面是文工会的委员，著名的学者、专家、艺术家。像郭沫若的"古代社会研究"讲座和文艺演讲，邓初民的"清国政治史"，翦伯赞的"新史学讲座"，卢于道的"人类进化问题"，冯玉祥讲三国故事，邓初民、张志让、潘念之讲国际形势，文艺如老舍讲小说，田汉讲戏剧，贺绿汀讲音乐等。主讲人是一时之选，课题是群众关切的问题，所以文工会主办讲座、报告会的消息不胫而走，深受群众的欢迎。临讲的时候，不但座无虚席，而且往往在走道、会议厅后边都要加座，甚至窗台上、窗户外都站满了人，其气氛之热烈，至今印象还很深。当时不少国际问题、文化问题的讲座，实际上是一次斗争，而进步的言论占了上风。如苏德战争的前途、抗日战争的前途、太平洋战争的分析。文工会主办的讲座、报告，给群众以舆论的武器，挫败了国民党顽固派失败主义、投降主义等谬论，为民主运动的日益高涨做了思想动员工作。

说到时事讲座，使我想起了一件事。那时，苏德战争十分紧张，希特勒军队打到莫斯科城下。这时国民党顽固派便指使龚德柏等人出来散布"苏联必败"的论调。龚德柏以国际问题专家特别是日本问题专家自诩，他断言莫斯科必定要被打下来，而且料定日本必然要在某年某月某日出兵进攻西伯利亚。在德、日夹击之下，苏联的结局必然失败。此种论调的背后，隐藏着一种投降逻辑：苏联必然失败，德、意、日不可战胜，同盟国尚未出兵，中国还能支撑抗战吗？所以，这种鼓噪实质是为国民党进一步卖国投降造舆论。文工会成立不久，我们决定在这个问题上反击顽固派。于是，我们在重庆举办"苏德战争形势分析座谈会"。一方面，我们把龚德柏和其他主张"苏联必败"的人请来发言，在我们方面，请屈武主讲，他是国民党左派，又是立法委员，对军事问题素有研究。还请了章汉夫、乔冠华、陈家康等对国际问题有研究的专家。

会议由我主持，对于哪些人发言，发言的次序，事先我们都有准备。这时，国民党派来监视我们的那个右派副主任谢仁钊来了，和我一起坐在主席位置上。他一心想让他们的人多说话，老是安排他们的人讲。我不理会他，力主请我们的同志讲话。会上，屈武画了一幅军事形势图，具体分析了苏德双方力量消长的情况，阐明了斯大林的战略布置和目前双方相持的阶段，有理有据十分有说服力，从战争的趋向论证法西斯德国最后必然失败。龚德柏那一方就起来重谈老调，认为战争的结局必然是苏联失败。

最后，章汉夫起来发言，他说："研究国际问题要根据事实作出科学的分析，只能判断在什么条件下，日本有出兵的可能，或不可能出兵，只能判断可能性的大小，推测其发展的趋势。我们不是算命先生，怎能像龚先生那样说日本一定在某年某月某日出兵？那是日本参谋部的非常机密，你怎么知道？"当时，龚德柏十分狼狈。事后，我们得知谢仁钊到政治部去说了我们许多坏话，国民党顽固派对我们举行的这次会议十分不满，更加注意我们的行动。遵照周恩来同志的指示，我们在活动方式上注意有所节制，以利开展工作。

国际问题方面的宣传工作，我们主要依靠中苏文协来开展活动。中苏文协主持实际工作的王昆仑、刘仲容、侯外庐、屈武、许宝驹等同志都是自己人，大家在斗争中能完全保持默契。我们纪念了苏联国庆二十四周年，由国民党左派人士冯玉祥主持，郭沫若朗诵了《苏联友人歌》，歌颂了苏联人民反法西斯侵略的正义斗争。我们还先后纪念了马雅可夫斯基、高尔基，强调了要学习他们用文艺为政治斗争服务，在艰苦的处境中坚忍不拔、坚持斗争的精神。利用中苏文协、中国作家或中国学者的名义，发表给苏联作家、科学院乃至给斯大林同志的公开信、致敬电等，借以分析国际反法西斯战争的形势，揭露顽固派妥协投降的阴谋。同时，也用中国作家名义给美国作家和各国作家发公开信，呼吁实行国际主义的合作，反对共同的敌人。合法斗争进行得巧妙而又有分寸，使顽固派虽然有所感觉但又无可奈何。

文工会叶籁士等人所办的世界语刊物《中国报导》做了大量工作，使艰苦抗战中的我国情况为全世界40余国家所了解，取得了国际人士的同情和支持。特别是太平洋战争之后，日寇占领了我国东南部大片领土，占领了香港等地，使得中国的消息阻塞，外界有许多误传。《中国报导》作为途径之一，沟通了中外人民的联系，东南亚和世界各地的华侨，不少人通过它了解祖国的情况，从而从道义上、经济上给予大力支持。

群众文艺活动推动抗日运动

从第三厅时期起，文艺创作和文艺运动就是我们抗日工作的主要内容之一。在重庆，由于国民党顽固派加强了法西斯白色恐怖，抗日战争相持阶段，社会经济十分困难，但文艺工作仍是一条重要战线，在中共中央南方局领导下，我们进行了一系列有效的斗争。

文工会作为研究机构不能领导群众文艺团体，但在实际上，抗敌文协、中苏文协和其他抗日文化团体广大文艺界群众都团结在文工会周围，中共中央南方局也主要通过文工会的党组织来领导文艺运动。这不仅因为有三厅时期和文艺界历史的因缘，还由于文工会有一批有成就、有威望的作家、艺术家，能发挥他们的影响。至于我本人，1938年奉党组织之命，联络文艺界抗敌协会、中华全国电影界抗敌协会和中华全国戏剧界抗敌协会，在文艺界有许多朋友，便于工作。我们当时以个人身份参加社会活动，组织形式则主要依靠"文协"和"中苏文协"。文协方面有老舍、冯乃超、罗荪、丰村、梅林等在那里主持实际工作，中苏文化协会在前文已经说过了。我们党在文化界、文艺界有很好的群众基础，有坚强的骨干力量，更由于周恩来同志坚持了党的统一战线政策和具有高度的斗争艺术，使我们在文艺斗争中取得了较好的成绩。

皖南事变和重庆文化界的对策

1941年1月，蒋介石制造了震惊中外的皖南事变。文工会的许多同志参加了揭露敌人、发动群众的实际工作，为粉碎顽固派的阴谋作出努力。以周恩来同志为首的南方局周密而深刻地分析了斗争形势。鉴于蒋介石集团背叛大革命，投靠帝国主义的一贯表现，要防备"四一二"事件的重演。为此，南方局坚决执行"荫蔽精干，长期埋伏，积蓄力量，以待时机"的方针，在党内外骨干中进行斗争形势教育和革命气节教育，并决定有计划地迅速疏散力量，以防一旦国共合作全面破裂时被他们一网打尽。

在这千钧一发的重要时刻，我们党十分注意保护爱国进步的知识分子。周恩来亲自领导保存文化界革命同志和朋友的工作，作了具体妥善的部署。我们党组织和少数左派人士研究，根据受迫害的可能分成三类：一是身份已经暴露的党员或党外骨干，必须从速离开国统区，由八路军办事处送往延安解放区或去江苏新四军处；二是在重庆已不便工作，但以后可以继续工作的同志，则安排去香港或西南，并在桂林、昆明开辟新的工作；三是身份比较隐蔽，尚可留在重庆，或工作需要必须留在重庆的，留下坚持斗争。

重庆文艺界按照这一安排，分几批悄悄地撤离，路费有困难的由组织筹划给予帮助。等到绝大部分文化人已经分散，其他应变措施已经大致安排妥当后，周恩来同志让我离开重庆，暂避一下敌人的刀锋。他说："你是四川人，找个地方隐蔽一下，等局势缓和下来或者稳定下来再回来。"

这里，要提到1941年夏成立的"中国民主革命同盟"。它是中共的外围组织，是由一部分中共党员、爱国民主人士、国民党左派等革命人士组织的秘密政治团体。负责人为王昆仑、许宝驹，王炳南为中共代表，我也是成立时18人之一。中国民主革命同盟配合党的民主革命任务，从事秘密工作。它曾利用中苏文化协会进行活动。从1941年夏成立到1949年9月解散，它的成员一直坚持进行斗争。

纪念郭沫若五十寿辰和创作活动二十五周年

1941年10月上旬的一天，郭沫若和我正在家里商议工作，周恩来同志来了，他兴致勃勃地提出要庆祝郭沫若五十寿辰和创作二十五周年纪念。郭沫若当即谦辞。周恩来同志深沉地指出："为你祝寿是一场意义重大的斗争，为你举行创作二十五周年纪念又是一场重大的文化斗争。通过这次斗争，我们可以发动一切民主进步力量来冲破敌人的政治和文化上的法西斯统治。"周恩来同志责成我主持这一工作，他强调要建立一个广泛的统一战线的筹备组织，由各方面的人来参加。

周恩来要我代南方局起草一份通知，说明这次纪念活动的意义、内容和方式等项。周恩来同志改完我起草的通知后，以电报方式发给延安、成都、昆明、桂林、香港等地的党组织。

我深知这次纪念活动的重大意义。在筹备组织的建立上，我首先找了中华全国文艺界抗敌协会负责人老舍，又找了救国会的沈钧儒老先生和陶行知先生，找了中苏文协的王昆仑、侯外庐等同志。这些单位大都由我们的同志、朋友在负责，他们都热情地表示愿意大力支持。各民主党派和无党派著名人士如邓初民、翦伯赞、黄炎培、许宝驹、黄琪翔、罗隆基、侯外庐、王昆仑、屈武、章伯钧、刘仲容等，都一致赞同。发起人中还有冯玉祥、邵力子、张治中等。在新闻界，除了我们自己的《新华日报》外，周钦岳主办的《新蜀报》、陈铭德、邓季惺主办的《新民报》都参加了。《大公报》和《商务日报》这次也参加了进来。一个包罗广泛的筹备委员会成立了，几乎整个文化界、新闻界、文艺界都动员起来，各项纪念活动的准备工作进行得很迅速。

11月16日，《新华日报》出了两版篇幅的纪念专刊，第一版刊载了周恩来同志亲自撰写的文章《我要说的话》，文章论述了鲁迅和郭沫若两人不同的历史条件和各自的贡献，指出"鲁迅是新文化运动的导师，郭沫若是新文化运动的主将"。

下午的庆祝茶会在中苏文协大楼进行，文化界、新闻界和文艺界人士，各民主党派、人民团体的代表人物，无党派著名人士和爱国青年，好几百人济济一堂，达到了空前的规模。庆祝会由国民党左派、抗日名将冯玉祥主持，老舍、沈钧儒、苏联友人米克拉舍夫斯基相继讲话，热烈赞扬郭沫若献身祖国解放事业的崇高精神，高度评价他在学术文化上多方面的成就。周恩来同志发表了热情洋溢的讲话，他从五四运动以来中国革命历史的高度，评价了郭沫若作为诗人、学者、战士的卓越贡献。郭沫若接着致答辞，他宣誓，一定终身献出他的力量给多难的祖国，一定为着人类的幸福和反法西斯的斗争，作出更大的努力。

在庆祝大会的同时，在中苏文协大楼还举办了"郭沫若创作生活二十五周年展览会"，展出了大量照片、手稿、书法和各种版本的著作与译作，展示了郭沫若从五四运动、北伐战争、流亡日本到归国抗日的历程。

在11月16日这一天，延安、成都、桂林、昆明、香港等地都举行了庆祝活动。在香港，由夏衍、茅盾等人发起，100余位文化界名人聚会庆祝。上述城市和后方各地的报纸刊物陆续发表纪念文章，先后达半年之久。

这次纪念终于取得了预期的成功，表明中国共产党的统一战线政策深得人心，各党各派各人民团体、文艺组织的协同活动，充分显示了团结的力量。

在国民党统治区，举行群众性集会是犯禁的，左派进步人士的集会更招特务的忌恨。这次，我们找到了一种扩大影响的斗争方式。共产党人是不主张为个人祝寿的，但从此以后我们先后给沈钧儒、茅盾、冯玉祥、洪深、老舍等人做生日或举行纪念创作活动，以祝寿的方式宣扬爱国主义精神，歌颂不畏强暴、坚持原则的节操，提倡讲大局、求团结、坚持抗战到底的精神。总之，都是有所为而为，许多党外同志和朋友对此心照不宣，我们大家进行了很好的合作。

围绕解散文工会的斗争

自文工会成立以来，我们始终和各民主党派、进步人士保持密切的联系，郭沫若居住的天官府4号是民主党派、进步人士交换意见的场所。各方面代表人物、各地文化人士经常出入郭府，自由地发表意见，探讨问题。周恩来、董必武等同志也是这里的常客，大家分析形势，提出问题，交换看法，自然而然地形成了比较一致的认识。

1945年1月25日，周恩来同志从延安返抵重庆，对记者发表了重要讲话。他代表中共中央向全国各民主党派、人民团体提议召开党派会议，作为国是会议的预备会议，以便正式商讨国是会议和联合政府的组织及其实现的步骤问题。

中共中央提出的纲领性意见，给斗争中的各民主党派、人民团体指出了斗争的目标和提供了思想武器，具有划时代的意义。第二天，中国民主同盟发表时局宣言，主张立即结束一党专政，建立联合政权，召开党派会议，产生举国一致的政府；保障人民言论、集会、结社、职业、人身等自由，承认各党派合法地位，立即释放一切政治犯。2月13日，重庆妇女界发表对时局的主张，请政府立即邀请各党派和各方人士，举行全国紧急会议，共商国是，成立全国人民一致的政府；给人民以言论、出版、集会、结社等基本自由。当时成都、昆明、桂林等地都热烈响应中共中央的号召，一时造成强大的声势。

这时，我们接受王若飞的建议，要求我们动员文化界知名人士发表时局宣言。当时，郭沫若、冯乃超、杜国庠和我，根据党中央的精神进行讨论，由郭沫若执笔，大家修改，定名为《文化界时局进言》，又叫《民主宣言》。在党的领导下，文工会从郭沫若起所有领导干部都投入了这一工作，以秘密方式发起一个签名运动。

我先找到女作家谢冰心，把"宣言"交给她看。冰心看了爽朗地说："很好嘛，我赞成。"当即在宣言上签了名。我又去找科学家丁瓒，他住在歌乐山半山腰。我气喘吁吁地爬上山，到他家说明了来意。他十分热情，自己签了名，还答应帮助找其他科学家签名。后来我又和郭沫若到北碚去找老舍。老舍签了名后还说："复旦大学还有许多人，可以找他们签名。"复旦大学在北碚的对面，在那里马宗融、陈望道、周谷城等都签了名。民主人士沈钧儒，名作家巴金也签了名。这样，在这个宣言上签名的312人中，包括了各界代表人士。

这个文化界时局宣言于2月22日在《新华日报》《新蜀报》等报刊上发表，在舆论界引起极大的震动。这300多文化人士都是国统区的民意标志人物，在国内外都有影响。签名的人士中，相当大一部分是政府机关的公职人员，尽管重庆特务如麻，但对这次签名运动，他们一点儿消息也不知道，蒋介石为此暴跳如雷，赶快派人四出追查。

在追查过程中，许多友好人士表现得严正光明，特务们无可奈何。他们找到了谢冰心，问她见到宣言没有？是否同意宣言？谢冰心理直气壮地说，当然看到了宣言，如果不同意干吗要签名？她还说，这有什么不得了的！今天大家都在争取民主，中国没有民主就国无宁日。他们又到复旦大学去追查，得知郭沫若也亲自出马。在追查中，他们知道文工会是这次签名运动的发起者和组织者。蒋介石对此恼怒不已，拍着桌子骂张道藩、潘公展，要他们搞清楚。后来下令，解散文工会。3月31日，重庆各报刊载如下消息："郭沫若先生领导下的政治部文化工作委员会，已于昨日（30日）奉政治部张部长命令，予以解散。"我同郭沫若见了面，都哈哈大笑说：解散了，这下好了，更好斗争了。

4月1日，文工会举行聚餐晚会，重庆新闻界、文化界和民主党派人士、国际友好人士100多人参加了会议。会上充满着严肃激昂的气氛，郭沫若在会前致辞，他高昂地说："我们是被解散了，我们是更自由了！"沈钧儒在会上热情赞扬了文工会的贡献，指出"文工会的被解散，只能认为是政治上的变动。机关可以解散，但文化工作者的精神，是无论如何不能被解散的！"翦伯赞义正辞严地说："历史的发展是全体支配局部，而不是局部支配全体。机关虽被解散，到马路上也可以团结起来的。中国是绝对不能从世界的主流分开的，'终于今日'也正是我们文化工作者从事新民主主义文化工作的开始！"

在这同时，重庆市的许多进步青年、爱国人士络绎不绝地来文工会致意。昆明、桂林、成都等地各文化团体纷纷来电来信，对郭沫若和文工会全体同志表示敬意和慰问。

选自中共中央党史研究室科研管理部、中共重庆市委党史研究室编：《见证红岩——回忆南方局》下，重庆出版社2004年版

难忘恩来同志的支持和鼓励

罗承烈[①]

《新华日报》迁渝后，社址设在七星岗，和《新民报》相去不远。该报发刊时，我们曾前往道贺，他们对我们很亲切，谈到他们在途中遭受敌机轰炸的情况，也谈到出版发行将会遇到的一些困难等等，希望以后彼此取得密切联系。

日本帝国主义为了胁迫蒋介石投降，对重庆进行了不间歇的"疲劳轰炸"，特别是"五三""五四"大轰炸，市民的生命财产损失惨重，《新华日报》和《新民报》两社职工宿舍都同时中弹。两报患难与共，互相慰问，增强了同仇敌忾。当时，国民党中宣部乘机利用各报一时不能正常出版的情况，借口房屋、机器、纸张等出版条件困难，强迫各报出联合版，实际上是想借此把《新华日报》和其他异己报纸予以消灭。大家当时的处境是相当困难的。特别在另一次大轰炸中，我们所有移置在七星岗防空洞里的公私财物、纸张等，都付之一炬，情况相当狼狈。在周恩来的关怀下，《新华日报》曾派负责同志到大田湾我临时编辑部、印刷所进行慰问，送来了火腿、罐头、香烟、饼干等大批物资。全体职工对共产党和周恩来同志对我们的支持和鼓励，莫不感激奋发。

中国共产党对知识分子的争取、团结、教育和改造的正确政策，在周恩来和我们的关系中也充分地体现了出来。当时《新民报》的工作人员除极少数是中共地下党员外，大多数无疑是一群资产阶级民主主义者。共产党为了团结起来共同对敌，对我们的帮助和期待是殷切的。《新华日报》

[①]罗承烈，著名报人，1929年后进入陈铭德主办的新民报，担任该报主笔、总主笔，全民族抗战时期积极宣传中国共产党的团结抗日主张。

编辑部曾约请了《新民报》编辑部几个人去座谈编辑技术问题。由于当时正是国民党发动第二次反共高潮之际,他们对舆论界的控制,日益加紧,报纸不得不开"天窗",以示抗议,后来连"天窗"也不许开了。怎么办?两报人员一起交换意见,商讨了一些对策,比如,大家感到从社会新闻方面去揭露反动政治黑暗面和通过副刊发表小说一类文章进行批判,比较容易躲过国民党的新闻检查关。这名为座谈"编辑技术问题",实际上是交流对国民党进行斗争的经验啊!

1941年1月,震惊中外的皖南事变发生了。《新华日报》编采部负责人当晚亲临大田湾,向我们悲愤地叙述了事变经过,引起了我们在场人员极大的愤怒。他们多么期待着我们一起对敌战斗啊!面对着这种现实,是屈服于中宣部的压力,照登中央社发布的污蔑共产党、新四军的造谣新闻,还是置之不理呢?结果我们迫于国民党的高压而退缩了。

最难忘的一次,是周恩来对我们直接的亲切教诲。那是1941年秋的事。当时蒋介石变本加厉推行消极抗日、积极反共的反动政策,到处酝酿着内战危机,形势日益险恶。八路军、新四军的抗战消息,被国民党严密封锁,许多情况,我们弄不清楚,大家思想上感到非常苦闷。蒋、汪是否会公开合流?抗战能坚持到几时?不免忧心忡忡。我们报社几个人计议了一下,是否可以请教周先生为我们分析一下形势,指明方向前途,给我们增加一些力气。通过联系,周恩来欣然应允,约定在一个晚上去华一村陈铭德、邓季惺家会晤,只限于报社少数几个人参加。华一村在七星岗附近一个小山坡上,住宅四周多属棚户,狭隘的小路不通车,又无路灯,当时又适值下雨,道路泥泞,主人持手电筒到约定的街口迎候,久久未见到来,我们很担心他的安全。移时,周恩来穿着一件朴素的中山服,迈着坚实有力的步伐走来了,满脚都沾着稀泥。他神态是那样泰然自若,满面笑容地同大家一一握手,还说因事迟到了,让大家久等,表示歉意。他的态度是那样和蔼可亲,使我们激动不已。主人把他迎进屋里,为大家一一作了介绍。事先,在我们想象中,以为他可能非常严肃,对我们这些相知不深的人,谈话也会特别审慎的。但一见面,他却那样的平易近人,谈话是那样的娓娓动听，大家的思想一下子解放了，一点也不感到拘束。谈话中，周恩来关心地问到《新民报》的情况，问有没有什么困难。我们说：敌人的轰炸并不可怕，但怕国民党当局的新闻检查官，弄得你束手无策，并表示我们未能如实报道皖南事变真相的愧疚心情。他笑着说：国民党的新闻检查，只是表现他们纸老虎的虚弱本质，没有什么可怕的。只要能坚持真理，主张正义，终会得到广大人民群众的同情和支持，在没办法中找出办法来，并且很风趣地对着张恨水说：同国民党当局作斗争，可以从正面斗，也可以从侧面斗。我觉得用小说体裁揭露黑暗势力，就是一个好办法，也不会弄到开"天窗"。恨水先生写的《八十一梦》不是就起了一定作用吗？张恨水当时是《新民报》副刊主编，他的长篇小说《八十一梦》从侧面抨击蒋家王朝的贪污腐化情况，颇受读者欢迎。周恩来对我们工作中微小的成绩是那么清楚，并以此来启发教育我们，大家很受感动。他对《新民报》一直坚持反投降、反内战、反独裁，主张和平民主等，给予了充分肯定，并鼓励我们要继续坚持下去。他对当时的国内外政治、军事形势以及抗战必胜的前景，作了精辟分析，对共产党的统一战线政策，也作了具体说明，使我们深受教育与鼓舞。当我们谈到社会上有些人对共产党的政策有所怀疑或诋毁的情况时，他坦然地笑着说：共产党是言行一致，光明磊落的。社会上的一些议论，有的是出于不理解，有的是有目的恶意诽谤，但事实终会证实它是虚妄的，这就需要我们耐心细致地进行工作。他还语重心长地对我们说：干革命，总是要冒一点风险的，知识分子和民族资产阶级，在困难面前，是容易动摇的，应该在斗争中锻炼自己，坚定自己，不能迷失了方向。周恩来同志这些话，对我们是多么诚恳而坦率的教导！他一点也不外视我们，总是热情鼓励我们前进。当晚，他和大家谈到深夜而毫无倦意。

选自中共中央党史研究室科研管理部、中共重庆市委党史研究室编：《见证红岩——回忆南方局》下，重庆出版社2004年版

胜利大营救

连 贯[①]

香港沦陷前，我和廖承志等在香港主持八路军驻港办事处工作。1941年12月8日清晨，在港英政府毫无准备的情况下，日本侵略军突然袭击九龙启德机场，并在十几天内武装占领了港、九，迫使港英政府于12月25日向日寇投降。港、九战事突然发生，又出乎意料地迅速结束，这就使我们的转移工作出现紧张的局面。

当时，我党在香港除了八路军驻港办事处的工作人员外，还有前来香港参加南委会议的尹林平、张文彬、梁广等以及在港的地下工作人员。战事一爆发，日寇便切断了港、九的交通，加上日机的轰炸，使我们在港、九的同志互相间失去了联系。日寇占领香港后，即进行全面清查户口，旨在搜捕中国共产党及抗日人士。因此，我们必须尽快撤出港、九地区。

我通过在香港的地下工作者找到了廖承志、尹林平、梁广、乔冠华、张文彬等人。又通过廖安祥在避风塘找到一条船，我们便到船上暂时躲避日寇的清查。就这样大约在船上待了一个星期。有一天，负责九龙情报工作的李健行，从九龙秘密来香港在船上找到了我们。他带来了一个消息，使我们作出了立即撤出香港的决定。原来，停战后，日寇为了解决粮食供应问题，在清查人口的基础上，遣散香港居民100万人，将香港当时的160万人口减至60万人，许多在香港住了几十年的人，也被迫回内地去。李健行说，这是个极好的机会，我们可混在这批"难民"的人流中，撤到内地去。

[①]连贯，1938年任八路军驻香港办事处党支部书记兼华侨工委委员，1942年后调中共广东省临委任委员，参与领导广东人民的抗日游击战争。

虽然日寇在大量疏散居民，但对中共党员及抗日人士仍是搜捕对象。因此，香港到九龙的海面被封锁，到处都设检查来往行人的关卡，发现可疑者则逮捕。当时，我们几个化装成"香港大亨"，可是有几个同志不会讲白话，对付日寇还可以，而对付汉奸、伪警就不行了。因此，我们的行动必须小心谨慎。

此时，廖安祥帮我们找到了一条小船，趁着黄昏的暮霭，我们六七个人悄悄地从大船转到小船。事前，我们和船家商量好，如果碰到鬼子或汉奸来盘查，由船家出面应付，就说我们是在香港做生意的老板，家住九龙，自开战以来，与家人失去联系，现在停战了，想回家看看。从铜锣湾避风塘到九龙红磡并不很远，可是我们行进的速度很慢，因为要躲避鬼子的巡逻艇。天将亮时，我们的船到达红磡附近海面，正在这时，碰上了鬼子的哨兵和汉奸，于是船家便上前去应付，鬼子和汉奸听到我们说得有理，又见个个西装革履或长衫马褂，像个老板样，加上我们掏出十元港币"孝敬"他们，便一挥手让我们过去了。

上岸以后，尹林平便去找游击队交通员联系，当晚我们就住在这个交通员家里。第二天早上，我们继续上路经红磡到九龙城。

战后的九龙满目疮痍、混乱不堪，几千难民拖儿带女等待出境检查。这时，我们的身份已不是"香港大亨"，而是衣衫褴褛的"难民"。我们混在难民队伍里，出了九龙城再往北走了约30多里地，便到了西贡山。这里有游击队的便衣活动，我们的安全就有了保障。

在游击队的护送下，我们很快就到达惠阳境内的一个村子，卢伟如在那里等待我们。自从香港发生战事以来，我们的生活处于动荡之中，现在有了一个安定的环境，而且尹林平、张文彬等都在这里。我们开了三天会，会上大家一致认为，目前的主要工作，是怎样将在香港的文化界人士及一些国民党左派知名人士何香凝、柳亚子等抢救出来，因为他们是我党的宝贵财富。抗战初期，他们在内地办刊物、写文章，猛烈抨击蒋介石的不抵抗政策，遭到国民党的迫害。我党领导人周恩来非常关心他们，亲自安排将他们撤到香港。这批文化人从国统区撤到香港不单是为了"避难"，更重要的是让这批人在香港建立一个对东南亚及西方各国的华侨和进步人士的宣传据点，让香港同胞、世界各地的千百万华侨和外国进步人士，能有机会知道中国共产党的方针政策，揭露帝国主义玩弄的"东方慕尼黑"阴谋。在"舆论自由"的香港，发表文章不必隐名埋姓，况且皖南事变后，我党在香港组织了二批人署名发表通电，谴责蒋介石。一批是以邹韬奋、夏衍、茅盾为首的文化界人士，一批是以何香凝、柳亚子为首的国民党左派人士。这些人抗日反蒋的态度已为社会所知，故日本占领香港后，必然要遭迫害。因此，我们必须尽快设法将他们抢救出来。

经过三天的详细研究，我们初步订出了抢救文化界人士和进步人士的计划，并作了具体分工，尹林平、张文彬去路西，通过我们的电台向党中央报告香港的情况；廖承志去重庆，向周恩来当面汇报我们的抢救计划；我是本地人，到老隆负责具体安排疏散人员的行动路线和食宿问题。不久，中央复电指示我们：要想尽一切办法，不怕困难，不怕牺牲，将他们抢救出来。

一场在国内外有重大影响的抢救香港沦陷区文化界人士的工作就这样开始了。

这是一次规模大却又安排得异常周密的营救行动。参加抢救工作的，除了香港地下党和东江游击队外，我党还在香港动员了为数众多的进步工人及利用了各种统战关系参加抢救工作。整个抢救工作从1942年1月初直到6月初，历时近半年。这期间，几百名文化界知名人士、国民党左派及国际友人，分批从香港安全转移到内地。

我在老隆负责转送这些文化人。他们大多数是经这里到韶关，然后再转到桂林、重庆等大后方去的。在这些被抢救的文化人当中，给我印象最深的是邹韬奋。他和茅盾等人是第一批从香港撤到游击区的。为了安全，他在宝安游击区住了一段时间，直到4月间才转到老隆。

邹韬奋到达老隆时，我党获悉国民党已派出特务，四出搜捕，并扬言"一经发现，就地惩办"，根据上级指示，我找到邹韬奋谈话，说明目前他不能前往桂林，需要在广东隐蔽一段时间，夫人和子女由党组织安排，先撤到桂林郊区暂住。邹表示服从党组织决定。于是，我决定将邹送往梅县一个偏僻的山村——江头村侨兴行经理陈炳传家里隐蔽下来。为了安全，我的女儿连结和郑展以表兄妹的关系，护送韬奋（化名李尚清）去梅县。直到9月下旬，党组织才派人把他转送苏北解放区。

何香凝和柳亚子是我们抢救的重点人物。决定安排他们从海上坐船直接到海丰一带上岸，然后转送内地。香港沦陷前，我们与廖安祥合伙做生意时，有条机帆船，正好用来运送何、柳逃离香港。当时，船上除何香凝、柳亚子父女及廖承志的妻、儿外，还有很多真正的逃难者。当船抵达海丰时，碰到了一个意料不到的情况：国民党在检查这艘从香港来的难民船时，发现何老太太，这真是非同小可，因为何香凝是国民党中央委员，比较多的人认识她，海丰国民党当局不敢怠慢，把何香凝接上岸，并开了欢迎大会"庆祝何香凝委员脱险"，当地报纸还登了一则消息。国民党中央委员罗翼群得悉，亲自驱车到海丰，将她接去兴宁。

而柳亚子由于化了装，没被人认出，他们父女及廖承志妻、儿由我党的同志掩护，经过千辛万苦来到老隆。我征得柳老的同意，把他送往兴宁水口一个同志的家里暂住一段时间，然后再从那里转送桂林。

抢救文化人的工作到5月底已基本完成。6月初，我接到组织通知，粤北省委遭到破坏，廖承志在韶关被捕，要我迅速撤离老隆经惠州到东江游击队去了。

选自南方局党史资料征集小组编：《南方局党史资料·文化工作》，重庆出版社1990年版

抗战期中的重庆"自然科学座谈会"及其演进

谢立惠[1]

我从抗日战争时期到解放战争时期，一直在重庆大学物理系任教。

重庆是当时国民党的"陪都"，是战时政治、经济、军事、文化各方面的中心。当时在重庆以周恩来同志为代表的中共中央南方局，坚持抗战，坚持团结，正确执行了党的统一战线政策，为发展进步势力，争取中间势力，反对顽固势力做了大量的工作，取得了十分辉煌的成就。

随着党的统一战线的不断扩大和发展，同时又目睹国土沦丧，抗战形势日益恶化，而在国民党统治区，贪污遍地，人欲横流，民生凋敝，暗无天日，过去一般只知埋头书本，很少过问政治的知识分子，也不得不抬起头来，注视周围环境，关心时事政治，考虑抗战前途。在此期间，使我感受最深，永远不能忘怀的是：在当时那样艰苦险恶的环境下，周恩来同志和新华日报社一些负责同志在百忙中还亲自做统一战线的组织领导工作，通过个别指示、开座谈会等多种方式，发展进步力量，团结中间力量，并且帮助他们组织起来，扩大统一战线，从而使越来越多的各阶层人士团结在党的周围，共同为争取抗战胜利，建立和平民主的新中国而奋斗。

当时重庆的自然科学界，也同样受到党的关怀、教育和引导，使我们自然科学工作者逐步提高认识，明辨是非，认清了前进的方向。并且帮助我们组织起来，壮大队伍，推动我们积极投身到爱国民主运动的洪流中去。

---

[1] 谢立惠，电子学家、教育家，九三学社与中国科学工作者协会发起人之一。

"自然科学座谈会"成立前后

大约1939年春,在周恩来同志和新华日报社社长潘梓年同志领导下,我们组织成立了"自然科学座谈会"。这个组织曾在《新华日报》上公开发表过文章,但组织成员是不公开的。经常指导我们活动的就是潘梓年同志。参加座谈会的同志有将近20人,始终坚持参加组织活动的有梁希、潘菽、金善宝、干铎、涂长望和我,约10人左右。这些同志大多数是中央大学的教授;在重庆大学担任教授的只有我一人(抗日战争时期,南京中央大学迁到重庆沙坪坝,与重庆大学为邻)。

1940年初,周恩来同志和潘梓年同志要我们参加座谈会的四五位同志负责编辑《新华日报》的《自然科学》副刊,并指示我们副刊的内容要多样化,不能局限于只是介绍科学知识,文字要生动活泼,通俗易懂。最初副刊的稿件几乎全由座谈会的同志供给,以后外来的稿件越来越多,我们就大量采用外稿,同时借以密切同广大群众的联系。

《自然科学》副刊的主要内容,大致有如下几个方面:

(1)普及科学知识。当时国民党反动政权推行愚民政策,利用各种封建迷信手段来欺骗人民,麻醉人民,以维持他们的统治。我们则反其道而行之,大力开展科学普及工作,使广大人民多了解一些科学技术知识,逐步摆脱愚昧落后的状态,我们先后发表了不少文章,如《略谈食物营养问题》《怎样当心儿童的健康》《药物与化学》《疟疾问答》《抗战中的药剂问题》等等,就是针对国统区贪污腐化、社会黑暗、人民生活极为困苦,传染病流行的情况而写的。

抗战前期,日本帝国主义对重庆不断狂轰滥炸,国民党政府束手无策,人民的生命财产牺牲惨重。我们针对这种情况,连续发表了《工业建设与防空》《燃烧弹》《毒气空袭防御》《汉奸电台的侦察》等文。

(2)宣传自然科学工作者不可能超政治,批判"为科学而科学"、"科学救国"等当时流行的错误论调。

我们在副刊上发表了《自然科学的两条战线——杀人的与活人的》《自然科学者的人生观》《寄给理工科同学》等文章,阐述自然科学本身虽无阶级性，但自然科学工作者却不可能是超政治的。只有在一定的社会条件下，科学技术的发展才有可能，科学工作者也才有发展的前途可言。我们号召自然科学工作者树立正确的世界观，在轰轰烈烈的民族革命战争中，广大的科学工作者必须参加到抗日救亡的斗争行列，用自己的科学知识为革命斗争服务，为广大人民服务，为抗日战争的胜利贡献自己的全部力量。

（3）号召自然科学工作者在争取抗战胜利的旗帜下，广泛地团结起来，组织起来。

当时许多爱国的自然科学工作者，对国民党政权的消极抗日、积极反共，对"前方吃紧，后方紧吃"的醉生梦死现象，对国民党警宪特的专横跋扈，鱼肉人民，很为愤慨不满，他们因物价高涨，生活困难，以及在科学事业上又无出路而感到悲观失望，情绪消沉。我们便在副刊上发表了几篇文章，如《谈科学界的组织》《关于自然科学家的组织问题》、"陕甘宁边区自然科学研究会宣言"等，还有吴玉章同志代表陕甘宁边区自然科学研究会致安徽自然科学界的一封信，以及"重庆自然科学座谈会"致朝鲜科学界的一封信和致印度科学家的一封信，这些信号召国内外自然科学工作者团结起来，组织起来，为打倒共同敌人——法西斯侵略者而奋斗。

（4）副刊还以一定的篇幅，介绍苏联的自然科学发展情况，这一类介绍的目的，集中到一点，就是说明苏联在十月革命后建立了社会主义制度，科学技术飞跃发展，苏联广大科学工作者受到苏联共产党和政府的重视，从而充分发挥了积极性，把科学技术广泛应用来保护人民的健康，增进人民的福利。

（5）副刊还设有"信箱"和"问题解答"专栏，回答读者关于自然科学知识，医药卫生、学习自然科学的方法等方面的问题，同时也反映读者的呼声与要求。

此外，1942年为伽利略逝世三百周年和牛顿诞生三百周年，我们特在党出版的《群众》周刊上出了一期纪念专刊。我是编辑这期专刊的主要负责人之一。这期专刊除了介绍伽利略和牛顿对自然科学的重大贡献，以及他们为发展科学、捍卫科学而表现的坚韧不拔的斗争精神外，还从自然科学的发展史说明辩证唯物主义的正确性，说明自然科学工作者不论自觉和不自觉，都在科学研究的领域里应用了唯物辩证法，因此自然科学工作者学习和掌握唯物辩证法是非常必要的。我们在《自然科学》副刊中，也发表过一些宣传辩证唯物主义文章。

每期副刊的稿件，由我们几个负责编辑的人初步编定以后，便送到化龙桥虎头岩下新华日报社编辑部审查付排。到那里去必须经过化龙桥桥头再转一条小路。报社负责同志告诉我们，桥头的茶馆里经常坐着特务。去报社的人一定要警惕特务的盯梢。我有时也送稿件到报社去，有时又是为了参加别的活动，遇到特务盯梢和监视自然是难免的，但由于思想上有了警惕，所以还能够比较灵活地对付过去，现在回想起来，确实使我受到了很有意义的锻炼。

从"中国科学工作者协会"到"九三学社"

1944年，日本帝国主义者在太平洋的战事逐渐失利，想在中国大陆上打通陆路交通。便大举进攻国民党统治区。只几个月时间，就把河南、湖北、湖南、广西的大片国土丢失了，威胁到贵州。这时我党中央发出改组抗战不力、腐败无能的国民政府及其统帅部，成立联合政府的号召，要求结束国民党的独裁统治，实行民主，保障言论自由。这亦是国民党统治区广大人民的普遍愿望。

形势的发展，要求进一步扩大爱国的抗日统一战线。周恩来同志一向重视科技工作者的团结与进步，指示新华日报社负责同志协助我们重庆"自然科学座谈会"的同志，积极团结更多的科学技术工作者、教育工作者，组织范围较广泛的、公开的科学团体。

因此，1944年底，我们拟订了一个《组织中国科学工作者协会缘起》，分头向国民党统治区各大城市征求科学技术工作者参加发起。周恩来同志亦向个别的著名科学家做动员工作。这样，在不长的时间内，就得到我国著名的科学家竺可桢、李四光、任鸿隽、丁燮林、严济慈等及其他科学工作者一百多人的热烈赞成。我们就以这一百多人为发起人，成立了"中国科学工作者协会筹备会"。

1945年7月1日，"中国科学工作者协会"（简称"中国科协"）于重庆沙坪坝正式成立。其领导机关是理事会及监事会。第一届理事长是竺可桢同志，监事长是李四光同志。负责搞具体工作的是干事，总干事是涂长望同志。自然科学座谈会的几位主要同志，有的是理事，有的是干事，我是负责组织工作的干事。

中国科协的政治态度和任务，已在《组织中国科学工作者协会缘起》和《中国科学工作者协会总章》中有明确的阐述规定，并在发行的刊物中加以宣传，主要有以下几点：

第一，自然科学本身是超阶级的。科学技术的发展，可以造福于人类，为广大人民服务；但如用之不当，亦能有害于人类。如研究细菌学，可以减少人类疾病，增进人类健康，亦可用于细菌战杀害人类。

第二，自然科学工作者是不可能超政治的。我国科学工作者应当常常想到要用自己〈的〉科学知识为广大人民谋利益，不要自觉不自觉地做反动派压迫人民、残害人民的帮凶。应抛去所谓清高，不过问政治的虚伪态度。

第三，"科学救国"、"科学建国"的口号是骗人的，是本末倒置的。自然科学的发展要在一定的社会条件和物质条件下，才有可能。在不民主的半殖民地社会，农业生产非常落后，工业极不发达，自然不需要科学技术的发展，亦就不重视科学技术。高等学校和科研机构都成了装饰品，自然科学工作者无用武之地，甚至连自己的工作和生活都无法得到保障，"自救"唯恐不及，哪里还能"救国"。

第四，要认识科学与社会的关系。社会条件是土壤，科学是花果，有了肥沃的土壤，科学才能开花结果。要使我国的社会条件能适应科学技术的发展，就必须积极参加反对日本帝国主义的侵略和反对封建压迫的爱国民主运动。科学运动和民主运动是不可分的，我们科学工作者应在争取民主的运动中，成为一支有力的队伍。

第五，个人的斗争力量是有限的，我们科学工作者要团结起来，组织起来。团结就是力量，组织起来才能发挥集体的巨大力量。我们要和广大人民一起，共同奋斗，对外要打倒帝国主义者的侵略，挽救中华民族的危亡；对内要改革贪污腐化、特务横行、残酷压迫人民的不民主统治，建立独立、民主、自由的新中国。只有这样的社会条件，工农业生产才能发达，科学技术才有迅速发展的有利土壤，科学工作者才有用武之地，"科学建国"的愿望，才有实现的可能。

对于民主与科学的有些问题，当时并没有明确地讲清楚，亦没有提到革命的高度来认识，这是因为我们处在国民党统治区，如果把这些问题提得太鲜明，中国科协就不可能公开地成立，并且会使许多科学工作者不便参加这个组织。

中国科协的成立，在当时相当散漫而又沉寂的科学界中，真可谓新军突起，使人一新耳目，其影响迅速及于国内外。除总会设于重庆沙坪坝外，西南、西北的一些大城市都先后成立了分会；在美国、英国、法国等亦成立了分会。经过一年后，会员即发展到七八百人。

在重庆的总会出版了《科学新闻》月刊，宣传科学工作者要加强团结，争取民主，并广泛报导了科技界人士的各种活动，以及国际科学技术的新发展。编辑委员会委员十余人，大部分是自然科学座谈会的成员，潘菽同志是主编。

1946年上半年，中国科协还在重庆搞了些科学技术专题座谈会和大型讲演会。例如关于原子弹方面，当时一般人对原子弹谈虎色变，我们就对原子弹问题举行了几次座谈会和大型讲演会。这次大型讲演会是我主持的，听众上千人，讲演的有吴有训、赵忠尧等科学家，我也讲了。在这次讲演会上，一方面说明原子弹的原理及其破坏作用，并不是那么神秘；另一方面，我们强调原子能应用于为人类谋幸福，反对使用原子弹残杀人类。又如曾举行过雷达讲演会，是我主讲的，介绍雷达的原理及其功能。

中国科协成立后，就联合英、美、法等国的"科学工作者协会"，共同发起筹备"世界科学工作者协会"（简称"世界科协"）。1946年秋，"世界科协"在伦敦开成立大会，涂长望同志代表"中国科协"到伦敦参加，并被选为"世界科协"理事。

中国科协对团结广大科学工作者，使他们不受国民党的蒙蔽和欺骗，不相信反动派的鬼话，什么共产党杀人放火残暴野蛮等造谣诬蔑，是起了一定的作用的。这主要是由于党的正确领导和亲切关怀，以及新华日报社负责同志的直接帮助，否则，我们自然科学座谈会只有十几位同志，哪有那么大的号召力量，能在短时间内动员一百多个著名的科学家发起组织中国科协，更不可能有那么远大的眼光，和外国科学工作者一起共同发起组织世界科协。实际上，我们不过是在党的领导下，做些具体工作而已。

1944年冬，自然科学座谈会的部分同志还与许德珩、税西恒等同志共同发起组织"民主科学社"。在1945年9月3日抗日战争胜利这一天，"民主科学社"成员在重庆举行庆祝会，并且为纪念抗日战争的胜利，改名为"九三学社"，并成立"九三学社筹备会"。1946年5月4日，"九三学社"在重庆正式成立。

民主科学社的政治任务与中国科协相同，就是争民主，争科学，反对蒋介石政权的独裁统治，不过社员不只限于自然科学工作者；到改名为九三学社后，国内外形势已有大的变化，抗日战争已胜利结束，蒋介石反动政权在其主子美帝国主义的支持下，玩弄和谈阴谋，妄图发动内战，以消灭我八路军、新四军，独吞胜利果实，维持其独裁统治。

那时重庆各民主党派在周恩来同志领导下，联合起来反对内战，揭露美蒋破坏团结、破坏和谈的罪恶阴谋，九三学社社员也坚决站在党和人民一边，积极参加联合行动。1946年下半年后，由于抗战已经胜利结束，各界人士纷纷复员，九三学社社员也逐渐分散到重庆、北京、南京、上海等大城市，社员人数也有所发展，尽管国民党的反动统治变本加厉，公开活动日益困难，部分社员还是积极参加了反美蒋的爱国民主运动。

党的教导和关怀

八年中，我们"座谈会"的同志，一致坚持集体学习，每两周（有时一周）开一次座谈会，学习、讨论《新华日报》上的重要社论和专论，或学新华日报社发给我们的文件，以提高我们的思想政治觉悟及对国内外形势的认识。有时亦讨论如何较好地完成周恩来同志和报社给我们的任务。

当时党常在化龙桥虎头岩下新华日报社邀请科技文教工作者及爱国民主人士举行纪念会、联欢会、座谈会等，我们自然科学座谈会的同志也被邀参加。我记得1940年1月11日《新华日报》创刊二周年，报社举行大规模纪念活动，有联欢会、座谈会等。中午还邀请我们部分成员参加聚餐。参加这次纪念活动的爱国民主人士和进步的科技工作者、文教工作者相当多，大家在反动政权和特务的严密监视和控制下，随时随地都感到心情压抑，空气沉闷，可是一到虎头岩，就象进入了另一个世界，呼吸着自由的空气，畅谈心里要说的话，有说不出的兴奋和愉快。尽管参加这样的纪念活动，要冒被特务迫害的风险，大家还是非常喜欢去的。

还有一次是1946年举行的联欢会，在报社机关内小广场表演歌剧《兄妹开荒》《一朵红花》等，邀请去看的有几百人，我带我的妹妹也去看了，大家高兴时齐呼"中国共产党万岁！"我的妹妹又惊讶又激动地说："没有想到在重庆这夜沉沉、雾茫茫的地方，竟还有这块光明的所在，可以自由地高呼'中国共产党万岁！'"

周恩来同志举行的报告会或主持的小型座谈会，只要通知我们，或者我们得到消息，那是一定要去参加的。最早我听到周恩来同志一次报告，大约是1939年，他讲的是关于论持久战的问题。他讲的内容，我现在已记不准确，但是他的分析非常精辟深入，令人信服，这个印象，一直深深地留在我的脑海里。特别是他针对那些亡国论者、投降派、卖国贼散布的种种悲观论调和卖国言论所作的批判，真是义正词严，气壮山河，使我们看到了抗日战争的光明前途，增强了抗战必胜的信心，同时亦使我们对抗日民族统一战线的伟大意义和作用，开始有了初步的认识。

大约在第二次反共高潮时期，自然科学座谈会的一些同志和另外一些同志，感到在重庆开展工作困难，个人无用武之地，想到解放区去。周恩来同志了解到这一情况后，曾召集座谈会说，我们无论干什么工作，都首先要服从革命的需要，现在你们在重庆工作，是抗日的需要，斗争的需要，虽有困难也应坚持下去。董必武同志亦对座谈会的个别同志说，你们有的同志想离开重庆，该不是怕吧？革命需要你在哪里工作，你就不应想到离开。党的领导同志的这些指示，使我永远不能忘记，并对我后来接受党的任务时有着巨大的指导作用。

中央领导同志到重庆时，也经常接见自然科学座谈会的部分同志。特别是1945年，抗日战争胜利后，毛主席来重庆进行和平谈判，也在百忙中亲切地接见了座谈会的部分同志，使大家兴奋到极点。我们过去都是没有见过毛主席的，都渴望能看到毛主席。这次接见了，使同志们感到非常幸福，得到很大的鼓舞。

不久，董必武同志和随毛主席来重庆谈判的王若飞等同志，又接见座谈会的部分同志和另外一些同志，一共十余人。那时我们深知蒋介石是个阴险毒辣、不讲信义的大流氓，我们感到毛主席来重庆谈判，太冒险了，我们非常担心。毛主席为什么冒这么大的风险来重庆？有什么必要？我们不理解。经过王若飞等同志对我们作了详细说明，我们才对毛主席来重庆进行谈判的重大意义和作用，有了明确的认识，这使我们再一次受到党的教育，进一步体会到党的伟大正确。

大约在1943年左右，有一件虽然不是大的事，却使我们感动得终生难忘。虽事隔三十多年，还记忆犹新。有一天，周恩来同志约我们自然科学座谈会七人到《新华日报》机关吃午饭。我原以为有什么事要我们去谈，去后，看到摆着寿桃，还有一桌酒席。周恩来同志说这是为梁老（梁希）六十寿辰祝寿，我和前去的同志都感到惊异。梁希同志是我们座谈会里年纪最老的，但我只知道那时梁老六十岁左右，却不知道哪一天才是他的六十诞辰，而周恩来同志日夜为国事奔忙，却记得这个日子，还想到为梁老祝寿。同时我又想到我们座谈会的同志对革命贡献太少，深感惭愧不安，因此在酒席上，我们起初比较偏促。恩来同志却亲切地同我们谈心，问了我们的工作情况，又问生活怎样，我恰好坐在恩来同志的身旁，他见我似乎有点拘束，便带笑地批评我为什么这样文绉绉地，不大方。恩来同志的亲切谈话，使我们感到异常温暖，后来也就不那么拘谨了，以致有一位同志，竟然喝醉了酒，站不起，坐不住，跌到桌子下面去了。

　　以上所记，虽然是三十多年前的往事，但却历历在目，鲜明宛如昨日。从当时党对广大科技、文教工作者的关怀和引导来说，自然科学座谈会从成立到以后的发展演进，只不过反映了一个侧面，但也可由此看出，党对知识分子在中国革命和建设中的作用，从来就是十分重视的。建国以后，原来参加自然科学座谈会的同志们，继续遵循党指引的前进方向，努力学习，勤奋工作，不少人都成为知名的科学家，大多数还光荣地加入了中国共产党，他们现在差不多都已年逾古稀，但是他们雄心勃勃，老当益壮，正在为把我国建设成为四个现代化的社会主义强国而奋斗。

选自南方局党史资料征集小组编：《南方局党史资料·文化工作》，重庆出版社1990年版

回忆中华剧艺社

张逸群　金淑之[①]

抗日战争时期，从1938年起，到抗战结束后一年多，前后十个年头，我们的演剧生活都是在成渝两地度过的。而两地比较，则重庆和我们又有着特殊关系。我们从事演剧这个专业，就开始在重庆。在重庆，有使我们不能忘怀的一段斗争岁月；有使我们不能忘怀的很多支持我们战斗的同志和朋友。更怀念指挥着我们创造历史的司令员、我们敬爱的周恩来同志。

"中华剧艺社"的成立，是有其历史背景的，它的组成经过与其历史背景紧密相关，所以就要从历史背景说起。

1941年，国民党反动派再次掀起了反共高潮，制造了骇人听闻的皖南事变，激起了大后方民主进步人士的无比愤怒，特别是在文化战线上表现更为突出；当时的形势，要求我们在文化战线迅速占领并扩大阵地，对国民党反动派予以还击，认为最有力的活动莫如演剧。但是那时在重庆只有两个官办的电影厂，我们自己手里并没有剧团，虽然散在两个电影厂里的人员，很大一部分是我们的同志和朋友，但是如果又靠官办团体为我们经常工作，那是不可能的。对这种情况，党内进行了仔细研究决定从官办的"中国电影制片厂"和"中央电影场"里拉出一些人来，筹备组织一个民营剧社，为我党工作创造必要的条件。这个计划经请示周恩来同志，得到周恩来同志的指示后，便由阳翰笙同志主持，着手筹建起来。

筹建开始，第一个经周密考虑的问题是：让谁来公开出面办事？经过审慎的研究，最后决定了应云卫。大家都知道应云卫是一直跟着中国共产

[①]张逸群、金淑之，口述者系中华剧艺社成员。

党走的无党派人士，他从事戏剧运动多年，没有政治色彩，社会关系多而办事也多，活动力很强，会应付三教九流，有一套对付恶势力的经验，公认他是组织剧社的人才。应云卫当时是"中国电影制片厂"的导演，经阳翰笙同志出面直接找了该厂厂长郑用之洽谈，很费一番周折，才说服郑用之，答应让出应云卫。

应云卫的问题解决之后，又通过各种渠道从成渝两地找来陈白尘、陈鲤庭、贺孟斧、辛汉文、孟君谋等人，组成理事会，作为领导核心，对剧社采取集体领导，理事会由应云卫任理事长，剧社定名为"中华剧艺社"，应云卫对外就称中华剧艺社社长。此外，由陈白尘任秘书长，和刘郁民、赵慧深等人主持剧社的日常工作。其他工作人员，连一部分演员在内，固定在剧社的为数不足三十人，也只能在必要时发一点购买日用必需品的零花钱，到剧社来支援演出的官办团体的演员，则是拿着官家的薪俸来为这个私营剧社演戏。

中华剧艺社就是这样一个苦干穷干的团体，大家抱着一个目标，要在中国共产党领导下，为党的文化事业贡献自己的力量，虽苦亦乐。

经过数月的筹备，选定了剧目，就在南岸（重庆）黄桷垭借了一处私人宅子，先进行排演。后来才在"国泰大戏院"对面，一处旧门面的小茶馆的后院，租赁到了三开间的一楼一底，算是有了社址。

国民党反动派不仅在军事上和政治上疯狂反共，在文化上也实行了法西斯专政。他们为了控制大城市的书店，成立了"图书杂志审查委员会"，规定一个戏上演之前，必须将剧本送去审查，经他们审定通过，发给"准演证"之后才能公演。如何对付这种无理的审查？就成了中华剧艺社首要而经常的斗争。

还在《大地回春》投入排演期间，阳翰笙同志就着手写借古喻今的历史剧《天国春秋》。

1941年正好是郭沫若同志五十诞宸[辰]和创作生活二十五周年，党内为此作出决定，要借郭沫若同志祝寿这一民族传统，开展一场对国民党反动派的斗争。阳翰笙同志就把这部《天国春秋》献作寿礼，预告作为中华剧艺社的演出剧目。

中华剧艺社继《天国春秋》之后,连续上演了郭沫若同志两个历史题材的剧本。先一个是写善与恶斗争的《孔雀胆》,另一部新作《屈原》。《屈原》的演出,是在周恩来同志亲自布置下进行的。

《屈原》的演出,是在国统区我党领导的一次取得了辉煌战果的伟大战役。在《屈原》舞台上,发出了"反对邪恶、拥护正义!""反对黑暗、拥护光明!"的号召,引起了千万观众的强烈共鸣。

但是,正由于《屈原》的演出成功,国民党自此把对剧本的审查权,由国民党重庆市党部手里夺到国民党中央宣传部的审查机关去,暗中破坏阻止中华剧艺社的活动,凡中华剧艺社送审的剧本,总要受到刁难。

中华剧艺社除受政治迫害之外,在经济上也承受着沉重的压力,面对如此险恶的情势,既要争生存,又要继续战斗,不能不筹谋对策,此中行之有效的一个办法,就是我们把每一次演出都找出一个募捐名义,将一部分前排座票包括募捐团体,票子由他们去加价推销,这种加了价的票子名曰"荣誉券",募捐团体就收得这种加价款作为捐款。我们所找的一些募捐团体,差不多都是社会上有一定的背景和力量的人搞的,借此,就还可以由他们协助我们搞点外交,许多事由他们出面就减少我们的麻烦。

中华剧艺社在1942年和1943年上半年,就是采用这种募捐名义的战术,在重庆先后又上演了石凌鹤的《战斗的女性》,于伶的《长夜行》,夏衍的《愁城记》和《第七号风球》,吴祖光的《风雪夜归人》,欧阳予倩的《忠王李秀成》,老舍的《面子问题》,陈白尘的《岁寒图》和《石达开》等革命作家的剧本,对观众从不同角度给以进步影响。

由于中华剧艺社的社会影响日益扩大,反动派对之也就更憎恶。1943年春季过后根据党的指示,为了防止国民党反动派狗急跳墙,避免中华剧艺社遭受重大伤害,就决定由另一些同志组成"中国艺术剧社",以一支新的战斗队来接防重庆演出阵地,而让中华剧艺社转移川西一带活动。为此,周恩来同志特通过南方局布置地方党动员进步力量对中华剧艺社的活动给予保护和协助。1943年夏,借着为《华西晚报》募捐的名义,告别了重庆的观众，去到成都。以成都为中心先后到内江、自流井、五通桥、泸州、嘉定等地巡回公演，第二年定居成都，先后演出了《上海屋檐下》《戏剧春秋》《草木皆兵》《北京人》《雷雨》《日出》《李香君》《金玉满堂》《天国春秋》《孔雀胆》等剧。在成都期间除经常演出外，还作为地方党一支力量参与推动党领导的成都文化界"反对内战，呼吁民主"签名运动，全体同志都在《成都文化界对时局的呼吁书》上签了名。

1945年秋后我们回到重庆，正是旧的政治协商会议召开的前夕，党正在发动一次重庆文化界促进协商会议的签名运动，中华剧艺社的工作会员除自己签名外，还投入了签名运动。

1946年春，中华剧艺社，曾举行了一次新剧目公演，剧本是陈白尘新写的讽刺喜剧《升官图》。这个戏的公演，配合旧政协的召开，对揭露国民党反动派的丑恶本质，起到了很好的作用。

中华剧艺社的进步影响，还有另一方面，那就是在经济上靠自立更生，勤俭节约，从不浪费一文钱，经济公开。参加剧社的工作同志，宁愿放弃官办团体的薪俸，来承受没有工钱只吃大锅饭的生活，养成了艰苦朴素，愿为革命戏剧事业不计较个人利益的高尚品德。

选自中共中央党史研究室科研管理部、中共重庆市委党史研究室编：《见证红岩——回忆南方局》下，重庆出版社2004年版

韧的追求

侯外庐[①]

主编《中苏文化》

到重庆以后,我首先得想法找个职业,以维持一家生计。八路军办事处告诉我,《中苏文化》刊物正在进行改组,王昆仑作为孙科的代表、《中苏文化协会》的常务理事,正在为筹组新的《中苏文化》编辑部招兵买马。王昆仑是我在二十年代北京求学时就熟识的,一九三六年前后,他代表孙科到太原,我和他曾以私人关系会过面。我很容易地找到王昆仑,经他推荐,我担任了《中苏文化》主编。

《中苏文化》是中苏文化协会的机关刊物。

中苏文化协会成立于一九三六年,那是中苏复交以后,国民党政府迫于日本帝国主义大军压境华北,为了同苏联拉关系,由国民党立法委员张西曼出面,与一些留苏学生发起组织的。抗战开始后,南京沦陷,它随同国民党政府机关一起迁到重庆。

由于国共合作,抗日统一战线的扩大,为适应形势需要,《中苏文化》杂志于一九三九年上半年,中苏文化协会在一九四〇年初,先后分别完成了全面改组。我党趁这次改组的机会,动员了不少知名进步人士参加进去,分别担任了各执行机构的主要领导职务。

中苏文化协会　会　长　孙　科

　　　　　　　　副会长　陈立夫　邵力子

一九四〇年改组后,形成了如下一套具体工作的班子:

[①] 侯外庐,中共党员,马克思主义历史学家,思想史家,教育家,全民族抗战时期,在重庆等地开展革命文化活动。

研究委员会	主　任	郭沫若
	副主任	阳翰笙　葛一虹
杂志委员会	主　任	王昆仑
	副主任	侯外庐　翦伯赞
编辑委员会	主　任	西门宗华
	副主任	曹靖华
妇女委员会	主　任	李德全
	副会任	曹孟君　谭惕吾　傅学文
财务委员会	主　任	阎宝航

秘书主任　洪　舫

除洪舫一人是国民党右派以外，其余各组织机构的实际领导权，都掌握在我们手里。就是一度为洪舫把持的秘书主任一职，以后在斗争中也得到更换，由屈武、刘仲容先后继任。

这一套人马，为当时沟通中苏文化，宣传人类进步事业，起了一定的积极作用。

《中苏文化》刊物，直接隶属中苏文化协会的杂志委员会领导。由于中苏文化协会的存在，是为了适应国民党政府有赖于苏联反法西斯实力的客观需要，而且中苏文化协会的最高领导又是国民党官方要员，所以作为机关刊物的《中苏文化》，它敢于公开宣称"以促进中苏邦交，沟通中苏文化为宗旨"。在国民党统治下，这是一个颇具特殊性的刊物。因为有这样的背景，《中苏文化》可以公开报导苏联政治、军事、文化各方面的情况，也可以刊登抗战期间国内政治、军事、文化的真实消息。

经过改组后，《中苏文化》杂志受到党和周恩来同志的关注，成为国统区一个进步的宣传阵地，它起到了与党报党刊（《新华日报》和《群众》杂志）相配合、相呼应的宣传作用。我有幸正在此时负责该刊工作。

主编《中苏文化》的工作，对我个人来说，是意外地得到了一个多年来可望而不可得的宣传马列主义、宣传社会主义的阵地。在这个刊物上，我们可以公开转载报导列宁主义故乡的革命和建设的伟大成就，苏联卫国战争的情况和公开发表斯大林的文章和讲话。有"促进中苏邦交，沟通中苏文化"这面旗帜，这一切都可以做得公开而合法。国民党顽固派即使不乐意我们这样做法，在日寇侵略步步深入的情况下，为谋求苏联的支持，也不得不顾全表面，不便过于公开地干预。所以说，主编《中苏文化》，是从事宣传的难得机会，难得条件。

《中苏文化》杂志宣传苏联，宣传马列主义，集中采用各种纪念日发行特刊或专号的形式。每逢抗战纪念日、孙中山诞辰忌辰、十月革命节、列宁诞辰忌辰、斯大林寿辰、苏联红军建军节，以至于高尔基的纪念日和苏联戏剧、电影日，我们都不失时机地或出版特刊、特辑，或发行专号、专辑，大事宣传。我们组织国民党左派、民主党派人士和社会名流们发表增进中苏友好的文章。有重大事件发生时，我们也邀请党中央负责同志撰写文章，毛泽东同志等都为我们专门撰写过稿件。此外，我们有意识地利用这个阵地宣传马列主义的一些基本原理，我们发表过列宁论十月革命的国际意义的文献，刊登过斯大林论列宁关于社会主义革命在一国取得胜利理论的文章。

在蒋介石的眼皮底下，既能公开发表共产党领袖的文章，又较为系统地宣传列宁主义，除了《新华日报》和《群众》杂志而外，可以说只有《中苏文化》刊物具有这种可能性。我们充分地利用了这种可能性，使它起到特殊的宣传作用。

《中苏文化》在它存在的数年历史中，有着特别光荣的一页，那就是一九三九年九月二十八日，毛泽东同志为我们刊物撰写了一篇重要文章——《苏联利益和人类利益的一致》。抗战时期，毛泽东同志为国统区刊物撰文，据我所知，恐怕这是仅有的一次。

事情的经过是这样的：

一九三九年八月二十三日，苏联和德国签订了互不侵犯条约。消息传到中国，引起我国各阶层舆论广泛的注意。民主人士中间，一片议纷纷，普遍表示不理解。沈钧儒先生率救国会代表数人，曾往苏联驻华使馆，递交抗议书。为这件事，苏联对沈钧儒先生一直抱有成见，直到一九四九年中华人民共和国成立，此恨绵绵依然不消。

苏德签约后仅一周，九月一日希特勒德国进攻波兰，英、法对德宣战，第二次世界大战全面爆发了。欧战的性质是什么？苏联会不会参战？会参加哪一方？……一时间都成了举世瞩目的问题。

就在这个时候（一九三九年九月初），我们正面临要为《中苏文化》拟定十月社会主义革命二十二周年纪念特刊的计划。当时我感到，战争局势这样纷乱，舆论形势如此混乱，《中苏文化》不能只作泛泛的宣传，应该通过这期特刊，有助于澄清舆论，端正人们对一些问题的看法。谁出面发言最有权威呢？毛泽东同志。只有我们党的领袖毛泽东同志最有权代表人民的利益发言。何况，十月革命节是无产阶级胜利的节日，要纪念这个节日，首先应该有我们党的声音。

这个计划定下来以后，我找八路军办事处作了汇报，请他们转告延安，希望毛主席针对形势为我们撰稿，至于写什么问题，请主席自定。

……

白色恐怖中的研究、著述

一九四一年，中国人民的抗日战争进入最艰苦的阶段。我一生的历程，在这时也踏上了一个新的阶段。我全力投入史学方面的著述，正是从这一年开始的。

一九四一年一月初，国民党背信弃义发动皖南事变，抗战期间的第二次反共高潮开始了。抗日民族统一战线濒临破裂的边缘，重庆的政治形势明显转劣。

为了防备蒋介石进一步搞政治叛卖，恶化局势，为了保护进步力量免遭毒手，周恩来同志在重庆，执行党中央的决定，亲自部署和指挥一批又一批党内人士疏散撤离。

有一天，徐冰来问我："香港你去不去？"我说："香港我不去，要去就去延安。"

我完全理解形势的险恶，但我不甘心就此到一个更加远离前沿的地方去，后来，经过党组织研究，徐冰通知我，因为我对《中苏文化》杂志还有责任在身，决定让我留下。其余留下的同志中，有郭沫若、翦伯赞等等，一般都有公开的职务。

同志们一个个走后，原先由于有党领导的宣传工作还稍稍显出点生气的山城，立刻变得死一样的沉寂。我还能为抗战作些什么呢？我沉不住气了。

皖南事变前，我常常去曾家岩五十号，大约每两个星期总要去一次，多数是为杂志出版的事去请示。

曾家岩五十号是重庆光明之所在，但被特务重重包围着，门口的摊贩，路口的店铺，左右毗邻的楼房，全都是特务的岗哨和机关。我有时从前门进去，办完事了，工作人员为安全计，常常引我从后门出来。皖南事变后，形势更紧张了，徐冰告诉我，轻易不要再去曾家岩五十号，以免不测。可是，沉重的空气压得我透不过气来，左思右想，觉得还必须去找周恩来同志，向他倾诉心中的苦闷，希望他能给我布置点工作。

我见到了周恩来同志，他神情自若，依然是那样爽爽朗朗地谈着，笑着，令我不好意思说诉苦的话。但是，周恩来同志完全了解党内外同志们的苦闷，他关切地问到编辑部的情况，我不自觉地说出一句双关语，流露出情绪。我说，编辑部工作是有限的。周恩来同志说："形势不利于大规模地搞公开活动，但这也是一个机会。有研究能力的人，尽可以利用这个机会，坐下来搞点研究，抓紧时间深造自己，深入研究几个问题，想写什么书，赶快把它写出来。"他还说："等革命胜利了，要做的事情多得很呢。到那个时候，大家就更忙啦，你们想研究问题，写书，时间就难找啦！"

短短几句话，说得我豁然开朗。周恩来同志就是这样的，在困难的时候他鼓励同志，往往不是讲大道理，而是用他自己对革命必胜的信念来感染你。那天的一席话，在抗战最艰苦的日子里，自然还不止是必胜的信念，周恩来同志早已成竹在胸，他是在向我展现他心中早已绘成的革命胜利后新中国的蓝图,还有什么语言的力量比得上它呢!我顿时勇气倍增,立刻明白自己应该做什么,以及怎么去做。

接着,周恩来同志又同我谈学术界的情况,谈史学界的物况,他对我的经历了如指掌。此时,他也清楚地知道我翻译《资本论》的工作业已中断,早已开始了一个研究新史学的阶段,便鼓励我致力马克思主义史学阵地的继续开拓与建设。

从那以后,我把《中苏文化》的工作做了一个安排,日常事务由郁文哉、潘德枫同志负责,我自己腾出较多的时间,在歇马场乡间从事研究和著述,半年以后,写成一部书,那就是《中国古典社会史论》。

周恩来同志对重庆学术工作者的引导

皖南事变后,尽管雾重庆黑暗得浑浑噩噩,空气很沉闷,但是,我们这些愿意跟党走的学术工作者,并不感觉孤独。原因在于,周恩来同志和大家保持着密切的接触,使大家都能感到党就在我们身边。

许涤新同志当时是周恩来同志的秘书,据他说,一九四一年,周恩来同志不论白天怎样操劳,每天晚饭后,必定驱车前往民生路《新华日报》门市部,在那所房子的二楼上,会见民主党派和无党派人士。他之所以选择这个地点,是为了照顾会面人的安全,这所沿街的小楼比之于曾家岩五十号要相对安全一些。

我本人有幸在那个小楼上和在别的一些地方,数次聆听周恩来同志的教导。他帮助我认识到必须用运动的观点去看待统一战线这个斗争着、运动着的事物;帮助我在复杂的情况下学习透过现象,全面分析、认识一些事件的本质。

这一时期,党为了帮助重庆文化、学术工作者提高理论水平、政策水平,特地组织大家成立读书会,进行学习和交流,我所在小组,每两周举行会议一次,经常出席讨论的同志中间,有许涤新、胡绳、杜国庠、翦伯赞、王寅生等人。

周恩来同志很关心我们的读书会。每逢我们集会,只要他能抽空,总赶来参加。在敌人的包围下，他每次出席读书会，都给大家带来信心和力量。有时，因为形势不利，与会者显得不活跃的时候，周恩来同志出现在大家面前，总是谈笑风生，甚至讲点笑话。当我们讨论热烈的时候，他则通常是静听不语。在我的印象中，周恩来同志与会时，读书会的成员想说什么就说什么，想问什么就问什么，大家丝毫不觉得拘束。有时，他也发言，那是一种完全以平等身份发表意见，探讨问题的发言。事实上，周恩来同志的意见只要一经提出，总被大家接受、采纳，奉为原则。他的意见能有这样的力量，并不是由他的地位所决定的，而是由他在大量的学术问题上，就如同在政治问题上一样，都有着敏锐的洞察力，透彻的分析力，准确的判断力所决定的。

周恩来同志通过参加读书会，把握我们每一个人的研究方向和思想脉搏，从而能够及时地给我们作一些原则的指导。

我记得，当时我们这些同志，个个都把唯心主义哲学家冯友兰、贺麟视为对立面，每次聚会，一碰头就谈冯友兰、贺麟，分析他们的政治动向，研究他们的每一篇新文章。这个情况，所有的同志都认为是天经地义的。有一次，周恩来同志来了，我们颇为热烈地正谈论着这个话题。听了好一会儿，周恩来同志发言了。他平静而中肯地对大家说：民族大敌当前，在千千万万种矛盾中间，学术理论界也面临着错综复杂的矛盾。我们和冯友兰、贺麟在阶级立场上，矛盾固然是尖锐的，但毕竟不是主要矛盾。当前，学术理论上最危险的敌人，是国民党右派的妥协投降理论，我们斗争的锋芒应该对准陈立夫的《唯生论》。

一席话，切中我们每一个人的要害，说得大家心服口服，杜国庠同志由于公务在乡间，通常不特为参加会议而进城，可巧，这一次杜老在场，他显得特别兴奋，会后，久久地对周恩来同志的讲话称道不已。

类似的斗争方向问题，时常要遇到。记得，雷海宗主编的刊物《战国策》，对我党态度不友好，《群众》主编章汉夫著文批判《战国策》，点了雷海宗的名；孙晓郁主编的一家经济刊物，有文章说了不利于统一战线的话，许涤新同理论界同志对此也进行了批判。我们都意识不到有什么问题，而周恩来同志则一一指出，从抗战的大局出发，这些都不是主要矛盾。

所以说，周恩来同志通过参加读书会，对当时重庆革命的理论和学术研究，进行了直接而具体的领导。抗战期间，周恩来同志不愧为重庆革命理论、学术研究的掌舵人。

在这样一种坚持团结、坚持进步的方针指导下，一九四二年，杜国庠等人和我一起发起成立"新史学会"，顾颉刚、张志让、周谷城等著名学者，都会聚到这面"新史学"的旗帜之下。周恩来同志还特别注重培养良好的学术作风。他常常强调，学术上的是非真伪，要通过深入研究、充分讨论、详尽说理来解决，切切不要强加于人。强加于人不仅不能达到目的，相反还要失去群众。他的这些教导，当时对于重庆每一个靠近党的学术工作者，都产生过一定的影响。

……

朋友们的理想、襟怀和情谊

抗战年代的西南各大城市，聚集着中国那个时代大多数的学者和文化人，重庆、成都、昆明、桂林，乃至一些县城和乡村，集中各种科学家和各类学者密度之高，是前所未有，今日也难再现的。日寇的入侵把大家挤到一起，空间缩小了，彼此见面的机会多了，了解和认识随之加深，志同道合者之间交流频繁了，不同观点的矛盾也浓缩了。

那个时代，凡是没有国民党当局作后台的学者和文化人，生活一概窘困难堪。但是，正是那个时代的斗争，造成了整整一代人。那个时代是非常出人才的，社会科学领域还特别出成果。

我深有感受，抗战时期党为学术工作者创造了研究和写作的基本条件，我得以奠定中国思想史研究的深度与广度的基础，即在此时。周恩来同志亲自组织、领导了一支实力坚强的学术队伍，这支队伍也是一个团结的、生动活泼的集体。我个人从这个集体中获得过温暖，获得过力量。

我和学术界许多同志（郭沫若、杜国庠、翦伯赞、张志让、周谷城……)的结识,都是重庆这个舞台提供的机会。八年如火如荼的岁月,大家真正是同命运的。

选自南方局党史资料征集小组编:《南方局党史资料·统一战线工作》,重庆出版社1990年版